# 用友管理软件应用教程

## (普及型 ERP-T6 财务篇)

孙莲香　主　编

林燕飞　副主编

清华大学出版社

北　京

## 内容简介

本书着重讲解用友 T6-企业管理软件中财务会计业务处理的基本知识和操作方法，使学生系统学习用友 T6-企业管理软件的基本工作原理和会计核算与管理的全部工作过程。掌握总账、会计报表、工资、固定资产和往来款管理系统的工作原理和过程，并从管理和监督的角度了解企业会计业务数据处理的流程，掌握利用用友 T6-企业管理软件查找账务和报表资料的方法。

本书可作为会计及相关专业财务管理软件的教材使用，也可作为欲从事会计工作、税务工作、审计工作及相关经济管理工作人员的企业管理软件培训教材和业务学习资料。



**图书在版编目(CIP)数据**

用友管理软件应用教程(普及型 ERP-T6 财务篇)/孙莲香　主编，林燕飞　副主编.

—北京：清华大学出版社，2010.4（2019.3 重印）

ISBN 978-7-302-18933-6

I. 用…　II. ①孙…　②林…　III. 会计—应用软件，用友 ERP-T6　IV. F233

中国版本图书馆 CIP 数据核字(2008)第 180392 号

**责任编辑：**刘金喜　鲍　芳
**封面设计：**久久度文化
**版式设计：**孔祥峰
**责任校对：**胡雁翎
**责任印制：**董　瑾

**出版发行：**清华大学出版社
　　网　　址：http://www.tup.com.cn，http://www.wqbook.com
　　地　　址：北京清华大学学研大厦 A 座　　邮　　编：100084
　　社 总 机：010-62770175　　邮　　购：010-62786544
　　投稿与读者服务：010-62776969，c-service@tup.tsinghua.edu.cn
　　质 量 反 馈：010-62772015，zhiliang@tup.tsinghua.edu.cn
**印 装 者：**清华大学印刷厂
**经　　销：**全国新华书店
**开　　本：**185mm×260mm　　印　张：20.25　　字　数：468 千字
　　（附 DVD 光盘 1 张）
**版　　次：**2010 年 4 月第 1 版　　印　次：2019 年 3 月第13 次印刷
**定　　价：**48.00 元

产品编号：029083-02

# 前　言

管理升级是中国企业成长的永恒主题。企业的成长必然会经历几个不同的发展阶段，每个阶段都有各自的发展瓶颈，不同阶段需要解决不同的问题。用友 T6-企业管理软件可以帮助企业快速建立基础管理程序和规范逻辑，借助其财务与供应链一体化的应用，协助企业有效突破最核心的发展瓶颈；帮助企业快速、准确应对市场变化，支持企业稳定、安全、成熟的长期可持续性发展；同时满足企业决策者和管理者随时对内部信息的需求，提供方便、快捷、高效率的实时动态信息交互，实现实时企业的随时管理。

为了满足企业对企业管理人才的需求，强化企业管理的基础能力、核心专业技术应用能力和一般关键能力，使学习者不仅能够掌握企业管理软件的基本操作技能，同时还学到会计工作岗位之间的业务衔接关系和内部控制要求，从而完成从理论转向实践、从单项技能向综合技能的过渡，我们编写了本书。

为实现培养适合企业需要的企业管理和应用人才的培养目标，本套教材编写人员集中优势资源，以工学结合为切入点，根据课程内容和教学特点，精心打造了这套立体化企业管理软件的实训教材。本套教材包括财务篇和业务篇两部分，覆盖了中小企业最核心的业务。财务篇力求完成对企业管理软件中财务会计核算和管理能力的培养，业务篇力求完成财务、业务一体化能力的培养。

本教材为财务篇，主要突出实用性。采用适用新会计准则的最新版本的用友 T6-企业管理软件为平台，全面学习企业管理软件中财务会计的工作原理和操作方法；采用适用于新会计准则下的企业案例，全面呈现在新会计准则下，使用最新版本企业管理软件处理会计业务的特点和方法；配备全套教学课件(包括教学计划、教学大纲、电子教案、例题操作的视频课件)；配备“用友 T6-企业管理软件”教学光盘(适用于 2007 新会计准则下的会计科目)，全面体会新软件的功能；配备全套的实验数据，用于完成例题的操作、每章后的上机实验和综合实验，实现随机组合的实验训练、全面综合的集中训练。

本教材由从教多年的一线教师及企业的一线企业管理软件实施工程师一同编写，融入了丰富的教学和实践经验，教材中案例鲜活，方法先进，平台一流，既适合在教师的指导下学习，也适合学习者自学。教材中既为教师配备了教学课件，又为学生配备了例题操作的视频课件和实验数据，可谓教学一体、相辅相成。

本书共包括七章教学内容和一份综合实验。着重讲解用友 T6-企业管理软件中财务会计业务处理的基本知识和操作方法，使学员系统学习企业管理软件的基本工作原理和会计核算与管理的全部工作过程。掌握总账、会计报表、工资、固定资产和往来款管理系统的工作原理和过程，并从管理和监督的角度了解企业会计业务数据处理的流程，掌握利用企业管理软件查找账务和报表资料的方法。这七章内容是：系统服务与基础设置、总账管理、UFO 报表、工资管理、固定资产管理、往来款管理和会计数据综合查询。教学中的所有例题都录制了操作过程的视频课件，每章后都针对本章的学习内容设计了上机实验，每个上机实验都附有操作前的准备账套和实验后的结果账套，即给出了实验的基础数据和结果数据，可以有效地提高学习效果。为了全面地检验学习者的学习效果，在全书的最后还给出了综合实验及操作结果(答案)，进行全面的财务管理软件综合应用能力的培养。

本书可作为会计及相关专业财务管理软件的教材，也可以作为欲从事会计工作、税务工作、审计工作及相关经济管理工作人员的企业管理软件培训教材和业务学习资料。我们衷心地希望本书能为促进我国会计信息化的发展尽一点微薄的力量。

本书由孙莲香主编(负责设计全书的总体结构和总纂)，林燕飞副主编。参加本书编写的人员还有沈青丽、康秋华、周海滨、谢彬、梁毅炜、康晓林、周梅、梁润平、刘兆军、王皎、郭莹、江争鸣、刘金秋、赵笛、张家郡、苏晓哲、张建和张文华，由用友软件股份有限公司的资深软件工程师莫山峰担任本书的技术支持。本书是在用友软件股份有限公司的大力支持下编写完成的，在此深表谢意。

限于作者的水平，书中难免存在缺点和不妥之处，我们诚挚地希望读者对本书的不足之处给予批评指正。

作　者

2010 年 1 月

# 目　　录

# Chapter 1

# 系统服务与基础设置

**教学目的与要求**

系统学习系统管理、总账工具等功能的基本知识和操作方法，基础信息的内容和设置方法。要求掌握系统管理中设置用户、建立账套和设置用户权限的方法。熟悉总账工具的使用方法和账套输出、引入的方法。掌握系统启用的方法以及建立各种分类、档案的作用和方法。熟悉数据权限、金额权限的内容和设置方法。

用友 T6-企业管理软件应用系统由多个子系统组成，各个子系统都是为同一个主体的不同方面服务的。各子系统之间既相对独立，又相互联系、协同运作，以实现财务、业务的一体化管理。为了实现一体化管理的应用模式，要求各个子系统具备公用的基础信息，拥有相同的账套和年度账，操作员和操作权限集中管理，所有数据共用一个数据库。因此，为了完成全面的系统服务和基础设置，系统在系统服务中设立了系统管理、总账工具等功能，在系统服务中为各子系统提供统一的应用环境，在基础设置中进行全面的基础档案等基础设置，对财务管理软件所属的各个系统进行统一的操作管理和数据维护，最终实现财务、业务的一体化管理。

## 1.1 系统管理

系统管理的主要功能是对财务及企业管理软件的各个产品进行统一的操作管理和数据维护。

### 1.1.1 系统管理的内容

#### 1. 账套管理

账套指的是一组相互关联的数据。一般可以为企业中每一个独立核算的单位建立一个账套，系统最多可以建立 999 个套账。账套管理包括账套的建立、修改、引入和输出等。

#### 2. 年度账管理

在用友 T6-企业管理软件应用系统中，用户不仅可以建立多个账套，而且每个账套中还可以存放不同年度的会计数据。这样对不同核算单位、不同时期的数据只需要设置相应的系统路径，就可以方便地进行操作。年度账管理包括年度账的建立、清空、引入、输出和结转上年数据。

#### 3. 用户及其权限管理

为了保证系统及数据的安全与保密，系统管理中提供了用户(操作员)及操作权限的集中管理功能。通过对系统操作分工和权限的管理，一方面可以避免与业务无关的人员进入系统，另一方面可以对系统所含的各个子产品的操作进行协调，以保证各负其责，流程顺畅。操作权限的集中管理包括定义角色、设定系统用户以及设置功能权限。

#### 4. 设置统一安全机制

对用户来说，系统运行安全、数据存储安全是必须的，为此，用友 T6-企业管理软件应用系统设立了强有力的安全保障机制。

在系统管理中，可以监控并记录整个系统的运行过程，设置数据自动备份、清除系统运行过程中的异常任务等。

### 1.1.2 设置用户

为了保证系统及数据的安全与保密，系统提供了角色管理和用户管理功能，以便在计算机系统上进行操作分工及权限控制。

角色是指在企业管理中拥有某一类职能的组织，这个角色组织可以是实际的部门，可以是由拥有同一类职能的人构成的虚拟组织。例如，实际工作最常见的会计和出纳两个角色。在设置了角色后就可以定义角色的权限，当用户归属某一角色后，就相应地拥有了该角色的权限。设置角色的方便之处在于可以根据职能统一进行权限划分，方便授权。角色的管理包括角色的增加、删除、修改等维护工作，在系统中根据实际工作的需要预置了相应的角色，企业在设置用户时可以直接选择相应的角色。

用户是指有权登录系统，对应用系统进行操作的人员，即通常意义上的“操作员”。每次注册登录系统，都要进行用户身份的合法性检查。只有设置了具体的用户之后，才能进行相关的操作。

设置用户是在系统管理功能中进行的。

系统允许以两种身份注册进入系统管理：一是以系统管理员的身份，二是以账套主管的身份。

系统管理员负责整个系统的总体控制和维护工作，可以管理该系统中所有的账套。以系统管理员身份注册进入，可以进行账套的建立、引入和输出，设置操作员和账套主管，设置和修改操作员的密码及其权限等。

账套主管负责所选账套的维护工作，主要包括对所选账套进行修改、对年度账的管理(包括创建、清空、引入、输出以及各子系统的年末结转、所选账套的数据备份等)，以及该账套操作员权限的设置。

**1. 启动并注册系统管理**

启动系统管理的操作包括启动系统管理模块并进行注册，即登录进入系统管理模块。系统允许用户以系统管理员 admin 的身份，也可以以账套主管的身份注册进入系统管理。由于在第一次运行该软件时还没有建立核算单位的账套，因此，在建立账套前应由系统管理员 admin 进行登录，此时并没有为管理员 admin 设置口令，即其密码为空，为了保证系统的安全性，可以更改系统管理员的密码。

**例 1-1** 以系统管理员“admin”的身份登录系统管理。

**操作步骤**

(1) 单击“开始”|“程序”|“用友 T6-企业管理软件”|“系统服务”|“系统管理”，打开“用友 T6-企业管理软件〖系统管理〗”窗口，如图 1-1 所示。

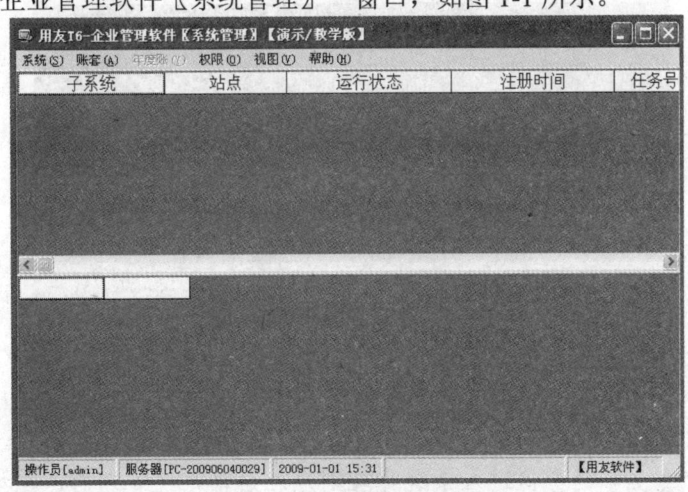


图 1-1 “系统管理”窗口

(2) 在“系统管理”窗口中，单击“系统”|“注册”选项，出现“注册〖系统管理〗”对话框。

(3) 在“注册〖系统管理〗”对话框中，在“操作员”栏录入“admin”后按回车键，如图 1-2 所示。

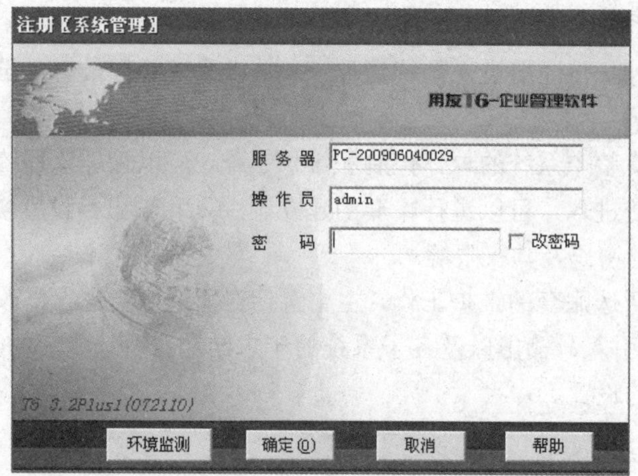


图 1-2　由 admin 注册系统管理

(4) 单击“确定”按钮(即不修改系统管理员的口令，默认口令为空)，打开由系统管理员 admin 注册的“系统管理”窗口，如图 1-3 所示。

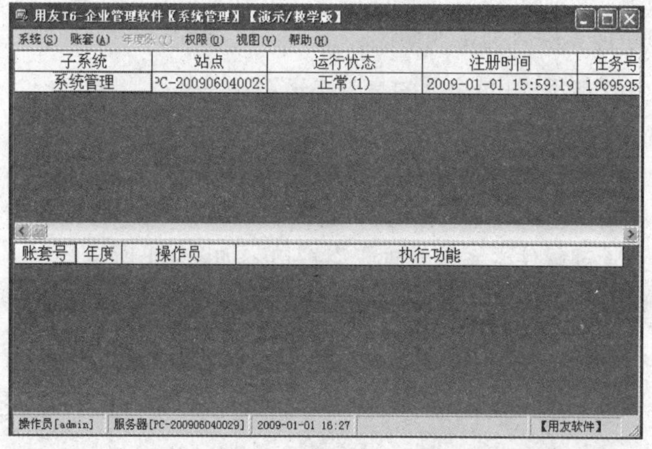


图 1-3　系统管理员登录对话框

注意：

- 在实际工作中，为了保证系统的安全，必须为系统管理员设置口令。
- 在教学过程中，由于一台计算机供多个学员使用，为了方便则建议不为系统管理员设置口令。
- 如果以账套主管的身份进入系统管理则应在启动系统管理后，在操作员栏录入账套主管的编号或姓名，如果有口令还应录入相应的口令。

### 2. 增加用户

用户和角色的设置可以不分先后顺序，但对于自动传递权限来说，应该首先设定角色，然后分配权限，最后进行用户的设置。这样在设置用户的时候，选择其归属哪一个角色，则其自动具有该角色的权限，包括功能权限和数据权限。在系统中已经预置了一系列企业常用的角色，如果这些角色不能满足需要还可以再行设置。

一个角色可以拥有多个用户，一个用户也可以属于多个不同的角色。

只有系统管理员才有权设置用户。因此，定义系统用户时，必须以系统管理员的身份注册进入“系统管理”窗口，然后单击“权限”菜单中的“用户”选项，进入“用户管理”窗口后完成增加用户、修改用户和删除用户的操作。

**例 1-2** 增加如表 1-1 所示的用户。

**表 1-1 用户信息**

| 用户编号 | 用户姓名 | 用户口令 | 角色 |
|---|---|---|---|
| KJ001 | 李东 | 123456 | 账套主管 |
| KJ002 | 高宁 | 123456 | |
| KJ003 | 刘佳 | 123456 | |

**操作步骤**

(1) 以系统管理员 admin 的身份在“系统管理”窗口中，单击“权限”|“用户”选项，打开“用户管理”对话框，如图 1-4 所示。

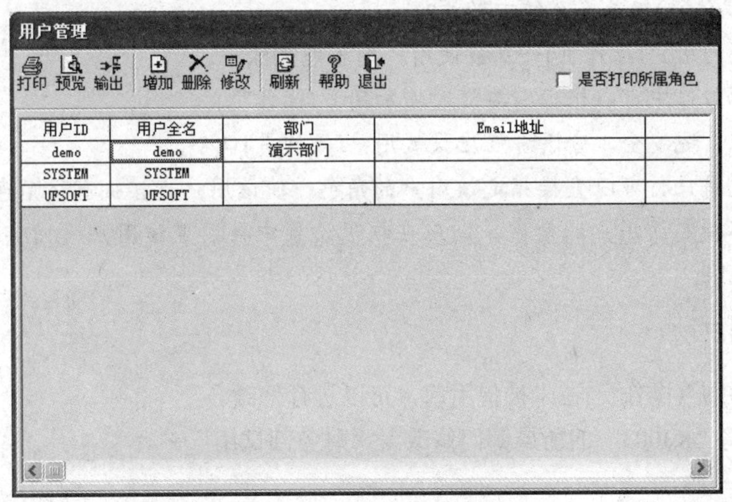


图 1-4 “用户管理”对话框

(2) 单击“增加”按钮，打开“增加用户”对话框。

(3) 在“增加用户”对话框中，输入编号“KJ001”、姓名“李东”、口令“123456”，单击选中所属角色栏中“账套主管”前的复选框，如图 1-5 所示。

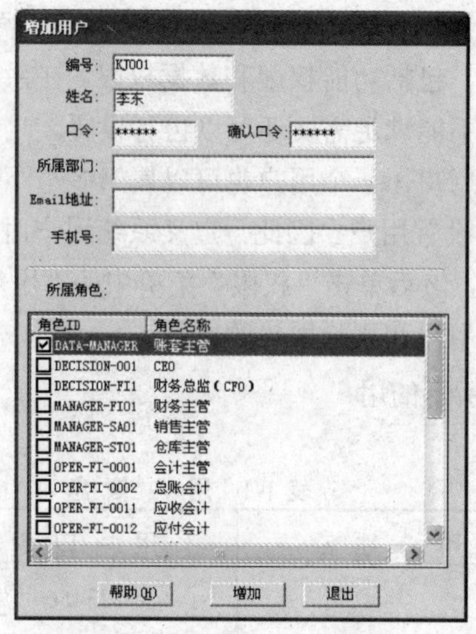


图 1-5 “增加用户”对话框

(4) 单击“增加”按钮，确认。

(5) 重复(2)和(4)则可继续增加用户(操作员)高宁和刘佳。

**注意：**

- 用户(操作员)编号在系统中必须唯一。
- 所设置的用户(操作员)一旦被使用，则不能删除。
- 在实际工作中可以根据需要随时增加用户(操作员)。
- 为保证系统安全、分清责任应设置用户(操作员)口令。
- 在设置用户时可以直接指定该用户的角色，使该用户直接拥有该角色相应的权限。如果不指定该用户的角色，则应在权限设置中再设置该用户所拥有的某一账套的操作权限。

### 3. 修改用户

所设置的用户(操作员)在未被使用前，可以进行修改。

**例 1-3** 将“KJ003”的所属部门修改为“财务部试用”。

**操作步骤**

(1) 以系统管理员“admin”的身份注册进入“系统管理”。

(2) 单击“权限”|“用户”，打开“用户管理”对话框。

(3) 在“用户管理”对话框中，单击选中要修改的操作员“刘佳”所在行，再单击“修改”按钮，打开“修改用户信息”对话框。

(4) 在“所属部门”栏录入“财务部试用”，如图 1-6 所示。

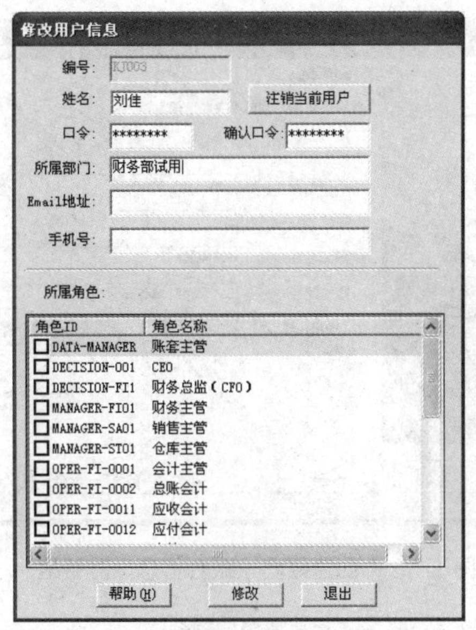


图 1-6　修改操作员信息

(5) 单击“修改”按钮，系统自动保存并显示修改后的用户信息。

## 1.1.3　账套管理

账套是指一组相互关联的账务数据。一般来说，可以为企业中每一个独立核算的单位建立一个账套，系统最多可以建立 999 个套账。

### 1. 建立账套

建立账套，即采用用友 T6-企业管理软件应用系统之前为本企业建立一套账簿文件。根据企业的具体情况进行账套参数设置，主要包括核算单位名称、所属行业、启用时间、编码规则等基础参数。账套参数决定了系统的数据输入、处理、输出的内容和形式。

**例 1-4**　创建 106 账套，单位名称“光华股份有限公司”(简称“光华公司”)，启用会计期“2009 年 1 月”。该企业的记账本位币为“人民币(RMB)”，企业类型“工业”，执行“2007 年新会计制度科目”，账套主管“李东”，按行业性质预置会计科目。该企业不要求进行外币核算，对经济业务处理时需对客户进行分类。需设置的分类编码分别为：科目编码级次“4-2-2-2”，客户分类编码级次“1-2-2”。创建账套后暂时不启用任何系统。

**操作步骤**

(1) 在“系统管理”窗口中，单击“账套”|“建立”选项，打开“创建账套—账套信息”对话框，如图 1-7 所示。

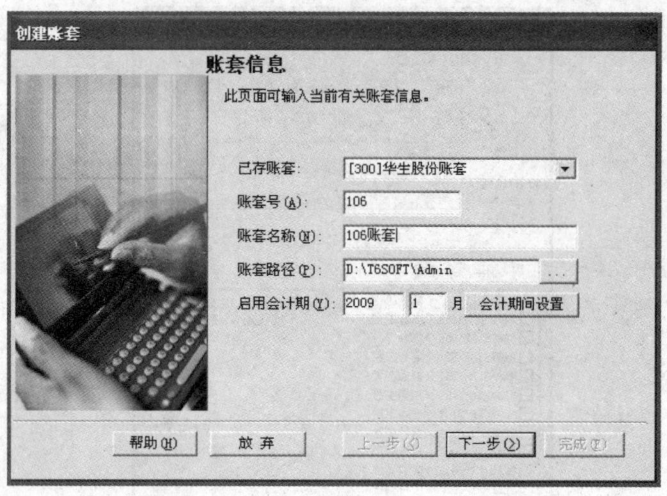


图 1-7　“创建账套—账套信息”对话框

(2) 输入账套信息。账套号“106”，账套名称“106 账套”。

注意

- 新建账套号不能与已存账套号重复。
- 账套名称可以是核算单位的简称，它将随时显示在正在操作的财务管理软件的界面上。
- 账套路径为存储账套数据的路径，可以修改。
- 启用会计期为启用财务管理软件处理会计业务的日期。
- 启用会计期不能在电脑系统日期之后。
- 系统提供了工业、商业两种类型。如果选择了工业模式，则系统不能处理受托代销业务；如果选择商业模式，委托代销和受托代销业务都能处理。

(3) 在“创建账套—账套信息”对话框中单击“下一步”按钮，打开“创建账套—单位信息”对话框，如图 1-8 所示。

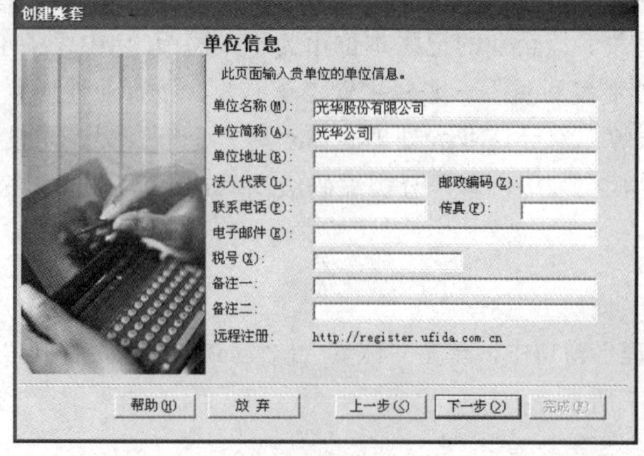


图 1-8　“创建账套—单位信息”对话框

(4) 输入单位信息。单位名称“光华股份有限公司”，单位简称“光华公司”。

(5) 单击“下一步”按钮，打开“创建账套—核算类型”对话框，如图1-9所示。

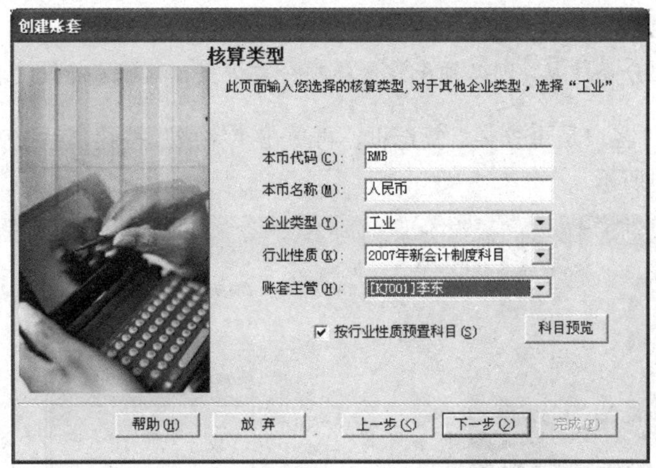


图1-9 “创建账套—核算类型”对话框

(6) 输入核算类型。本币代码“RMB”，本币名称“人民币”，企业类型“工业”，行业性质“2007年新会计制度科目”，账套主管“李东”。选中“按行业性质预置科目”复选框。

**注意**

- 行业性质的选择决定着系统为该账套提供适合于该行业的基础数据。
- 账套主管可以在此确定，也可以在操作员权限设置功能中修改。
- 系统默认按所选行业性质预置会计科目。如果取消选中“按行业性质预置科目”复选框，则不按行业预置会计科目。

(7) 在“创建账套—核算类型”对话框中，单击“下一步”按钮，打开“创建账套—基础信息”对话框，如图1-10所示。

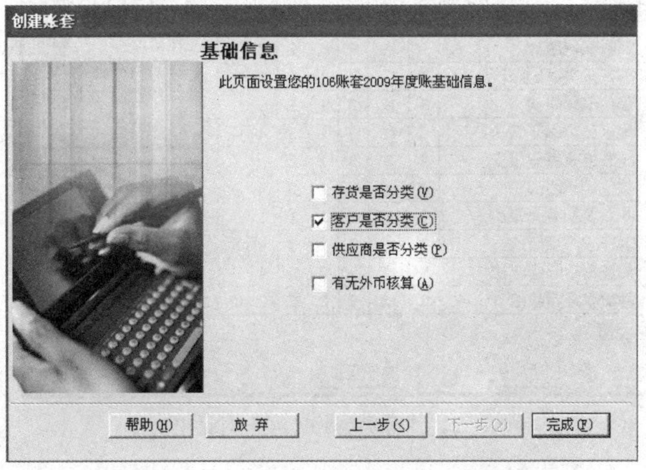


图1-10 “创建账套—基础信息”对话框

注意

- 如果用户的存货、客户、供应商相对较多，可以对它们进行分类核算。
- 如果目前无法确定，则可以待启动购销存系统时再进行设置。
- 若选择各项分类核算，则必须先设置各项分类方案，然后才能设置相应的基础档案。

(8) 单击选中“客户是否分类”复选框，再单击“完成”按钮，系统弹出“创建账套”提示框，如图 1-11 所示。

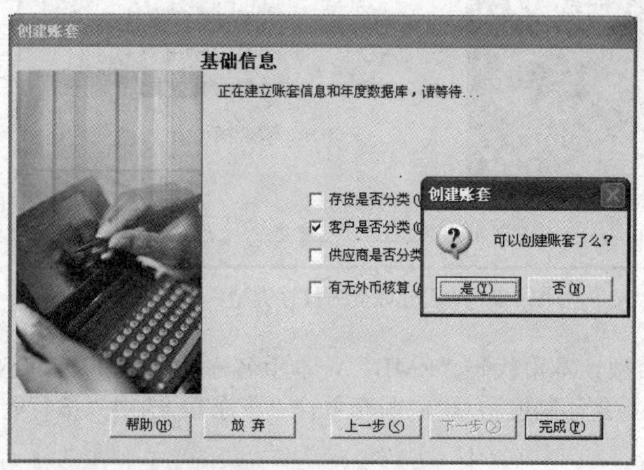


图 1-11　确定已创建账套

(9) 单击“是”按钮，打开“分类编码方案”对话框。

(10) 修改科目编码级次为“4-2-2-2”，客户分类编码级次为“1-2-2”，如图 1-12 所示。

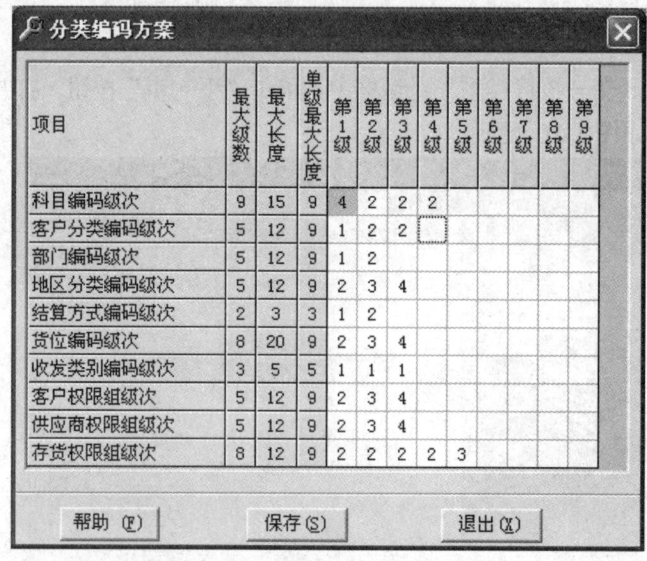

分类编码方案

| 项目 | 最大级数 | 最大长度 | 单级最大长度 | 第1级 | 第2级 | 第3级 | 第4级 | 第5级 | 第6级 | 第7级 | 第8级 | 第9级 |
|---|---|---|---|---|---|---|---|---|---|---|---|---|
| 科目编码级次 | 9 | 15 | 9 | 4 | 2 | 2 | 2 | | | | | |
| 客户分类编码级次 | 5 | 12 | 9 | 1 | 2 | 2 | | | | | | |
| 部门编码级次 | 5 | 12 | 9 | 1 | 2 | | | | | | | |
| 地区分类编码级次 | 5 | 12 | 9 | 2 | 3 | 4 | | | | | | |
| 结算方式编码级次 | 2 | 3 | 3 | 1 | 2 | | | | | | | |
| 货位编码级次 | 8 | 20 | 9 | 2 | 3 | 4 | | | | | | |
| 收发类别编码级次 | 3 | 5 | 5 | 1 | 1 | 1 | | | | | | |
| 客户权限组级次 | 5 | 12 | 9 | 2 | 3 | 4 | | | | | | |
| 供应商权限组级次 | 5 | 12 | 9 | 2 | 3 | 4 | | | | | | |
| 存货权限组级次 | 8 | 12 | 9 | 2 | 2 | 2 | 2 | 3 | | | | |

帮助(F)　保存(S)　退出(X)

图 1-12　“分类编码方案”对话框

注意

- 编码规则是指分类编码共分几段，每段有几位。一级至最底层的段数称为级次，每级(或每段)的编码位数称为级长。编码总级长为每级编码级长之和。
- 由于系统按照账套所选行业会计制度预置了一级会计科目，因此第 1 级科目编码级次不能修改。
- 在系统未使用前，如果分类编码方案设置有误，可以在“系统控制台”的“基础设置”中进行修改。

(11) 单击“保存”按钮，再单击“退出”按钮，打开“数据精度定义”对话框，如图 1-13 所示。

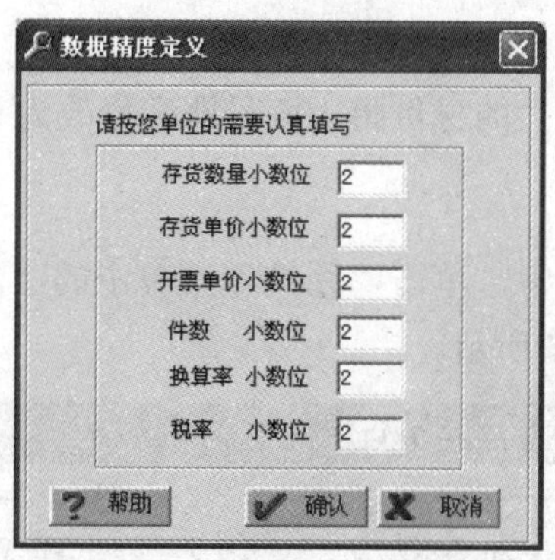


图 1-13 “数据精度定义”对话框

注意

- 数据精度是指定义数据的小数位数。由于各单位对数量、单价的核算精度要求不一致，为了适应不同的需求，系统提供了自定义数据精度的功能。
- 在系统管理中，需要设置的数据精度主要有：“存货数量小数位”、“存货单价小数位”、“开票单价小数位”、“件数小数位”和“换算率小数位”。具体要求是只能输入 0~6 之间的整数，系统默认值为 2。用户可以根据单位的实际情况进行数据精度的定义，定义完成后如果有变动也可以在“企业门户”中的“基础设置”中进行调整。

(12) 单击“确认”按钮，出现账套创建成功的提示，如图 1-14 所示。

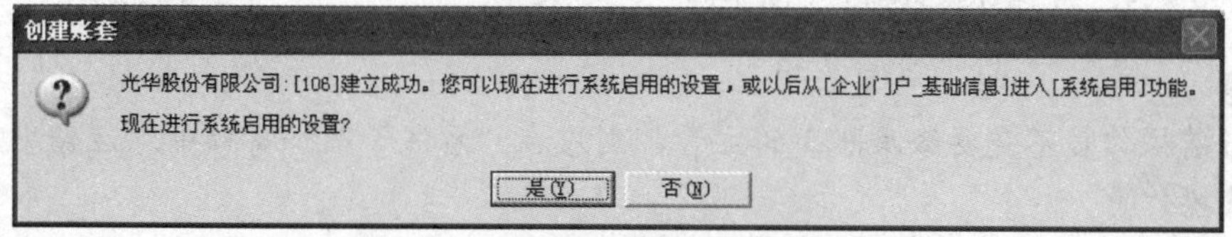


图 1-14 是否进行系统启用的提示

(13) 单击“否”按钮，账套建立完成，但尚未启用任何系统。

注意

- 单击“是”按钮，现在可以直接进行系统启用的设置，如果单击“否”则应到企业门户中去启用系统。
- 只有在启用系统后，系统才能进行有关业务的操作。

2. 修改账套

运行一段时间后，如果发现账套的某些信息需要修改或补充，可以通过修改账套功能来完成。此功能还可以帮助用户查看某个账套的信息。

系统要求，只有账套主管才有权利注册使用账套修改功能。如果要修改某一账套的信息，首先应在启动系统管理后，以账套主管的身份登录注册系统管理，并选择要修改的账套。

**例 1-5** 以“KJ001 李东”的身份将 106 号账套修改为有“外币核算”的账套。

**操作步骤**

(1) 在“系统管理”窗口中，单击“系统”菜单中的“注册”选项，打开“注册〖系统管理〗”对话框，如图 1-15 所示。

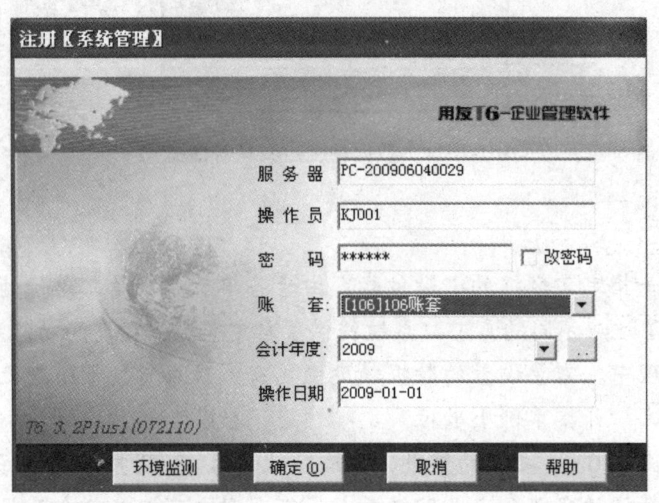


图 1-15 106 号账套主管登录注册系统管理

(2) 在“操作员”栏中录入“KJ001”，输入密码“123456”，在“账套”栏中选择“[106]106 账套”，单击“确定”按钮。

注意

若当前操作员不是要修改账套的主管，则应在“系统管理”窗口中，注销当前操作员后更换操作员。

(3) 单击“账套”|“修改”选项，打开“修改账套”对话框。

(4) 单击“下一步”按钮，打开“修改账套—单位信息”对话框；再单击“下一步”

按钮，打开“修改账套—核算类型”对话框；再单击“下一步”按钮，打开“修改账套—基础信息”对话框。

(5) 单击选中“有无外币核算”前的复选框，如图1-16所示。

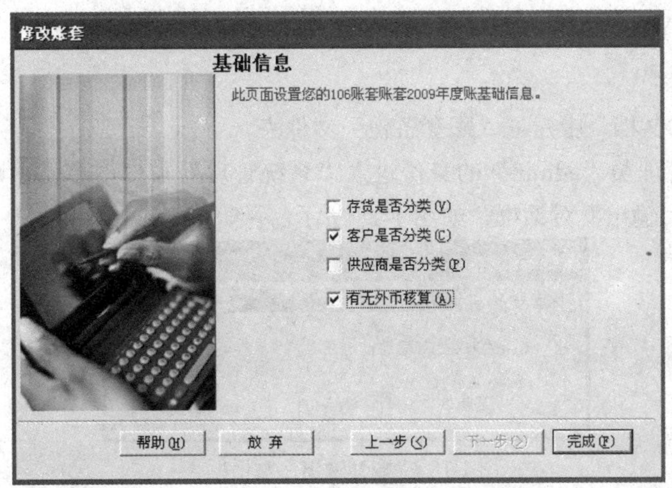


图1-16 “修改账套—基础信息”对话框

(6) 单击“完成”按钮，确认对账套的修改。

(7) 系统提示“修改账套{光华股份有限公司：[106]}成功”，如图1-17所示。

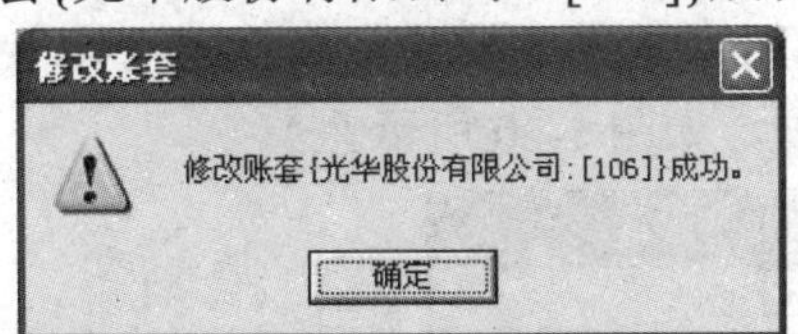


图1-17 修改账套成功的提示

(8) 单击“确定”按钮。

**注意**

系统自动列出所有的已建立完成的账套信息，该账套主管可以通过单击“上一步”或“下一步”按钮查看或修改相应的账套信息，如果确认已修改的内容，应在修改完成后单击“完成”按钮，否则单击“放弃”按钮，放弃此次修改操作。

### 3. 输出与引入账套

由于计算机在运行时经常会受到来自各方面因素的干扰，如人的因素、硬件的因素、软件或计算机病毒等因素，有时会造成会计数据被破坏。因此，“系统管理”窗口中提供了账套输出与引入的功能。

账套输出(即会计数据备份)就是将用友 T6-企业管理软件应用系统所产生的数据备份到硬盘、软盘或光盘中保存起来。其目的是长期保存，防备意外事故造成的硬盘数据丢失、非法篡改和破坏；能够利用备份数据，使系统数据得到尽快恢复以保证业务正常进行。

账套的输出功能除了可以完成账套的备份操作外还可以完成删除账套的操作。如果系统内的账套已经不需再继续保存，则可以使用账套的输出功能进行账套删除。

**例 1-6**　将 106 账套数据备份到“我的文档”中的“账套备份”文件夹中。

**操作步骤**

(1) 在“我的文档”中建立“账套备份”文件夹。

(2) 以系统管理员“admin”的身份进入“系统管理”窗口，单击“账套”|“输出”选项，打开“账套输出”对话框，如图 1-18 所示。

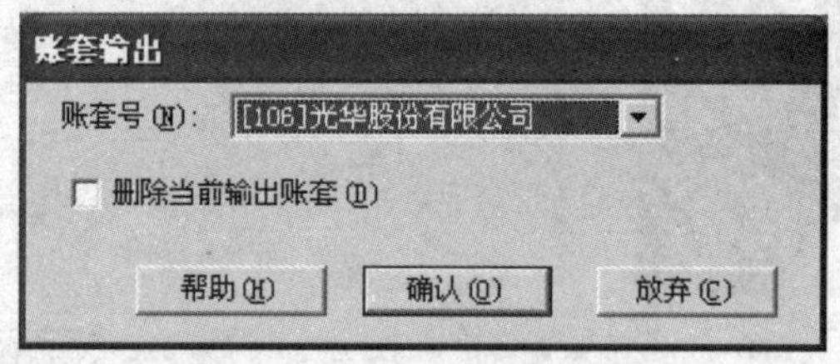


图 1-18 “账套输出”对话框

(3) 选择“账套号”下拉列表框中的“[106]光华股份有限公司”选项。

(4) 单击“确认”按钮。

(5) 经过压缩进程，系统进入“选择备份目标”对话框，如图 1-19 所示。

(6) 单击 My Documents 中的“账套备份”文件夹，再单击“确认”按钮，系统弹出“硬盘备份完毕”提示对话框，如图 1-20 所示。

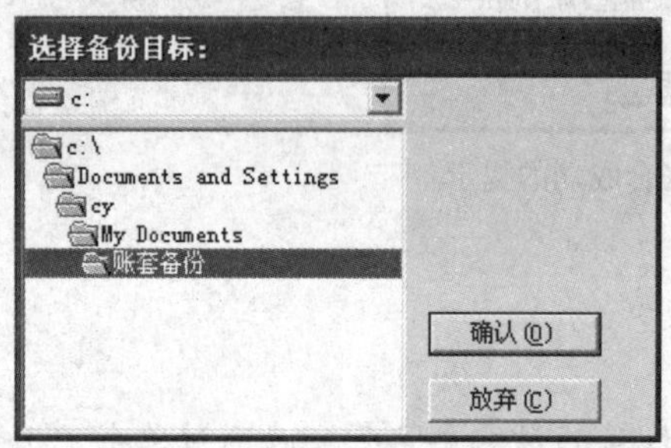


图 1-19 “选择备份目标”对话框

图 1-20 确定硬盘备份完毕

(7) 单击“确定”按钮。

**注意**

- 只有系统管理员才有权限输出账套。
- 在删除账套时，必须关闭所有系统模块。

账套引入(即会计数据恢复)是指把软盘上或硬盘上的备份数据恢复到硬盘上指定目录下，即利用现有数据恢复。进行账套引入(或数据恢复)的目的是：当硬盘数据被破坏时，将软盘或光盘上的最新备份数据恢复到硬盘中。系统还允许将系统外某账套数据引入本系统中，从而有利于集团公司的操作。例如，子公司的账套数据可以定期被引入母公司系统中，以便进行有关账套数据的分析和合并工作。

**例 1-7** 将已备份到“我的文档”中“账套备份”文件夹的 106 账套数据恢复到硬盘中。

(1) 以系统管理员身份进入“系统管理”窗口，单击“账套”菜单中的“引入”选项，打开“引入账套数据”对话框，如图 1-21 所示。

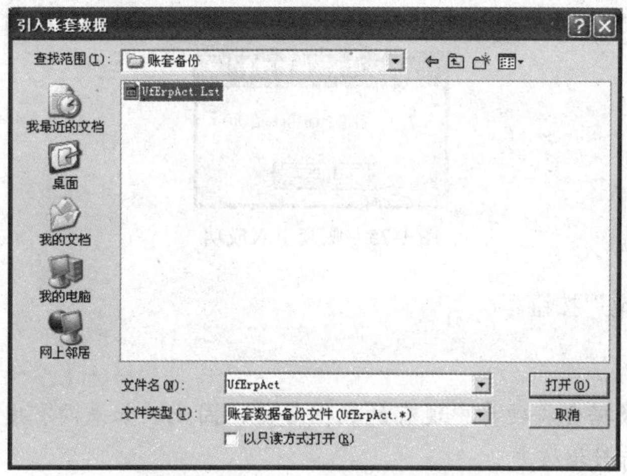


图 1-21 “引入账套数据”对话框

(2) 选择“My Documents \账套备份\”中的数据文件“UferpAct.Lst”，单击“打开”按钮。

(3) 系统提示“重新指定账套路径吗？”如图 1-22 所示。

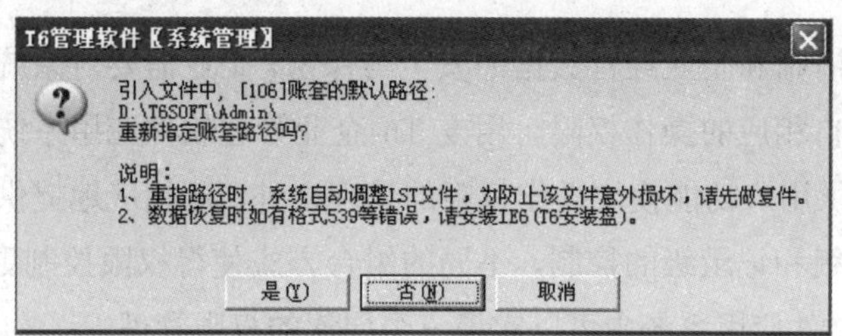


图 1-22 引入文件路径的确认

(4) 单击“是”按钮，出现“账套路径选择”对话框。选择账套路径为“C: \My Documents \账套备份”，如图 1-23 所示。

图 1-23 账套存放路径的确认

(5) 单击“确认”按钮，系统弹出是否覆盖当前信息的提示，如图 1-24 所示。

图 1-24　是否覆盖账套的提示

(6) 单击“是”按钮，系统弹出“账套[106]引入成功”提示，如图 1-25 所示。

图 1-25　账套引入成功

(7) 单击“确定”按钮。

**注意**

- 恢复备份数据会将硬盘中现有的数据覆盖，因此，如果没有发现数据被损坏，不要轻易进行数据恢复。
- 在引入账套时，系统默认的账套路径如果与实际要引入的账套路径不同，则应修改账套路径。

### 1.1.4　设置操作员权限

为了保证权责清晰和企业经营数据的安全与保密，企业需要对系统中所有的操作人员进行分工，设置各自相应的操作权限。用友 T6-企业管理软件应用系统提供了权限的集中管理功能。除了提供用户功能模块操作权限的管理之外，还相应地提供了金额的权限管理和对于数据的字段级和记录级的控制，不同的组合方式使得权限控制更灵活、更有效。在用友 T6-企业管理软件应用系统中可以实现三个层次的权限管理。

第一个层次是功能级权限管理。功能级权限管理提供了更为细致的功能级权限管理功能，包括各功能模块相关业务的查看和操作权限。

第二个层次是数据级权限管理。该权限可以通过两个方面进行控制，一个是字段级权限控制，另一个是记录级权限控制。

第三个层次是金额级权限管理。该权限主要用于完善内部金额控制，实现对具体金额和数量划分级别，对不同岗位和职位的操作员进行金额级别控制，限制其制单时可以使用的金额和数量，不涉及内部系统控制的不在管理范围之内。

功能权限的分配在“系统管理”中进行，数据级权限和金额级权限在“企业门户”中进行设置，且必须是在系统管理的功能权限设置之后才能进行。

只有系统管理员和该账套的主管有权进行权限设置，但两者的权限又有所区别。系统管理员可以指定某账套的账套主管，还可以对各个账套的操作员进行权限设置。而账套主管只可以对所管辖账套的操作员进行权限指定。

### 1. 增加操作员权限

由于操作员权限是指某一操作员拥有某一账套的某些功能的操作权限，因此，在设置操作员和建立该核算账套之后，可以在操作员权限设置功能中对非账套主管的操作员进行操作员权限的设置。

**例 1-8** 增加操作员“高宁”拥有 106 账套“公用目录设置”、“总账”、“工资管理”和“固定资产”的操作权限；“刘佳”拥有 106 账套“公用目录设置”和“总账”的操作权限。

**操作步骤**

(1) 以系统管理员 admin 的身份登录进入“系统管理”窗口，单击“权限”菜单中的“权限”选项，打开“操作员权限”对话框，如图 1-26 所示。

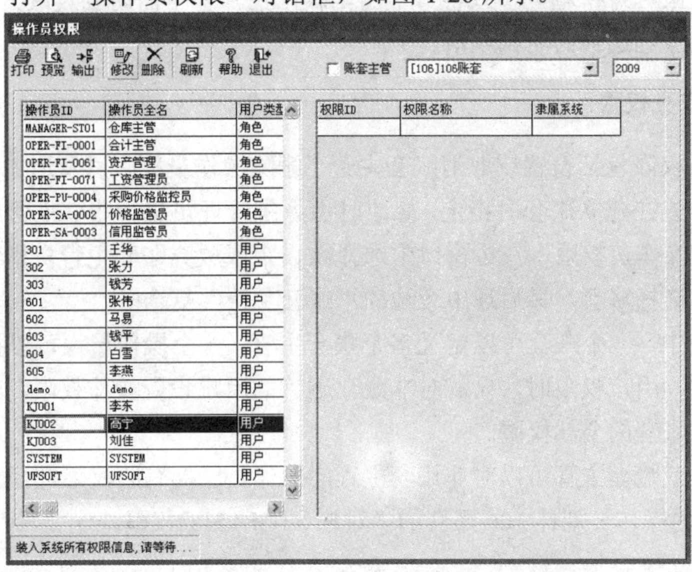


图 1-26 设置操作员权限

(2) 单击选中操作员显示区中的“KJ002 高宁”所在行。

(3) 单击对话框右上角的下拉按钮，选择“[106]106 账套”及“2009”选项。

**注意**

账套主管右侧文本框中的下三角按钮为设置操作员权限的账套选择按钮。

(4) 单击“修改”按钮，打开“增加和调整权限”对话框，如图 1-27 所示。

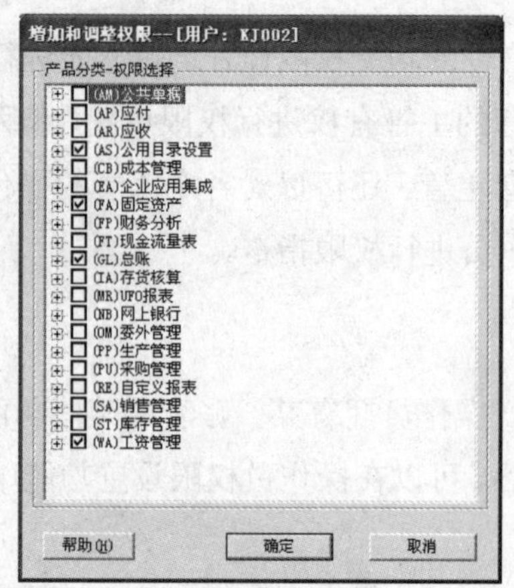

图 1-27 “增加和调整权限”对话框

(5) 单击选中“公用目录设置”、“总账”、“工资管理”和“固定资产”前的复选框。

(6) 单击“确定”按钮。

(7) 以此方法继续增加“刘佳”的操作权限。

**注意**

在“增加权限”对话框中，双击右侧明细权限选择区中的明细权限，可以根据自己的需要添加或删除已选中的明细权限。

### 2. 修改操作员权限

修改操作员权限包括设置或取消账套主管、删除操作员权限以及追加操作员权限。账套主管的设立首先在建立账套时指定，修改时由系统管理员进行账套主管的设定与放弃的操作，首先在“操作员权限”左边窗口中选择欲设定或放弃账套主管资格的操作员，然后在对话框右上角选择账套，最后选中旁边的“账套主管”复选框。

在实际工作中，一个账套可以定义多个账套主管，一个操作员也可以担任多个账套的账套主管。在设置用户权限时，只需对非账套主管的用户设置操作权限，而系统默认账套主管自动拥有该账套的全部权限。

系统管理员或账套主管可以对非账套主管的操作员已拥有的权限进行删除。

**例 1-9** 取消操作员刘佳 106 账套的“对账”(GL1511)权限。

**操作步骤**

(1) 在“系统管理”窗口中，单击“权限”菜单中的“权限”选项，打开“操作员权限”对话框。

(2) 单击对话框右上角下拉按钮选择“[106]106 账套”和“2009”选项。

(3) 单击选中操作员区中的“KJ003 刘佳”所在行，在权限显示区中单击选中要被删除的“对账”(GL1511)权限，如图 1-28 所示。

(4) 单击“删除”按钮，系统弹出“删除权限”的提示对话框，如图 1-29 所示。

(5) 单击“是”按钮，确认删除操作员刘佳 106 账套的“对账”权限。

注意

- 系统约定，操作员权限一旦被使用，便不能被修改或删除。
- 如果要删除某一操作员的某一账套的多个操作权限，可以在选中第一个要删除的权限后，按住 Shift 键，同时移动鼠标，便可选定一批权限，然后单击“删除”按钮，执行批量删除的功能。

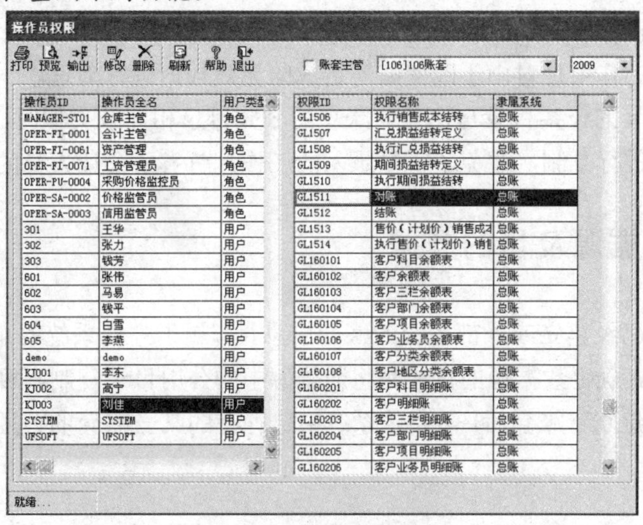

图 1-28 删除操作员权限

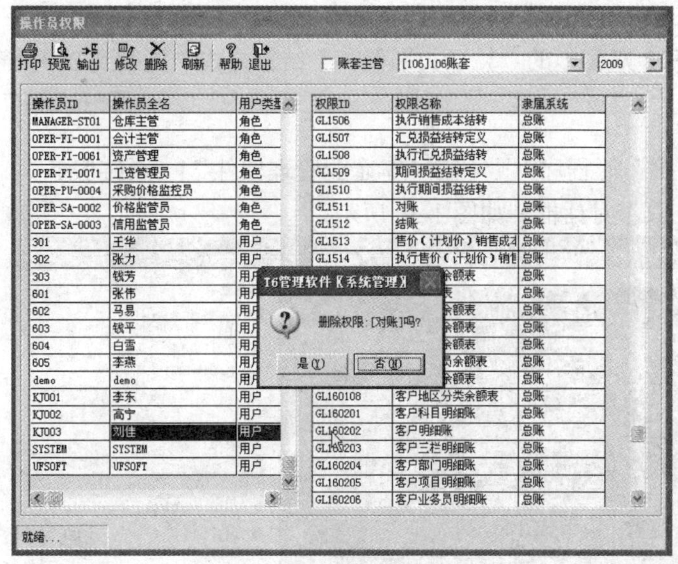

图 1-29 确认删除权限

## 1.2 总账工具

总账工具是总账系统携带的一个应用程序，它可以实现不同账套或同一账套不同计算机之间的数据传递，主要包括公共目录复制、凭证引入和账簿数据整理。

公共目录复制包括会计科目、外币币种、凭证类别、结算方式、地区分类、客户分类、供应商分类、客户目录、供应商目录等设置的复制。公共目录复制的作用是完成不同账套复制公共目录的功能，可以大大减少新账套设置的工作量。

凭证引入的作用是按标准格式将.txt 文本文件引入到凭证库中，从而可将不同地域尚未联网的计算机中输入的凭证引入系统中。

账簿数据整理的作用是对由于改变账簿造成的无效数据进行清理。

当用户新建账套的公共目录与已建立账套的公共目录相同或类似时，可以使用总账工具功能对公共目录进行复制，避免了重复录入的工作，节省了会计人员的工作量。

## 1.2.1 确定数据源及目的数据

数据源即系统已经建立或外部系统的账套信息。若属于外部系统的账套信息，则需将其先存为文本文件。确定数据源的目的是将数据源中的公用目录复制到目的数据之中。

目的数据即在建立新账套后，需要将系统中已存在的某一账套的公用目录数据复制过来的账套。

## 1.2.2 复制数据源信息

**例 1-10** 将 002 账套中的“凭证类别”和“结算方式”复制到 008 账套中。

**操作步骤**

(1) 选择“开始”|“程序”|“用友 T6-企业管理软件”|“系统服务”|“总账工具”选项，打开“总账工具”对话框，如图 1-30 所示。

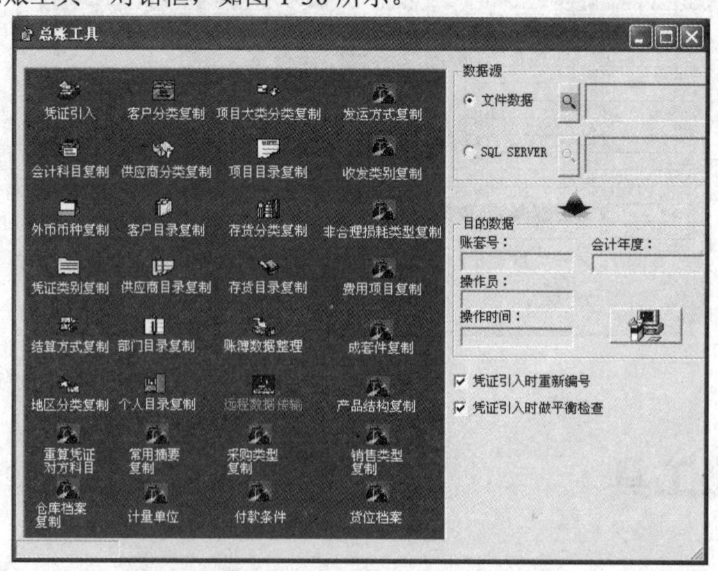


图 1-30 “总账工具”对话框

(2) 单击“数据源”中 SQL SERVER 前的单选按钮，再单击 SQL SERVER 的参照按钮，出现“数据源信息”对话框。

(3) 在“数据源信息”对话框中的“账套号”栏录入“002”，如图 1-31 所示。

(4) 单击“确定”按钮。

(5) 单击“目的数据”中的注册图标，打开“注册〖公用目录设置〗”对话框。

(6) 在“注册〖公用目录设置〗”对话框中，在“操作员”栏录入“demo”，在“密码”栏录入“demo”，选择“账套”下拉列表框中的“[008]”选项。

(7) 单击“确定”按钮，系统返回到“总账工具”对话框。

(8) 双击“凭证类别复制”图标，系统弹出“凭证类别复制完成”提示对话框，如图 1-32 所示。

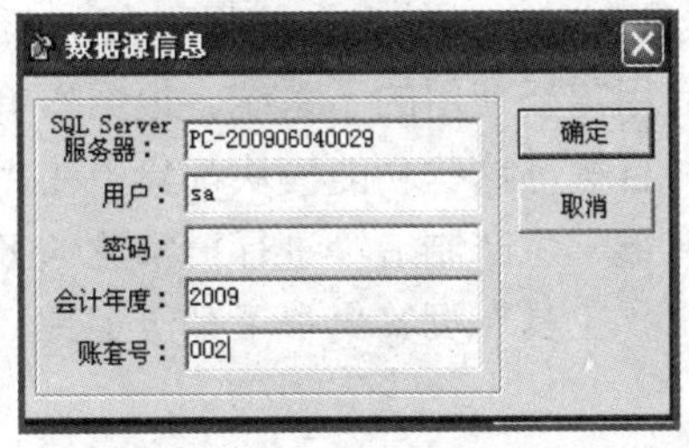


图 1-31 “数据源信息”对话框

图 1-32 注意凭证类别复制完成

(9) 单击“确定”按钮返回。

(10) 以此方法继续复制“结算方式”。

**注意**

- 目的数据的账套必须预先设置，并且，如果要复制数据源中的会计科目，则应该在建立目的数据的账套时不能预置会计科目，否则将不能复制会计科目。
- 如果使用的是网络版，执行本功能前应将使用“目的数据”账套的所有站点关闭。
- 复制后的账套初始化资料，若仍有与新账套要求不同之处，可以在新账套中再行修改。
- 对于有分级的公共目录，如会计科目、部门目录、项目分类等，目的账套的相应目录应为空，否则将不能进行复制。
- 对于无分级的公共目录，如个人目录、项目目录、客户目录等，将把不同的目录追加复制到目的账套中。

# 1.3 基础设置

用友 T6-企业管理软件应用系统包含众多子系统，它们之间存在很多共性，如都需要进行登录注册，都需要设置系统基础档案信息等。进入用友 T6-企业管理软件应用系统时，用户可以通过“企业门户”注册进入企业门户，从而取得无需再次验证而进入任何一个子系统的“通行证”，这样既可以避免重复登录，节省时间，也可以充分体现数据共享和系统集成的优势；其次，系统的基础档案信息将集中在企业门户中进行维护；最后，通过企业门户还可以实现个性化业务工作与日常办公的协同进行。

### 1.3.1 企业门户

为了使用用友 T6-企业管理软件应用系统能够成为连接企业员工、用户和合作伙伴的公共平台，使系统资源能够高效、合理地使用，在用友 T6-企业管理软件应用系统中设立了企业门户功能。通过企业门户，系统使用者能够从单一入口访问其所需要的个性化信息，定义自己的业务工作，并设计自己的工作流程。

系统分为 “设置”、“业务”和“工具”三个页签。在使用用友 T6-企业管理软件应用系统前，需要做很多准备工作，包括启用需要使用的子系统、根据本单位信息化管理的需要设置基础档案、业务内容及会计科目等，这些功能模块都集中在“设置”页签中；在“业务”页签中则包含了财务、供应链、生产制造等进行日常业务工作所使用的子系统，提供了快速进入业务工作的途径；“工具”页签集中了升级工具、系统管理、总账工具和科目转换等。

**例 1-11** 2009 年 1 月 7 日，由操作员李东(编号：KJ001，密码：123456)启动 106 账套企业门户。

**操作步骤**

(1) 单击“开始”|“程序”|“用友 T6-企业管理软件”|“企业门户”，打开“注册〖企业门户〗”对话框，如图 1-33 所示。

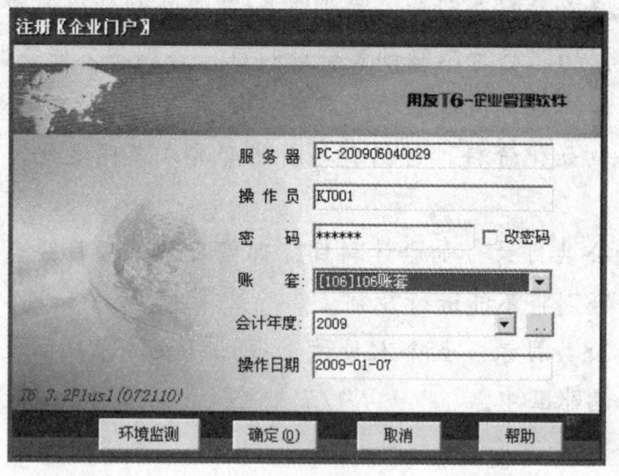


图 1-33 “注册〖企业门户〗”对话框

(2) 在“操作员”栏录入“KJ001”，在“密码”栏录入“123456”，单击“账套”栏下三角按钮选择 106 账套。单击“确定”按钮，进入“用友 T6—[企业流程]”窗口，即“企业门户”窗口，如图 1-34 所示。

图 1-34　用友 T6 企业门户窗口

### 1. 工作中心

在日常工作中，每个人除了负责系统中特定的业务工作之外，还有一些繁杂的日常业务。“工作中心”是企业门户以登录注册的操作员为中心，将用户负责的业务工作连同日常办公需要的功能有机集成的产物，充分体现了以用户为中心的设计思想。

在企业门户中，单击“视图”|“工作中心”选项，屏幕显示如图 1-35 所示。

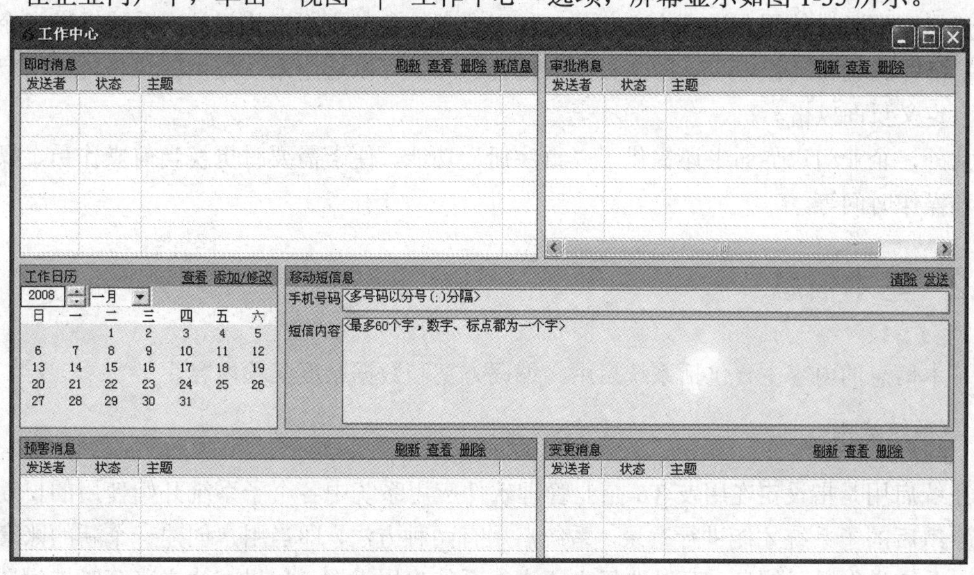


图 1-35　“工作中心”窗口

“工作中心”包括即时消息、审批消息、工作日历、移动短消息、预警消息和变更消息六部分。在工作中心中通过“工作日历”，可以建立个人备忘录，用以提醒某一天要完成的工作和其他重要的事件；可以及时地了解工作信息、审批信息、预警信息等。

### 2. 个性流程

通过“个性流程”功能，可以根据操作员要处理的日常业务设计个性化的工作流程图。

**操作步骤**

(1) 单击“视图”|“个性流程”选项，进入工作界面。

(2) 单击“编辑”按钮，打开“配置业务流程”窗口。

(3) 在“配置业务流程”窗口中，选中要增加的工作节点并拖动至工作区空白处。重复这一步骤，直至所有需要配置的节点都在工作区中显示。

(4) 按住 Ctrl 键，用鼠标单击工作流程图中的首节点，然后拖动鼠标到下一节点。释放鼠标后，在两节点间就会出现一根连线，表示节点间的顺序关系。重复这一步骤，直至完成工作流程图的设计。

(5) 单击工具栏上的“存储”按钮，保存工作流程图。

(6) 单击“重新装入”可以重新装载工作流程图。

**注意**

- 若要删除工作流程图中的节点间的连线，只需右击选中对象，然后从快捷菜单中选择“删除”即可。
- 必须在删除节点间连线后才可以删除节点。

### 3. 风格配置

风格配置可以使用户进行个性化的、体现自身特色的页面风格设计。系统提供了企业流程、个性流程和工作中心三种主界面的选择。除了可以选用系统提供的风格外，用户还可以自定义页面风格。

此外，企业门户界面中还提供了“重注册”功能，便于需要时更换当前操作员、操作账套和操作时间等。

## 1.3.2 基本信息

基本信息的内容主要包括系统启用、编码方案和数据精度三项内容。

### 1. 系统启用

系统启用是指设定在用友 T6-企业管理软件应用系统中各个子系统开始使用的日期。只有启用后的子系统才能进行登录。系统启用有两种方法，即当用户创建一个新的账套完成后，系统弹出提示信息，可以选择立即进行系统启用设置。如果在建立账套时未设置系统启用，也可以在企业门户中进行设置。

**例 1-12** 2009 年 1 月 7 日，由 106 账套的账套主管李东(编号：KJ001；密码：123456)在企业门户中启用总账系统，启用日期为“2009 年 1 月 1 日”。

**操作步骤**

(1) 在“用友 T6-企业管理软件”企业门户中，单击“设置”页签。

(2) 在“用友 T6-企业管理软件”企业门户中的“设置”页签中，单击“基础信息”|“基本信息”|“系统启用”，打开“系统启用”窗口。

(3) 在“系统启用”窗口中，单击选中“总账”复选框，出现“日历”对话框，选中 2009 年 1 月 1 日，如图 1-36 所示。

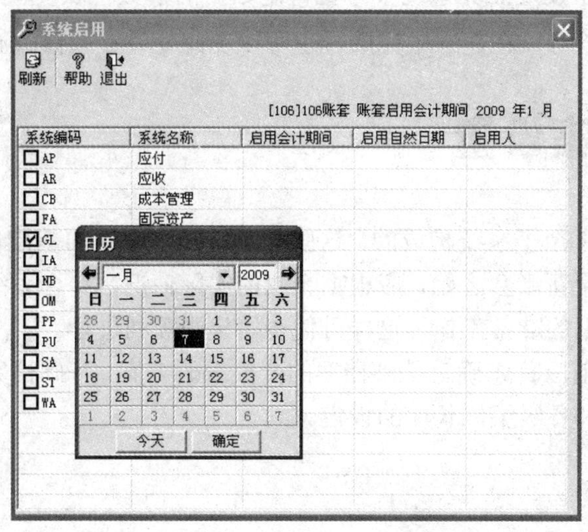


图 1-36 “系统启用”对话框

(4) 单击“确定”按钮，系统提示“确实要启用当前系统吗？”如图 1-37 所示。

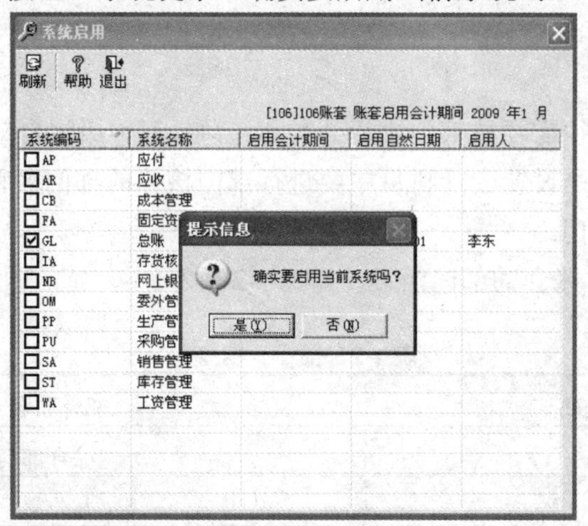


图 1-37 是否启用当前系统的提示

(5) 单击“是”按钮。

注意

- 系统启用界面所列出的子系统全部是已安装的子系统，未安装的不予列示。
- 各系统的启用会计期间必须大于等于账套的启用期间。

2. 编码方案与数据精度

编码方案主要用于设置有编码级次档案的分级方式和各级编码长度，用友 T6-企业管理软件应用系统中的所有子系统均需要用到编码方案。编码方案的设置可以在建立中完成，也可以在此处设置或修改。

数据精度主要用于设置业务系统中一些特定数据的小数位长度。数据精度的设置与编码方案的设置一样，既可以在建立中完成，也可以在此处设置或修改。

## 1.4 基础档案设置

一个账套是由若干个子系统构成的，这些子系统共享公用的基础信息，基础信息是系统运行的基石。在启用新账套之始，应根据企业的实际情况，结合系统基础信息设置的要求，事先做好基础数据的准备工作，这样可使初始建账顺利进行。

设置基础档案之前应首先确定基础档案的分类编码方案，基础档案的设置必须遵循分类编码方案中的级次和各级编码长度的设定。

### 1.4.1 机构设置

机构设置主要包括设置部门档案和设置人员档案两部分内容。

1. 部门档案

在会计核算中，往往需要按部门进行分类和汇总，下一级将自动向有隶属关系的上一级进行汇总。部门档案是设置会计科目中要进行部门核算的部门名称，以及要进行个人核算的往来个人所属的部门。

例 1-13　设置 106 账套的部门档案，如表 1-2 所示。

表 1-2　部门档案

| 部门编码 | 部门名称 |
| --- | --- |
| 1 | 综合部门 |
| 101 | 办公室 |
| 102 | 财务部 |
| 2 | 生产部 |
| 3 | 市场部 |

**操作步骤**

(1) 在“用友T6-企业管理软件”企业门户中的“设置”页签中，单击“基础信息”|“基础档案”|“机构设置”|“部门档案”，打开“部门档案”窗口，如图1-38所示。

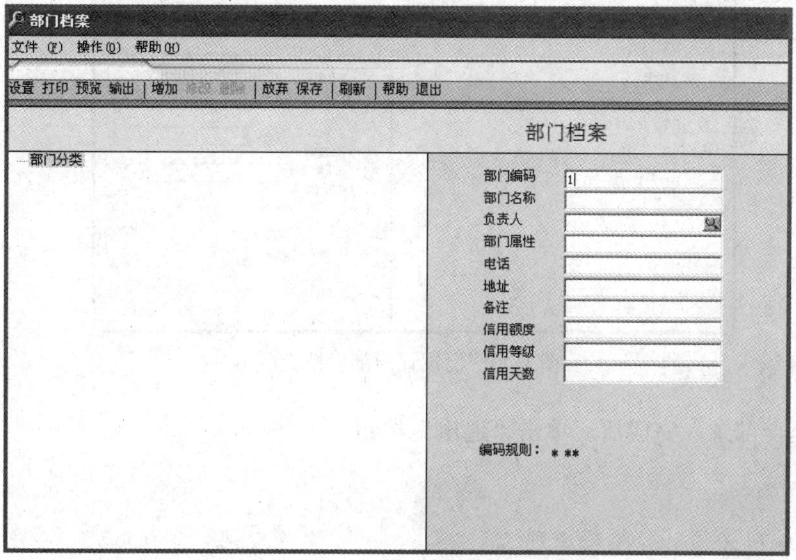

图1-38 “部门档案”窗口

(2) 在“部门档案”窗口中，单击“增加”按钮，在“部门编码”栏录入“1”，在“部门名称”栏录入“综合部门”，如图1-39所示。

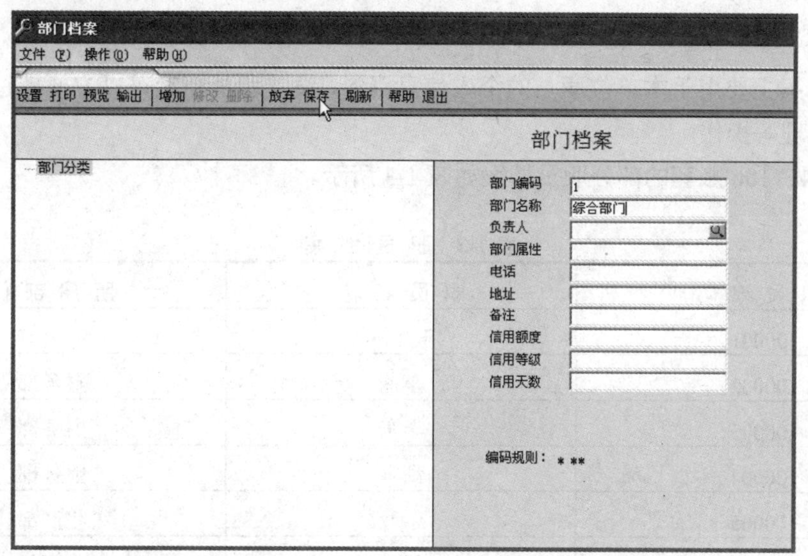


图1-39 部门档案设置窗口

(3) 单击“保存”按钮。

(4) 重复第(2)至第(3)步操作继续录入其他部门，系统显示已录入的部门档案，如图1-40所示。

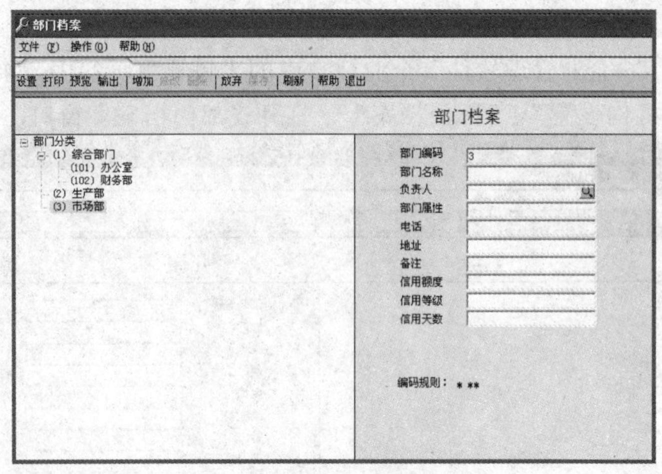


图 1-40　已设置的部门档案

(5) 直至全部录入完成后，单击“退出”按钮。

**注意**

- 部门编码必须符合编码原则。
- 由于在设置部门档案时还未设置职员档案，因此，如果要设置部门档案中的负责人，应在设置职员档案后，再回到设置部门档案中，使用修改功能补充设置。
- 部门档案资料一旦被使用将不能被修改或删除。

### 2. 职员档案

职员档案主要用于本单位职员的个人信息资料，设置职员档案可以方便地进行个人往来核算和管理等操作。

**例 1-14**　106 账套的部分职员档案如表 1-3 所示。

表 1-3　职 员 档 案

| 职 员 编 码 | 职 员 名 称 | 所 属 部 门 |
|---|---|---|
| 00001 | 王海涛 | 办公室 |
| 00002 | 李楠 | 财务部 |
| 00003 | 李东 | 财务部 |
| 00004 | 高宁 | 财务部 |
| 00005 | 丁玲 | 生产部 |
| 00006 | 钱进 | 生产部 |
| 00007 | 陈红 | 市场部 |

**操作步骤**

(1) 在“用友 T6-企业管理软件”企业门户的“设置”页签中，单击“基础信息”|“基

础档案”|“机构设置”|“职员档案”，打开“职员档案”窗口。

(2) 在“职员档案”窗口中，单击左侧“101 办公室 ”后，再单击“增加”按钮，打开“增加职员档案”窗口。

(3) 在“增加职员档案”窗口中，在“职员编码”栏录入“00001”，在“职员名称”栏录入“王海涛”，如图 1-41 所示。

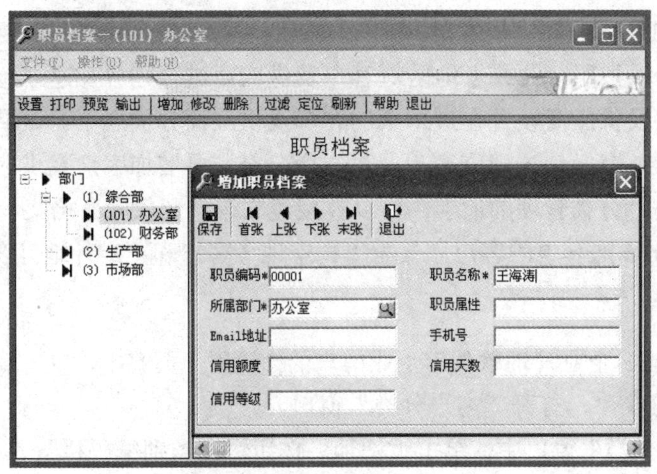


图 1-41 “职员档案”窗口

(4) 单击“保存”按钮。

(5) 重复第(2)至第(4)步操作，继续录入其他职员，如图 1-42 所示。

(6) 单击“退出”按钮。

**注意**

- 在录入职员档案时，系统默认被选中的部门，如果所属部门不符合要求应在删除已选中的部门后，再单击参照按钮重新选择相应的部门。
- 职员档案资料一旦被使用将不能被修改或删除。

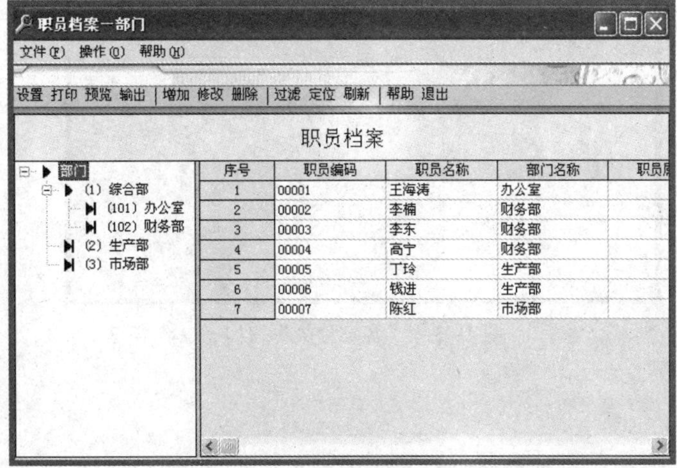


| 序号 | 职员编码 | 职员名称 | 部门名称 | 职员属 |
|---|---|---|---|---|
| 1 | 00001 | 王海涛 | 办公室 | |
| 2 | 00002 | 李楠 | 财务部 | |
| 3 | 00003 | 李东 | 财务部 | |
| 4 | 00004 | 高宁 | 财务部 | |
| 5 | 00005 | 丁玲 | 生产部 | |
| 6 | 00006 | 钱进 | 生产部 | |
| 7 | 00007 | 陈红 | 市场部 | |

图 1-42 已录入的全部职员档案

## 1.4.2 往来单位设置

往来单位设置主要包括设置往来单位的分类和往来单位的档案信息。

### 1. 客户及供应商分类

企业可以从自身管理要求出发对客户及供应商进行相应的分类，以便于对业务数据的统计、分析。如可以按照行业或者地区对客户及供应商进行划分。建立起客户及供应商分类后，必须将客户及供应商设置在最末级的客户及供应商分类之下。如果在建账时选择了客户及供应商分类，就必须先建立客户及供应商分类，再增加客户及供应商档案；若对客户及供应商没有进行分类管理的需求，可以直接建立客户及供应商档案。

**例 1-15** 将 106 账套中的客户划分为“1 本地”客户和“2 外地”客户两类。

**操作步骤**

(1) 在“用友 T6-企业管理软件”企业门户的“设置”页签中，单击“基础信息”|“往来单位”|“客户分类”，打开“客户分类”窗口。

(2) 在“客户分类”窗口中，单击“增加”按钮，在类别编码栏录入“1”，在类别名称栏录入“本地”，如图 1-43 所示。

(3) 单击“保存”按钮。

(4) 重复第(2)至第(3)步操作，继续录入外地客户的客户分类。单击“退出”按钮。

**注意**

- 客户及供应商分类编码必须唯一。
- 客户及供应商分类编码必须符合编码原则。

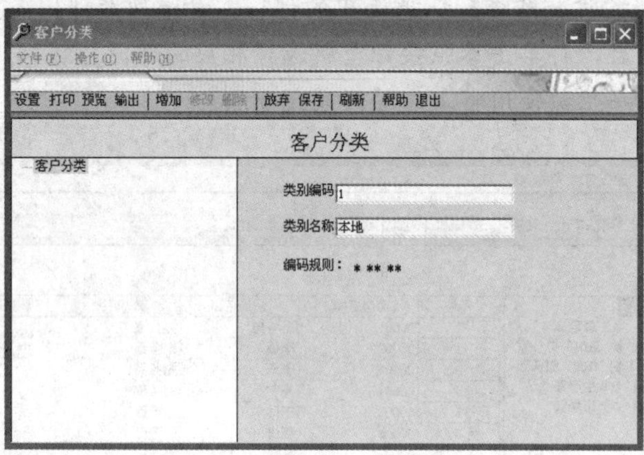


图 1-43 “客户分类”窗口

### 2. 客户档案

企业如果需要进行往来管理，那么必须将企业中客户的详细信息录入客户档案中。建立客户档案直接关系到对客户数据的统计、汇总和查询等分类处理。在销售管理等业务中需要处理的客户档案资料，应先行在本功能中设定，平时如有变动应及时在此进行调整。客户档案主要包括客户编号、开户银行等基本信息和联系方式及信用等级等其他信息。

**例 1-16** 设置 106 账套的部分客户档案，如表 1-4 所示。

表 1-4 客 户 档 案

| 客户编号 | 客 户 名 称 | 客户简称 | 所属分类码 | 联系人 | 邮编 | 税号 | 开户银行 | 银行账号 |
|---|---|---|---|---|---|---|---|---|
| 001 | 北京大地公司 | 大地公司 | 1 | 王昌 | 100078 | 9900 | 工行 | 789-99 |
| 002 | 长远股份有限公司 | 长远公司 | 2 | 张丽 | 200369 | 1234 | 建行 | 369-123 |

**操作步骤**

(1) 在“用友 T6-企业管理软件”企业门户的“设置”页签中，单击“基础信息”|“往来单位”|“客户档案”，打开“客户档案”窗口。

(2) 在“客户档案”窗口中，将光标移到左侧框中的最末级客户分类“1 本地”处。

**注意**

- 客户档案必须在最末级客户分类下设置。
- 若左框中无客户分类，则将客户归入无客户分类项。

(3) 单击“增加”按钮，进入“增加客户档案”对话框，如图 1-44 所示。

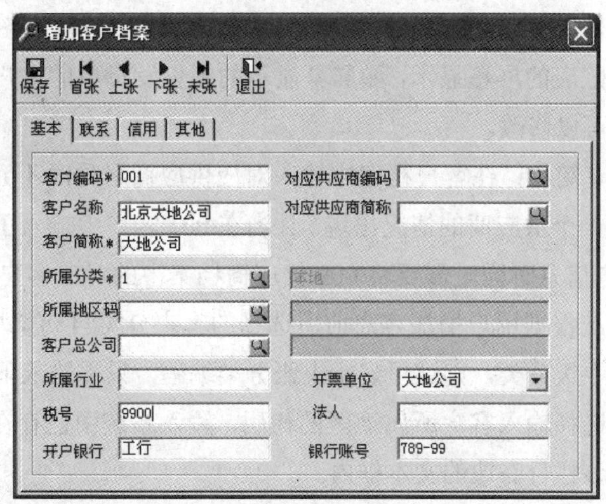


图 1-44 客户档案“基本”选项卡

(4) 打开“基本”选项卡，输入各项客户信息。

**注意**

- 客户编码简称和所属分类必须输入，其余可以忽略。
- 如果所选客户分类不正确，可以在删除错误的所属分类后单击所属分类栏的参照按钮，重新选择正确的分类。

- 客户档案和供应商档案记录可以设置对应关系，主要是为了处理既是客户又是供应商的往来单位，这种对应关系只能一对一。

(5) 打开“联系”选项卡，输入相应的联系信息。

注意
“联系”选项卡内容可以为空。

(6) 输入各项内容后，单击“保存”按钮。
(7) 以此方法继续录入 002 号客户的相关信息。

注意
输入各项内容后，必须单击“保存”按钮，否则表示放弃。

【栏目说明】

**客户档案基本页**

**客户编码**：客户编码必须唯一；客户编码可以用数字或字符表示，最多可输入 20 位数字或字符。必须输入，一经保存不能修改。

**客户名称**：可以是汉字或英文字母，客户名称最多可写 49 个汉字或 98 个字符。客户名称用于销售发票的打印。必须输入，可以修改。

**客户简称**：可以是汉字或英文字母，客户名称最多可写 30 个汉字或 60 个字符。客户简称用于业务单据和账表的屏幕显示，如屏幕显示的销售发货单的客户栏目中的内容为客户简称。必须输入，可以修改。

**对应供应商编码、简称**：在客户档案中输入对应供应商名称时不允许记录重复，即不允许有多个客户对应一个供应商的情况出现。且当在 001 客户中输入了对应供应商编码为 009，则在保存该客户信息时同时需要将 009 供应商档案中的对应客户编码记录存为 001。

**所属分类码**：系统根据用户增加客户前所选择的客户分类自动填写，用户可以修改。如果新增客户档案有上级分类，则这里显示上级分类编码，只需输入下级编码即可。

**所属地区码**：可选择输入客户所属地区的代码，输入系统中已存在代码时，自动转换成地区名称，显示在该栏目右边的文本框内。

**客户总公司**：客户总公司指当前客户所隶属的最高一级的公司，该公司必须是已经通过“增加客户档案”功能设定的另一个客户。在销售开票结算处理时，具有同一个客户总公司的不同客户的发货业务，可以汇总在一张发票中统一开票结算。在此处，可选择输入客户所属总公司的客户编号，输入系统中已存在编号时，自动转换成客户简称，显示在该栏目右侧的文本框内。

**所属行业**：输入客户所归属的行业，可输入汉字。

**税号**：输入客户的工商登记税号，用于销售发票的税号栏内容的屏幕显示和打印输出。

**法人**：输入客户的企业法人代表的姓名。

**开户银行**：输入客户的开户银行的名称，如果客户的开户银行有多个，在此处输入该企业同用户之间发生业务往来最常用的开户银行。

**银行账号**：输入客户在其开户银行中的账号，可输入50位数字或字符。银行账号应对应于开户银行栏目所填写的内容。如果客户在某开户银行中有多个银行账号，在此处输入该企业同用户之间发生业务往来最常用的银行账号。

**客户档案联系页**

**地址**：可用于销售发票的客户地址栏内容的屏幕显示和打印输出，最多可输入49个汉字和98个字符。如果客户的地址有多个，在此处输入该企业与用户之间发生业务往来最常用的地址。

**电话、手机号码**：可用于销售发票的客户电话栏内容的屏幕显示和打印输出。

**发货地址**：可用于销售发货单中发货地址栏的默认取值，可以与客户地址相同，也可以不同。在很多情况下，发货地址是客户主要仓库的地址。

**发运方式**：可用于销售发货单中发运方式栏的默认取值，输入系统中已存在代码时，自动转换成发运方式名称。

**发货仓库**：可用于销售单据中仓库的默认取值，输入系统中已存在代码时，自动转换成仓库名称。

**客户档案信用页**

**应收余额**：应收余额指客户当前的应收账款的余额，由系统自动维护，用户不能修改该栏目的内容。单击客户档案主界面上的“信用”按钮，计算并显示应收款管理系统中客户当前应收款余额。

**价格级别**：根据可选择的价格级别，选择对该客户销售产品(商品)时使用的价格级别。

**扣率**：输入客户在一般情况下可以享受的购货折扣率，用于销售单据中折扣的默认取值。

**信用等级**：按照用户自行设定的信用等级分级方法，依据客户在应收款项方面的表现，输入客户的信用等级。

**信用期限**：可作为计算客户超期应收款项的计算依据，其度量单位为“天”。

**信用额度**：内容必须是数字，可输入两位小数，可以为空。

**付款条件**：用于销售单据中付款条件的默认取值，输入系统中已存在代码时，自动转换成付款条件表示。

**最后交易日期**：由系统自动显示客户的最后一笔业务的交易日期。例如，该客户的最后一笔业务(在各种业务中业务日期最大)是开具一张销售发票，那么最后交易日期即为这张发票的发票日期。用户不能手工修改最后交易日期。

**最后交易金额**：由系统自动显示客户的最后一笔业务的交易金额。例如，该客户的最后一笔业务(在各种业务中业务日期最大)是开具一张销售发票，那么最后交易金额即为这张发票的总价税合计金额。用户不能手工修改最后交易金额。

**最早欠款日期**：由系统自动显示客户的最早一笔欠款的日期。

**最后收款金额**：由系统自动显示客户的最后一笔收款业务的收款金额，即在最后收款日期收到的款项，金额单位为发生实际收款业务的币种。

**注意**

- 应收余额、最后交易日期、最后交易金额、最早欠款日期、最后收款金额这 5 项，是通过单击客户档案主界面上的“信用”按钮，在应收系统中计算相关数据并显示的，只能查看，不能修改。如果没有启用应收系统，则这 5 个条件项不可使用。
- 如果系统提供的客户档案内容仍不能满足企业的需要，可利用系统提供的“自定义项”功能增加自定义栏目，设置自定义栏目档案内容。客户档案中自动增加“自定义页签”，在自定义页签中可以选择输入客户档案自定义项目内容。

### 3. 供应商档案

企业如果需要进行往来管理，那么必须将企业中供应商的详细信息录入供应商档案中。建立供应商档案直接关系到对供应商数据的统计、汇总和查询等分类处理。在采购管理等业务中需要处理的供应商的档案资料，应先行在本功能中设定，平时如有变动应及时在此进行调整。

**例 1-17** 设置 106 账套的部分供应商档案，如表 1-5 所示。

**表 1-5 供应商档案**

| 供应商编号 | 供应商名称 | 供应商简称 | 所属分类码 |
| --- | --- | --- | --- |
| 001 | 广大公司 | 广大公司 | 00 |
| 002 | 百惠股份有限公司 | 百惠公司 | 00 |

**操作步骤**

(1) 在“用友 T6-企业管理软件”企业门户的“设置”页签中，单击“基础信息”|“往来单位”|“供应商档案”，打开“供应商档案”窗口。

(2) 在“供应商档案”窗口中，将光标移到左框中的最末级客户分类“(00)无分类”处，如图 1-45 所示。

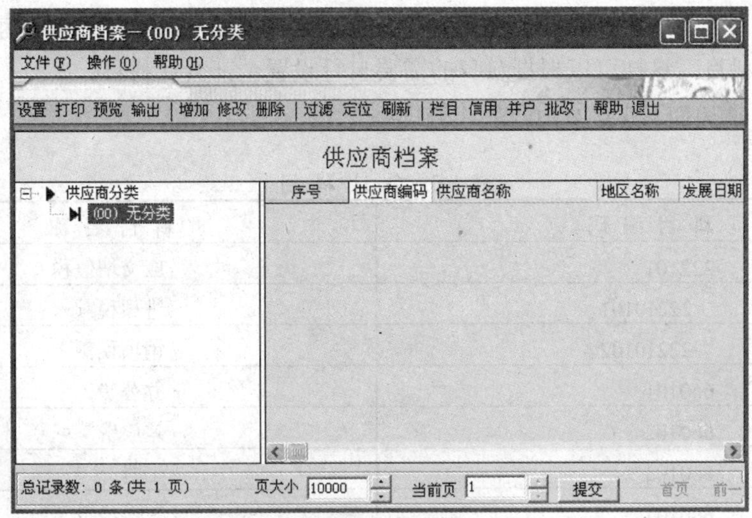


图 1-45 选中“(00)无分类”

(3) 单击“增加”按钮，进入“增加供应商档案”对话框，如图 1-46 所示。

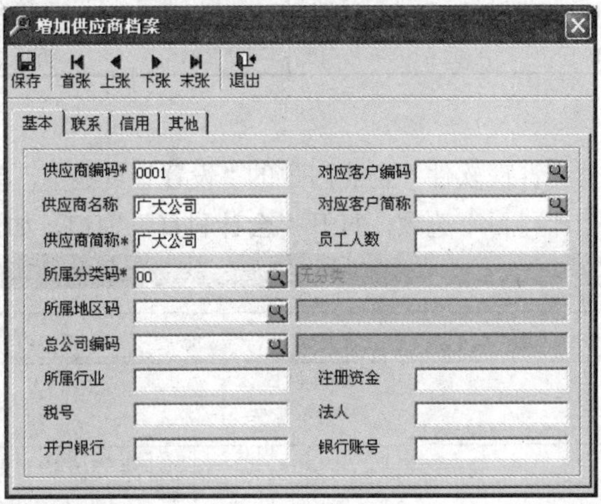

图 1-46 “增加供应商档案”对话框

(4) 录入所有供应商档案的信息。

### 1.4.3 财务设置

财务设置的内容主要包括设置会计核算和管理所需要的会计科目、凭证种类、项目目录等。

#### 1. 设置会计科目

如果用户所使用的会计科目基本上与所选行业会计制度规定的一级会计科目一致，则可以在建立账套时选择预置会计科目。这样，在会计科目初始设置时只需对不同的会计科目进行修改，对缺少的会计科目进行增加处理即可。

如果所使用的会计科目与会计制度规定的会计科目相差较多，则可以在建立账套时选择不预置会计科目，这样可以根据自身的需要自行设置全部会计科目。

**例 1-18** 增加如表 1-6 所示的会计科目。

表 1-6 会计科目

| 科目编码 | 科目名称 |
| --- | --- |
| 222101 | 应交增值税 |
| 22210101 | 进项税额 |
| 22210102 | 销项税额 |
| 660101 | 办公费 |
| 660102 | 差旅费 |
| 660103 | 工资 |
| 660104 | 工会经费 |
| 660105 | 折旧费 |
| 660203 | 工资 |
| 660204 | 工会经费 |
| 660205 | 折旧费 |

**操作步骤**

(1) 在“用友 T6-企业管理软件”企业门户的“设置”页签中，单击“基础信息”|“基础档案”|“财务”|“会计科目”选项，打开“会计科目”窗口，如图 1-47 所示。

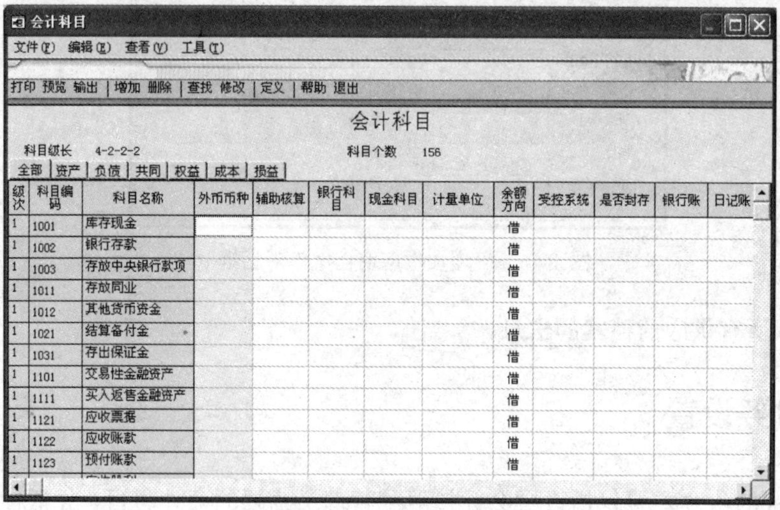

图 1-47 “会计科目”窗口

(2) 单击“增加”按钮，打开“会计科目_新增”对话框，如图 1-48 所示。

(3) 输入科目编码“222101”、科目中文名称“应交增值税”(其他项目默认系统设置，不作修改)，单击“确定”按钮。

(4) 单击“增加”按钮，重复第(3)步操作，继续增加其他会计科目。

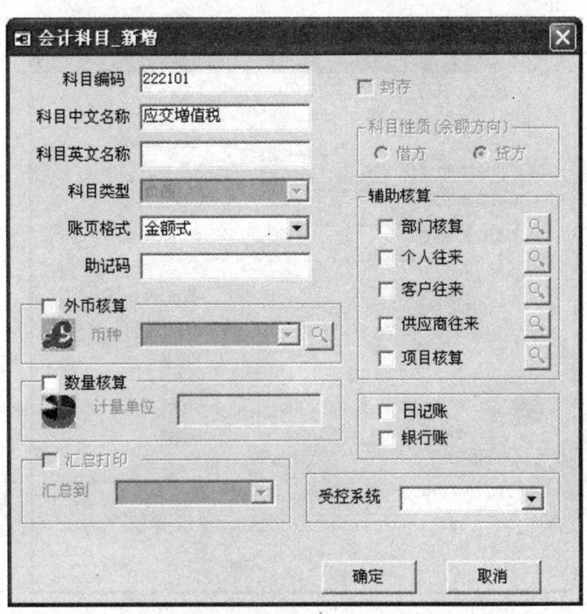


图 1-48 “会计科目_新增”对话框

为了加快建立会计科目的速度和准确性，可以对下级科目或者同级性质相近的科目进行复制，通过单击“编辑”菜单中的“复制”选项完成，这样只需稍作改动即可完成增加工作。

**注意**

- 增加会计科目时，要遵循先建上级再建下级的原则。
- 会计科目编码的长度及每级位数要符合编码规则。
- 编码不能重复。
- 科目已经使用后再增加明细科目时，系统自动将上级科目的数据结转到新增加的第一个明细科目上，以保证账账相符。

如果要对已经设置完成的会计科目的名称、编码及辅助项目等内容进行修改，应在会计科目未使用之前在会计科目的修改功能中完成。

**例 1-19** 将“1001 库存现金”科目修改为有“日记账”核算要求，“1002 银行存款”科目修改为有“日记账”、“银行账”核算要求的会计科目。

**操作步骤**

(1) 在“会计科目”窗口中，将光标移到“1001 库存现金”科目所在行。

(2) 单击“修改”按钮(或双击该会计科目)，打开“会计科目_修改”对话框，再单击“修改”按钮。

(3) 选中“日记账”复选框，如图 1-49 所示。

图 1-49　显示修改后的信息

(4) 单击“确定”按钮，系统显示修改后的信息。继续修改“1002 银行存款”科目。如果需要成批修改，可以单击“◂”、“▸”按钮，直接查找科目进行修改。否则，单击“返回”按钮，退出“会计科目修改”对话框。

**注意**

- 没有会计科目设置权的用户只能浏览会计科目，而不能进行修改。
- 非末级会计科目不能再修改科目编码。
- 已经使用过的末级会计科目不能再修改科目编码。
- 已有数据的会计科目，应先将该科目及其下级科目余额清零后再修改。
- 被封存的科目在制单时不可以使用。
- 只有末级科目才能设置汇总打印，且只能汇总到该科目本身或其上级科目。
- 只有处于修改状态才能设置汇总打印和封存。

如果用户原来有许多往来单位，并且个人、部门、项目是通过设置明细科目来进行核算管理的，那么，在使用总账系统后，最好改用辅助核算进行管理，即将这些明细科目的上级科目设为末级科目并设为辅助核算科目，并将这些明细科目设为相应的辅助核算目录。一个科目设置了辅助核算后，它所发生的每一笔业务将会同时登记在总账和辅助明细账上。可以进行辅助核算的内容主要有部门核算、个人往来、客户往来、供应商往来及项目核算等。

**例 1-20**　增加如表 1-7 所示的会计科目。

表 1-7 会 计 科 目

| 科 目 编 码 | 科 目 名 称 | 辅 助 核 算 |
|---|---|---|
| 660201 | 办公费 | 部门核算 |
| 660202 | 差旅费 | 部门核算 |
| 122101 | 个人借款 | 个人往来 |
| 140301 | A 材料 | 数量核算(计量单位：千克) |

**操作步骤**

(1) 在“会计科目”窗口中，单击“增加”按钮，打开“会计科目_新增”对话框，如图 1-50 所示。

图 1-50 设置辅助核算

(2) 输入科目编码“660201”，输入科目中文名称“办公费”，选中“部门核算”复选框。

(3) 单击“确定”按钮。

(4) 依此方法继续增加其他的带有辅助核算要求的会计科目。

(5) 增加“140301 A 材料”的结果如图 1-51 所示。

**例 1-21** 将“1122 应收账款”修改为“客户往来”辅助核算的会计科目(没有受控系统)，“2202 应付账款”修改为“供应商往来”辅助核算的会计科目(没有受控系统)。

图 1-51 “140301 A 材料”科目

**操作步骤**

(1) 在“会计科目”中，将光标移到“1122 应收账款”科目上，单击“修改”按钮。

(2) 选中“客户往来”复选框，单击“受控系统”栏的下三角按钮，选择“空白”，即不受控于任何系统，如图 1-52 所示。

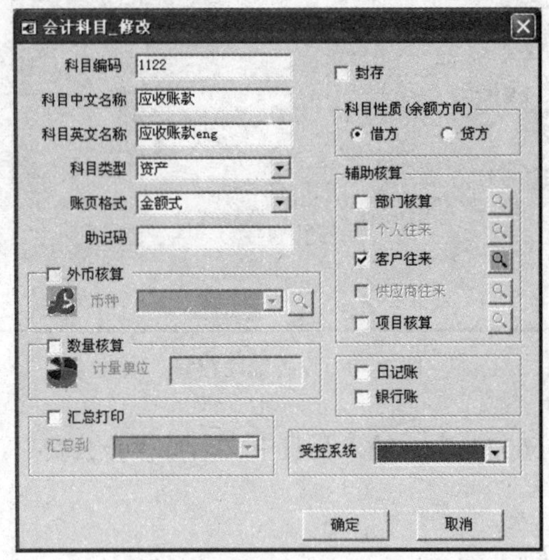


图 1-52 设置客户往来辅助核算

(3) 单击“确定”按钮，系统显示修改后的信息，如图 1-53 所示。

(4) 依此方法继续修改“2202 应付账款”科目。

**注意**

- 辅助账类必须设在末级科目上，但为了查询或出账方便，可以将其上级和末级科目上同时设置辅助账类。

- 由于不启用往来款系统，往来业务的核算在总账系统中进行，所以在设置供应商往来和客户往来款项的辅助核算项时，应不设置受控系统。如果默认了系统设置的受控系统，则往来科目应主要在往来款系统使用。

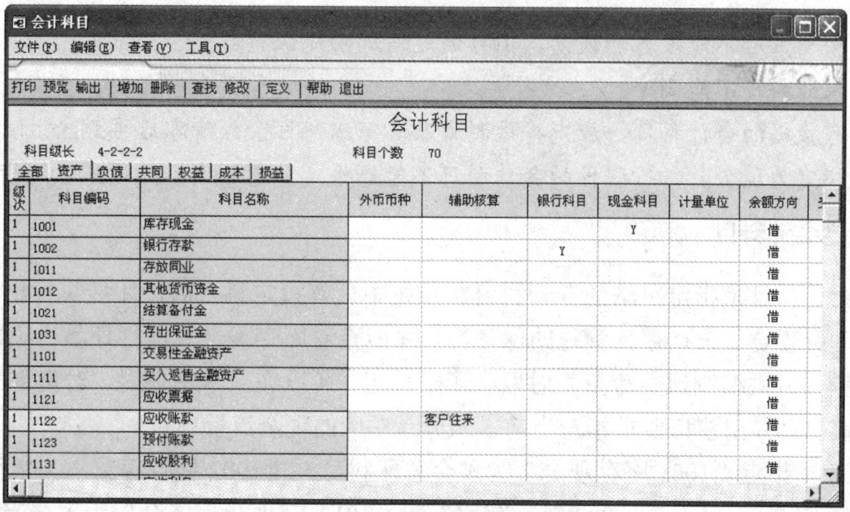

会计科目

文件(F) 编辑(E) 查看(V) 工具(T)

打印 预览 输出 | 增加 删除 | 查找 修改 | 定义 | 帮助 退出

会计科目

科目级长 4-2-2-2　　科目个数 70

全部 | 资产 | 负债 | 共同 | 权益 | 成本 | 损益

| 级次 | 科目编码 | 科目名称 | 外币币种 | 辅助核算 | 银行科目 | 现金科目 | 计量单位 | 余额方向 |
|---|---|---|---|---|---|---|---|---|
| 1 | 1001 | 库存现金 | | | | Y | | 借 |
| 1 | 1002 | 银行存款 | | | Y | | | 借 |
| 1 | 1011 | 存放同业 | | | | | | 借 |
| 1 | 1012 | 其他货币资金 | | | | | | 借 |
| 1 | 1021 | 结算备付金 | | | | | | 借 |
| 1 | 1031 | 存出保证金 | | | | | | 借 |
| 1 | 1101 | 交易性金融资产 | | | | | | 借 |
| 1 | 1111 | 买入返售金融资产 | | | | | | 借 |
| 1 | 1121 | 应收票据 | | | | | | 借 |
| 1 | 1122 | 应收账款 | | 客户往来 | | | | 借 |
| 1 | 1123 | 预付账款 | | | | | | 借 |
| 1 | 1131 | 应收股利 | | | | | | 借 |

图 1-53　已设置客户往来辅助核算

如果某些会计科目目前暂时不需用或者不适合用户科目体系的特点，可以在未使用之前将其删除。

**例 1-22**　将“1003 存放中央银行款项”科目删除。

**操作步骤**

(1) 在“会计科目”窗口中，打开“全部”或“资产”选项卡，将光标移到“1003 存放中央银行款项”科目上，如图 1-54 所示。

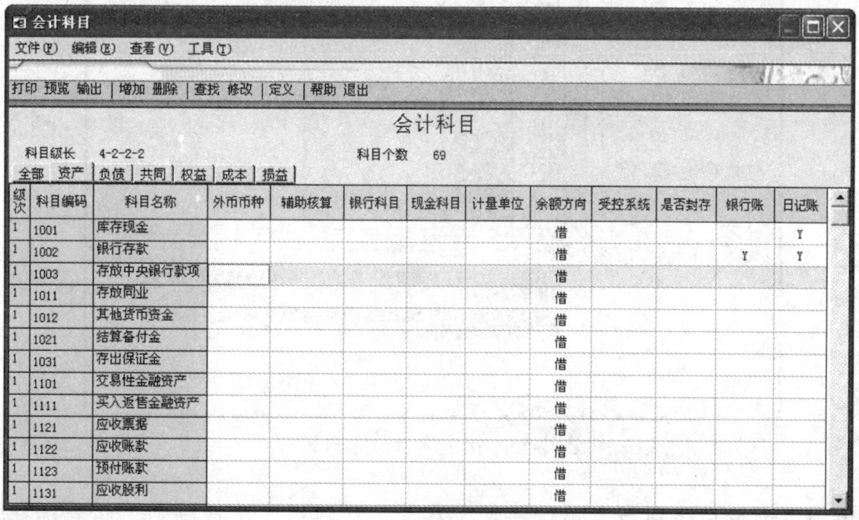

会计科目

文件(F) 编辑(E) 查看(V) 工具(T)

打印 预览 输出 | 增加 删除 | 查找 修改 | 定义 | 帮助 退出

会计科目

科目级长 4-2-2-2　　科目个数 69

全部 | 资产 | 负债 | 共同 | 权益 | 成本 | 损益

| 级次 | 科目编码 | 科目名称 | 外币币种 | 辅助核算 | 银行科目 | 现金科目 | 计量单位 | 余额方向 | 受控系统 | 是否封存 | 银行账 | 日记账 |
|---|---|---|---|---|---|---|---|---|---|---|---|---|
| 1 | 1001 | 库存现金 | | | | | | 借 | | | | Y |
| 1 | 1002 | 银行存款 | | | | | | 借 | | | Y | Y |
| 1 | 1003 | 存放中央银行款项 | | | | | | 借 | | | | |
| 1 | 1011 | 存放同业 | | | | | | 借 | | | | |
| 1 | 1012 | 其他货币资金 | | | | | | 借 | | | | |
| 1 | 1021 | 结算备付金 | | | | | | 借 | | | | |
| 1 | 1031 | 存出保证金 | | | | | | 借 | | | | |
| 1 | 1101 | 交易性金融资产 | | | | | | 借 | | | | |
| 1 | 1111 | 买入返售金融资产 | | | | | | 借 | | | | |
| 1 | 1121 | 应收票据 | | | | | | 借 | | | | |
| 1 | 1122 | 应收账款 | | | | | | 借 | | | | |
| 1 | 1123 | 预付账款 | | | | | | 借 | | | | |
| 1 | 1131 | 应收股利 | | | | | | 借 | | | | |

图 1-54　删除会计科目

(2) 单击“删除”按钮。

(3) 系统弹出“记录删除后不能恢复！真的删除此记录吗？”提示对话框。

(4) 单击“确定”按钮。

**注意**

- 删除科目后不能被自动恢复，但可通过增加功能来完成。
- 非末级科目不能删除。
- 已有数据的会计科目，应先将该科目及其下级科目余额清零后再删除。
- 被指定为现金、银行科目的会计科目不能删除。如想删除，必须先取消指定。

## 2. 指定会计科目

指定会计科目是指定出纳的专管科目。系统中只有指定科目后，才能执行出纳签字，从而实现库存现金、银行存款管理的保密性，才能查看库存现金、银行存款日记账。指定的现金流量科目供编制现金流量表时取数函数使用，所以在录入凭证时，对指定的现金流量科目系统自动弹出窗口要求指定当前录入分录对应的现金流量项目。

**例 1-23** 指定“1001 库存现金”为现金总账科目、“1002 银行存款”为银行总账科目及“1001 库存现金”、“1002 银行存款”和“1012 其他货币资金”为现金流量科目。

**操作步骤**

(1) 在“会计科目”窗口中，单击“编辑”|“指定科目”选项。

(2) 打开“指定科目”对话框，单击“现金总账科目”单选按钮，在“待选科目”选择框中，将光标移到“1001 库存现金”所在行，单击[>]，系统自动将其列于“已选科目”框中，如图 1-55 所示。

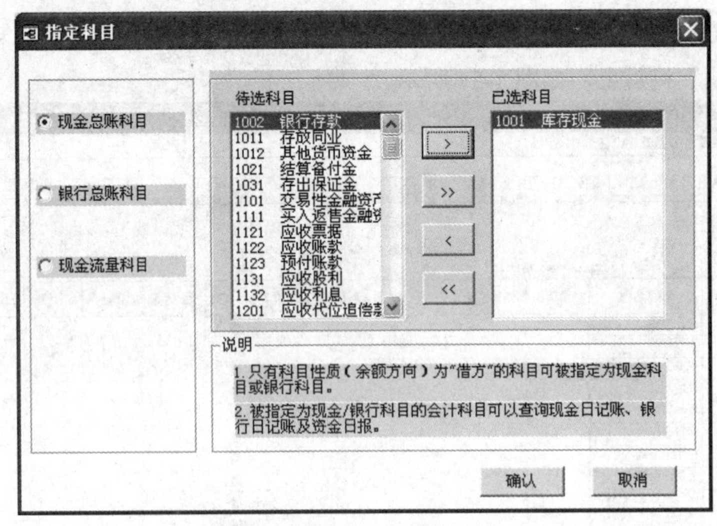


图 1-55 指定现金总账科目

(3) 单击“银行总账科目”单选按钮，在“待选科目”选择框中，将光标移到“1002 银行存款”所在行，单击[>]，系统自动将其列于“已选科目”框中。

(4) 单击“现金流量科目”单选按钮，在“待选科目”中分别选中“1001 库存现金”、“1002 银行存款”和“1012 其他货币资金”，单击[>]按钮，将其设置为已选科目，如图 1-56 所示。

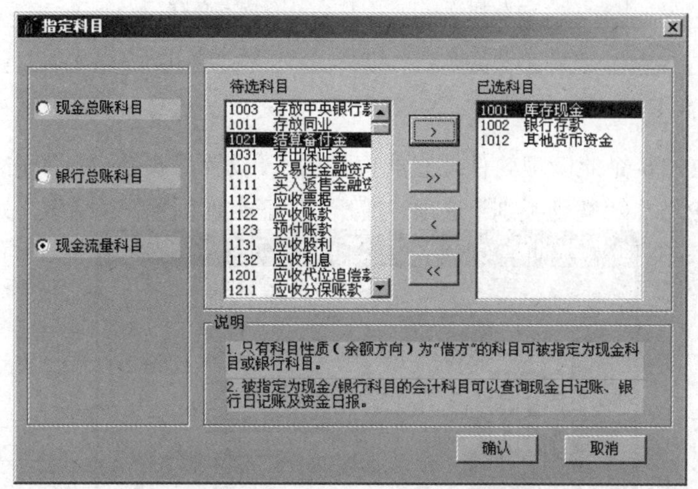


图 1-56 已指定的库存现金流量科目

(5) 单击“确认”按钮。

**注意**

- 若想取消已指定的会计科目，可单击[<]按钮。
- 若想完成出纳签字的操作还应在总账系统的选项中设置“出纳凭证必须经由出纳签字”。
- 只有指定现金总账科目和银行总账科目才能进行出纳签字，才能查询库存现金日记账和银行存款日记账。

在指定现金流量科目后，在填制凭证时若使用现金流量科目，则系统要求填写该“库存现金流量项目”，只有填写了库存现金流量项目才能由系统自动生成“库存现金流量表”。

### 3. 设置凭证类别

在开始使用计算机录入凭证之前，应根据企业管理和核算的要求在系统中设置凭证类别，以便将凭证按类别分别编制、管理、记账和汇总。系统提供了常用的凭证分类方式，用户可以从中选择，也可以根据实际情况自行定义。如果选择了“收款凭证 付款凭证 转账凭证”的分类方式，应根据凭证分类的特点进行相应限制条件的设置，以便提高凭证处理的准确性。

**例 1-24** 设置凭证的分类方式为“收款凭证”、“付款凭证”和“转账凭证”，并设置限制类型及限制科目凭证类别信息，如表 1-8 所示。

表 1-8　凭证类别信息

| 类 别 字 | 类 别 名 称 | 限 制 类 型 | 限 制 科 目 |
| --- | --- | --- | --- |
| 收 | 收款凭证 | 借方必有 | 1001,1002 |
| 付 | 付款凭证 | 贷方必有 | 1001,1002 |
| 转 | 转账凭证 | 凭证必无 | 1001,1002 |

**操作步骤**

(1) 在“用友 T6-企业管理软件”企业门户的 “设置”页签中，单击“基础信息”|“基础档案”|“财务”|“凭证类别”选项，打开“凭证类别预置”对话框，如图 1-57 所示。

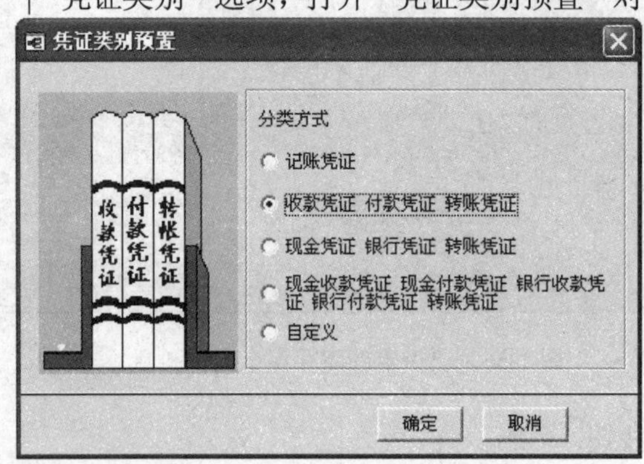


图 1-57　“凭证类别预置”对话框

(2) 在“凭证类别预置”对话框中，单击“收款凭证 付款凭证 转账凭证”单选按钮。

(3) 单击“确定”按钮，进入“凭证类别”对话框，如图 1-58 所示。

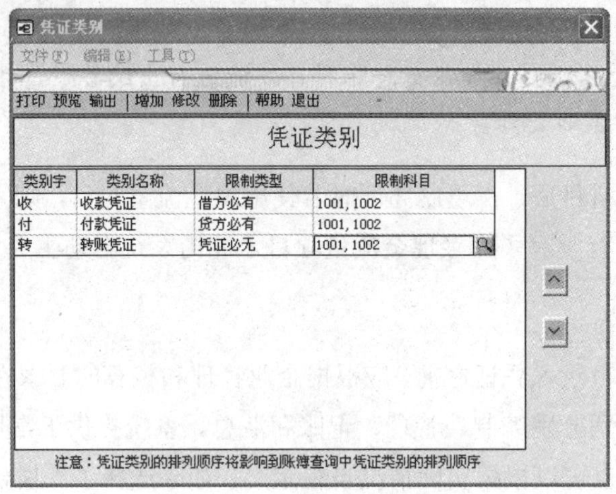


图 1-58　“凭证类别”对话框

(4) 在收款凭证所在行双击“限制类型”栏，单击下拉列表框的下三角按钮，选择“借方必有”选项；双击“限制科目”栏，单击参照按钮，选择“1001 库存现金”和“1002 银行存款”(或直接输入“1001,1002”)。

(5) 重复上述操作，将付款凭证的“限制类型”定义为“贷方必有”、“限制科目”

定义为“1001,1002”；将转账凭证的“限制类型”定义为“凭证必无”、“限制科目”定义为“1001,1002”。

(6) 单击“退出”按钮。

注意

- 限制科目数量不限，科目间用英语状态下的逗号分隔。
- 填制凭证时，如果不符合这些限制条件，系统拒绝保存。
- 可以通过凭证类别列表右侧的上下箭头按钮调整明细账中凭证的排列顺序。

### 4. 设置结算方式

该功能用来建立和管理在经营活动中所涉及的货币结算方式。结算方式最多可以分为2级。

**例 1-25** 设置如表 1-9 所示的结算方式。

表 1-9 结 算 方 式

| 结算方式编号 | 结算方式名称 |
|---|---|
| 1 | 现金结算 |
| 2 | 支票结算 |
| 201 | 现金支票 |
| 202 | 转账支票 |
| 3 | 银行汇票 |
| 4 | 其他结算 |

操作步骤

(1) 在“用友 T6-企业管理软件”企业门户的“设置”页签中，单击“基础信息”|“基础档案”|“收付结算”|“结算方式”选项，打开“结算方式”对话框，如图 1-59 所示。

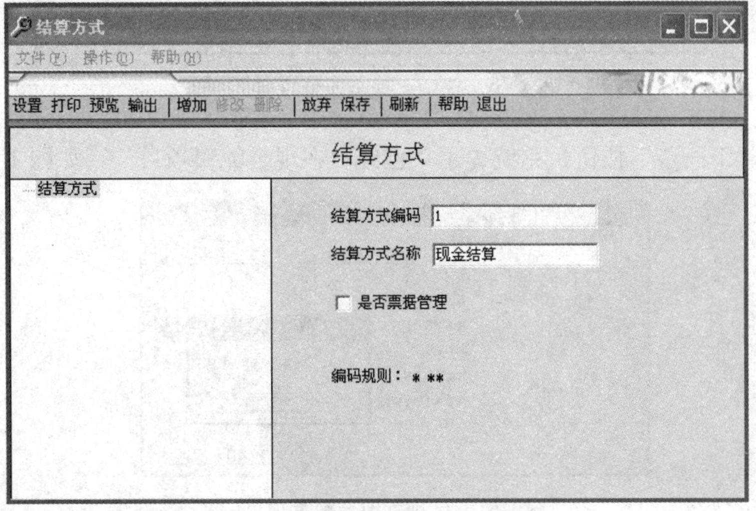


图 1-59 “结算方式”对话框

(2) 单击“增加”按钮，输入结算方式编码“1”，结算方式名称“现金结算”。

(3) 单击“保存”按钮。

(4) 依此方法继续设置其他的结算方式。

注意

- 结算方式的编码必须符合编码原则。
- 结算方式的录入内容必须唯一。
- 票据管理的标志可以根据实际情况选择是否需要。

### 5. 设置现金流量项目

为了确保现金流量表编制的自动化，系统已经将现行会计制度中所列示的所有现金流量项目预置在了系统中，这里只要选择现金流量项目，系统就会将所有的现金流量项目调入到账套中，在日常业务处理过程中填制凭证时，只要使用现金流量科目就需要告诉系统相应的现金流量项目，这样就能确保系统在编制现金流量表时直接生成相应的表中数据。

**例 1-26** 设置 106 账套的现金流量项目。

(1) 在“用友 T6-企业管理软件”企业门户的“设置”页签中，单击“基础设置”|“财务”|“项目目录”，打开“项目档案”对话框。

(2) 单击“增加”按钮，打开“项目大类定义_增加”对话框，单击选中“现金流量项目”，如图 1-60 所示。

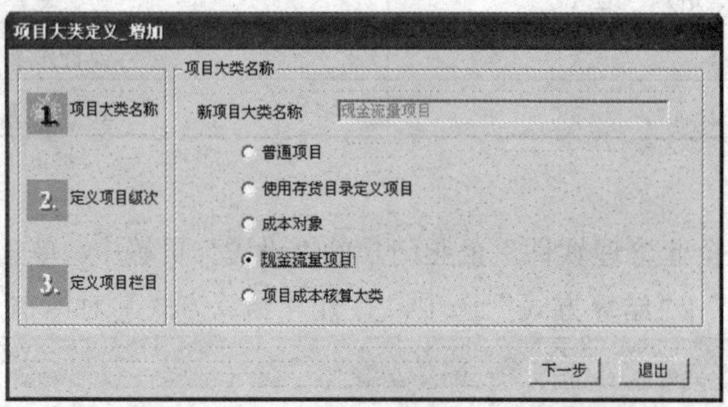


图 1-60 选中“现金流量项目”

(3) 单击“下一步”按钮，系统提示“已经存在现金流量项目”，如图 1-61 所示。

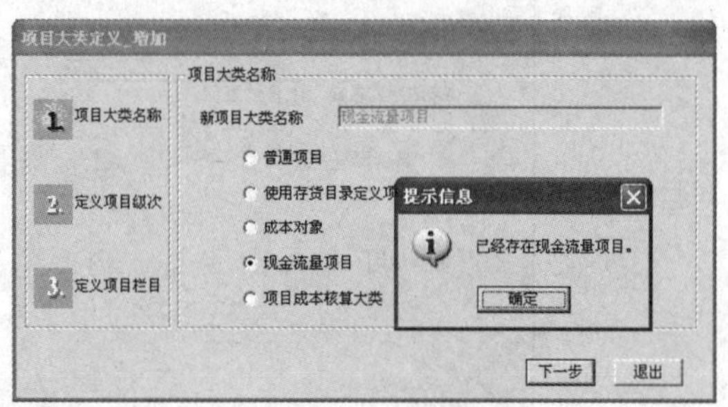


图 1-61 已预置现金流量项目

(4) 单击“确定”按钮。

(5) 单击“退出”按钮。

# 1.5 明细权限设置

在用友 T6-企业管理软件应用系统中可以实现三个层次的权限管理：功能级权限管理、数据级权限管理和金额级权限管理。其中，功能级权限分配已在系统管理中设置完成，在企业门户中主要完成数据级权限和金额级权限的分配。

## 1.5.1 数据权限控制设置

数据权限控制设置是数据权限设置的前提，只有对某一对象设置了需要进行数据权限控制后，才能在后续的数据权限设置中对用户、用户组进行授权。用户可以根据需要先在数据权限默认设置表中选择需要进行权限控制的对象，系统将自动根据该表中的选择在数据权限设置中显示所选对象。可以分别对 16 个记录级业务对象和 105 个字段级业务对象进行设置。

**例 1-27** 设置在 106 账套中对“供应商”进行数据权限控制。

**操作步骤**

(1) 在“用友 T6-企业管理软件”企业门户的“设置”页签中，单击“基础信息”|“数据权限”|“数据权限控制设置”，打开“数据权限控制设置”对话框。

(2) 单击选中业务对象“供应商”前的“是否控制”复选框，如图 1-62 所示。

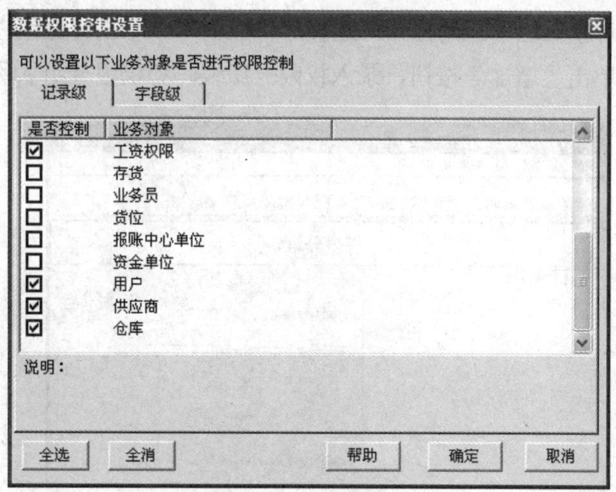


图 1-62 数据权限控制

(3) 单击“确定”按钮。

注意

- 账套主管不需要设置数据权限，默认拥有所有的数据权限。
- 对应每一个业务对象，其权限的控制范围在数据权限控制设置界面和数据权限设置界面中均提供相应说明。

## 1.5.2 数据权限设置

数据权限设置的作用是设置用户、用户组所能操作的档案、单据的数据权限，用于控制后续业务处理允许编辑、查看的数据范围。

进行数据权限控制的前提是在系统管理中已设置角色和用户，并且已经进行了功能权限的分配；在企业门户中已经完成了数据权限控制的设置。

### 1. 记录级权限分配

记录级权限分配是指对具体业务对象进行权限的分配。其使用前提是在“数据权限控制设置”中至少选择控制一个记录级业务对象，在此针对具体的角色或用户进行数据权限的设置。

**例 1-28** 在 106 账套中对供应商的权限分组为“01 本地”和“02 外地”；其本地供应商为“001 广大公司”、外地供应商为“002 百惠股份有限公司”；设置用户“刘佳”可以查询和录入“本地”供应商。

**操作步骤**

(1) 在“用友 T6-企业管理软件”企业门户的“设置”页签中，单击“基础信息”|“数据权限”|“数据权限设置”，打开“权限浏览”窗口。

(2) 单击“业务对象”栏下三角按钮，选择“供应商”，单击“分组”按钮，打开“供应商权限分组”窗口，单击“增加”按钮，录入权限分组编码和权限分组名称，如图 1-63 所示。

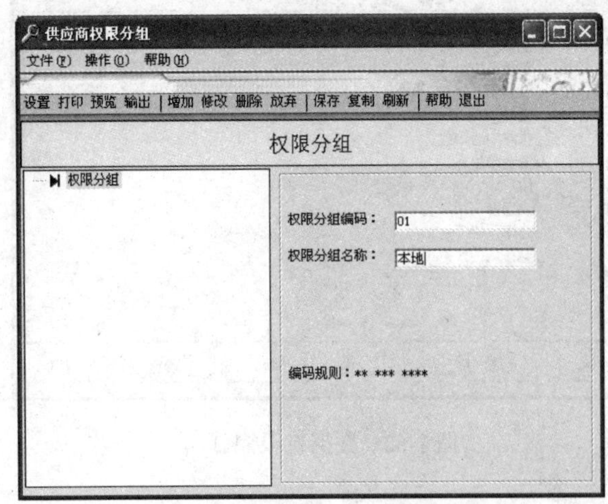


图 1-63 已录入的权限分组

(3) 单击“保存”按钮。继续录入其余的权限分组的内容。

(4) 单击“退出”按钮，返回“权限浏览”窗口。单击“分配”按钮，打开“档案分配”窗口，单击选中“权限分组”框中“权限分组-01 本地”，单击选中“档案”单选按钮，单击选中“未分配档案”框中的“001 广大公司”，再单击 > 按钮，传递到“已分配档案”框中，如图1-64所示。

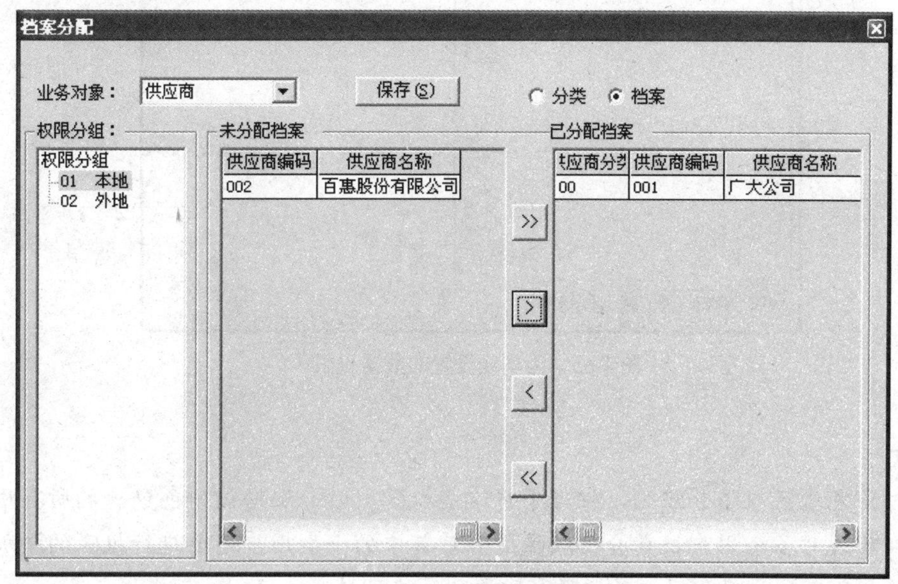


图1-64 分配的档案

(5) 单击“保存”按钮。

(6) 单击选中“权限分组”框中“权限分组-02 外地”，单击选中“档案”单选按钮，单击选中“未分配档案”框中的“002 百惠股份有限公司”，再单击 > 按钮，传递到“已分配档案”框中。单击“保存”按钮。

(7) 单击 × 按钮，返回“权限浏览”窗口。

(8) 单击选中“用户及角色”栏中的用户“刘佳”，再单击“授权”按钮，打开“记录权限设置”窗口。

(9) 单击选中“权限分组—01 本地”，再单击 > 按钮，传递到“可用—权限分组”框中。

(10) 单击“保存”按钮，如图1-65所示。

(11) 单击“确定”按钮。

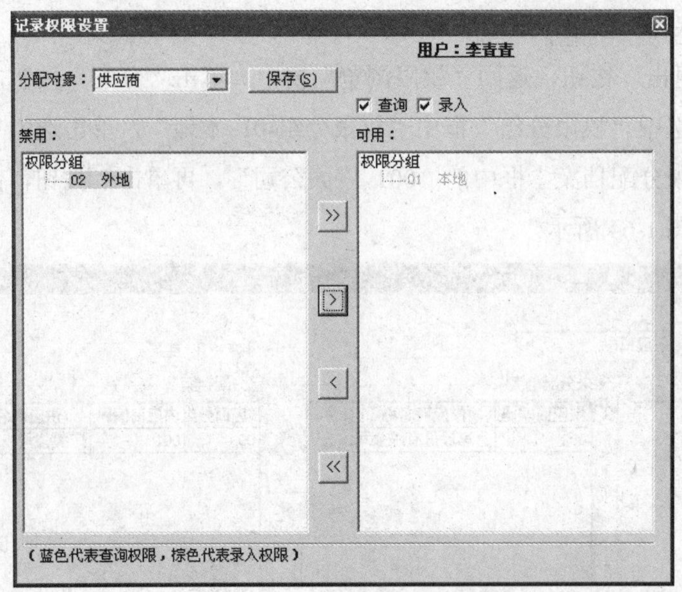


图 1-65　为刘佳设置的数据权限

**注意**

- 对角色进行权限分配时，相当于将这些权限同时分配给该角色包含的所有用户，即实现对多个用户批量分配权限。若对其中的个别用户还要进行权限的添加、删除，则可通过对该用户的权限分配达到最终目的。
- 对科目、凭证类别、项目、客户、部门、供应商、业务员、存货、仓库、货位、资金单位对象的数据权限均细化为查询、录入权限。
- 对客户、供应商、存货设置记录权限时需要先设置对应的权限分组，将权限分组与档案记录作一个对应关系，然后再直接对用户进行授权，授权的记录不是档案本身，而是对应的权限组记录。

**例 1-29**　设置操作员“KJ002”具有对“KJ001”所填制凭证的“查询”、“修改”、“审核”和“弃审”的操作权限；设置操作员“KJ003”拥有查询全部账簿的权限。

**操作步骤**

(1) 在“用友 T6-企业管理软件”企业门户的“设置”页签中，单击“基础信息”|“数据权限”|“数据权限设置”，打开“权限浏览”窗口。

(2) 在“权限浏览”窗口中，选择数据权限类型为“记录”级权限。

(3) 选择业务对象为“用户”，如图 1-66 所示。

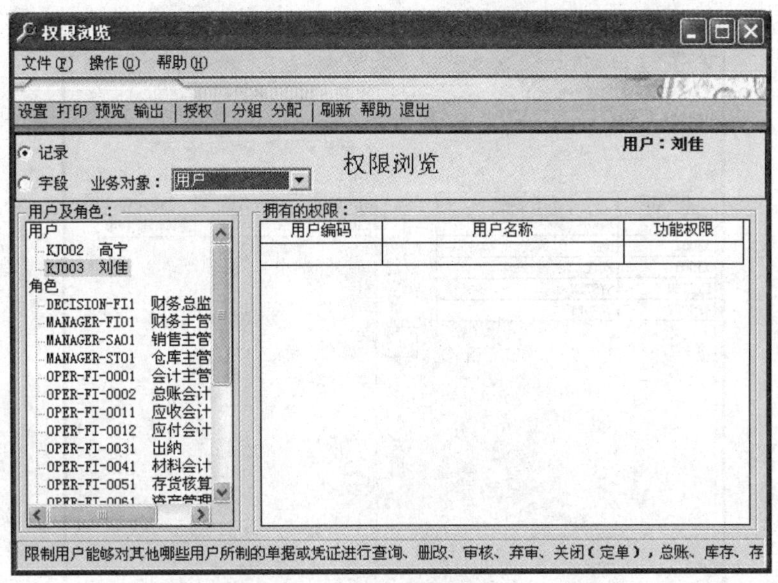


图 1-66 选择记录级权限

(4) 选中用户“KJ002”，再单击“授权”按钮，打开“记录权限设置”对话框，如图 1-67 所示。

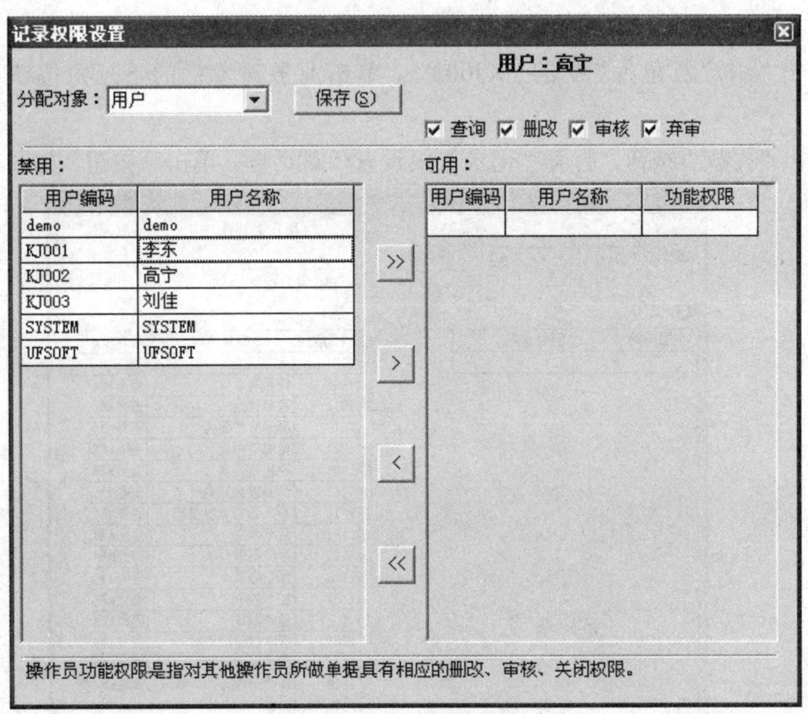


图 1-67 记录权限设置

(5) 从“禁用”栏内选中“KJ001”，单击 [>] 按钮，将“KJ001”添加到“可用”栏内，如图 1-68 所示。

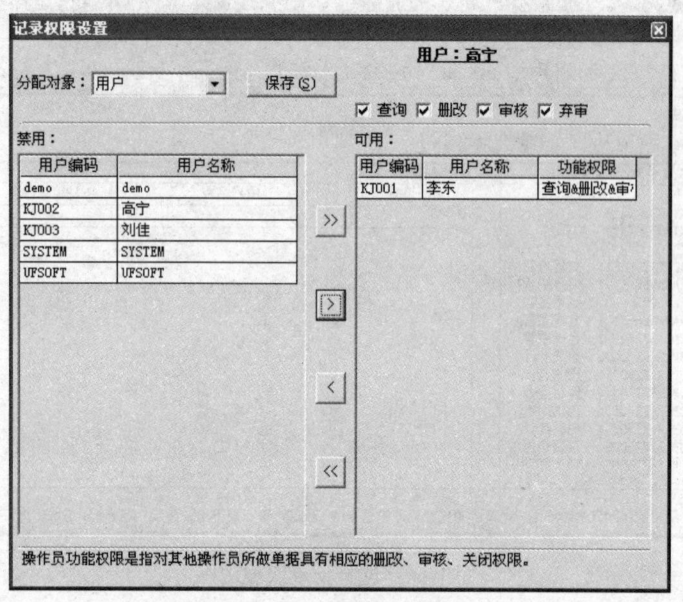


图 1-68　打开记录权限设置

(6) 单击“保存”按钮。系统提示“保存成功”。

(7) 单击☒按钮。

(8) 单击“用户及角色”中的“KJ003”，单击业务对象栏的下三角按钮，选择“科目”。

(9) 单击“授权”按钮，打开“记录权限设置”对话框。单击»按钮，如图 1-69 所示。

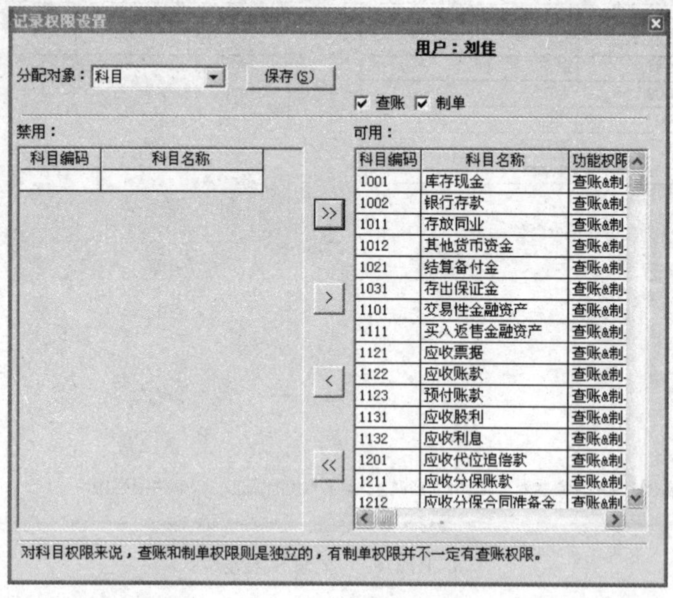


图 1-69　设置刘佳的记录权限

(10) 单击“保存”按钮。

**注意**

- 如果要设置某个操作员具有对另一个操作员操作内容的某项明细操作权限，应先在“禁用”栏中选中某个操作员，再选中某项权限前的复选框。如“查询”、“修改”、“审核”或“弃审”的权限。
- 在数据权限设置功能中还可以设置“科目”、“部门”及“工资权限”等权限。

**2. 字段级权限分配**

出于安全保密性考虑，应限制某些用户对一些单据或者列表中某些栏目的查看权限，如限制仓库保管员看到出入库单据上有关产品(商品)的价格信息。为此系统提供了字段级权限的分配功能。

## 1.5.3 金额权限设置

本功能用于设置用户可使用的金额级别，对业务对象提供金额级权限设置，如采购订单的金额审核额度、科目的制单金额额度。在设置这两个金额权限之前必须先设定对应的金额级别。

**1. 设置金额级别**

**操作步骤**

(1) 在“用友T6-企业管理软件”企业门户的“设置”页签中，单击“基础信息”|“数据权限”|“金额权限分配”，打开“金额权限设置”窗口。

(2) 在“金额权限设置”窗口中，选择业务对象“科目级别”，单击“级别”按钮，进入“金额级别设置”窗口。

(3) 在“金额级别设置”窗口，单击“增加”按钮，出现空白行。双击“科目编码”栏，参照选择科目编码，系统自动显示相应的科目名称。手工输入1～6个级别的金额。一个科目只能选择设置一个级别，可以输入的级别只能是1～6级。

**注意**

- 设置科目金额级别时，上下级科目不能同时出现。如已经设置了1001科目的金额级别，则不能再设置一个100101科目的金额级别，此时设置的1001科目的金额级别对其下级科目全部适用，即所有1001的下级科目拥有相同的金额级别。
- 从级别1到级别6，金额必须逐级递增，不允许中间为空的情况存在，但允许最后有不设置的级别存在。
- 采购订单级别设置相同。

(4) 单击“退出”按钮，返回“金额权限设置”窗口。

### 2. 分配科目和采购订单金额权限

**操作步骤**

(1) 在“金额权限设置”窗口，单击“增加”按钮，在列表最后增加一个用户金额级别权限记录。

(2) 双击“用户编码”，参照选择用户编码，系统自动显示用户名，选择已设置好的金额级别，一个用户只能选择一个级别。

**注意**

- 用户可对“科目”、“采购订单”设置不同的级别，分别保存。
- 设置科目级别时，当对一个用户设置了一个级别后，相当于该用户对所有的科目均具有相同的级别，若该科目没有设置金额级别，即表示该科目不受金额级别控制。
- 只能直接对用户进行授权，对于一个对象，一个用户只能有一条记录存在。
- 若对一个用户授权的级别没有对应的金额，但是该级的前面级别有金额，则对于该用户来说表示其拥有无穷大权限。
- 在需要进行金额权限控制时，若申请权限的用户还没有金额权限记录，则当作没有任何金额权限处理。
- 金额权限控制中有三种情况不受金额权限控制：调用常用凭证生成的凭证、期末转账结转生成的凭证、外部系统生成的凭证。
- 以上数据权限、金额权限设置必须与各模块相应权限控制参数配合使用才会在各模块中起作用。
- 操作至此的数据已经备份于光盘中的“例题账套(106 账套)备份/(1)第 1 章备份”。

## 复习思考题

(1) 是不是每次在建立账套时均应先设置操作员？

(2) 账套输出分别可以完成什么操作内容？

(3) 如果在建立账套时将是否对“供应商”或“客户”进行分类设置错误，怎么办？

(4) 何谓“编码方案”？如果在建立账套时将其设置错误该怎么办？

(5) 系统的启用时间与账套的启用时间及计算机的系统日期有何关系？

(6) 指定会计科目的作用有哪些？

(7) 系统中主要包括哪几种权限管理？

# 上机实验

## 实验一　系统管理

### 实验准备

安装用友 T6 软件(3.2Plus1 版)，将系统日期修改为“2009 年 1 月 1 日”。

### 实验资料

1. 操作员及其权限

| 编 号 | 姓名 | 口令 | 所 属 部 门 | 角 色 | 权 限 |
|---|---|---|---|---|---|
| 301 | 王华 | 001 | 财务部 | 账套主管 | 账套主管的全部权限 |
| 302 | 张力 | 002 | 财务部 | | 具有除出纳权限外的总账系统全部权限<br>公共目录设置里的常用摘要使用权限 |
| 303 | 钱芳 | 003 | 财务部 | | 总账系统中出纳签字及出纳的所有权限 |

2. 账套信息

账套号：300

账套名称：华生股份账套

账套路径：默认

单位名称：北京华生股份有限公司

单位简称：华生公司

单位地址：北京市海淀区小营西路 99 号

法人代表：杜兴

邮政编码：100035

税号：100011010255888

启用会计期：2009 年 1 月

会计期间设置：1 月 1 日至 12 月 31 日

记账本位币：人民币(RMB)

企业类型：工业

行业性质：2007 年新会计制度科目

账套主管：王华

基础信息：对存货、客户、供应商进行分类，有外币核算

分类编码方案：

科目编码级次：4222

客户分类编码级次：123

供应商分类编码级次：123

存货分类编码级次：133

部门编码级次：122

收发类别编码级次：12

结算方式编码级次：12

小数位数：均为 2 位

**实验要求**

(1) 设置操作员。

(2) 建立账套(不进行系统启用的设置)。

(3) 设置操作员权限。

(4) 账套备份(备份至“我的文档”中“300 账套备份”\“实验一备份”)。

## 实验二　基础设置

**实验准备**

已经完成了实验一的操作，可以引入 C:\My Documents\“300 账套备份”文件夹中“实验一备份”的账套备份数据，将系统日期修改为“2009 年 1 月 1 日”，由 301 操作员注册进入“企业门户”。

**实验资料**

1.部门档案

| 部门编码 | 部门名称 |
|---|---|
| 1 | 行政部 |
| 2 | 财务部 |
| 3 | 市场部 |
| 301 | 采购部 |
| 302 | 销售部 |
| 4 | 生产部 |

2. 职员档案

| 职员编码 | 职员姓名 | 所属部门 | 职员属性 |
|---|---|---|---|
| 1 | 杜兴 | 行政部 | 总经理 |
| 2 | 林静 | 行政部 | 总经理助理 |
| 3 | 王华 | 财务部 | 财务主管 |

(续表)

| 职员编码 | 职员姓名 | 所属部门 | 职员属性 |
| --- | --- | --- | --- |
| 4 | 张力 | 财务部 | 会计 |
| 5 | 钱芳 | 财务部 | 出纳 |
| 6 | 杨伟 | 采购部 | 采购员 |
| 7 | 陈强 | 销售部 | 销售员 |
| 8 | 高明 | 生产部 | 生产人员 |
| 9 | 刘美 | 生产部 | 生产人员 |

### 3. 客户分类

| 类别编码 | 类别名称 |
| --- | --- |
| 1 | 东北地区 |
| 2 | 华北地区 |
| 3 | 西北地区 |

### 4. 客户档案

| 客户编码 | 客户简称 | 所属分类 | 发展时间 |
| --- | --- | --- | --- |
| 01 | 光贸公司 | 1 东北地区 | 2004-11-10 |
| 02 | 哈鑫公司 | 1 东北地区 | 2005-01-08 |
| 03 | 明珠公司 | 2 华北地区 | 2004-09-01 |
| 04 | 中兴公司 | 2 华北地区 | 2005-09-08 |
| 05 | 联丰公司 | 3 西北地区 | 2005-06-01 |

### 5. 供应商分类

| 类别编码 | 类别名称 |
| --- | --- |
| 1 | 工　业 |
| 2 | 商　业 |
| 3 | 服务业 |
| 4 | 其　他 |

### 6. 供应商档案

| 供应商编码 | 供应商简称 | 所属分类 | 发展时间 |
| --- | --- | --- | --- |
| 01 | 天贸公司 | 1 | 2005-07-02 |
| 02 | 山城实业公司 | 2 | 2006-08-01 |
| 03 | 英达公司 | 3 | 2005-07-06 |

**实验要求**

(1) 在“企业门户”中启用“总账”系统(启用日期为 2009 年 1 月 1 日)。

(2) 设置部门档案。

(3) 设置职员档案。

(4) 设置客户分类。

(5) 设置客户档案。

(6) 设置供应商分类。

(7) 设置供应商档案。

(8) 账套备份(备份至“我的文档”中“300 账套备份”\“实验二备份”)。

# Chapter 2

# 总账管理

**教学目的与要求**

系统学习总账管理的工作原理和应用方法。具体包括总账管理中初始设置、日常业务处理和期末业务处理的内容。

要求掌握总账管理中初始设置的内容作用和操作方法，日常业务处理中填制凭证、审核凭证、记账和期末业务处理的内容、工作原理和应用方法。了解总账管理中错误凭证的修改方法，期末业务处理的内容、作用和操作方法。

在企事业、机关单位中，为完成会计任务必须有一套专门的方法，这些方法相互联系，相互贯通，紧密结合，形成一个完整的会计方法体系。为适应实现计算机管理的需要，我们把设置账户、填制和审核凭证、记账等统称为总账管理。

总账系统适用于各类企业、行政事业单位，主要用于建账、凭证管理、标准账表、出纳管理、数量核算、外币核算、月末处理和辅助管理等。

## 2.1 总账系统初始化

系统初始化是指将通用财务管理软件转成专用财务管理软件、将手工会计业务数据移植到计算机中等一系列准备工作，是使用财务管理软件的基础。系统初始化工作的好坏直接影响到会计电算化工作的效果。

总账系统初始化一般包括设置系统参数(选项)和录入期初余额。

## 2.1.1 定义总账系统启用参数

初次进入总账系统时，应对总账系统进行参数设置，以便在今后的日常业务处理过程中按预先设置的总账系统的参数进行核算和管理。总账系统的参数是在总账系统的“选项”功能中完成的。

总账系统“选项”对话框包括“凭证”、“账簿”、“会计日历”和“其他”四个页签，有关内容说明如下。

**制单序时控制**：控制系统保存凭证的顺序，可以按凭证号顺序排列，也可以按日期顺序排列。选择此项制单时，凭证编号必须按日期顺序排列。

**支票控制**：若选择此项，在制单时使用银行科目编制凭证时，系统针对票据管理的结算方式进行登记，如果所输入的支票号在支票登记簿中已经存在，系统提供登记支票报销的功能；否则系统提供登记支票登记簿的功能。

**赤字控制**：若选择了此项，在制单时，当“资金及往来科目”或“全部科目”的最新余额出现负数时，系统将予以提示。

**允许修改、作废他人填制的凭证**：若选择了此项，在制单时可修改或作废别人填制的凭证，否则不能修改。

**制单权限控制到科目**：首先要在“用友 T6-企业管理软件”企业门户的“设置”页签中的“基础信息”|“数据权限设置”中设置科目权限，再选择此项，权限设置有效。若选择了此项，则在制单时，操作员只能使用具有相应制单权限的科目制单。

**制单权限控制到凭证类别**：首先要在“用友 T6-企业管理软件”企业门户的“设置”页签中的“基础信息”|“数据权限设置”中设置凭证类别权限，再选择此项，权限设置有效。若选择了此项，则在制单时，只显示此操作员有权限的凭证类别。同时，在凭证类别参照中按人员的权限过滤出有权限的凭证类别。

**操作员进行金额权限控制**：首先要在“用友 T6-企业管理软件”企业门户的“设置”页签中的“基础信息”|“金额权限分配”中设置金额权限，再选择此项，可以对不同级别的人员进行金额大小的控制。如财务主管可以对 1 万元以上的经济业务制单，一般财务人员只能对 1 万元以下的经济业务制单。

**系统编号**：在填制凭证时，按照凭证类别按月自动编制凭证编号。

**手工编号**：在制单时，系统允许手工输入凭证编号。

**打印凭证页脚姓名**：在打印凭证时，自动打印制单人、出纳、审核人、记账人的姓名。

**权限设置**：如只允许某操作员审核其本部门操作员填制的凭证，则应选择“凭证审核控制到操作员”，该项功能的设置应与前期企业门户中设置的数据权限相配合；若要求现金、银行科目凭证必须由出纳人员核对签字后才能记账，则选择“出纳凭证必须经由出纳签字”；如允许操作员查询他人凭证，则选择“可查询他人凭证”。

**自动填补凭证断号**：如果选择凭证编号方式为系统编号，则在新增凭证时，系统按凭证类别自动查询本月的第一个断号默认为本次新增凭证的凭证号。如无断号则为新号，与原编号规则一致。

**现金流量科目必录现金流量项目**：选择此项后，在输入凭证时如果使用现金流量科目则必须输入现金流量项目及金额。

**明细账查询权限控制到科目**：这里是权限控制的开关，在系统管理中设置明细账查询权限，必须在总账系统选项中打开，才能起到控制作用。

**例 2-1** 106 账套首次启用总账系统，设置总账系统的参数为“不允许修改、作废他人填制的凭证”。

**操作步骤**

(1) 在“用友 T6-企业管理软件”企业门户中的“业务”页签中，单击“财务会计”|“总账”|“设置”|“选项”，打开“选项”对话框。

(2) 单击“编辑”按钮，取消选中“允许修改、作废他人填制的凭证”复选框(即取消复选框中的“√”)，如图 2-1 所示。

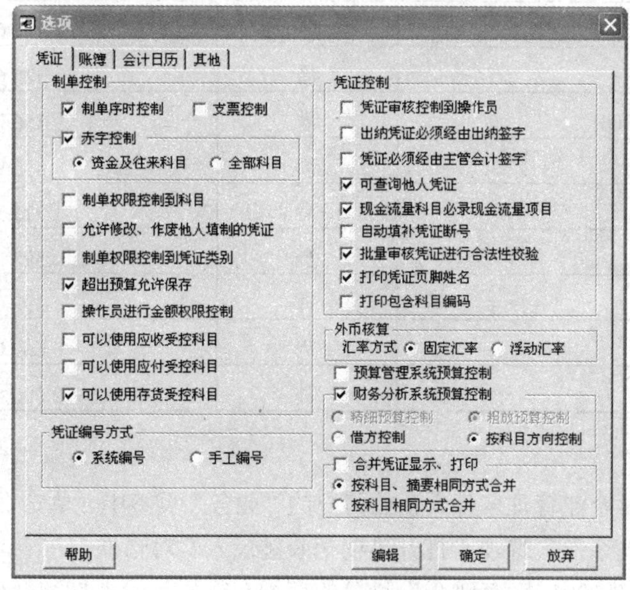

图 2-1 “总账系统选项”对话框

(3) 单击“确定”按钮，返回“选项”对话框，单击“确定”按钮。

**注意**

- 在“总账”系统的“选项”中可以进行相应的总账系统运行参数的设置。
- 总账系统的运行参数直接影响日常业务处理的规则，因此，在设置时应充分考虑日常业务的特点和管理要求，正确设置每一项参数。

## 2.1.2 录入期初余额

### 1. 录入基本科目余额

在开始使用总账系统时，应先将各账户启用月份的月初余额和年初到该月的借贷方累计发生额计算清楚，并输入到总账系统中。

如果是年初建账，可以直接录入年初余额；如果是在年中建账，则可录入启用当月(如4月)的期初余额及年初未用的月份(即1月至3月)的借、贷方累计发生额，系统自动计算年初余额。

**例2-2** 2009年1月，106账套的基本科目的期初余额如表2-1所示。

表2-1 期初余额

| 科目名称 | 方向 | 期初余额 |
| --- | --- | --- |
| 库存现金 | 借 | 89 020 |
| 银行存款 | 借 | 425 666 |
| A材料(356.25*1000) | 借 | 356 250 |
| 库存商品 | 借 | 816 934 |
| 固定资产 | 借 | 1 725 330 |
| 累计折旧 | 贷 | 595 600 |
| 短期借款 | 贷 | 398 000 |
| 长期借款 | 贷 | 660 000 |
| 实收资本 | 贷 | 2 000 000 |

**操作步骤**

(1) 在“用友T6-企业管理软件”企业门户的“业务”页签中，单击“财务会计”|“总账”|“设置”|“期初余额”选项，打开“期初余额录入”对话框。

(2) 将光标移到“1001 库存现金”科目的期初余额栏，输入期初余额“89020”，如图2-2所示。

(3) 继续录入其他会计科目的余额。

**注意**

- 如果某科目为数量、外币核算，应录入期初数量、外币余额，而且必须先录入本币余额，再录入数量、外币余额。
- 非末级会计科目余额不用录入，系统将根据其下级明细科目自动汇总计算填入。
- 出现红字余额用负号输入。
- 修改余额时，直接输入正确数据即可。
- 凭证记账后期初余额变为浏览只读状态，不能再修改。

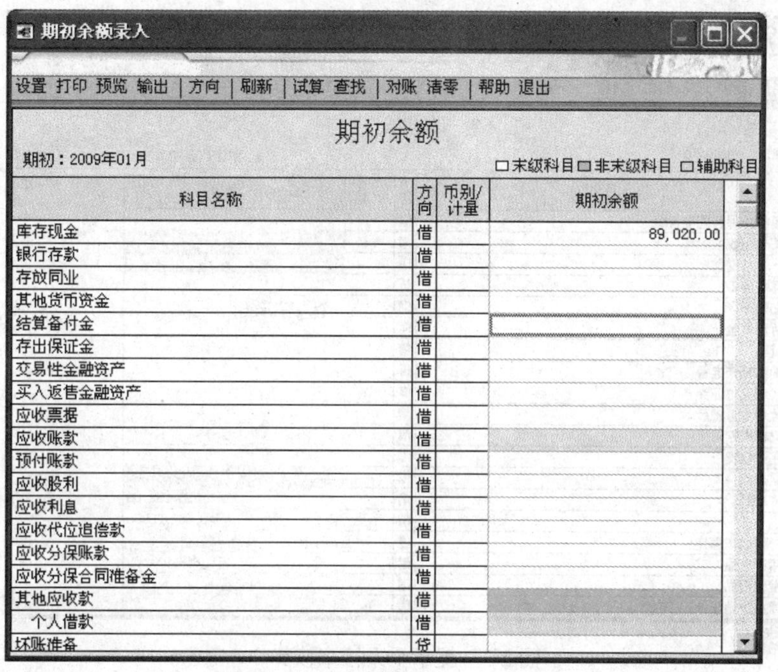


图 2-2 “期初余额录入”对话框

### 2. 录入个人往来科目余额

如果某科目涉及个人往来辅助核算，则需在系统打开的“个人往来期初”对话框中输入相关信息。

**例 2-3** 输入“122101 个人借款”科目的期初余额。相关信息：日期“2008-12-22”，凭证号“付-13”，部门“市场部”，个人名称“陈红”，摘要“出差借款”，方向“借”，期初余额“5 000 元”。

**操作步骤**

(1) 在“期初余额录入”对话框中，将光标移到“122101 个人借款”科目所在行，系统提示“个人往来”，如图 2-3 所示。

(2) 双击期初余额栏，打开“个人往来期初”对话框。

(3) 单击“增加”按钮，修改日期“2008-12-22”。

(4) 输入凭证号“付-13”或双击“凭证号”栏，系统打开“凭证类别参照”对话框。

(5) 选择“类别”下拉列表框中的“付款凭证”选项，输入凭证号“13”，单击“确定”按钮。

(6) 直接输入或双击后单击“参照”按钮选择，部门“市场部”、个人“陈红”、摘要“出差借款”。

图 2-3　提示个人往来核算

(7) 系统默认方向“借”、输入期初余额“5 000”，如图 2-4 所示。

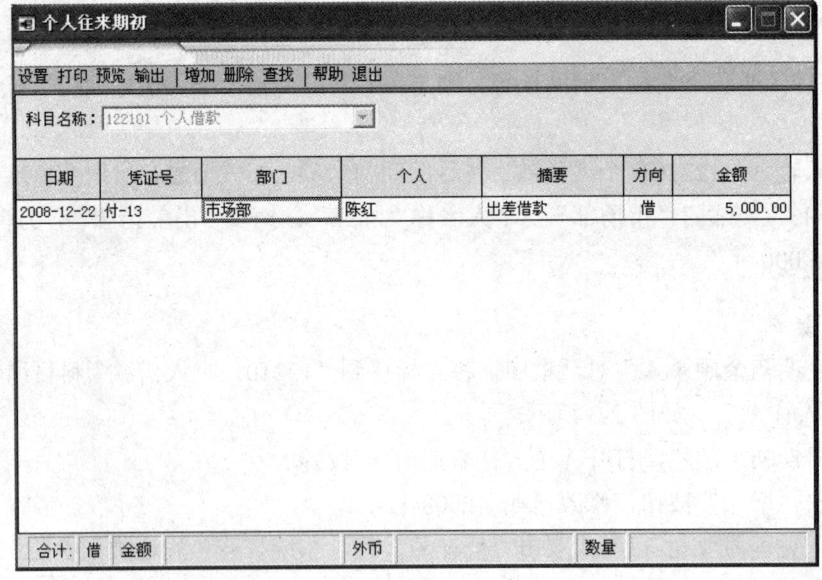


图 2-4　“个人往来期初”对话框

(8) 单击“退出”按钮。

注意

- 只要求录入最末级科目的余额和累计发生数，上级科目的余额和累计发生数由系统自动计算。

- 借贷方累计发生额直接录入，期初余额在辅助项中录入。
- 如果某科目涉及部门辅助核算，则必须按辅助项录入期初余额。具体操作步骤参照个人往来科目期初余额的录入。

### 3. 录入单位往来科目余额

如果某科目涉及客户及供应商辅助核算，则需在系统打开的“客户往来期初”或“供应商往来期初”对话框中输入相关的信息。

**例 2-4** 输入“1122 应收账款”科目的期初余额“446 000”元，其中明细资料是：2008 年 11 月 13 日，销售给“大地公司”产品未收款(转账凭证 121 号)。输入“2202 应付账款”科目的期初余额“210 600”元，其中明细资料是：2008 年 12 月 11 日，向“百惠公司”采购材料的应付款(转账凭证 101 号)。

**操作步骤**

(1) 在“期初余额录入”对话框中，双击“1122 应收账款”科目的期初余额栏，打开“客户往来期初”对话框。

(2) 直接录入或单击“参照”按钮选择，日期“2008-11-13”、凭证号“转-121”、客户“大地公司”、摘要“销售产品未收款”。

(3) 系统默认方向“借”、输入金额“446 000”，如图 2-5 所示。

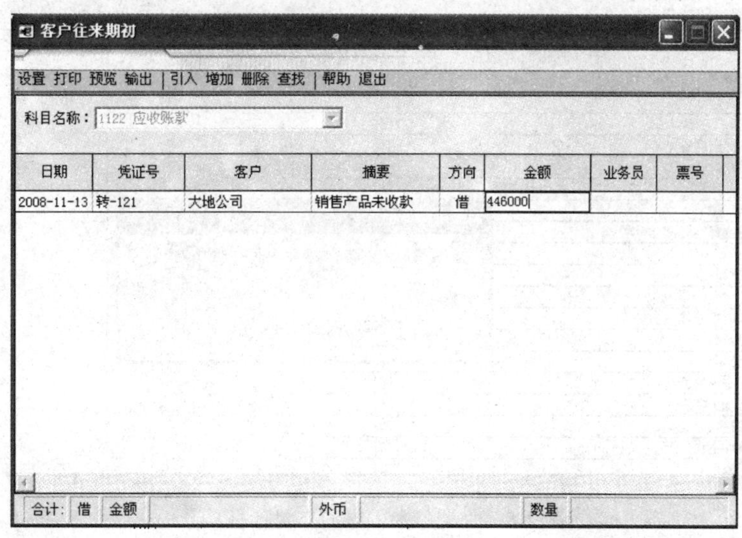


图 2-5 “客户往来期初”对话框

(4) 单击“退出”按钮。

(5) 依此方法继续录入“2202 应付账款”科目的期初余额。

**注意**

- 在录入往来科目期初余额时，往来单位必须是已经设置客户及供应商档案的单位，如果在录入期初余额时还未设置这些档案，则应先补设档案资料再录入余额。

- 如果使用应收应付系统，则应同时在应收应付系统中录入含客户、供应商账类的科目的明细期初余额，并将总账与应收应付系统余额进行对账。

### 4. 调整余额方向

一般情况下，系统默认资产类科目的余额方向为借方，负债及所有者权益类科目的余额方向为贷方。但是在实际工作中，有一部分会计科目与原有的系统设置的余额方向不一致，也没有在建立会计科目时对其进行相应的调整，因此，在录入会计科目余额时，系统提供了调整余额方向的功能，即在还未录入会计科目余额时，如果发现会计科目的余额方向与系统设置的方向不一致时可以调整其方向。

**例 2-5** 将“材料成本差异”科目余额的方向由“借”调整为“贷”。

**操作步骤**

(1) 在“期初余额录入”对话框中，单击“材料成本差异”科目所在行，再单击“方向”按钮，打开“调整余额方向”对话框，如图 2-6 所示。

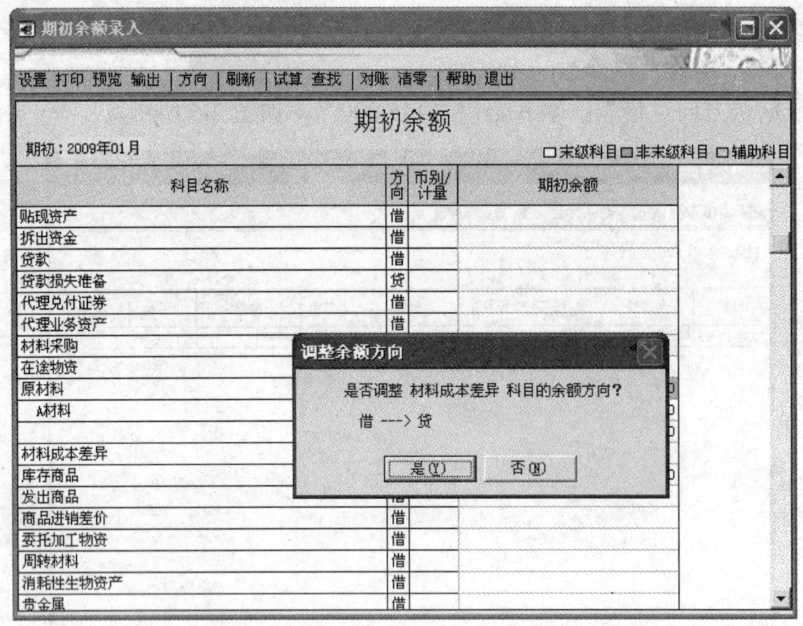


图 2-6 “调整余额方向”对话框

(2) 确定需调整的方向，单击“是”按钮返回，此时“材料成本差异”科目的余额方向调整为“贷”。

**注意**

- 总账科目与其下级明细科目的余额方向必须一致。
- 余额的方向应以科目属性或类型为准，不以当前余额方向为准。

### 5. 试算平衡

期初余额及累计发生额输入完成后，为了保证初始数据的正确性，必须依据“资产=负债+所有者权益+收入－成本费用”的原则进行平衡校验。

校验工作由计算机自动完成，校验完成后系统会自动生成一个校验结果报告，如果试算结果不平衡，则应依次逐项进行检查、更正后，再次进行平衡校验，直至平衡为止。

例 2-6　对 106 账套的期初余额进行平衡校验。

**操作步骤**

(1) 在“期初余额录入”对话框中，单击“试算”按钮，打开“期初余额试算平衡表”对话框，检查余额是否平衡，如图 2-7 所示。

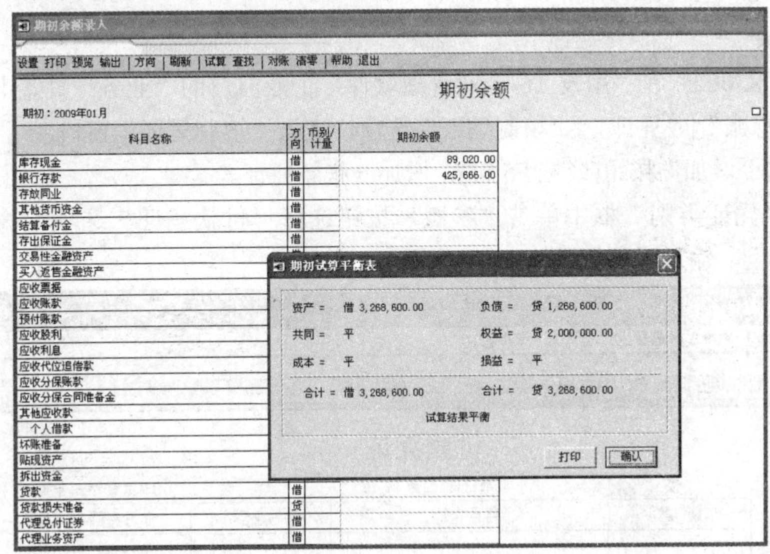


图 2-7　“期初试算平衡表”对话框

(2) 单击“确认”按钮。

**注意**

- 期初余额试算不平衡，可以填制凭证但不能记账。
- 已经记过账，则不能再录入、修改期初余额，也不能执行“结转上年余额”的功能。

# 2.2　日常业务处理

## 2.2.1　填制凭证

记账凭证是登记账簿的依据，是总账系统的唯一数据源，填制凭证也是最基础和最频繁的工作。在使用计算机处理账务后，电子账簿的准确与完整完全依赖于记账凭证，因而在实际工作中，必须确保准确、完整地输入记账凭证。

### 1. 增加凭证

记账凭证一般包括两部分：一是凭证头部分，包括凭证类别、凭证编号、凭证日期和附件张数等；二是凭证正文部分，包括摘要、科目、借贷方向和金额等。如果所输入的会计科目有辅助核算要求，则应输入辅助核算内容；如果一个科目同时兼有多种辅助核算，则同时要求输入各种辅助核算的有关内容。

**例 2-7** 1 月 10 日，由“KJ002”在总账系统中填制记账凭证。以现金 800 元支付生产部的水电费。(附单据 1 张)(现金流量项目：07 支付其他与经营活动有关的现金)。

**操作步骤**

(1) 由“KJ002”在“用友 T6-企业管理软件”企业门户的“业务”页签中，单击“财务会计”|“总账”|“凭证”|“填制凭证”选项，进入“填制凭证”窗口。

(2) 单击“增加”按钮(或按 F5 键)，增加一张新凭证。

(3) 在“凭证类别”框中单击“参照”按钮选择“付款凭证”选项，输入制单日期“2009.01.10”，输入附单据数“1”，如图 2-8 所示。

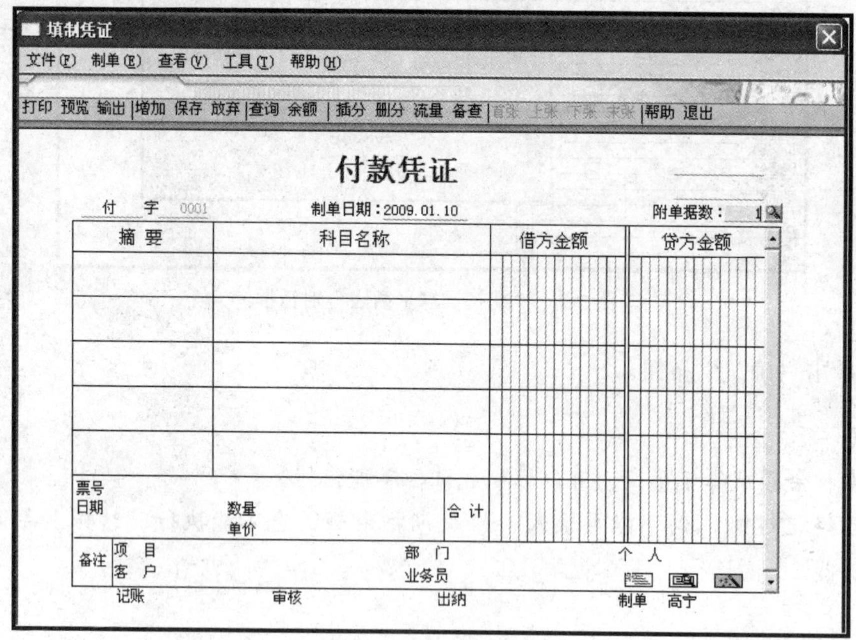


图 2-8 录入凭证头的内容

**注意**

- 凭证类别为初始设置时已定义的凭证类别代码或名称。
- 采用自动编号时，计算机自动按月按类别连续进行编号。
- 采用序时控制时，凭证日期应大于或等于启用日期，但不能超过机内系统日期。

- 在“附单据数”处可以按Enter键通过，也可以输入单据数量。
- 凭证一旦保存，其凭证类别、凭证编号均不能修改。

(4) 输入摘要“支付水电费”。

(5) 输入编码“5101”或单击“参照”按钮选择“5101 制造费用”科目，按Enter键，输入借方金额“800”，按Enter键。

(6) 在下一行的科目名称栏，输入现金科目的编码“1001”或单击“参照”按钮选择“1001 库存现金”科目。

(7) 输入贷方金额“800”，按Enter键，出现“现金流量表”对话框，单击“项目编码”栏的“参照”按钮，选择“07 支付其他与经营活动有关的现金”，如图2-9所示。

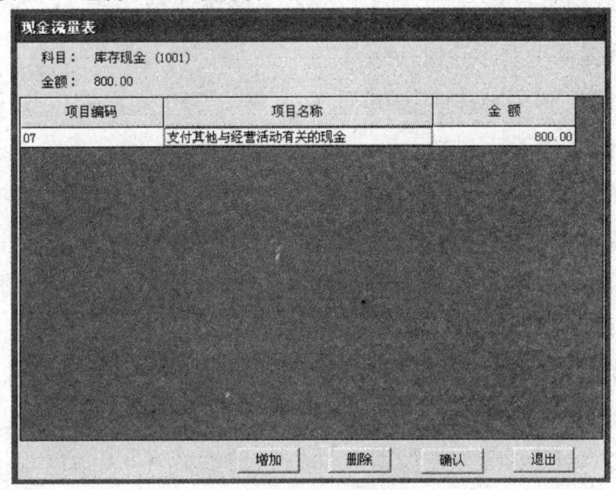


图2-9 选择现金流量项目

(8) 单击“确认”按钮。系统显示一张完整的凭证，如图2-10所示。

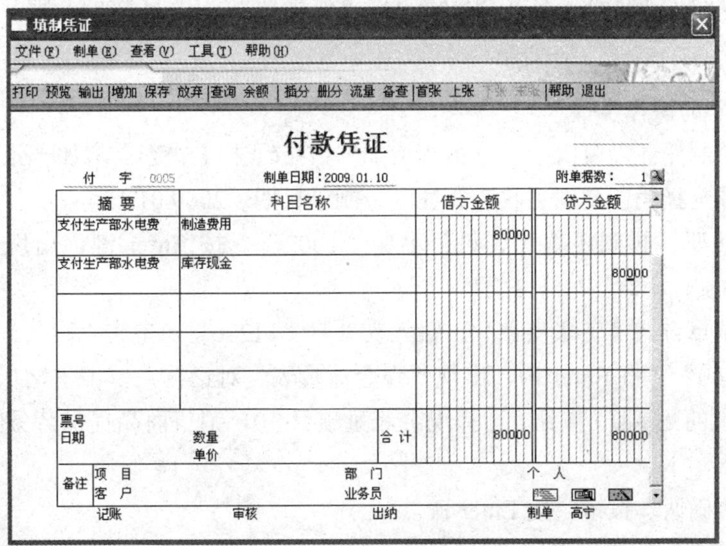


图2-10 已保存的付款凭证

注意

- 正文中不同行的摘要可以相同也可以不同，但不能为空。每行摘要将随相应的会计科目在明细账、日记账中出现。新增分录完成后，按回车键，系统将摘要自动复制到下一分录行。
- 科目编码必须是末级科目编码。
- 金额不能为零，红字以“-”号表示。
- 若当前分录的金额为其他所有分录的借贷方差额，则在金额处按“=”键即可。

**例 2-8** 1月15日发生如下8笔业务，由“KJ002”在总账系统中填制记账凭证。

- 收到“大地公司”转账支票(NO.11206)，偿还前欠货款446 000元(现金流量项目：01 销售商品提供劳务收到的现金)。
- 向“百惠公司”购买A材料300千克，单价350元，增值税率为17%。材料已验收入库，货税款尚未支付。
- 以转账支票(NO.3306)购买小型设备一台，价款共计50 000元(现金流量项目：13 购买固定资产、无形资产和其他长期资产支付的现金)。
- 以现金支付市场部的办公用品费900元。(现金流量项目：07 支付其他与经营活动有关的现金)
- 以转账支票(NO.1309)支付市场部的办公费 1 200 元。(现金流量项目：07 支付其他与经营活动有关的现金)
- 市场部陈红出差回来报销差旅费5 000元(单据共计13张)，原借款5 000元。
- 销售给“大地公司”一批商品，对方承诺10日后付款。其中货款123 500元，税款20 995元。
- 以现金支付财务部办公费 60 元。(现金流量项目：07 支付的其他与经营活动有关的现金)

**第1笔业务的操作步骤**

(1) 在“填制凭证”窗口中，单击“增加”按钮(或按F5键)，增加一张新凭证。

(2) 输入或选择凭证类别“收款凭证”、制单日期“2009.01.15”。

(3) 输入摘要“收到还款”、科目名称“1002”，按Enter键，出现“辅助项”对话框。

(4) 选择结算方式“转账支票”，输入支票号“11206”，单击“确认”按钮，录入借方金额“446 000”。按Enter键，出现“现金流量表”对话框，单击“增加”按钮，单击“项目编码”栏的“参照”按钮，选择现金流量项目“01 销售商品提供劳务收到的现金”，如图2-11所示。

(5) 单击“确认”按钮。按Enter键。

(6) 输入第2行的科目编码“1122”， 或单击“参照”按钮选择“1122 应收账款”科目，打开“辅助项”对话框，如图2-12所示。

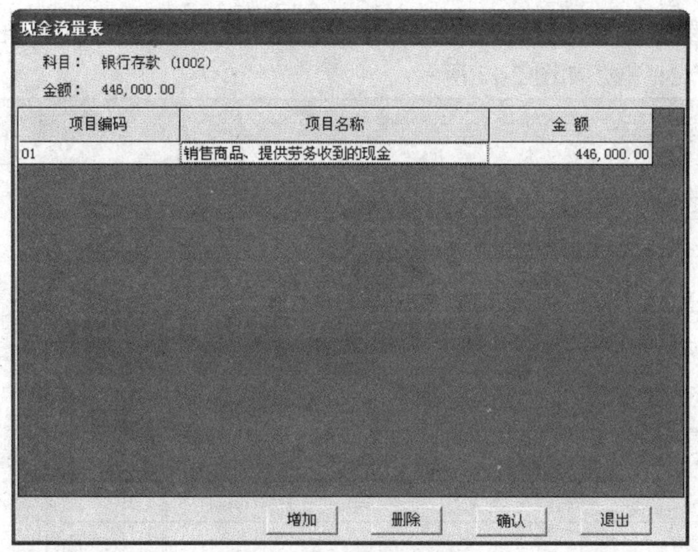


图 2-11　输入现金流量项目

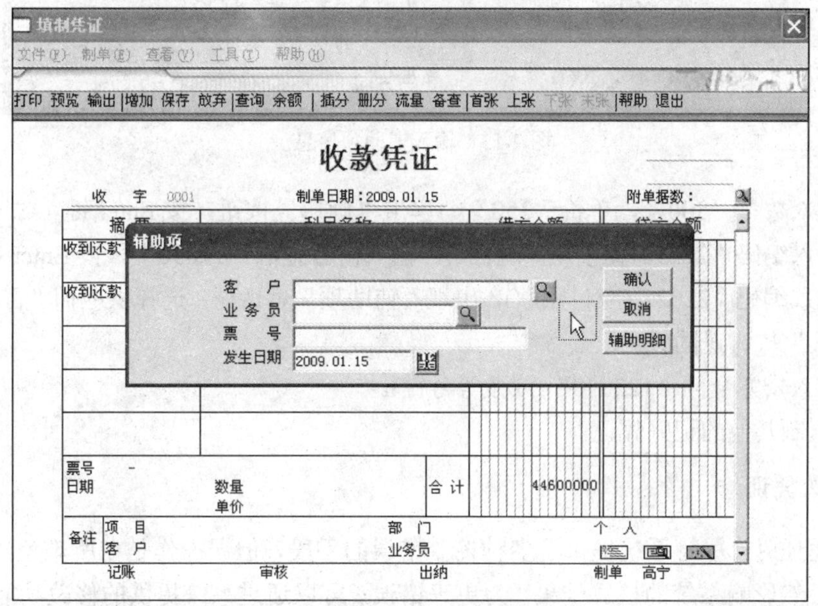


图 2-12　输入辅助项信息

(7) 单击“客户”栏“参照”按钮，选择“大地公司”。

(8) 单击“确认”按钮返回。

(9) 输入贷方金额“446 000”(或按等号键)。

(10) 单击“保存”按钮，系统显示一张完整的凭证。

**第 2 笔业务的操作步骤**

(1) 单击“增加”按钮(或按 F5 键)，增加一张新凭证。

(2) 输入或选择凭证类别“转账凭证”、制单日期“2009.01.15”。

(3) 输入摘要“采购A材料，款未付”、科目名称“140301”(A材料)，按Enter键，出现“辅助项”对话框，如图2-13所示。

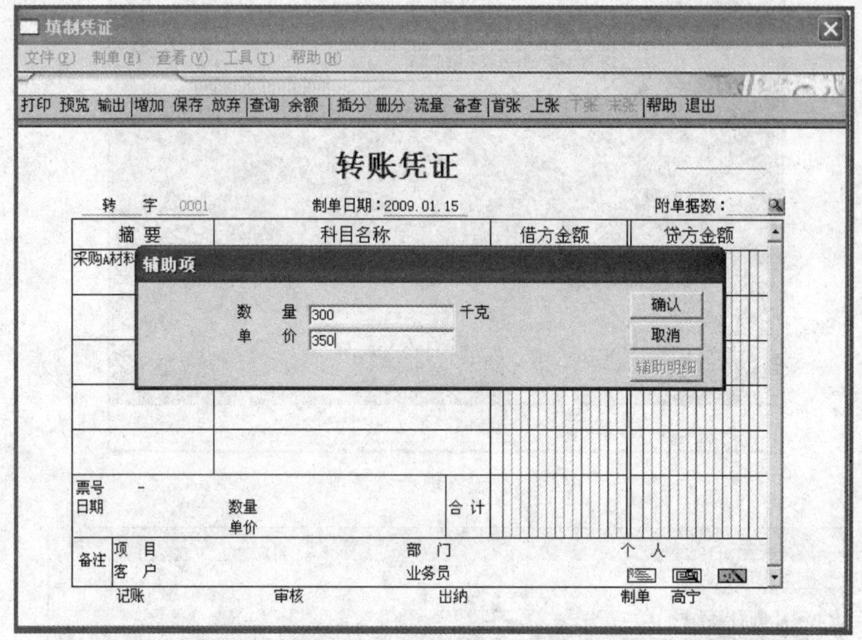


图2-13 输入辅助项信息

(4) 输入数量“300”，单价“350”。单击“确认”按钮，按Enter键。

(5) 输入编码“22210101”(进项税额)，输入借方金额“17850”。按Enter键。

(6) 输入编码“2202”(应付账款)，出现“辅助项”对话框，选择供应商“百惠公司”，单击“确认”按钮返回。

(7) 输入贷方金额“122850”(或按等号键)。

继续填制其他的记账凭证。

### 2. 修改凭证

输入凭证时，尽管系统提供了多种控制错误的手段，但误操作是在所难免的，记账凭证的错误必然影响系统的核算结果。为更正错误，可以通过系统提供的修改功能对错误凭证进行修改。

对错误凭证进行修改，可分为“无痕迹”修改和“有痕迹”修改两种。

“无痕迹”修改，即不留下任何曾经修改的线索和痕迹。下列两种状态下的错误凭证可实现无痕迹修改。

- 对已经输入但未审核的机内记账凭证进行直接修改。
- 已通过审核但还未记账的凭证不能直接修改，可以先取消审核再修改。

即未经审核的错误凭证可通过“制单”功能直接修改；已审核的凭证应先取消审核后，再通过凭证“制单”功能进行修改。

**例2-9** 将第0002号付款凭证中，支付购买小型设备款50 000元修改为“55 000”元。

**操作步骤**

(1) 在"填制凭证"对话框中，单击"上张"或"下张"按钮，找到要修改的"付字 0002"凭证。

(2) 直接将借方金额修改为"55 000"，将光标移到贷方金额栏输入贷方金额"55 000"或按 "=" 键。

(3) 单击 "流量" 按钮，修改现金流量为 "55 000" 。

(4) 单击 "保存" 按钮，如图 2-14 所示。

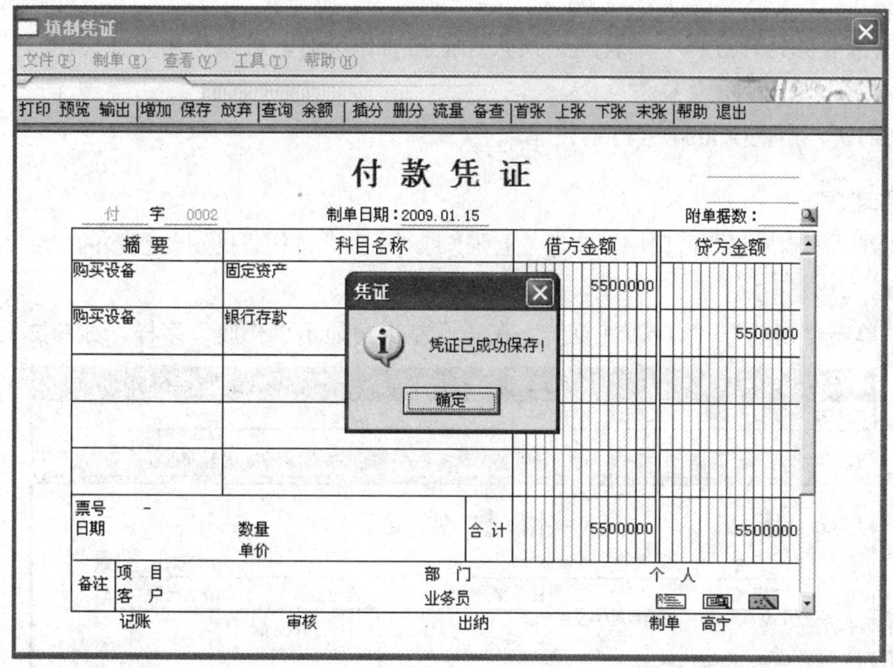


图 2-14　修改凭证

**注意**

- 若已采用制单序时控制，则在修改制单日期时，不能在上一张凭证的制单日期之前。
- 若已选择不允许修改或作废他人填制的凭证权限控制，则不能修改或作废他人填制的凭证。
- 外部系统传递来的凭证不能在总账系统中修改，只能在生成该凭证的系统中进行修改。

"有痕迹" 修改，即留下曾经修改的线索和痕迹，通过保留错误凭证和更正凭证的方式留下修改痕迹。如果已记账凭证发现有错，是不能再修改的，对此类错误的修改要求留下审计线索。这时可以采用红字冲销法或者补充登记法进行更正。

如果需要冲销某张已记账的凭证，可以采用 "制单" 中的 "冲销凭证" 命令制作红字冲销凭证。

注意

- 只能针对已记账凭证制作“红字冲销”凭证。
- 制作红字冲销凭证将错误凭证冲销后，需要再编制正确的蓝字凭证进行补充。
- 通过红字冲销法增加的凭证，应视同正常凭证进行保存和管理。

3. 作废及删除凭证

在日常业务处理过程中，若遇到某张凭证需要作废时，可以使用“作废/恢复”功能，将这些凭证作废。

例 2-10　删除第 0004 号付款凭证。

操作步骤

(1) 在“填制凭证”窗口中，单击“上张”或“下张”按钮，找到要删除的“付字 0004”凭证。

(2) 单击“制单”|“作废/恢复”，在凭证左上角显示“作废”字样，如图 2-15 所示。

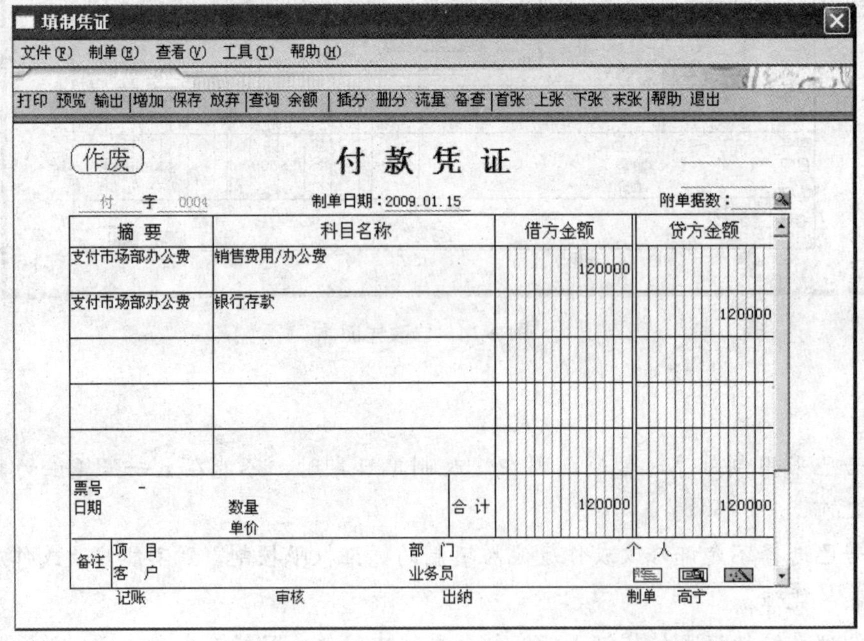


图 2-15　作废凭证

(3) 单击“制单”|“整理凭证”选项，出现“请选择凭证期间”的对话框，如图 2-16 所示。

(4) 单击“确定”按钮，打开“作废凭证表”对话框，在“删除”栏双击打上“Y”标记，如图 2-17 所示。

(5) 单击“确定”按钮，系统提示“是否需整理凭证断号”，如图 2-18 所示。

(6) 单击“是”按钮，完成删除凭证的操作。

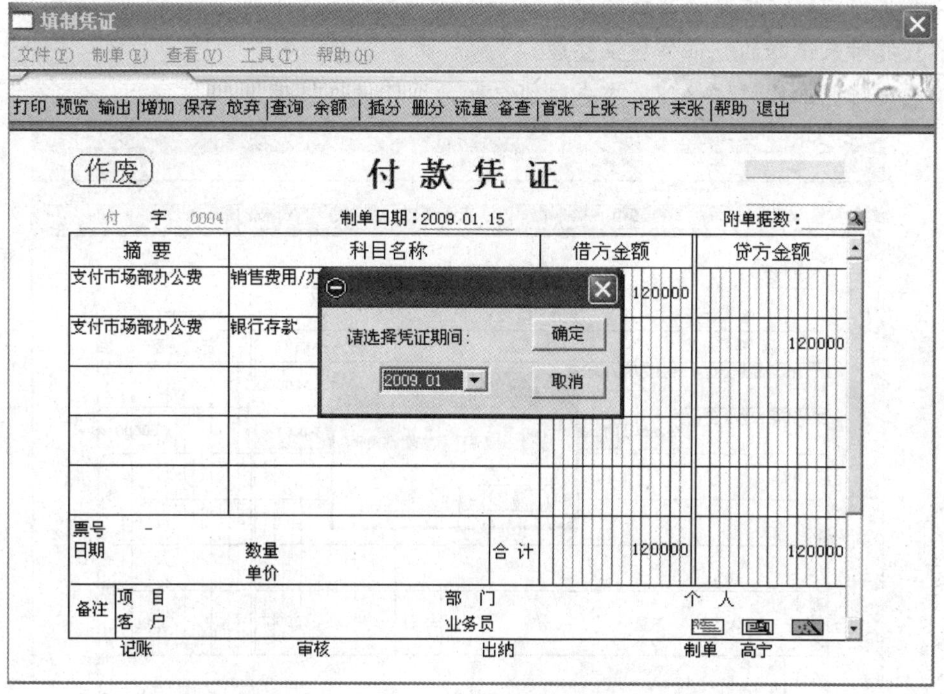


图 2-16　选择作废凭证的期间

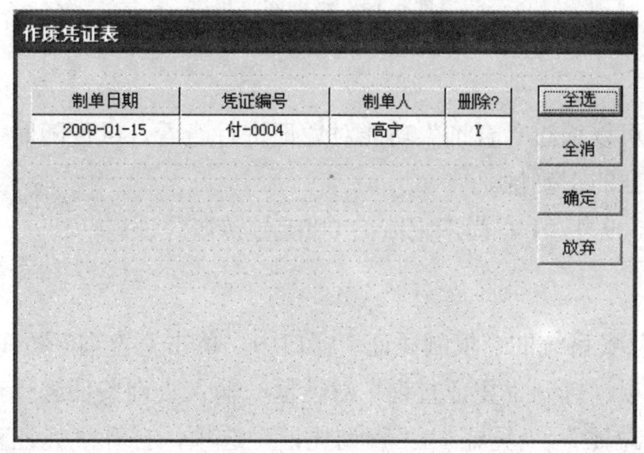


图 2-17　选择作废凭证

注意

- 作废凭证仍保留凭证内容及编号，只显示“作废”字样。
- 作废凭证不能修改，不能审核。
- 在记账时，已作废的凭证将参与记账，否则月末无法结账，但系统不对作废凭证进行数据处理，即相当于一张空凭证。
- 账簿查询时，找不到作废凭证的数据。

- 若当前凭证已作废，可单击“制单”菜单中的“作废/恢复”选项，取消作废标志，并将当前凭证恢复为有效凭证。
- 只能对未记账的凭证作凭证整理。
- 已记账凭证作凭证整理，应先取消记账，再作凭证整理。

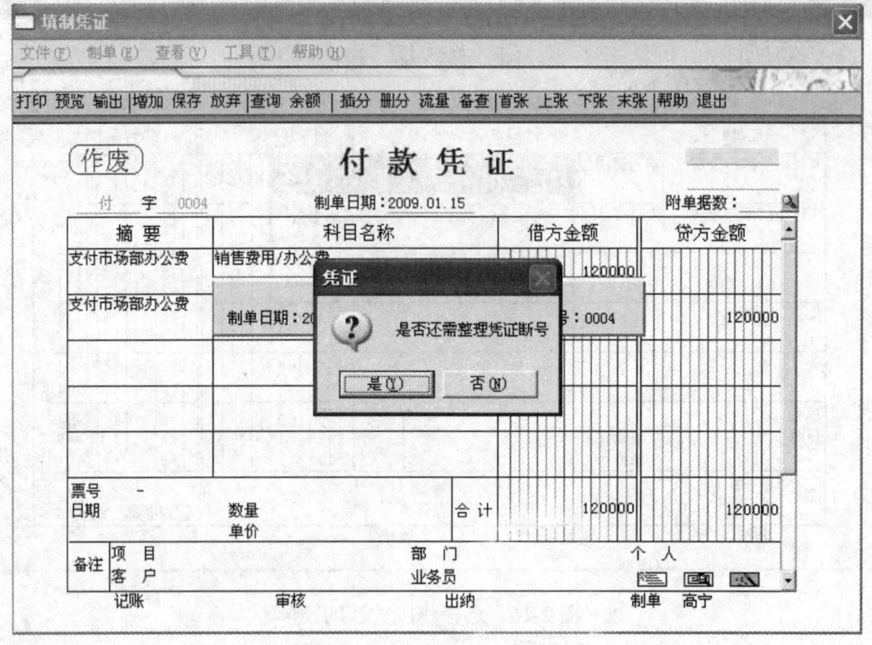

图 2-18　整理断号提示

### 4. 查询凭证

在制单过程中，可以通过“查询”功能对凭证进行查看，以便随时了解经济业务发生的情况，保证填制凭证的正确性。

**例 2-11**　查询 2009 年 01 月尚未记账的 0001 号转账凭证。

**操作步骤**

(1) 方法一：在总账系统的“填制凭证”窗口中，单击“查询”按钮或者单击“查看”菜单中的“查询”选项，打开“凭证查询”对话框，输入查询条件进行查询。

方法二：单击“总账”|“凭证”|“查询凭证”选项，打开“凭证查询”对话框，如图 2-19 所示。

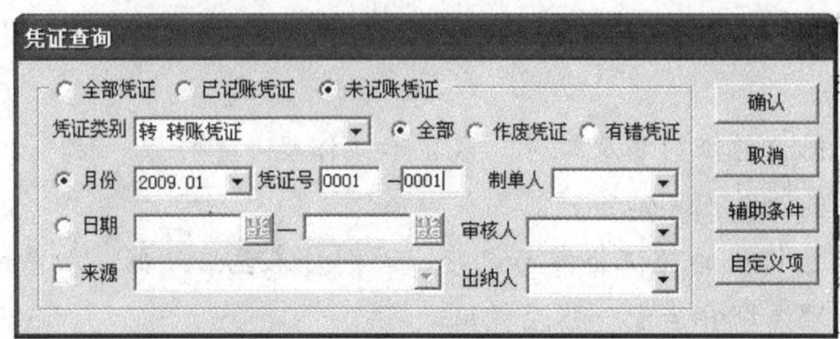

图 2-19　“凭证查询”对话框

(2) 单击“未记账凭证”单选按钮。

(3) 选择“凭证类别”下拉列表框中的“转账凭证”选项。

(4) 单击“月份”前的单选按钮，在其下拉列表框中选择“2009.01”。输入凭证号“0001”，其他栏目可以为空。

(5) 单击“确认”按钮，打开“查询凭证”对话框，如图2-20所示。

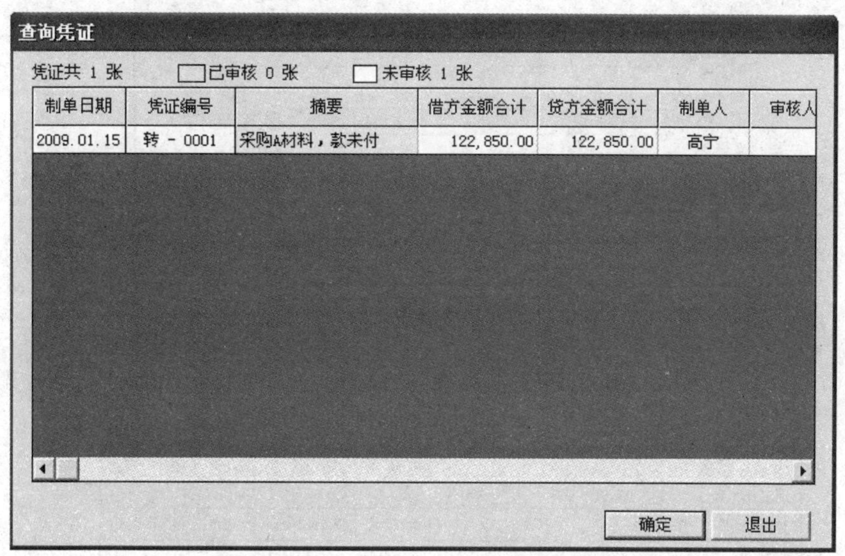


图2-20 “查询凭证”对话框

(6) 单击“确定”按钮，即可找到符合查询条件的凭证

**注意**

- 在“填制凭证”窗口中，单击“查看”菜单中的选项可以查看到当前科目最新余额、外部系统制单信息、联查明细账等。
- 如果凭证尚未记账，则可以直接在填制凭证功能中查看。

**例2-12** 查询2009年01月所有金额超过5 000元的尚未记账的记账凭证。

**操作步骤**

(1) 单击“总账”|“凭证”|“查询凭证”选项，打开“凭证查询”对话框。

(2) 单击选中“未记账凭证”单选按钮，单击“辅助条件”按钮，打开“凭证查询”对话框 。

(3) 在金额栏录入“5000”，如图2-21所示。

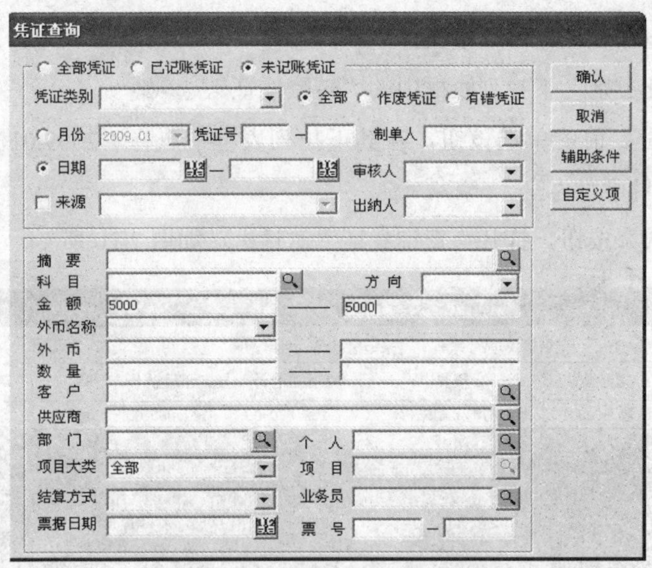

图 2-21 “凭证查询”对话框

(4) 单击“确认”按钮。打开“凭证查询”所有符合条件的凭证的对话框，如图 2-22 所示。

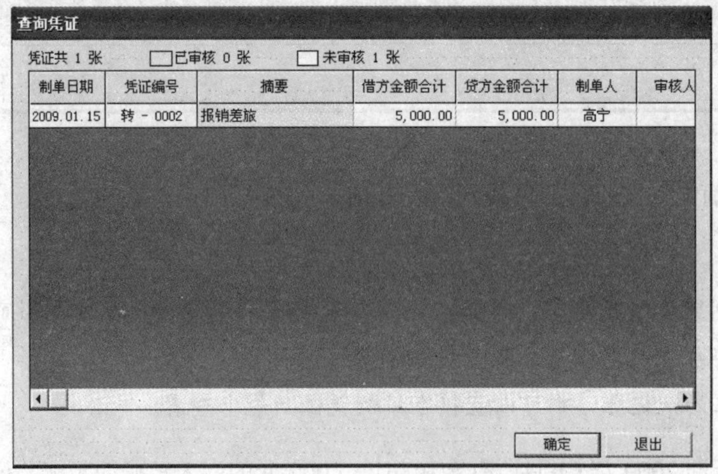

图 2-22 符合条件的凭证

(5) 单击“确定”按钮，可以查询到具体的凭证。

## 2.2.2 审核凭证

审核凭证是指由具有审核权限的操作员按照会计制度规定，对制单人填制的记账凭证进行合法性检查。其目的是防止错误及舞弊。

审核凭证时，可直接由具有审核权限的操作员根据原始凭证对屏幕上显示的记账凭证进行审核，对正确的记账凭证发出签字指令，计算机在凭证上填入审核人名字。按照有关规定，制单人和审核人不能是同一个人，如果当前操作员与制单人相同，则应通过重新注册功能更换操作员后再进行审核操作。

**例 2-13** 以李东(KJ001 号操作员，密码：123456)的身份登录注册 106 账套的“企业门户”，审核 1 月份填制的凭证。

**操作步骤**

(1) 单击“系统”|“重新注册”选项。

(2) 在打开的“注册〖企业门户〗”对话框中，选择“用户名”下拉列表框中的“KJ001”选项，并输入密码“123456”，单击“确定”按钮，重新进入“企业门户”窗口。

(3) 在“用友 T6-企业管理软件”企业门户的“业务”页签中，单击“财务会计”|“总账”|“凭证”|“审核凭证”选项，打开“凭证审核”对话框。

(4) 单击“全部”单选按钮，单击“确认”按钮，系统显示全部记账凭证，如图 2-23 所示。

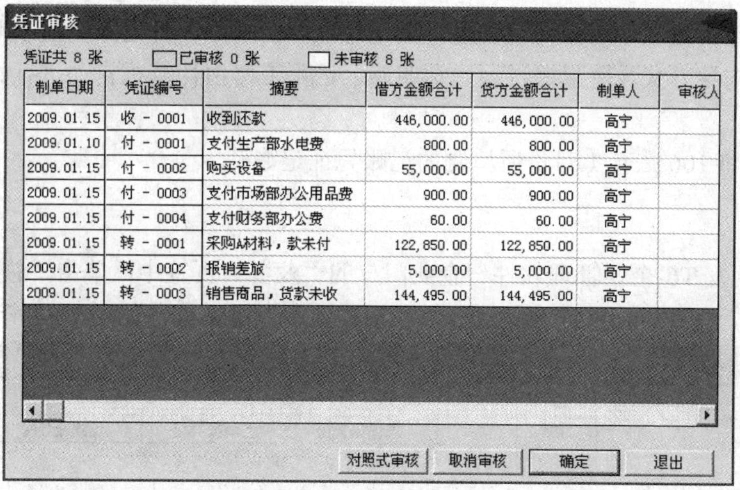

凭证审核

凭证共 8 张　已审核 0 张　未审核 8 张

| 制单日期 | 凭证编号 | 摘要 | 借方金额合计 | 贷方金额合计 | 制单人 | 审核人 |
|---|---|---|---|---|---|---|
| 2009.01.15 | 收 - 0001 | 收到还款 | 446,000.00 | 446,000.00 | 高宁 | |
| 2009.01.10 | 付 - 0001 | 支付生产部水电费 | 800.00 | 800.00 | 高宁 | |
| 2009.01.15 | 付 - 0002 | 购买设备 | 55,000.00 | 55,000.00 | 高宁 | |
| 2009.01.15 | 付 - 0003 | 支付市场部办公用品费 | 900.00 | 900.00 | 高宁 | |
| 2009.01.15 | 付 - 0004 | 支付财务部办公费 | 60.00 | 60.00 | 高宁 | |
| 2009.01.15 | 转 - 0001 | 采购A材料，款未付 | 122,850.00 | 122,850.00 | 高宁 | |
| 2009.01.15 | 转 - 0002 | 报销差旅 | 5,000.00 | 5,000.00 | 高宁 | |
| 2009.01.15 | 转 - 0003 | 销售商品，贷款未收 | 144,495.00 | 144,495.00 | 高宁 | |

对照式审核　取消审核　确定　退出

图 2-23 显示符合条件的凭证

(5) 单击“确定”按钮，打开待审核的记账凭证。

(6) 对每张凭证进行检查并确定无误后，单击“审核”按钮；如认为有错误，可单击“标错”按钮。

**注意**

- 在确认一批凭证无错误时，可以单击“审核”菜单中的“成批审核凭证”功能，可以完成成批审核的操作。
- 作废凭证不能被审核，也不能被标错。
- 审核人和制单人不能是同一个人。
- 凭证一经审核，不能被修改、删除，只有取消审核签字后才可操作。
- 已审核的凭证如果发现有错误，可以由原审核人在审核凭证功能中“取消”审核，再由制单人在填制凭证功能中进行修改。

- 已标错的凭证不能被审核，需先取消标错后才能审核。

### 2.2.3 记账

记账是以会计凭证为依据，将经济业务全面、系统、连续地记录到具有账户基本结构的账簿中去的一种方法。

在手工方式下，记账是由会计人员根据已审核的记账凭证及所附有的原始凭证逐笔或汇总后登记有关的总账和明细账。

在电算化方式下，记账是由有记账权限的操作员发出记账指令，由计算机按照预先设计的记账程序自动进行合法性检查、科目汇总并登记账簿等。

#### 1. 记账

记账凭证经审核签字后，即可以进行登记总账、明细账、日记账及往来账等操作。本系统记账采用向导方式，使记账过程更加明确，记账工作由计算机自动进行数据处理，不用人工干预。

**例 2-14** 将 106 账套 1 月份所填制的记账凭证记账。

**操作步骤**

(1) 在“用友 T6-企业管理软件”企业门户的“业务”页签中，单击“总账”|“凭证”|“记账”选项，打开“记账向导—选择本次记账范围”对话框，如图 2-24 所示。

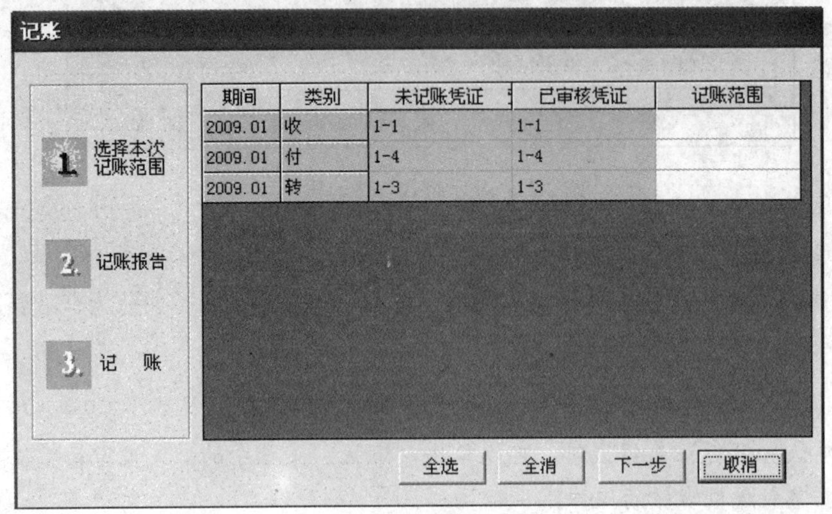


图 2-24 选择本次记账范围

(2) 选择需要记账的范围，默认为所有已审核并经出纳签字的凭证。

(3) 单击“下一步”按钮，打开“记账向导—记账报告”对话框

(4) 单击“下一步”按钮，打开“记账向导—记账”对话框，如图 2-25 所示。

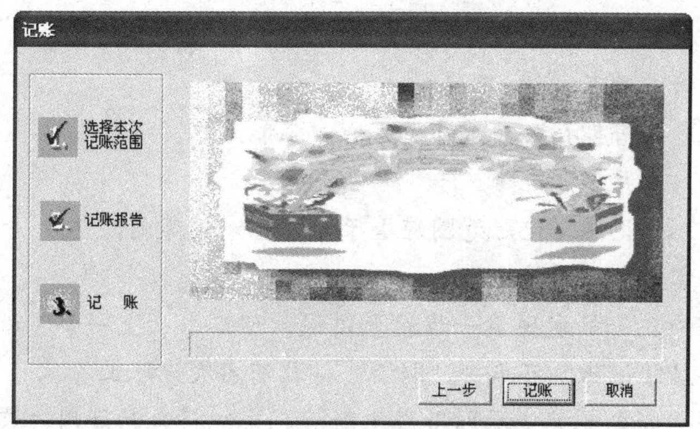


图 2-25 记账

(5) 单击“记账”按钮，显示“试算平衡表”，如图 2-26 所示。

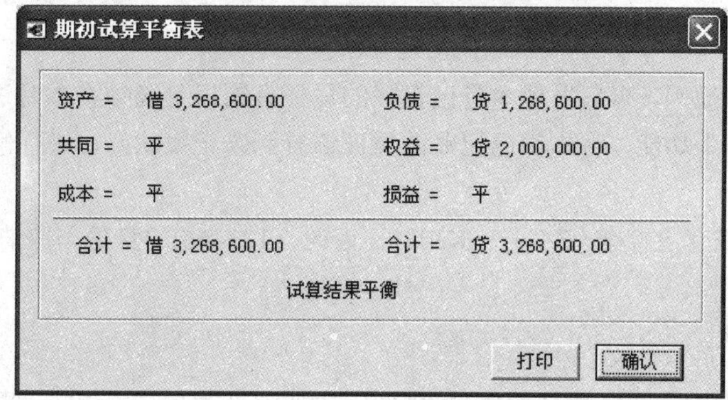


图 2-26 显示试算平衡表

(6) 单击“确认”按钮，系统开始登录有关的总账、明细账和辅助账，结束后系统弹出“记账完毕”的提示对话框，如图 2-27 所示。

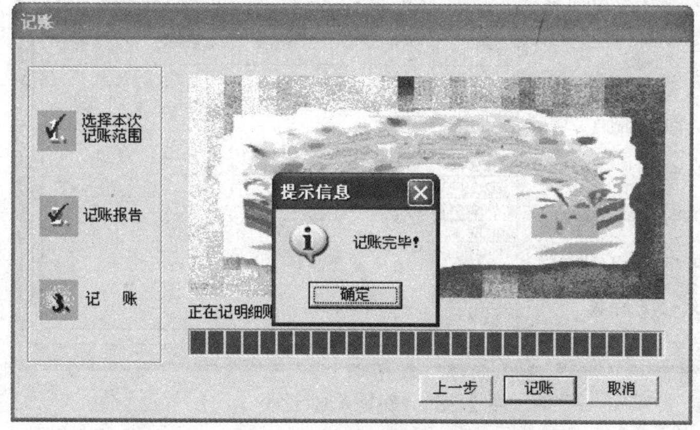


图 2-27 记账完毕的提示

(7) 单击“确定”按钮。

注意

- 记账范围可输入数字、“-”和“，”。
- 第一次记账时，若期初余额试算不平衡，不能记账。
- 上月未结账，本月不能记账。
- 未审核凭证不能记账，记账范围应小于等于已审核范围。
- 作废凭证不需审核可直接记账。
- 在设置过程中，如果发现某一步设置错误，可单击“上一步”返回后进行修改。如果不想再继续记账，可单击“取消”，取消本次记账工作。
- 记账过程一旦断电或其他原因造成中断后，系统将自动调用“恢复记账前状态”恢复数据，然后再重新记账。
- 在记账过程中，不得中断退出。

2. 取消记账

如果由于某种原因，事后发现本月已记账的凭证有错误且必须在本月进行修改，利用“恢复记账前状态”功能，将本月已记账的凭证恢复到未记账状态，进行修改、审核后再进行记账。

**例 2-15** 以账套主管李东(编号：KJ001，密码：123456)的身份，取消 106 账套 2009 年 1 月份的记账操作。

**操作步骤**

(1) 在“用友 T6-企业管理软件”企业门户的“业务”页签中，单击“财务会计”|“总账”|“期末”|“对账”选项，打开“对账”对话框，如图 2-28 所示。

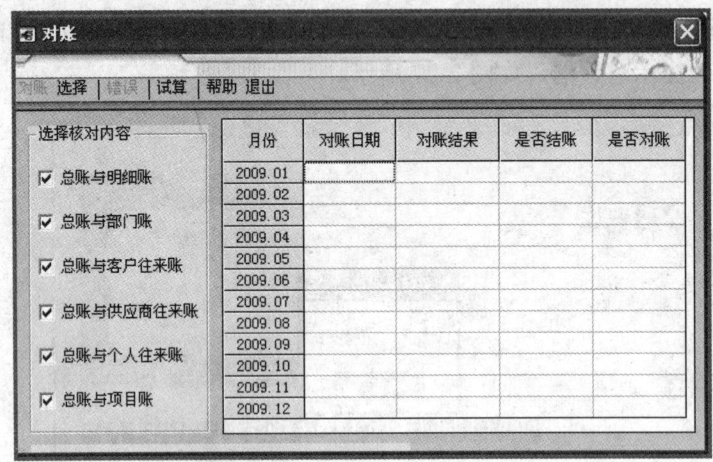


图 2-28 “对账”对话框

(2) 单击 2009.01 月份所在行，按 CTRL+H 键，激活恢复记账前状态功能，如图 2-29 所示。

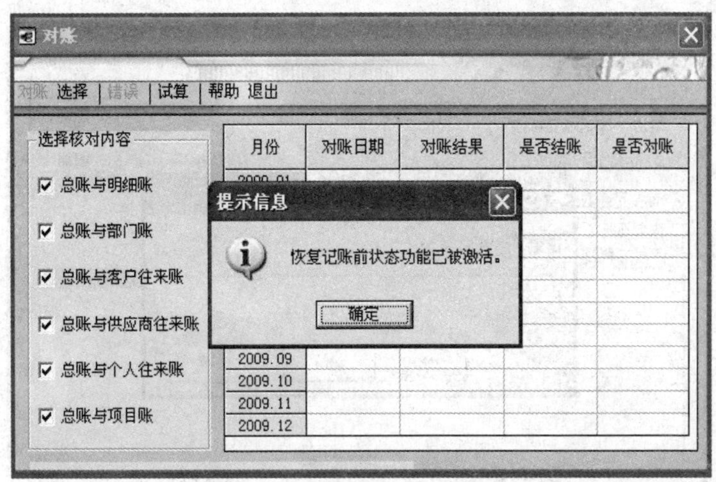


图 2-29　激活恢复记账前状态

(3) 单击“确定”按钮。单击“退出”按钮。

(4) 单击“财务会计”|“总账”|“凭证”|“恢复记账前状态”选项，打开“恢复记账前状态”对话框，如图 2-30 所示。

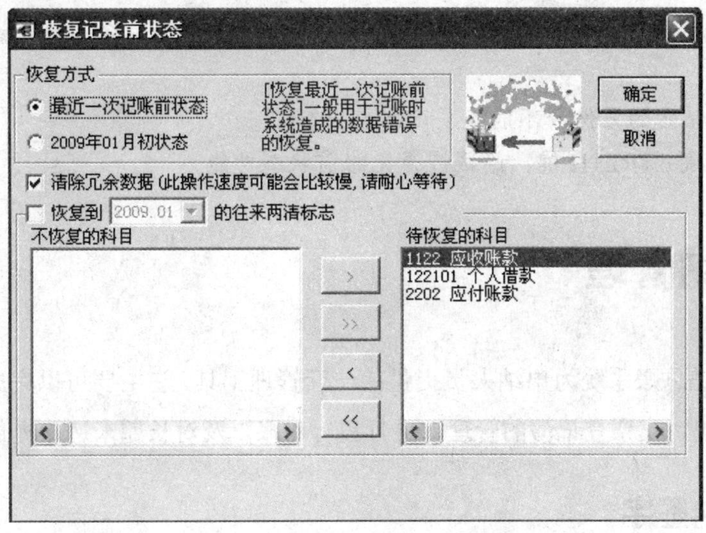


图 2-30　“恢复记账前状态”对话框

(5) 单击“最近一次记账前状态”单选按钮。

(6) 单击“确定”按钮，系统要求输入主管口令，如图 2-31 所示。

(7) 输入口令“123456”。

(8) 单击“确认”按钮。系统弹出“恢复记账完毕”的提示对话框。

(9) 单击“确定”按钮返回。

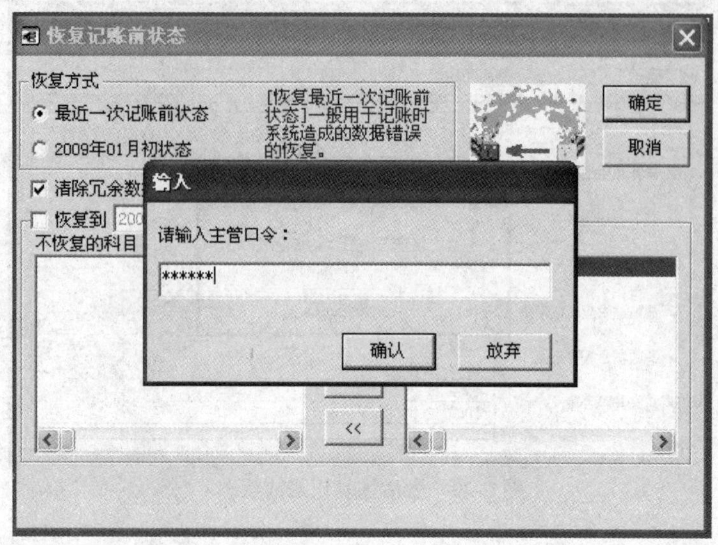


图 2-31　输入主管口令

注意

- 如果选择的是恢复至本月月初，需要输入会计主管的口令后，系统才开始进行恢复工作。
- 对于已结账的月份，不能恢复记账前状态。
- 如果再按 CTRL+H 键，隐藏恢复记账前状态功能。

## 2.3　出纳管理

出纳管理是总账系统为出纳人员提供的一套管理工具，它主要可以完成现金和银行存款日记账的输出、支票登记簿的管理，进行银行对账以及对长期未达账提供审计报告。

### 2.3.1　出纳签字

为了加强企业现金收入与支出的管理，应加强对出纳凭证的管理。出纳凭证的管理可以采用多种方法，其中出纳签字就是主要的方法之一。出纳签字是指由出纳人员通过“出纳签字”功能对制单员填制的带有库存现金和银行存款科目的凭证进行检查核对，主要核对出纳凭证中出纳科目的金额是否正确，如果凭证正确则在凭证上进行出纳签字，经审查如果认为该张凭证有错误或有异议，则不予进行出纳签字，应交给填制人员修改后再核对。

**例 2-16** 由刘佳(编号：KJ003，密码：123456)，对 106 账套 1 月份所填制的收付款凭证进行出纳签字的操作，并在出纳签字后将未记账凭证记账。

**操作步骤**

(1) 由 KJ003 号操作员，在“用友 T6-企业管理软件”企业门户的“业务”页签中，单击“总账”|“凭证”|“出纳签字”选项，如图 2-32 所示。

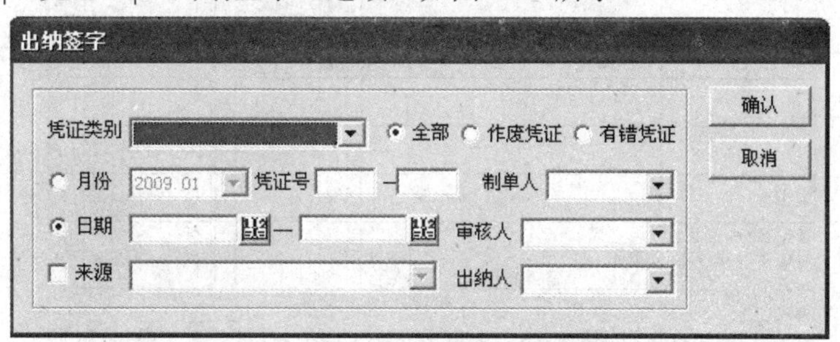


图 2-32 输入需出纳签字的凭证

(2) 单击“全部”按钮，单击“月份”单选按钮，在其下拉列表框中选择“2009.01”。

(3) 单击“确认”按钮，显示符合条件的凭证，如图 2-33 所示。

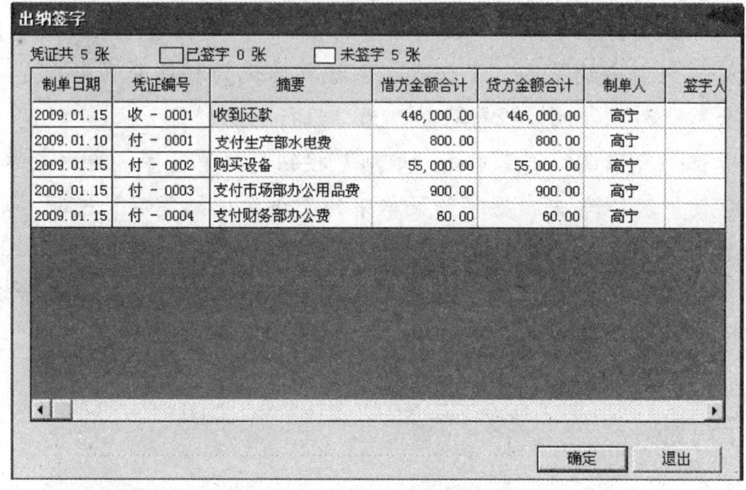


图 2-33 显示符合条件的凭证

(4) 单击“确定”按钮，打开第一张需签字的凭证。

(5) 检查核对无误后，单击“签字”按钮，系统在凭证中“出纳”处自动签上出纳的姓名，如图 2-34 所示。

(6) 检查核对后对其他未签字凭证进行出纳签字的操作。

(7) 在记账功能中，将所有未记账的凭证进行记账。

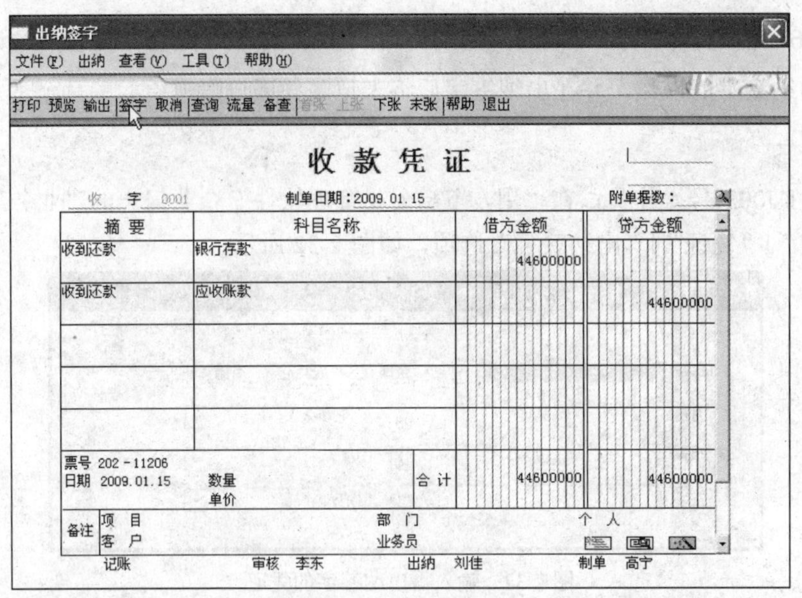

图 2-34　已经进行出纳签字的凭证

**注意**

- 若对出纳凭证进行签字操作，应做好两项准备：一是在总账系统的选项中设置“出纳凭证必须经由出纳签字”；二是在系统初始化的科目设置中指定“库存现金”为“现金总账科目”、“银行存款”为“银行总账科目”。
- 已签字凭证仍有错误，则需单击“取消”按钮，取消签字，再由制单人修改。
- 出纳签字时，可以单击“签字”菜单下的“成批出纳签字”选项；取消签字时，则可以单击“签字”菜单下的“成批取消签字”完成相应的操作。
- 凭证一经签字，不能被修改、删除，只有被取消签字后才可以进行修改或删除，取消签字只能由出纳本人进行操作。

## 2.3.2　银行对账

银行对账是货币资金管理的主要内容，是企业出纳员的最基本的工作之一。为了能够准确掌握银行存款的实际金额，了解实际可以动用的货币资金数额，防止记账发生差错，企业必须定期将银行存款日记账与银行出具的对账单进行核对，并编制银行存款余额调节表。在计算机中，总账系统要求银行对账的科目是在科目设置时定义为“银行账”辅助账类的科目。银行对账一般通过以下几个步骤完成：录入银行对账期初、录入银行对账单、银行对账、编制余额调节表和核销已达账。

系统提供两种对账方式：自动对账和手工对账。自动对账，即由计算机进行银行对账，是计算机根据对账依据将银行日记账未达账项与银行对账单进行自动核对、勾销。

手工对账是对自动对账的补充。采用自动对账后，可能还有一些特殊的已达账项尚未勾对出来而被视为未达账项。为了保证银行账能够彻底准确，可以通过手工对账进行调整勾销。

### 1. 录入银行对账期初数据

第一次使用银行对账功能前，系统要求录入日记账、对账单的期初余额及未达账项，在开始使用银行对账之后不再使用。

**例 2-17** 银行对账的启用日期为：2009 年 1 月 1 日。单位日记账最后一次银行对账期末余额为 425 666 元，没有未达账项；银行对账单最后一次银行对账期末余额为 415 666 元，2008 年 12 月 30 日，企业已收银行未收的未达账项为 20 000 元和 40 000 元，企业已付银行未付的未达账项为 50 000 元。

**操作步骤**

(1) 在“用友 T6-企业管理软件”企业门户的“业务”页签中，单击“财务会计”|“总账”|“出纳”|“银行对账”|“银行对账期初录入”选项，打开“银行科目选择”对话框，如图 2-35 所示。

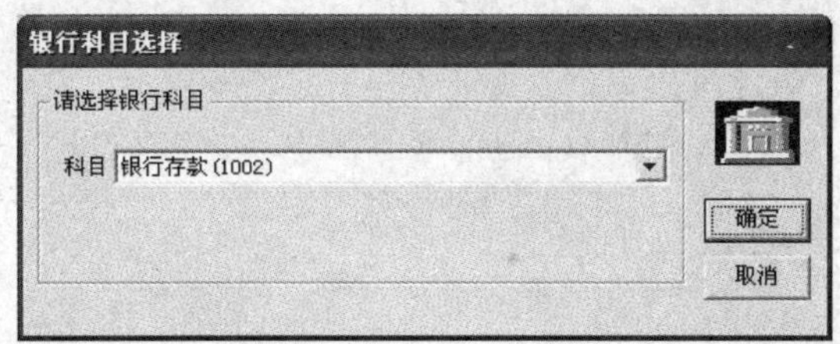


图 2-35 选择银行科目

(2) 选择“科目”下拉列表框中的“银行存款(1002)”选项。

(3) 单击“确定”按钮，打开“银行对账期初”对话框，如图 2-36 所示。

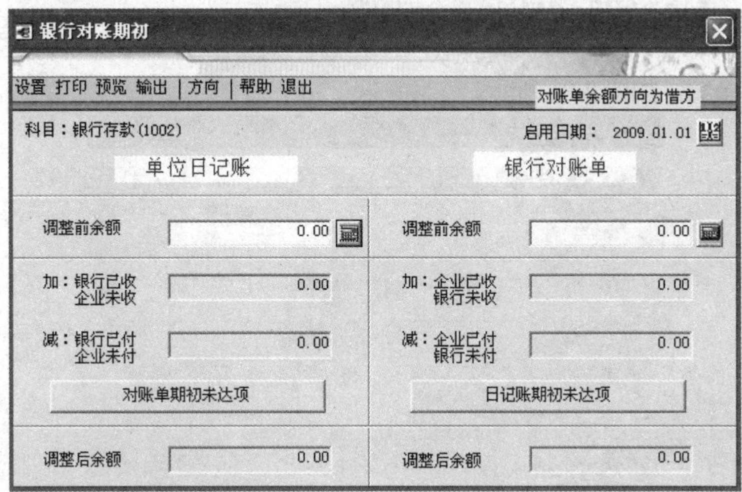


图 2-36 “银行对账期初”对话框

(4) 单击“启用日期”按钮，确定启用日期为“2009 年 1 月 1 日”。

(5) 在单位日记账的调整前余额栏输入“425 666”；在银行对账单的调整前余额栏输入“415 666”。

(6) 单击“日记账期初未达项”按钮，打开“企业方期初”对话框。

(7) 单击“增加”按钮，选择日期“2008-12-30”，输入借方金额“20 000”；再单击“增加”按钮，选择日期“2008-12-30”，输入借方金额“40 000”；再单击“增加”按钮，选择日期“2008-12-30”，输入贷方金额“50 000”，如图 2-37 所示。

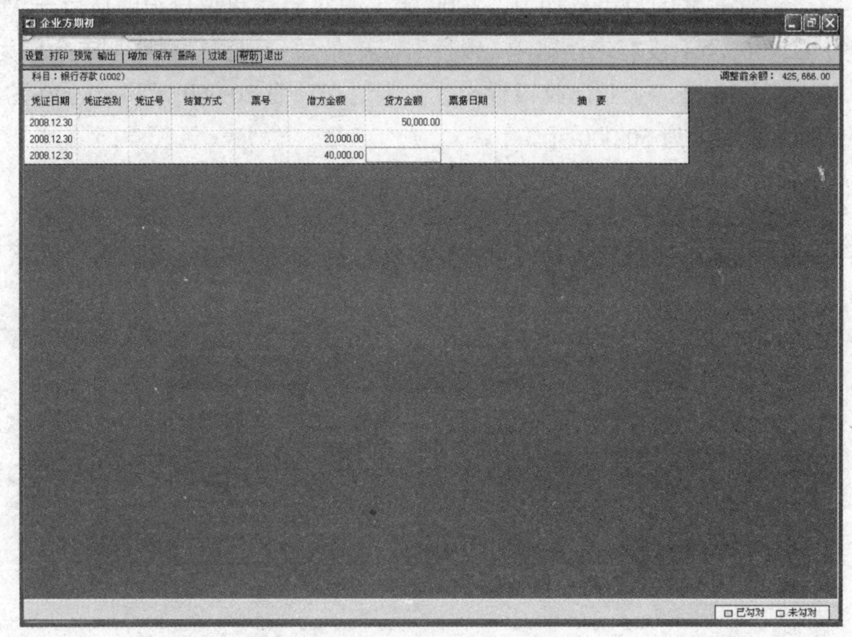


图 2-37 “企业方期初”对话框

(8) 单击“保存”按钮，保存已录入的数据。

(9) 单击“退出”按钮，返回“银行对账期初”对话框，系统显示调整前余额、未达账项及调整后余额，如图 2-38 所示。

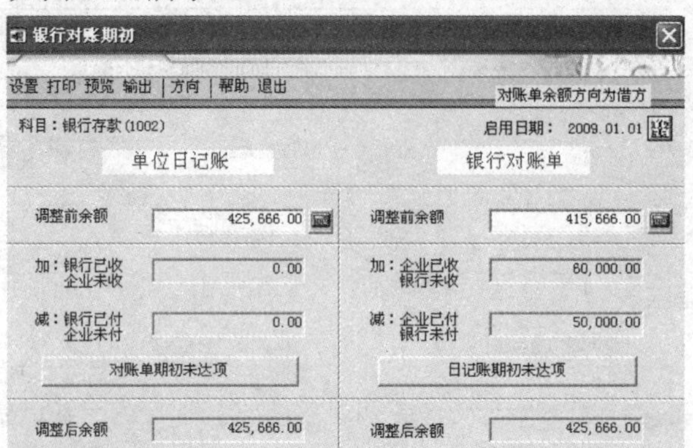


图 2-38 “银行对账期初”对话框

(10) 单击“退出”按钮。

注意

在录入完单位日记账、银行对账单期初未达账项后，请不要随意调整启用日期，尤其是向前调，这样可能会造成启用日期后的期初数不能再参与对账。

### 2. 录入银行对账单

要实现计算机自动进行银行对账，在每月月末对账前，必须将银行开出的银行对账单输入计算机，存入“对账单文件”。

**例 2-18** 银行发来一张对账单，如表 2-2 所示。

表 2- 2 银行对账单

| 日 期 | 摘 要 | 借 方 | 贷 方 | 方 向 | 余 额 |
|---|---|---|---|---|---|
| 2009 年 1 月 15 日 | 收款 | 446 000 | | 借 | 861 666 |
| 2009 年 1 月 15 日 | 付款 | | 55 000 | 借 | 8 806 666 |
| 2009 年 1 月 30 日 | 付款 | | 12 000 | 借 | 794 666 |
| 2009 年 1 月 30 日 | 收款 | 16 000 | | 借 | 810 666 |

**操作步骤**

(1) 在“用友 T6-企业管理软件”企业门户的“业务”页签中， 单击“财务会计”|“总账”|“出纳”|“银行对账”|“银行对账单”选项，打开“银行科目选择”对话框。

(2) 选择“科目”下拉列表框中的“银行存款 1002”选项。

(3) 单击“确定”按钮，进入“银行对账单”窗口，如图 2-39 所示。

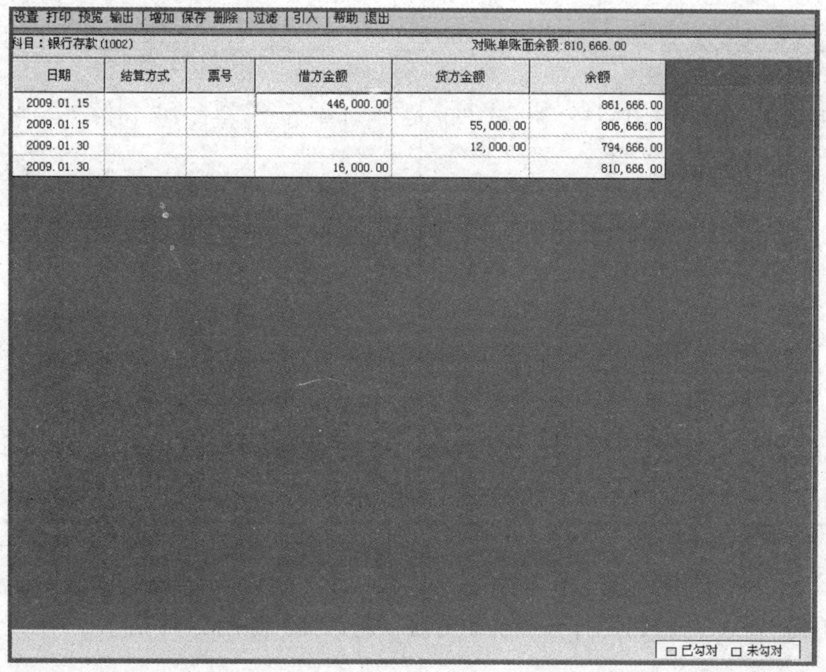


图 2-39 “银行对账单”窗口

(4) 单击“增加”按钮，输入日期“2009 年 1 月 15 日”、借方金额“446 000”，连续按 Enter 键，直到光标到下一行，继续输入对账单上的其他数据资料。

(5) 单击“保存”按钮。

(6) 单击“退出”按钮。

**注意**

- 输入每笔经济业务的金额后，按 Enter 键，系统自动计算出该日的银行存款余额。
- 若企业在多家银行开户，对账单应与其对应账号所对应的银行存款下的末级科目一致。

### 3. 自动对账

银行对账采用自动对账与手工对账相结合的方式。自动对账是计算机根据对账依据自动进行核对、勾销，对账依据由用户根据需要选择。

**例 2-19** 以最大条件进行银行对账。

**操作步骤**

(1) 在“用友 T6-企业管理软件”企业门户的“业务”页签中，单击“财务会计”|“总账”|“出纳”|“银行对账”|“银行对账”选项，打开“银行科目选择”对话框。

(2) 选择“科目”下拉列表框中的“银行存款 1002”选项，默认系统选项“显示已达账”。

(3) 单击“确定”按钮，进入“银行对账”窗口，如图 2-40 所示。

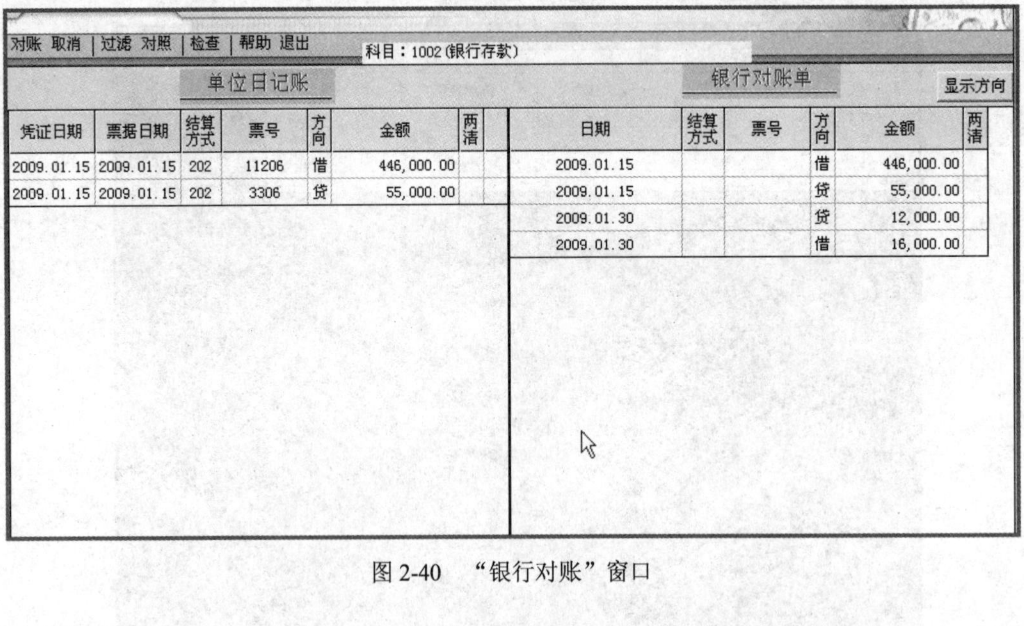

对账 取消 | 过滤 对照 | 检查 | 帮助 退出　科目：1002(银行存款)

单位日记账

| 凭证日期 | 票据日期 | 结算方式 | 票号 | 方向 | 金额 | 两清 |
|---|---|---|---|---|---|---|
| 2009.01.15 | 2009.01.15 | 202 | 11206 | 借 | 446,000.00 | |
| 2009.01.15 | 2009.01.15 | 202 | 3306 | 贷 | 55,000.00 | |

银行对账单　显示方向

| 日期 | 结算方式 | 票号 | 方向 | 金额 | 两清 |
|---|---|---|---|---|---|
| 2009.01.15 | | | 借 | 446,000.00 | |
| 2009.01.15 | | | 贷 | 55,000.00 | |
| 2009.01.30 | | | 贷 | 12,000.00 | |
| 2009.01.30 | | | 借 | 16,000.00 | |

图 2-40 “银行对账”窗口

(4) 单击“对账”按钮，打开“自动对账”对话框，如图 2-41 所示。

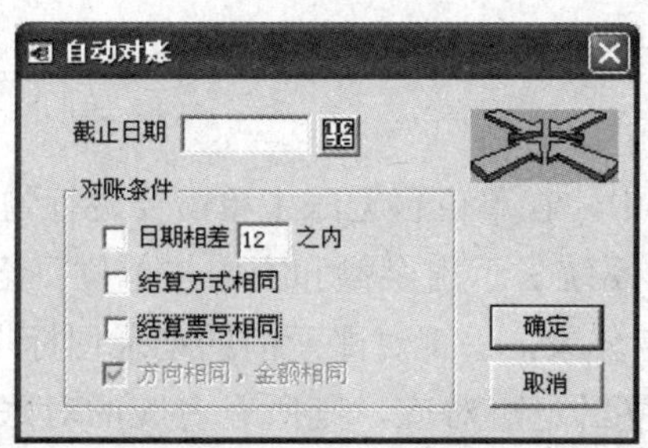


图 2-41　选择对账条件

(5) 单击日期按钮，选择截止日期“2009.01.31”。

(6) 取消选中“日期相差 12(天)之内”、“结算方式相同”、“结算票号相同”复选框，取消这三个对账条件的限制，以最大条件进行银行对账。

(7) 单击“确定”按钮，系统进行自动对账，并显示自动对账结果，如图 2-42 所示。

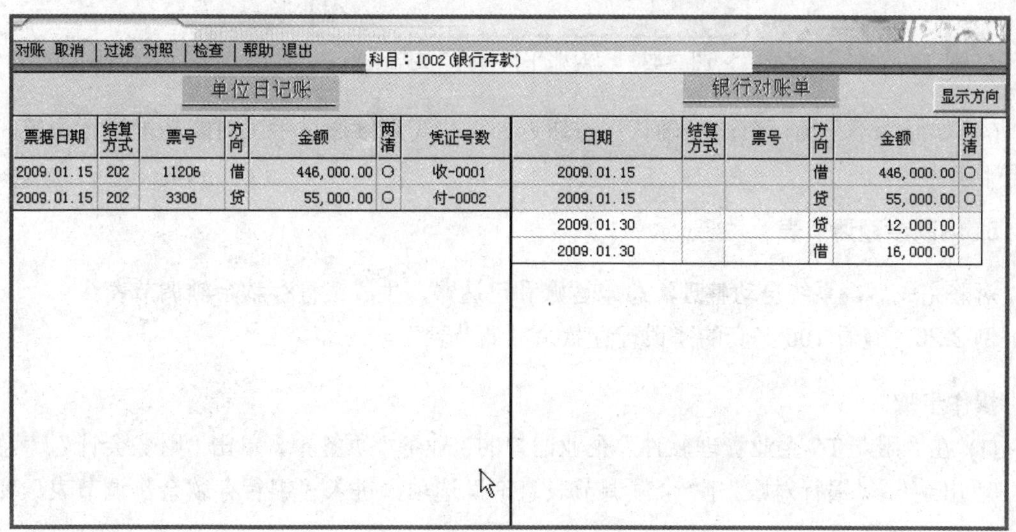


| 票据日期 | 结算方式 | 票号 | 方向 | 金额 | 两清 | 凭证号数 |
|---|---|---|---|---|---|---|
| 2009.01.15 | 202 | 11206 | 借 | 446,000.00 | O | 收-0001 |
| 2009.01.15 | 202 | 3306 | 贷 | 55,000.00 | O | 付-0002 |

| 日期 | 结算方式 | 票号 | 方向 | 金额 | 两清 |
|---|---|---|---|---|---|
| 2009.01.15 | | | 借 | 446,000.00 | O |
| 2009.01.15 | | | 贷 | 55,000.00 | O |
| 2009.01.30 | | | 贷 | 12,000.00 | |
| 2009.01.30 | | | 借 | 16,000.00 | |

图 2-42　显示自动对账结果

**注意**

- 对账条件中的方向、金额相同是必选条件。
- 对账截止日期可输入可不输入。
- 对于已达账项，系统自动在银行存款日记账和银行对账单双方的“两清”栏打上圆圈标志，其所在行背景色变为绿色。

### 4. 手工对账

由于系统中的银行未达账项是通过凭证处理自动形成的，期间有人工录入过程，可能存在有关项目内容输入不规范或不全面的情况，从而造成无法实现全面自动对账，此时可以采用系统提供的手工对账功能。

**手工对账的操作步骤**

(1) 在“银行对账”窗口中，在单位日记账中单击要进行勾对的记录所在行。

(2) 单击“对照”按钮，系统显示出金额和方向与单位日记账中当前记录相似的银行对账单，双击左右两侧的对应分录，手工对账两清的记录便标上了“√”标志，如果在对账单中有两笔以上记录与单位日记账对应，则所有对应的对账单中的记录都应标上两清标志。

(3) 单击“检查”按钮，系统打开“对账平衡检查”对话框，如图 2-43 所示。

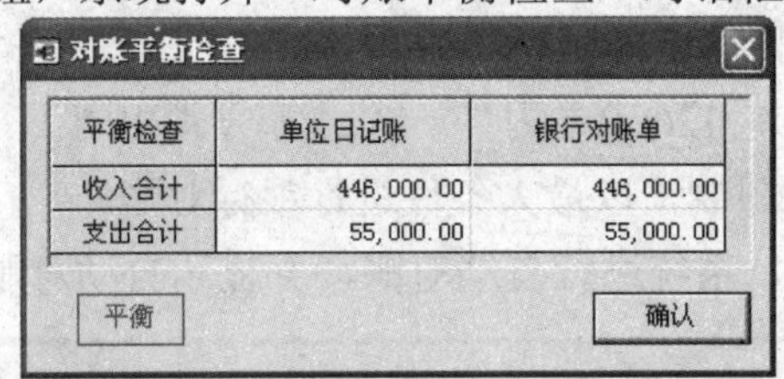


| 平衡检查 | 单位日记账 | 银行对账单 |
|---|---|---|
| 收入合计 | 446,000.00 | 446,000.00 |
| 支出合计 | 55,000.00 | 55,000.00 |

图 2-43　“对账平衡检查”对话框

(4) 如显示不平衡，单击“确认”按钮返回，仍需继续通过手工对账功能进行调整，直至平衡为止。

### 5. 编制余额调节表

对账完成后，系统自动整理汇总未达账和已达账，生成银行存款余额调节表。

**例 2-20**　查看 106 账套的“银行存款余额调节表”。

**操作步骤**

(1) 在“用友 T6-企业管理软件”企业门户的“业务”页签中，单击“财务会计”|“总账”|“出纳”|“银行对账”|“余额调节表查询”选项，进入“银行存款余额调节表”窗口，如图 2-44 所示。

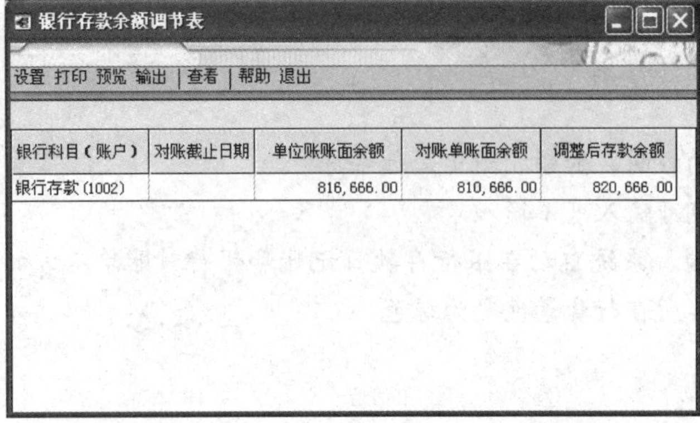


| 银行科目（账户） | 对账截止日期 | 单位账账面余额 | 对账单账面余额 | 调整后存款余额 |
|---|---|---|---|---|
| 银行存款(1002) | | 816,666.00 | 810,666.00 | 820,666.00 |

图 2-44　“银行存款余额调节表”窗口

(2) 单击“查看”按钮，可查看详细的银行存款余额调节表，如图 2-45 所示。

银行存款余额调节表

设置 打印 预览 输出 | 详细 帮助 退出

银行账户：银行存款(1002)　　对账截止日期：

| 单位日记账 | | 银行对账单 | |
| --- | --- | --- | --- |
| 账面余额 | 816,666.00 | 账面余额 | 810,666.00 |
| 加：银行已收企业未收 | 16,000.00 | 加：企业已收银行未收 | 60,000.00 |
| 减：银行已付企业未付 | 12,000.00 | 减：企业已付银行未付 | 50,000.00 |
| 调整后余额 | 820,666.00 | 调整后余额 | 820,666.00 |

图 2-45　查看银行存款余额调节表

**注意**

此余额调节表为截止到对账截止日期的余额调节表，若无对账截止日期，则为最新余额调节表。

### 6. 核销已达账

在总账系统中，用于银行对账的银行日记账和银行对账单的数据是会计核算和财务管理的辅助数据。正确对账后，已达账项数据已无保留价值，因此，通过上述对账的结果和对账明细情况的查询，确信对账准确后，可以通过核销已达账功能核销用于对账的银行日记账和银行对账单的已达账项。

**例 2-21**　查询 106 账套的银行勾对情况并核销银行存款已达账项。

**操作步骤**

(1) 在“用友 T6-企业管理软件”企业门户的“业务”页签中，单击“财务会计”|“总账”|“出纳”|“银行对账”|“查询银行勾对情况”选项，打开“银行科目选择”对话框。

(2) 选择“科目”下拉列表框中的“银行存款(1002)”选项，单击“全部显示”单选按钮。

(3) 单击“确定”按钮，进入“查询银行勾对情况”窗口，打开“银行对账单”选项卡，如图 2-46 所示。

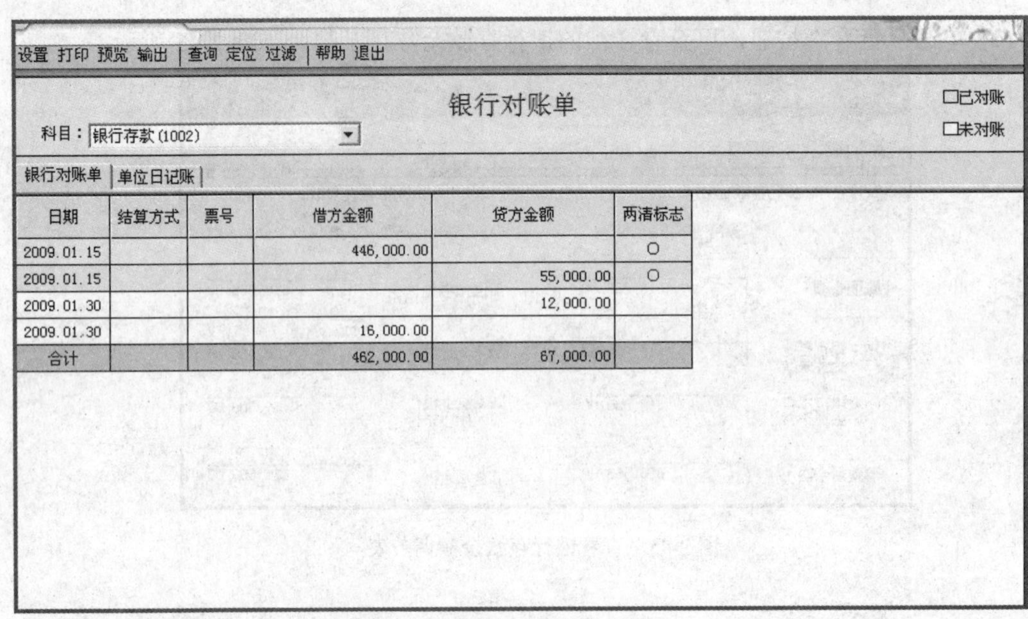


| 日期 | 结算方式 | 票号 | 借方金额 | 贷方金额 | 两清标志 |
|---|---|---|---|---|---|
| 2009.01.15 | | | 446,000.00 | | ○ |
| 2009.01.15 | | | | 55,000.00 | ○ |
| 2009.01.30 | | | | 12,000.00 | |
| 2009.01.30 | | | 16,000.00 | | |
| 合计 | | | 462,000.00 | 67,000.00 | |

图 2-46 “银行对账单”选项卡

(4) 打开“单位日记账”选项卡，如图 2-47 所示。

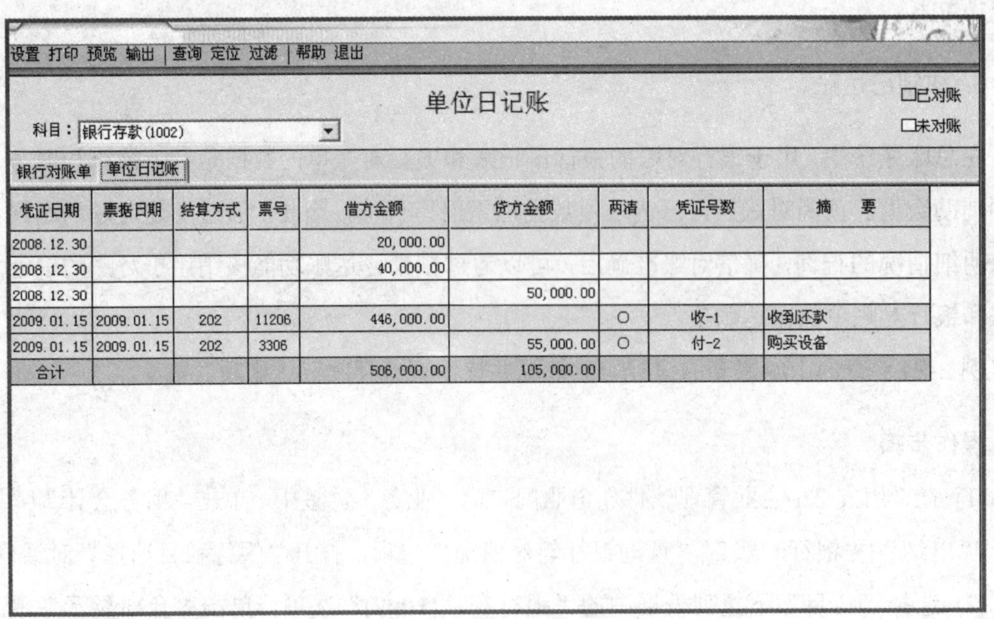


| 凭证日期 | 票据日期 | 结算方式 | 票号 | 借方金额 | 贷方金额 | 两清 | 凭证号数 | 摘 要 |
|---|---|---|---|---|---|---|---|---|
| 2008.12.30 | | | | 20,000.00 | | | | |
| 2008.12.30 | | | | 40,000.00 | | | | |
| 2008.12.30 | | | | | 50,000.00 | | | |
| 2009.01.15 | 2009.01.15 | 202 | 11206 | 446,000.00 | | ○ | 收-1 | 收到还款 |
| 2009.01.15 | 2009.01.15 | 202 | 3306 | | 55,000.00 | ○ | 付-2 | 购买设备 |
| 合计 | | | | 506,000.00 | 105,000.00 | | | |

图 2-47 “单位日记账”选项卡

(5) 查询完毕，单击“退出”按钮，返回“总账系统”窗口。

(6) 单击“财务会计”|“总账”|“出纳”|“银行对账”|“核销银行账”选项，打开“核销银行账”对话框。

(7) 选择“核销银行科目”下拉列表框中的“银行存款 1002”选项。

(8) 单击“确定”按钮，系统弹出“您是否确实要进行银行账核销”的提示对话框，如图 2-48 所示。

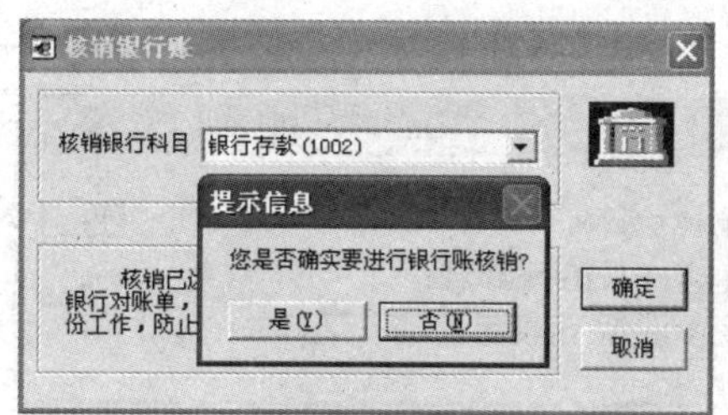


图 2-48 “核销银行账”对话框

(9) 单击“是”按钮。系统提示“银行账核销完毕”。

(10) 单击“确定”按钮。

# 2.4 期末处理

期末会计业务是指会计人员将本月所发生的日常经济业务全部登记入账后，在每个会计期末都需要完成的一些特定的会计工作，主要包括期末转账业务、试算平衡、对账、结账以及期末会计报表的编制等。由于各会计期间的许多期末业务均具有较强的规律性，因此，由计算机来处理期末会计业务，不但可以规范会计业务的处理，还可以大大提高处理期末业务的工作效率。

## 2.4.1 定义转账凭证

转账凭证的定义提供了自定义转账凭证、对应结转、结转销售成本及结转期间损益等。

### 1. 自定义转账设置

由于各个企业情况不同，必然会造成各个企业对各类成本费用的分摊、结转方式的不同。在电算化方式下，为了实现各个企业不同时期期末会计业务处理的通用性，用户可以自行定义自动转账凭证以完成每个会计期末的固定会计业务的自动转账。自定义转账凭证功能可以完成对各种费用的分配、分摊、计提、税金的计算及期间损益转账凭证的设置等。

**例 2-22** 定义按期初长期借款的 5%计提长期借款利息并记入“财务费用”的自动转账凭证。具体内容如表 2-3 所示。

表 2-3 自动转账凭证的设置内容

| 转账序号 | 转 账 说 明 | 凭证类别 | 会 计 科 目 | 方 向 | 公 式 |
|---|---|---|---|---|---|
| 0001 | 计提长期借款利息 | 转账凭证 | 6603(财务费用) | 借 | QC(2501,月,贷)×0.05 |
| | | | 2231(应付利息) | 贷 | JG( ) |

(1) 在“用友 T6-企业管理软件”企业门户的“业务”页签中，单击“财务会计”|“总账”|“期末”|“转账定义”|“自定义结转”选项，打开“自动转账设置”对话框。

(2) 单击“增加”按钮，打开“转账目录”对话框，如图 2-49 所示。

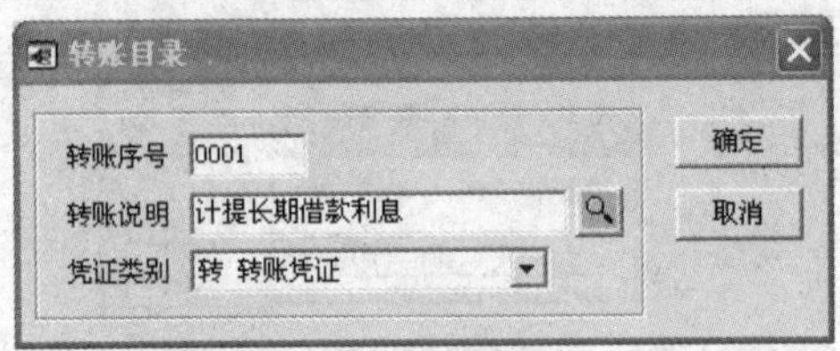


图 2-49 “转账目录”对话框

(3) 输入转账序号“0001”、转账说明“计提长期借款利息”，选择“凭证类别”下拉列表框中的“转 转账凭证”选项。

**注意**

- 转账序号是指自定义转账凭证的代号，转账序号不是凭证号，转账序号可以任意定义，但只能输入数字、字母，不能重号。
- 转账凭证号在执行自动转账时由系统生成，一张转账凭证对应一个转账序号。

(4) 单击“确定”按钮，返回到“自定义转账设置”对话框。

(5) 输入科目编码“6603”，单击“方向”栏下三角按钮，选择“借”。双击金额公式栏，出现参照按钮，单击“参照”按钮，打开“公式向导”对话框，如图 2-50 所示。

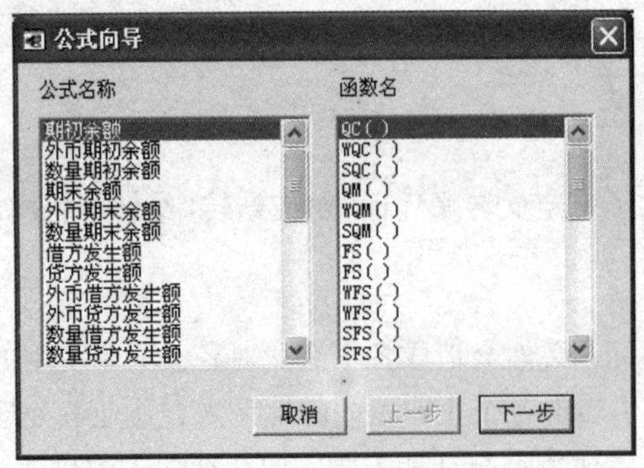


图 2-50 选择“期初余额”函数

(6) 选择公式名称“期初余额”或函数名“QC( )”。单击“下一步”按钮，输入或单击“参照”按钮选择科目“2501”，确定期间“月”、方向“贷”。取消选中“按默认值取数”单选按钮，选中“继续输入公式”复选框，再选中“乘”单选按钮。系统显示如图 2-51 所示。

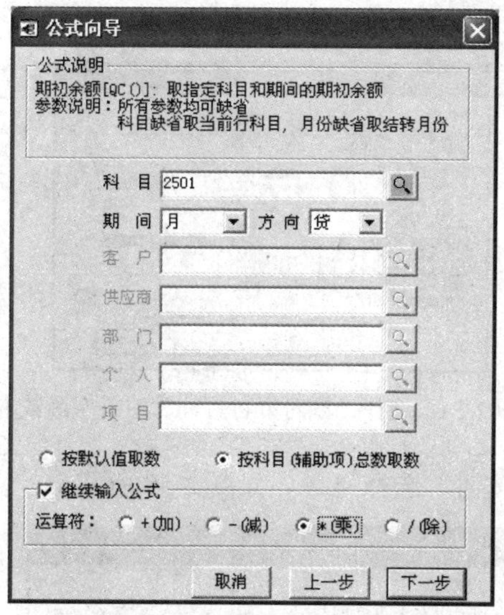


图 2-51 指定科目、期间、方向

(7) 单击“下一步”按钮，系统显示如图 2-52 所示。

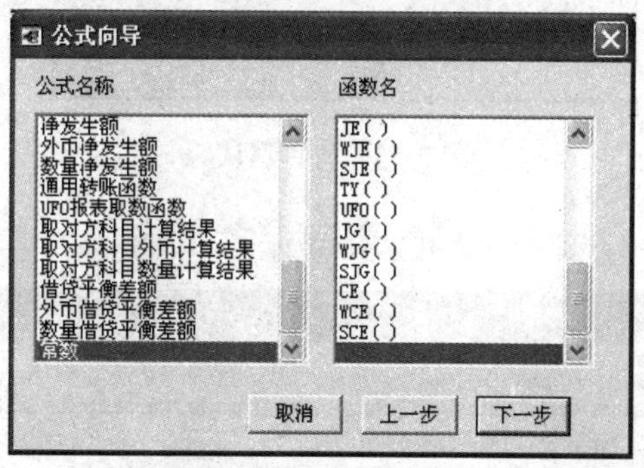


图 2-52 选择常数

(8) 选择公式名称“常数”。单击“下一步”按钮，系统显示如图 2-53 所示。

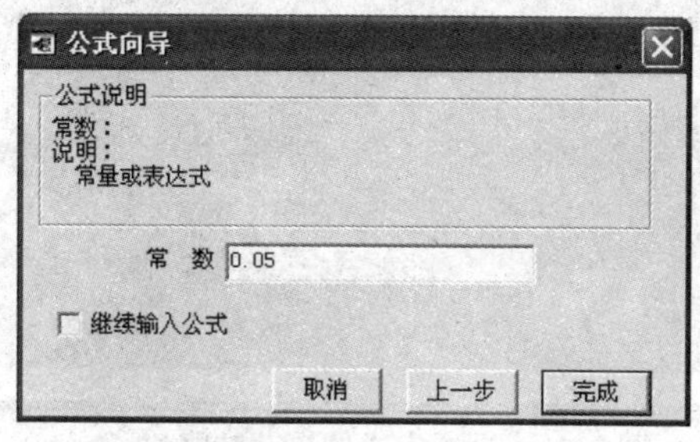


图 2-53 输入常数

(9) 输入常数“0.05”，单击“完成”按钮，返回“自动转账设置”对话框。

(10) 单击“增行”按钮，输入科目编码“2231”，选择方向“贷”，双击金额公式栏，出现参照按钮，单击“参照”按钮，打开“公式向导”对话框，选择公式名称“取对方科目计算结果”或函数名“JG()”，如图 2-54 所示。

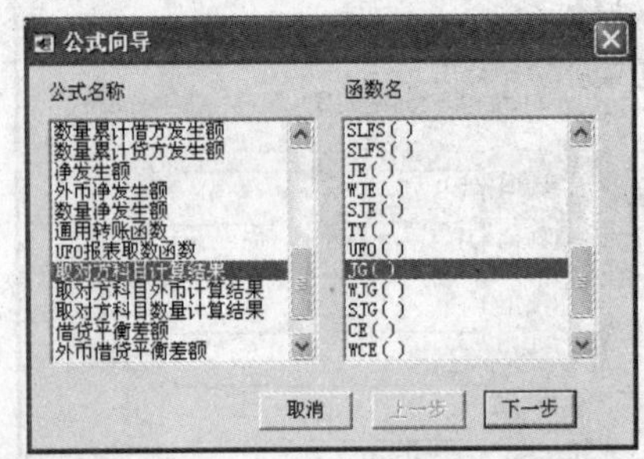


图 2-54　选择“取对方科目计算结果”函数

(11) 单击“下一步”按钮，选择科目，如图 2-55 所示。

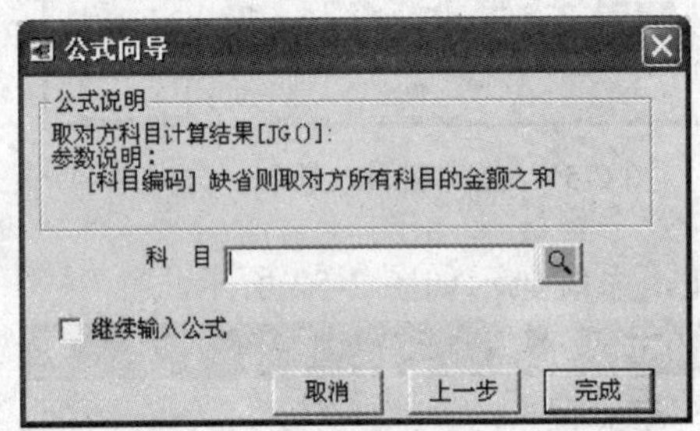


图 2-55　科目默认

(12) 单击“完成”按钮返回，如图 2-56 所示。

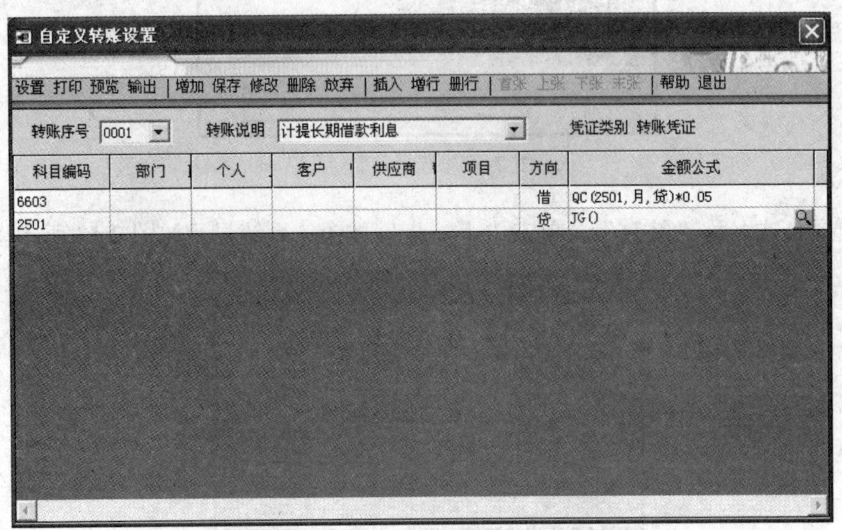


图 2-56　设置完成的自动转账凭证

(13) 单击“退出”按钮。

**注意**

- 科目默认时，取对方所有科目的金额之和。

● 如果公式的表达式明确，可直接输入公式。

(14) 单击“保存”按钮，保存已设置的自定义转账凭证。

### 2. 对应结转设置

对应结转不仅可以进行两个科目一对一的结转，还可以进行科目一对多的结转。对应结转的科目可以是上级科目，但其下级科目的科目结构必须一致(相同明细科目)。

**例 2-23** 定义“制造费用 5101”结转至“生产成本”，结转系数“1”对应结转的自动转账凭证。

**操作步骤**

(1) 在“用友 T6-企业管理软件”企业门户的“业务”页签中，单击“财务会计”|“总账”|“期末”|“转账定义”|“对应结转”选项，打开“对应结转设置”对话框。

(2) 输入编号“0001”，选择“凭证类别”下拉列表框中的“转 转账凭证”选项，输入摘要“结转制造费用”。

(3) 输入或单击“参照”按钮选择转出科目编码“5101”。

(4) 单击“增行”按钮，输入转入科目编码“5001”、结转系数“1”，如图 2-57 所示。

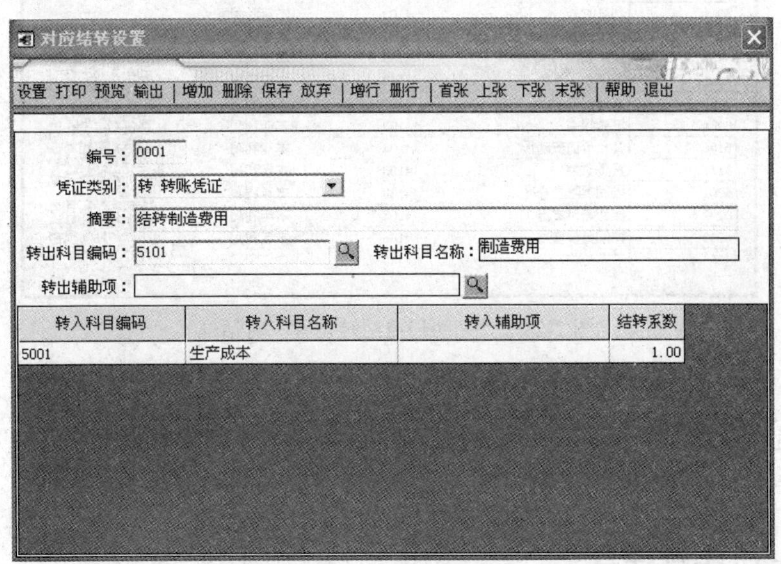


图 2-57 “对应结转设置”对话框

(5) 单击“保存”按钮。

**注意**

● 对应结转只结转期末余额。

● 一张凭证可定义多行，转出科目及辅助项必须一致，转入科目及辅助项可不相同。

● 如果同一凭证转入科目有多个，并且若同一凭证的结转系数之和为 1，则最后一笔结转金额为转出科目余额减当前凭证已转出的余额。

### 3. 期间损益结转设置

期间损益结转功能用于在一个会计期间终了将损益类科目的余额结转到本年利润科目中，从而及时反映企业利润的盈亏情况。

**例 2-24** 设置将 106 账套的期间损益转入“本年利润”的期间损益结转的转账凭证。

**操作步骤**

(1) 在“用友 T6-企业管理软件”企业门户的“业务”页签中，单击“财务会计”|“总账”|“期末”|“转账定义”|“期间损益”选项，打开“期间损益结转设置”对话框。

(2) 选择“凭证类别”下拉列表框中的“转 转账凭证”选项，输入或单击“参照”按钮选择本年利润科目“4103”。

(3) 单击“确定”按钮，如图 2-58 所示。

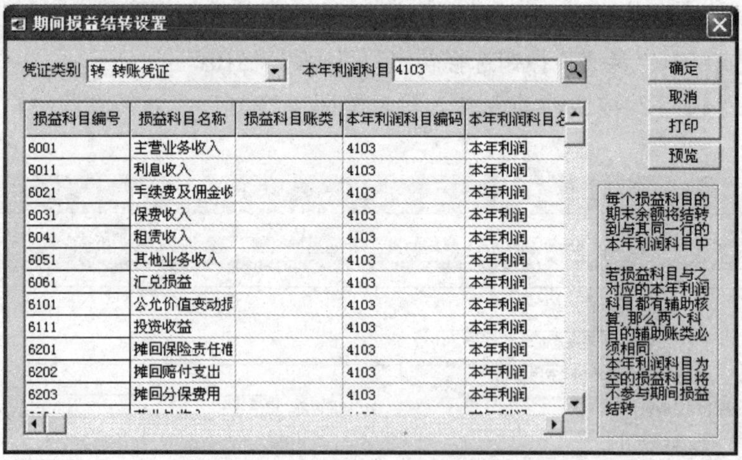

期间损益结转设置

凭证类别 转 转账凭证　　本年利润科目 4103

| 损益科目编号 | 损益科目名称 | 损益科目账类 | 本年利润科目编码 | 本年利润科目名 |
|---|---|---|---|---|
| 6001 | 主营业务收入 | | 4103 | 本年利润 |
| 6011 | 利息收入 | | 4103 | 本年利润 |
| 6021 | 手续费及佣金收 | | 4103 | 本年利润 |
| 6031 | 保费收入 | | 4103 | 本年利润 |
| 6041 | 租赁收入 | | 4103 | 本年利润 |
| 6051 | 其他业务收入 | | 4103 | 本年利润 |
| 6061 | 汇兑损益 | | 4103 | 本年利润 |
| 6101 | 公允价值变动损 | | 4103 | 本年利润 |
| 6111 | 投资收益 | | 4103 | 本年利润 |
| 6201 | 摊回保险责任准 | | 4103 | 本年利润 |
| 6202 | 摊回赔付支出 | | 4103 | 本年利润 |
| 6203 | 摊回分保费用 | | 4103 | 本年利润 |

确定　取消　打印　预览

每个损益科目的期末余额将结转到与其同一行的本年利润科目中

若损益科目与之对应的本年利润科目都有辅助核算,那么两个科目的辅助账类必须相同
本年利润科目为空的损益科目将不参与期间损益结转

图 2-58 “期间损益结转设置”对话框

**注意**

- 损益科目与本年利润科目都有辅助核算，则辅助账类必须相同。
- 本年利润科目必须为末级科目，且为本年利润入账科目的下级科目。

## 2.4.2 生成转账凭证

在定义完转账凭证后，每月月末只需执行本功能即可快速生成转账凭证，在此生成的转账凭证将自动追加到未记账凭证中。由于转账是按照已记账凭证的数据进行计算的，所以在进行月末转账工作之前，必须先将所有未记账凭证记账，否则将影响生成的转账凭证数据的正确性。

**例 2-25** 由账套主管李东(KJ001 号操作员，密码：123456)生成“自定义转账”和“对应结转”转账凭证。

**操作步骤**

(1) 在“用友 T6-企业管理软件”企业门户的“业务”页签中，单击“财务会计”|“总账”|“期末”|“转账生成”选项，打开“转账生成”对话框，如图 2-59 所示。

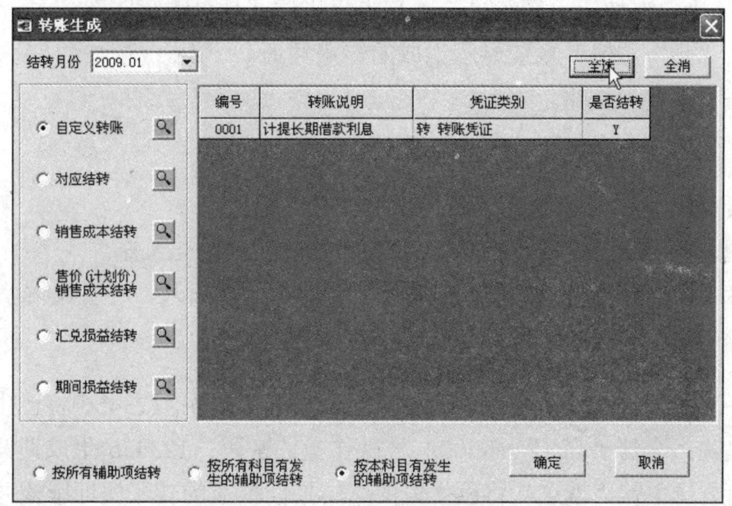


图 2-59 “转账生成”对话框

(2) 选择“结转月份”下拉列表框中的“2009.01”。

(3) 单击“自定义转账”单选按钮。

(4) 在“是否结转”栏双击显示“Y”标志，或单击“全选”按钮。

(5) 单击“确定”按钮，系统显示生成的转账凭证，如图 2-60 所示。

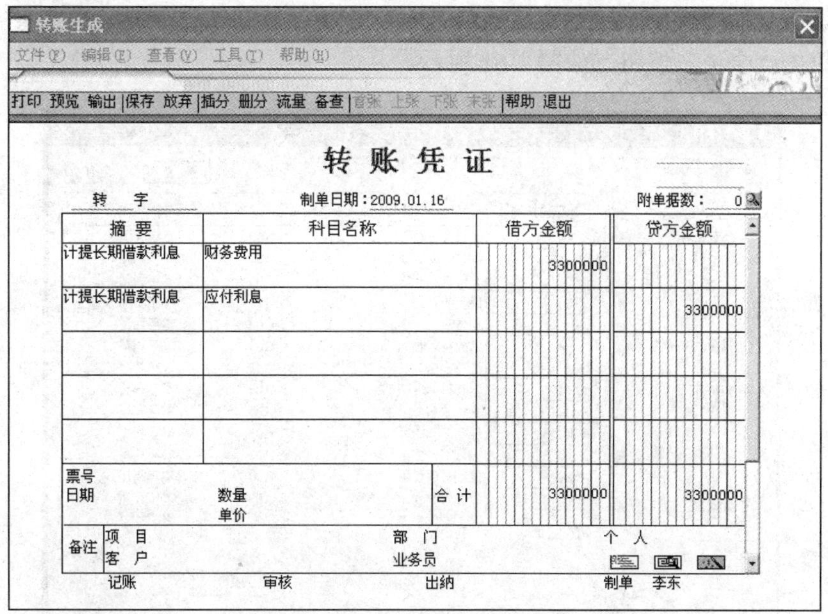


图 2-60 显示生成的转账凭证

(6) 单击“保存”按钮，系统自动将当前凭证追加到未记账凭证中。

(7) 在“转账生成”对话框中，单击“对应结转”单选按钮。

(8) 在“是否结转”栏双击显示“Y”标志，或单击“全选”按钮。

(9) 单击“确定”按钮，系统提示“有未记账凭证是否继续？”。

(10) 单击“是”按钮，系统显示生成的转账凭证。

(11) 单击“保存”按钮。

**注意**

- 转账生成之前，注意转账月份为当前会计月份。
- 进行转账生成之前，将相关经济业务的记账凭证登记入账。
- 若凭证类别、制单日期和附单据数与实际情况有出入，可直接在当前凭证上进行修改，然后再保存。

**例 2-26** 由会计主管“李东”(KJ001 号操作员，密码：123456)将已生成的自动转账凭证审核并记账；会计“高宁”(KJ002 号操作员，密码：123456)生成期间损益结转的转账凭证。再由会计主管“李东”将已生成的结转期间损益的转账凭证审核并记账。

**操作步骤**

(1) 由会计主管“李东”登录注册总账系统后对已经生成的 2 张自动转账凭证进行审核并记账。

(2) 由会计“高宁”单击“总账”|“期末”|“转账生成”选项，打开“转账生成”对话框。

(3) 单击“期间损益结转”单选按钮。

(4) 单击“全选”按钮，如图 2-61 所示。

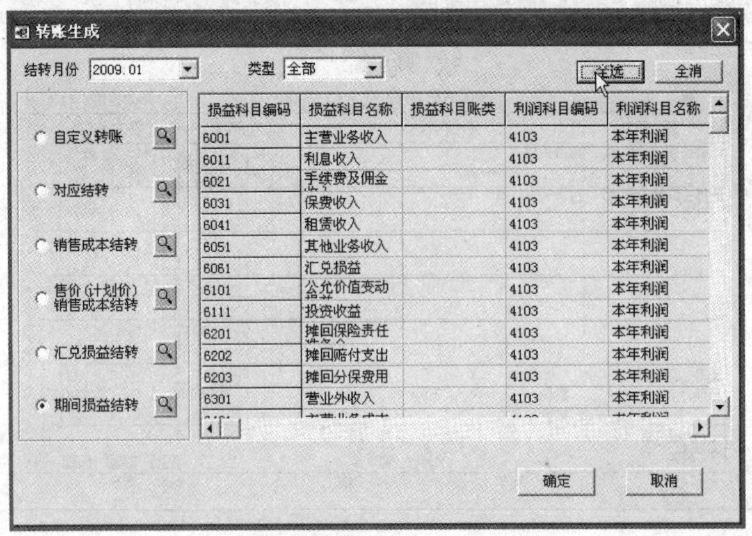


图 2-61 “转账生成”对话框

(5) 单击“确定”按钮，生成转账凭证。

(6) 单击“保存”按钮，如图 2-62 所示。

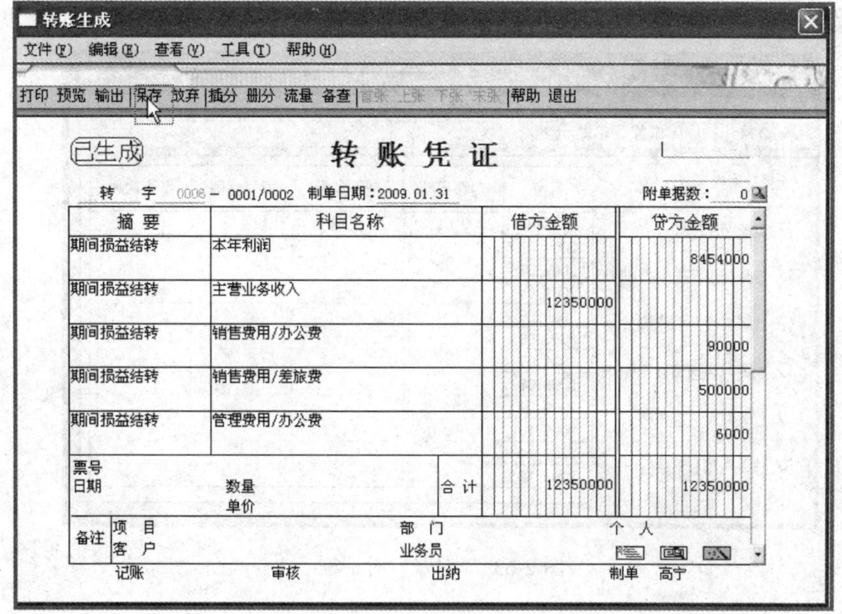

图 2-62　已保存的转账凭证

(7) 由会计主管李东对该凭证进行审核并记账。

**注意**

- 转账凭证每月只生成一次。
- 生成的转账凭证仍需审核，才能记账。
- 在生成凭证时必须注意业务发生的先后次序，否则计算金额时就会发生差错。

## 2.4.3　月末结账

在会计期末，除了对收入、费用类账户余额进行结转外，还要进行对账、结账，并在结账之前进行试算平衡。

### 1. 对账

对账是对账簿数据进行核对，以检查记账是否正确以及账簿是否平衡。对账主要是通过核对总账与明细账、总账与辅助账数据来完成账账核对。为了保证账证相符、账账相符，应经常使用“对账”功能进行对账，至少一个月一次，一般可在月末结账前进行。

**例 2-27**　由会计主管李东(编号：KJ001，密码：123456)对 106 账套 2009 年 1 月份的数据进行对账。

**操作步骤**

(1) 在“用友 T6-企业管理软件”企业门户的“业务”页签中，单击“总账”|“期末”|“对账”选项，打开“对账”对话框，如图 2-63 所示。

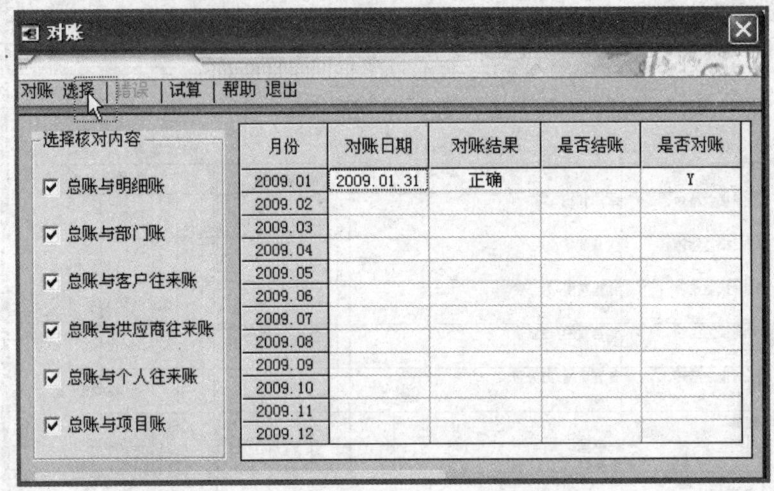


图 2-63 “对账”对话框

(2) 将光标移到要进行对账的月份，如 2009.01，单击“选择”按钮或双击“是否对账”栏。

(3) 单击“对账”按钮，开始自动对账，并显示对账结果。

(4) 单击“试算”按钮，可以对各科目类别余额进行试算平衡，如图 2-64 所示。

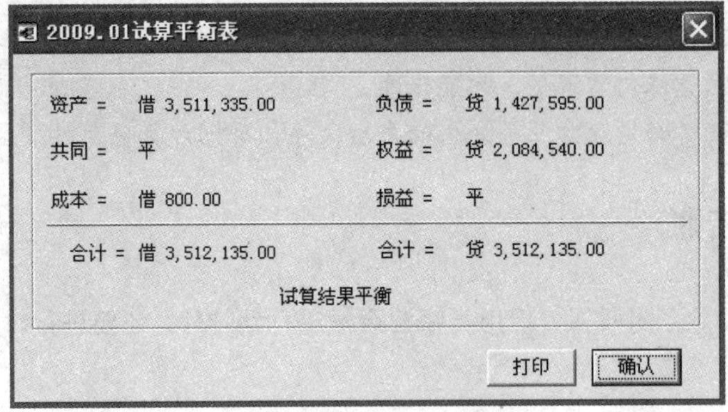


图 2-64 2009.01 试算平衡表

(5) 单击“确认”按钮返回，再单击“退出”按钮，完成对账工作。

**注意**

在对账功能中，可以按 Ctrl+H 激活恢复记账前功能。

### 2. 结账

结账指每月月末计算和结转各账簿的本期发生额和期末余额，并终止本期账务处理工作的过程。结账只能每月进行一次，要正确地完成结账工作必须符合系统对结账工作的要求。

**例 2-28** 了解结账功能，暂不对 106 账套进行结账处理。

**操作步骤**

(1) 在“用友 T6-企业管理软件”企业门户的“业务”页签中，单击“总账”|“期末”|“结账”选项，打开“结账—开始结账”对话框，如图 2-65 所示。

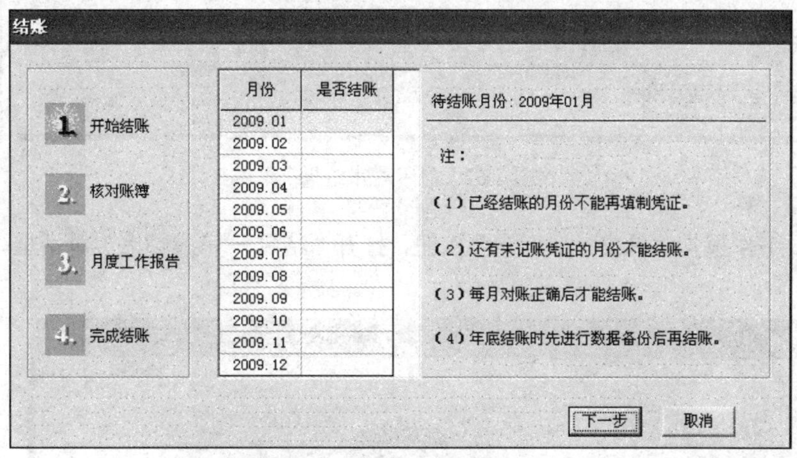


图 2-65 “开始结账”对话框

(2) 单击要结账的月份“2009.01”。

(3) 单击“下一步”按钮，打开“结账—核对账簿”对话框，如图 2-66 所示。

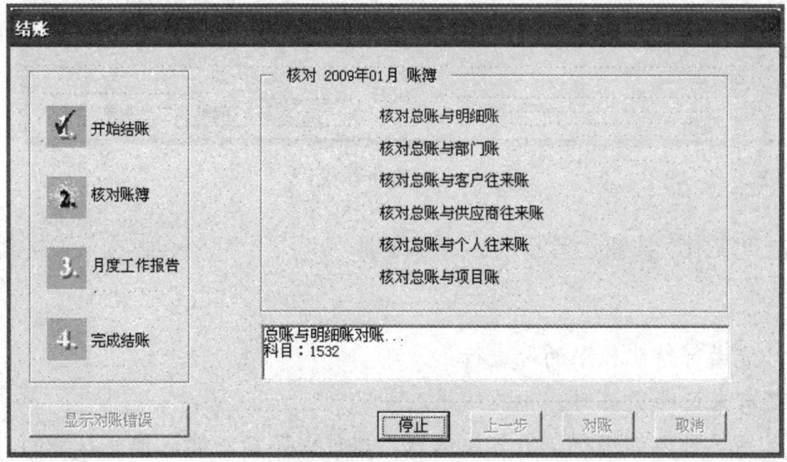


图 2-66 核对账簿

(4) 单击“对账”按钮，系统对要结账的月份进行账账核对。

(5) 单击“下一步”按钮，打开“结账—月度工作报告”，如图 2-67 所示。

结账

开始结账
核对账簿
月度工作报告
完成结账

2009年01月工作报告

1. 本月损益类未结转为零的一级科目
无

2. 本月账面试算平衡

| | | | | | |
|---|---|---|---|---|---|
| 资产 = 借 | 3511335.00 | 负债 = 贷 | 1427595.00 |
| 共同 = 平 | 0.00 | 权益 = 贷 | 2084540.00 |
| 成本 = 借 | 800.00 | 损益 = 平 | 0.00 |
| 合计 = 借 | 3512135.00 | = 贷 | 3512135.00 |

试算结果平衡

打印月度工作报告　上一步　下一步　取消

图 2-67　显示对账结果

(6) 查看工作报告，单击“下一步”按钮，打开“结账—完成结账”对话框，如图 2-68 所示。

图 2-68　月度工作报告

(7)　单击“取消”按钮，暂不进行结账处理。

**注意**

- 结账只能由有结账权限的人进行。
- 本月还有未记账凭证时，不能结账。
- 结账必须按月连续进行，上月未结账，本月也不能结账，但可以填制、审核凭证。
- 若总账与明细账对账不符，不能结账。
- 如果与其他子系统联合使用，其他子系统未全部结账，本系统不能结账。
- 已结账月份不能再填制凭证。

● 结账前要进行数据备份。在结账的过程中，可以单击“取消”按钮取消正在进行的结账操作。
● 取消结账功能键为 Ctrl+Shift+F6。

操作至此的数据已经备份于光盘中的“例题账套(106 账套)备份/(2)第 2 章备份(已完成全部的总账业务处理)”。

# 复习思考题

(1) 总账系统初始化主要包括哪些内容？

(2) 何谓凭证的“无痕迹”及“有痕迹”修改?

(3) 如果企业按“固定资产”期初余额的 0.8%计提折旧费，应如何设置自动转账分录？

(4) 已审核的记账凭证应如何修改？

(5) 如果在录入期初余额时发现会计科目错误应该怎么办？

# 上机实验

## 实验三　总账系统初始化

### 实验准备

已经完成了实验二的操作，可以引入 C:\My Documents\“300 账套备份”文件夹中“实验二备份”的账套备份数据，将系统日期修改为“2009 年 1 月 1 日”，由 301 操作员注册进入“总账”。

### 实验资料

#### 1．300 账套总账系统的参数

制单序时控制；资金及往来科目赤字控制；不允许修改、作废他人填制的凭证；可使用其他系统受控科目；系统编号；凭证审核控制到操作员；出纳凭证必经出纳签字；打印凭证页脚；可查询他人凭证；现金流量科目必录现金流量项目；外币核算固定汇率；预算控制。

#### 2．外币及汇率

币符：USD

币名：美元

固定汇率：7

3．会计科目

(1) 指定"1001 库存现金"为现金总账科目，"1002 银行存款"为银行总账科目，"1001 库存现金"、"100201 建行人民币"、"100202 建行美元"、"1012 其他货币资金"为现金流量科目。

(2) 增加会计科目

| 科目编码 | 科目名称 | 辅助账类型 |
|---|---|---|
| 100201 | 建行人民币 | 日记账 银行账 |
| 100202 | 建行美元 | 日记账 银行账(美元) |
| 140301 | 甲材料 | |
| 140302 | 乙材料 | |
| 140501 | A 产品 | |
| 140502 | B 产品 | |
| 222101 | 应交增值税 | |
| 22210101 | 进项税 | |
| 22210102 | 销项税 | |
| 222102 | 应交营业税 | |
| 222103 | 应交所得税 | |
| 222104 | 应交城市维护建设税 | |
| 222105 | 应交教育费附加 | |
| 221101 | 工资 | |
| 221102 | 职工教育经费 | |
| 221103 | 工会经费 | |
| 122101 | 应收职工借款 | 个人往来 |
| 660201 | 办公费 | 部门核算 |
| 660202 | 差旅费 | 部门核算 |
| 660203 | 工资 | 部门核算 |
| 660204 | 折旧费 | 部门核算 |
| 660205 | 其他 | 部门核算 |

(3) 修改会计科目

"1122 应收账款"科目辅助账类型为"客户往来"(无受控系统)；"2202 应付账款"科目辅助账类型为"供应商往来"(无受控系统)；"1604 在建工程"科目辅助账类型为"项目核算"。

4. 凭证类别

| 类别名称 | 限制类型 | 限制科目 |
|---|---|---|
| 收款凭证 | 借方必有 | 1001，1002 |
| 付款凭证 | 贷方必有 | 1001，1002 |
| 转账凭证 | 凭证必无 | 1001，1002 |

5. 结算方式

| 结算方式编码 | 结算方式名称 | 是否票据管理 |
|---|---|---|
| 1 | 现金结算 | |
| 2 | 支票结算 | |
| 201 | 现金支票 | 是 |
| 202 | 转账支票 | 是 |
| 3 | 其　他 | |

6. 项目目录

设置项目大类为“08 新建工程”；核算科目为“在建工程”；项目分类定义为“办公工程”和“商务工程”，其中“商务工程”包括“1 号工程”和“2 号工程”两项工程。

设置现金流量项目(系统已默认设置)。

7. 期初余额

库存现金：15 000(借)

银行存款—建行人民币：8 000 000(借)

应收账款—中兴公司：1 100 000(借)

应收职工借款—杨伟：10 000(借)

库存商品—A 产品：5 975 000(借)

固定资产：8 520 000(借)

累计折旧：635 094(贷)

在建工程－1 号工程：1 000 000(借)

－2 号工程：515 094

短期借款：500 000(贷)

长期借款：2 000 000 (贷)

实收资本：22 000 000(贷)

**实验要求**

(1) 设置系统参数。

(2) 设置会计科目。

(3) 设置凭证类别。

(4) 设置结算方式。

(5) 设置外币及汇率。

(6) 设置项目目录。

(7) 输入期初余额。

(8) 账套备份(备份至“我的文档”中“300 账套备份”\“实验三备份”)。

## 实验四　总账系统日常业务处理

### 实验准备

已经完成了实验三的操作，可以引入 C:\My Documents\“300 账套备份”文件夹中“实验三备份”的账套备份数据，将系统日期修改为“2009 年 1 月 1 日”，由 302 操作员注册进入“总账”。

### 实验资料

**1. 常用摘要**

| 摘要编码 | 摘要内容 |
|---|---|
| 1 | 报销办公费 |
| 2 | 发工资 |
| 3 | 出差借款 |

**2. 2009 年 1 月发生如下经济业务**

(1) 1 月 8 日，以现金支付办公费 800 元。

借：管理费用—办公费(财务部)(660201)　　800

　　贷：库存现金(1001)　　800

　　　　(07 支付的其他与经营活动有关的现金)

(2) 1 月 8 日，签发转账支票 1 300 元支付销售部业务费。(票号 1121)

借：销售费用(6601)　　1 300

　　贷：银行存款—建行人民币(100201)　　1 300

　　　　(07 支付的其他与经营活动有关的现金)

(3) 1 月 12 日，业务员陈强销售给明珠公司 A 产品一批，货税合计款 70 200 元(货款 60 000 元，税款 10 200 元)尚未收到。

借：应收账款—明珠公司(1122)　　70 200

　　贷：主营业务收入(6001)　　60 000

　　　　应交税费—应交增值税—销项税(22210102)　　10 200

(4) 1 月 12 日，收到采购员杨伟偿还借款 8 000 元。

借：库存现金(1001)　　8 000

　　(03 收到的其他与经营活动有关的现金)

贷：其他应收款—应收职工借款(122101)　8 000

(5) 1月20日，签发现金支票，从银行提取现金10 000元备用。(票号1100)

借：库存现金(1001)　10 000

(07 支付的其他与经营活动有关的现金)

贷：银行存款—建行人民币(100201)　10 000

(07 支付的其他与经营活动有关的现金)

(6) 1月20日，签发转账支票支付市广告公司本月广告费8 500元。(票号1122)

借：销售费用(6601)　8 500

贷：银行存款—建行人民币(100201)　8 500

(07 支付的其他与经营活动有关的现金)

(7) 1月20日，销售给中兴公司A产品一批，增值税专用发票上货款200 000元，增值税34 000元，收到转账支票一张，办妥收款手续。(票号1200)

借：银行存款—建行人民币(100201)　234 000

(01 销售商品、提供劳务收到的现金)

贷：主营业务收入(6001)　200 000

应交税费—应交增值税—销项税(22210102)　34 000

(8) 1月28日，收到外商投资资金100 000美元，已在银行办妥转账支票进账手续。(票号1220)

借：银行存款—建行美元(100202)　700 000

(17 吸收投资收到的现金)

贷：实收资本(4001)　700 000

(9) 1月28日，总经理杜兴出差回公司报销差旅费8 000元，经审核无误同意报销。

借：管理费用—差旅费(行政部)(660202)　8000

贷：库存现金(1001)　8000

(07 支付的其他与经营活动有关的现金)

(10) 1月31日，结转本月产品销售成本70 000。

借：主营业务成本(6401)　70 000

贷：库存商品—A产品(140501)　70 000

### 3. 常用凭证

摘要：从建行提现金，凭证类别为付款凭证，科目编码为1001和100201。

### 实验要求

由301号操作员设置常用摘要并审核凭证，由302号操作员对除“设置常用摘要”和审核凭证及出纳签字以外的业务进行操作；由303号操作员进行出纳签字。

(1) 填制凭证。

(2) 审核凭证。

(3) 出纳签字。

(4) 修改第 2 号付款凭证的金额为 1000 元。

(5) 删除第 1 号付款凭证并整理断号。

(6) 设置常用凭证。

(7) 记账。

(8) 查询已记账的第 1 号转账凭证。

(9) 冲销第 1 号转账凭证并进行“审核”及“记账”。

(10) 账套备份(备份至“我的文档”中“300 账套备份”\“实验四备份”)。

## 实验五　出纳管理

### 实验准备

已经完成了实验四的操作，可以引入 C:\My Documents\“300 账套备份”文件夹中“实验四备份”的账套备份数据，将系统日期修改为“2009 年 1 月 31 日”，由 303 操作员注册进入“总账”。

### 实验资料

#### 1. 银行对账期初数据

单位日记账余额为 8 000 000 元，银行对账单期初余额为 8 150 000 元，有银行已收而企业未收的未达账(2008 年 12 月 20 日)150 000 元。

#### 2. 2008 年 1 月的银行对账单(建行人民币)

| 日　期 | 结算方式 | 票　号 | 借方金额 | 贷方金额 | 余　额 |
|---|---|---|---|---|---|
| 2009.01.10 | 转账支票 | 1121 | | 1 000 | 8 149 000 |
| 2009.01.20 | 现金支票 | 1100 | | 10 000 | 8 139 000 |
| 2009.01.22 | 转账支票 | 1123 | 6 000 | | 8 145 000 |
| 2009.01.23 | 转账支票 | 1122 | | 8 500 | 8 136 000 |
| 2009.01.26 | 转账支票 | 1200 | 234 000 | | 8 370 500 |

### 实验要求

(1) 查询日记账。

(2) 查询资金日报表。

(3) 银行对账。

(4) 账套备份(备份至“我的文档”中“300 账套备份”\“实验五备份”)。

## 实验六　总账期末业务处理

### 实验准备

已经完成了实验五的操作，可以引入 C:\My Documents\“300 账套备份”文件夹中“实验五备份”的账套备份数据，将系统日期修改为“2009 年 1 月 31 日”，由 302 操作员注册进入“总账”。

### 实验资料

(1)“期间损益”转入本年利润。

(2) 按利润总额的 25%计算应交所得税，并结转所得税。

### 实验要求

(1) 定义转账分录。

(2) 生成转账凭证并审核、记账。

(3) 对账。

(4) 结账。

(5) 账套备份(备份至“我的文档”中“300 账套备份”\“实验六备份”)。

## 实验七　账簿管理

### 实验准备

已经完成了实验六的操作，可以引入 C:\My Documents\“300 账套备份”文件夹中“实验六备份”的账套备份数据，将系统日期修改为“2009 年 1 月 31 日”，由 301 操作员注册进入“总账”。

### 实验要求

(1) 查询“1002 银行存款”总账。

(2) 查询“余额表”并联查“专项资料”。

(3) 查询“6601 销售费用”明细账并联查“总账”及“第 1 号付款凭证”。

(4) 定义“管理费用”多栏账。

(5) 查询“客户往来明细账”中的“客户科目明细账”。

(6) 查询“个人往来账”中“个人往来余额表”中的“个人科目余额表”。

(7) 账套备份(备份至“我的文档”中“300 账套备份”\“实验七备份”)。

# Chapter 3

# UFO报表

## 教学目的与要求

系统学习 UFO 报表的格式设计、数据处理和报表模板使用的工作原理及操作方法。

要求掌握报表格式设计的内容和方法；掌握报表数据处理的内容和方法。熟练使用报表模板生成会计报表。了解自制报表模板的方法。

用友 UFO 报表系统是报表处理的工具，利用 UFO 报表系统既可编制对外报表，又可编制各种内部报表。它的主要任务是设计报表的格式和编制公式，从总账系统或其他业务系统中取得有关会计信息自动编制各种会计报表，对报表进行审核、汇总、生成各种分析图，并按预定格式输出各种会计报表。

UFO 报表系统是真正的三维立体表，提供了丰富的实用功能，完全实现了三维立体表的四维处理能力。

UFO 报表管理系统的主要功能如下。

### 1. 提供各行业报表模板

系统中提供了不同行业的标准财务报表模板。如果标准行业报表仍不能满足需要，系统还提供了自定义模板的功能，可以根据本单位的实际需要定制模板。

### 2. 文件管理功能

(1) 文件管理：对报表文件的创建、读取、保存和备份进行管理。

(2) 能够进行不同文件格式的转换：文本文件、*.MDB 文件、*.DBF 文件 、EXCEL 文件、LOTUS 1-2-3 文件。

(3) 支持多个窗口同时显示和处理，可同时打开的文件和图形窗口多达 40 个。

(4) 提供了标准财务数据的“导入”和“导出”功能，可以和其他流行财务软件交换数据。

### 3. 格式管理功能

提供了丰富的格式设计功能，如定义组合单元、画表格线(包括斜线)、调整行高列宽、设置字体和颜色、设置显示比例等，可以制作各种要求的报表。

### 4. 数据处理功能

UFO 报表以固定的格式管理大量不同的表页，能将多达 99 999 张具有相同格式的报表资料统一在一个报表文件中管理，并且在每张表页之间建立有机的联系。提供了排序、审核、舍位平衡、汇总功能；提供了绝对单元公式和相对单元公式，可以方便、迅速地定义计算公式；提供了种类丰富的函数，可以从账务等用友产品中提取数据，生成财务报表。

### 5. 图表功能

将数据表以图形的形式进行表示。采用“图文混排”，可以很方便地进行图形数据组织，制作包括直方图、立体图、圆饼图、折线图等 10 种图式的分析图表。可以编辑图表的位置、大小、标题、字体、颜色等，打印输出图表。

### 6. 打印功能

采用“所见即所得”的打印方式，报表和图形都可以打印输出。提供“打印预览”，可以随时观看报表或图形的打印效果。报表打印时，可以打印格式或数据，可以设置表头和表尾，可以在 0.3 到 3 倍之间缩放打印，可以横向或纵向打印等。

### 7. 二次开发功能

强大的二次开发功能则使其又不失为一个精炼的 MIS 开发应用平台。提供批命令和自定义菜单，自动记录命令窗中输入的多个命令，可将有规律性的操作过程编制成批命令文件。提供了 Windows 风格的自定义菜单，综合利用批命令，可以在短时间内开发出本企业的专用系统。

## 3.1 报表格式设计

定义一张报表，首先应该定义报表数据的载体——报表格式。不同的报表，格式定义的内容也会有所不同，但一般情况下报表格式应该包括报表表样、单元类型及单元风格等内容。

## 3.1.1 启动 UFO 报表

在使用财务报表系统处理报表之前，应首先启动财务报表系统，并建立一张空白的报表，然后在这张空白报表的基础上设计报表的格式。

**例 3-1** 2009 年 1 月 31 日，以“李东”(编号 KJ001，口令：123456)的身份，登录注册 106 账套的“企业门户”，打开“财务报表”系统并新增加一张报表。

**操作步骤**

(1) 执行“开始”|“程序”|“用友 T6-企业管理软件”|“企业门户”选项，录入全部注册信息。

(2) 单击“确定”按钮。打开“用友 T6-企业管理软件”企业门户窗口。

(3) 在“业务”页签中，单击“财务会计”|“UFO 报表”，打开“UFO 报表”窗口，如图 3-1 所示。

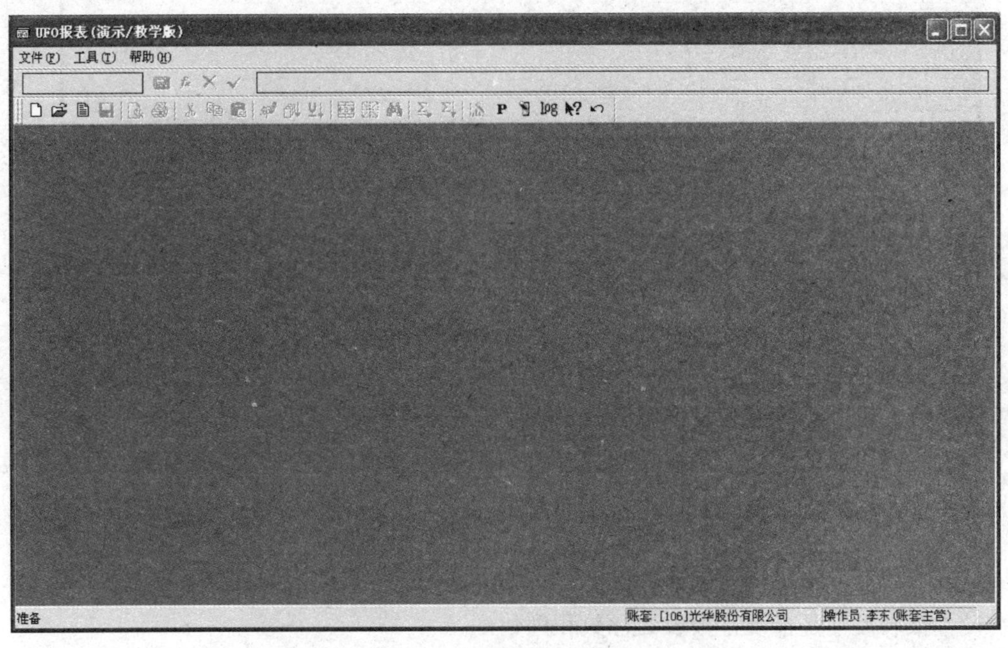


图 3-1 “UFO 报表”窗口

(4) 单击“文件”|“新建”选项，或单击新建图标，建立一张新的报表，如图 3-2 所示。

**注意**

- 建立新表后，将得到一张系统默认格式的空表，报表名默认为 Report1.rep。
- 空白报表建立起来以后，里面没有任何内容，所有单元的类型均默认为数值单元。
- 新报表建立后，默认的状态栏为格式状态。

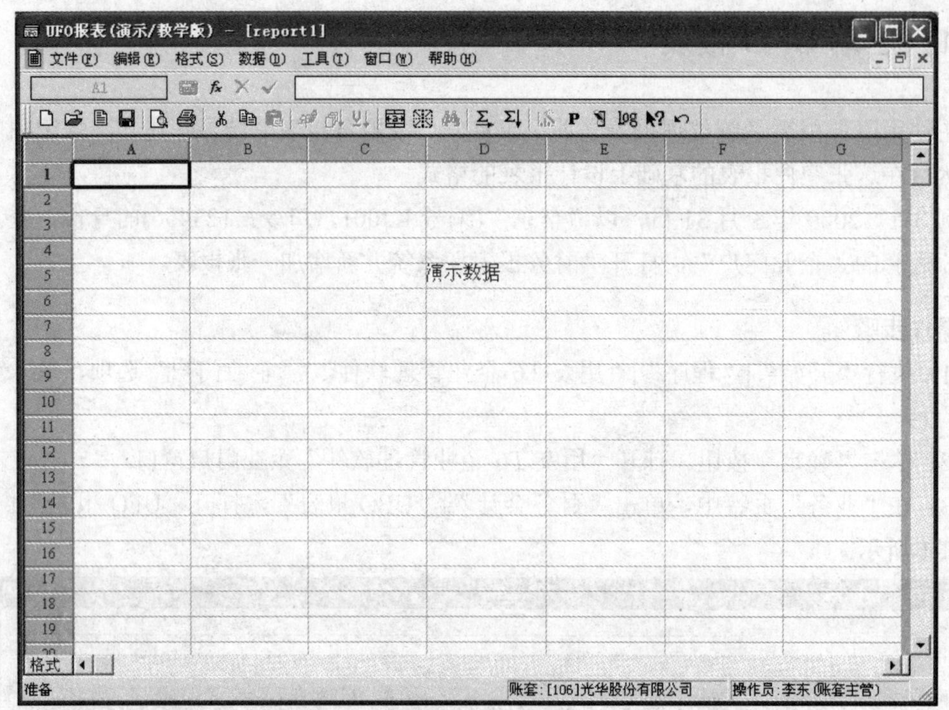


图 3-2　新增一张报表

## 3.1.2　设计表样

设计表样主要包括设计报表的表格、输入报表的表间项目、定义项目的显示风格及定义单元属性。通过设置报表表样可以确定整张报表的大小和外观。

报表表样设置的具体内容一般包括：设置报表尺寸，定义报表行高列宽，画表格线，定义组合单元，输入表头、表体、表尾的内容，定义显示风格，定义单元属性，等等。

### 1. 设置报表尺寸

设置报表尺寸是指设置报表的行数和列数。

**例 3-2**　设置报表尺寸为 12 行 6 列。

**操作步骤**

(1) 单击“格式”|“表尺寸”选项，打开“表尺寸”对话框，如图 3-3 所示。

(2) 直接输入或单击“行数”文本框的微调按钮选择“12”、“列数”文本框的微调按钮选择“6”。

(3) 单击“确认”按钮。

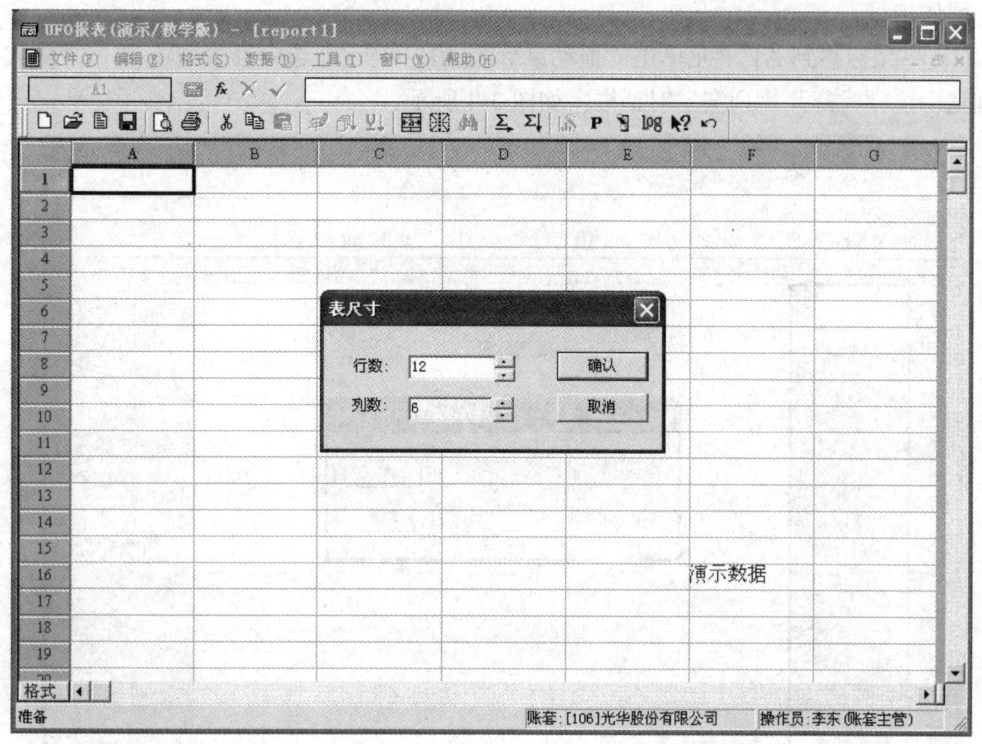


图 3-3 “表尺寸”对话框

**注意**

报表的尺寸设置完之后，还可以单击“格式”菜单中的“插入”或“删除”选项来增加或减少行或列来调整报表大小。

**2. 定义报表的行高和列宽**

如果报表中某些单元的行或列要求比较特殊，则需要调整该行的行高或列的列宽。

**例 3-3** 定义报表第 1 行的行高为 12mm，第 2~12 行的行高为 8mm。

**操作步骤**

(1) 将光移动到 A1 单元单击，拖动鼠标至 F1 单元(即选中第 1 行)，单击“格式”|“行高”选项，打开“行高”对话框。

(2) 直接输入或单击“行高”文本框的微调按钮选择“12”，单击“确认”按钮。

(3) 选中第 2~12 行，单击“格式”菜单中的“行高”选项，打开“行高”对话框，直接输入或选择“8”，单击“确认”按钮。

**例 3-4** 定义第 1 列(A 列)和第 4 列(D 列)列宽为 44mm；第 2 列(B 列)、第 3 列(C 列)、第 5 列(E 列)和第 6 列(F 列)列宽为 26mm。

**操作步骤**

(1) 将光标移到 A1 单元单击，拖动鼠标至 A12 单元(即选中第 1 列)，单击“格式”|“列宽”选项，打开“列宽”对话框，如图 3-4 所示。

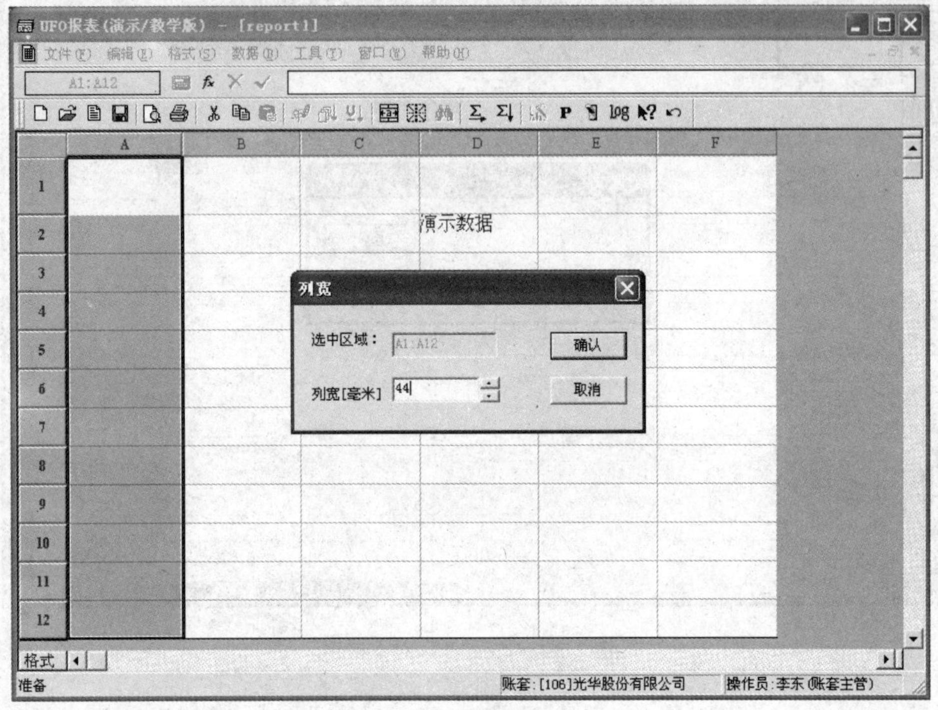

图 3-4 “列宽”对话框

(2) 直接输入或单击“列宽”文本框的微调按钮选择“44”，单击“确认”按钮。

(3) 用同样的方法继续设置其他列的列宽。

**注意**

行高和列宽的定义可以通过菜单操作，也可以直接利用鼠标拖动某行或某列来调整行高和列宽。

### 3. 划表格线

报表的尺寸设置完成之后，在数据状态下，该报表是没有任何表格线的，所以为了满足查询和打印的需要，还需要划上表格线。

**例 3-5** 将 A4:F12 划上网线。

**操作步骤**

(1) 将光标移动到 A4 单元单击，拖动鼠标至 F12 单元，选择需要画线的区域 A4:F12。

(2) 单击“格式”菜单中的“区域画线”选项，打开“区域画线”对话框，如图 3-5 所示。

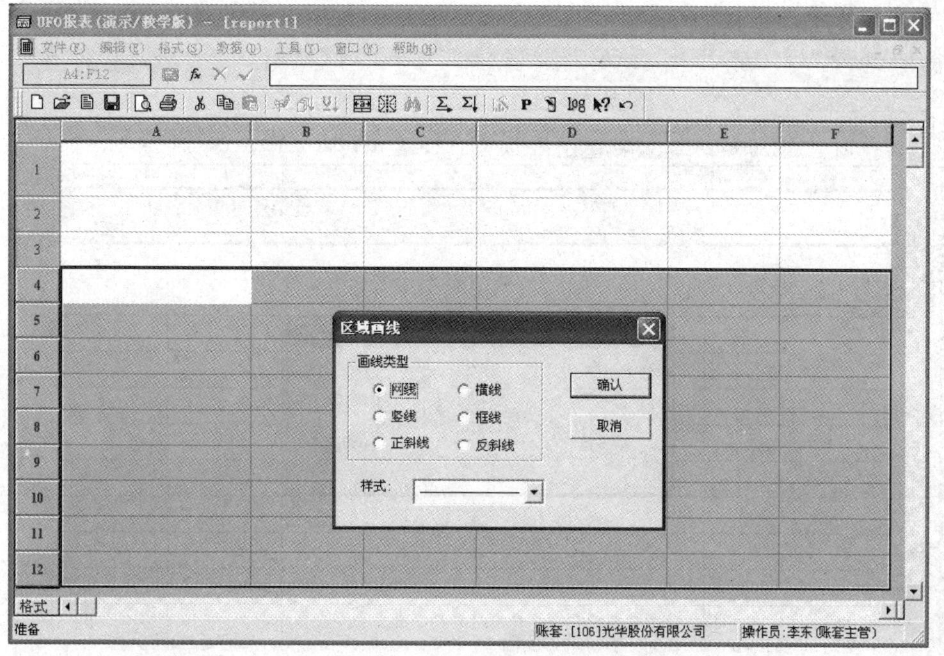


图 3-5 “区域画线”对话框

(3) 单击“网线”单选按钮，确定画线类型和样式。

(4) 单击“确认”按钮。

**注意**

划好的表格线在格式状态下变化并不明显。操作完以后可以在数据状态下查看效果。

### 3. 定义组合单元

有些内容如标题、编制单位、日期及货币单位等信息可能一个单元容纳不下，所以为了实现这些内容的输入和显示，需要定义组合单元。

**例 3-6** 将单元 A1:F1 组合成一个单元。

**操作步骤**

(1) 将光标移动到 A1 单元单击，拖动鼠标至 F1 单元，选择需要合并的区域 A1:F1。

(2) 单击“格式”|“组合单元”选项，打开“组合单元”对话框，如图 3-6 所示。

(3) 单击“按行组合”或单击“整体组合”按钮。

**注意**

- 组合单元可以用该区域名或者区域中的任一单元名来加以表示。
- 组合单元实际上就是一个大的单元，所有针对单元的操作对组合单元均有效。
- 若要取消所定义的组合单元，可以在“组合单元”对话框中，单击“取消组合”

按钮实现。

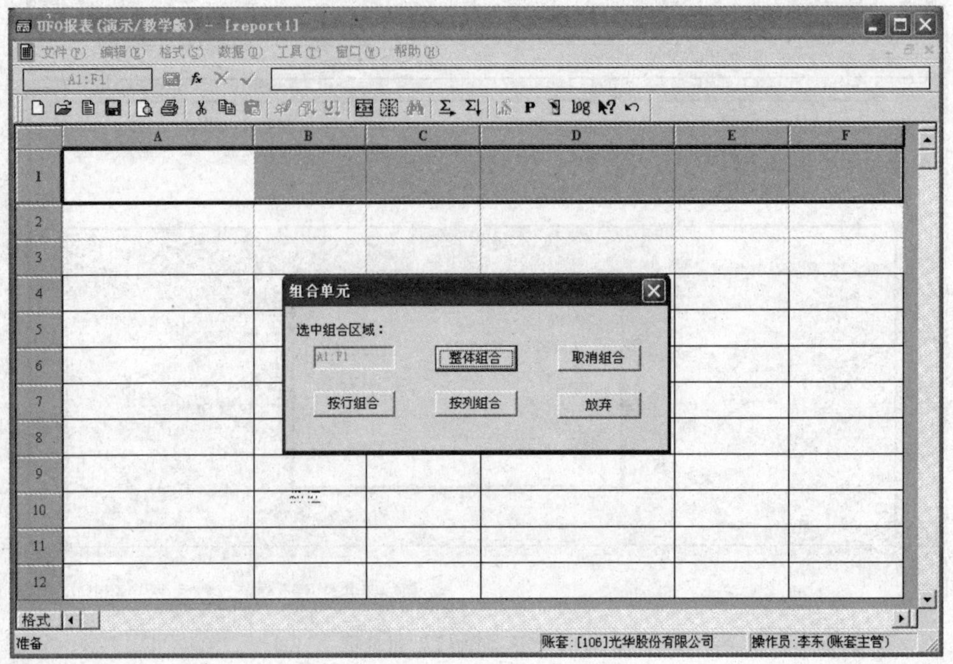


图 3-6　“组合单元”对话框

### 3. 输入表间项目

报表表间项目指报表的文字内容，主要包括表头内容、表体项目和表尾项目等。

**例 3-7**　根据以下表样录入表样文字。

| | A | B | C | D | E | F |
|---|---|---|---|---|---|---|
| 1 | | | | | | |
| 2 | 资产负债表 | | | | | |
| 3 | | | | | | |
| 4 | 资产 | 期末余额 | 年初余额 | 负债及所有者权益 | 期末余额 | 年初余额 |
| 5 | 一、流动资产 | | | | | |
| 6 | 货币资金 | | | | | |
| 7 | 交易性金融资产 | | | | | |
| 8 | 应收票据 | | | | | |

**操作步骤**

(1) 将光标移到 A1 单元，录入“资产负债表”。

(2) 将光标移到 A4 单元，录入“资产”。

(3) 将光标移到 A5 单元，录入“一、流动资产”。

(4) 重复以上操作，录入所有表样文字。

注意

- 在输入报表项目时，编制单位、日期一般不需要输入，财务报表系统将其单独设置为关键字。
- 项目输入完之后，默认的格式均为普通宋体 12 号，居左。
- 一个表样单元最多能输入 63 个字符或 31 个汉字，允许换行显示。

### 4. 定义单元属性

单元属性主要指单元类型、数字格式、边框样式等内容的设置。

**例 3-8** 分别将区域 B5:C12 和 E5:F12 设置为数值型的单元类型、逗号的数字格式。

**操作步骤**

(1) 将光标移到 B5 单元格单击，拖动鼠标至 C12 单元(即选中 B5:C12)，单击“格式”|“单元属性”选项，打开“单元格属性”对话框，如图 3-7 所示。

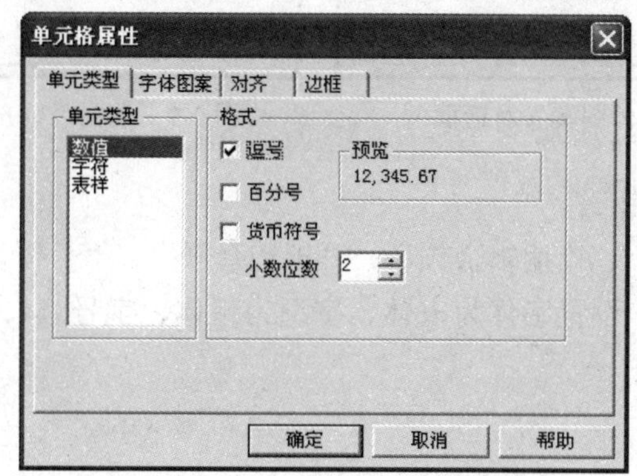


图 3-7 “单元属性”对话框

(2) 选中“单元类型”中的“数值”，选中 “逗号”复选框。

(3) 单击“确认”按钮。用同样的方法继续设置 E5:F12 的单元属性。

注意

- 报表新建时，所有单元的单元属性均默认为数值型。
- 格式状态下，输入的内容均默认为“表样”单元。

### 5. 设置单元风格

单元风格主要指的是单元内容的字体、字号、字型、对齐方式、颜色图案等设置。设置单元风格会使报表更符合阅读习惯，更加美观、清晰。

**例 3-9** 将“资产负债表”设置字体为宋体、字型为粗体、字号 22、水平方向和垂直方向居中。

**操作步骤**

(1) 将光标移到 A1 单元(即“资产负债表”所在单元)单击，单击“格式”|“单元属

性”选项，打开“单元属性”对话框，选择“字体图案”页签。

(2) 选择“字型”下拉列表框中的“粗体”选项，选择“字号”下拉列表框中的“22”，如图 3-8 所示。

(3) 选择“对齐”页签，单击“水平方向”的“居中”和“垂直方向”的“居中”单选按钮，如图 3-9 所示。

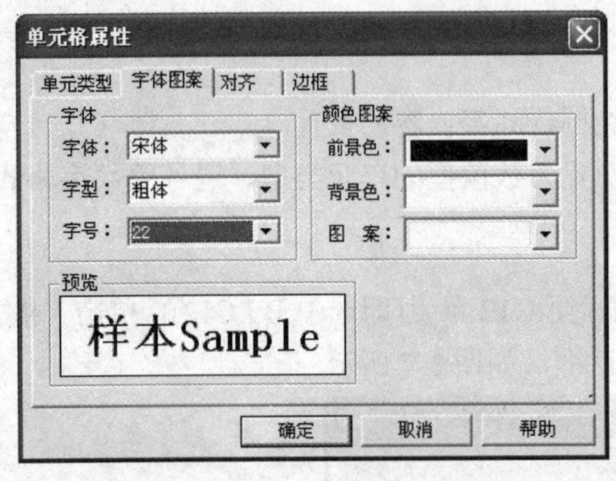


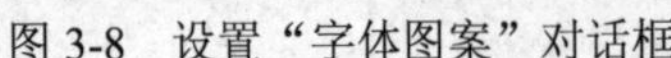

图 3-8 设置“字体图案”对话框

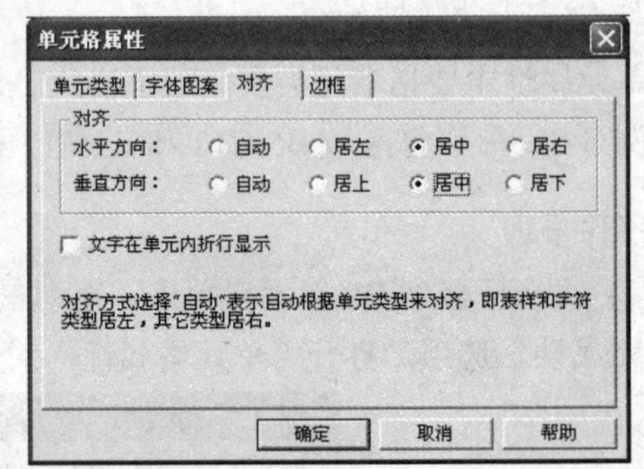


图 3-9 设置“对齐”方式对话框

(4) 单击“确定”按钮。

**例 3-10** 将“资产”、“期末余额”、“年初余额”、“负债及所有者权益”、“期末余额”、“年初余额”设置字体为宋体、字型为粗体、字号 14、水平方向和垂直方向居中。

**操作步骤**

(1) 将光标移到 A4 单元(即“资产”所在单元)单击，拖动鼠标至 F4 单元，即用鼠标选中 A4:F4。

(2) 单击“格式”|“单元属性”选项，打开“单元属性”对话框，单击“字体图案”页签。

(3) 选择“字型”下拉列表框中的“粗体”选项，选择“字号”下拉列表框中的“14”，单击“水平方向”的“居中”和“垂直方向”的“居中”单选按钮。

(4) 单击“确定”按钮。

**注意**

设置完后可以在预览窗口查看效果。

### 3.1.3 设置关键字

关键字主要有 6 种：单位名称、单位编号、年、季、月、日。另外还可以自定义关键字，可以根据自己的需要设置相应的关键字。

**例 3-11** 在 A3 单元中定义“单位名称”，在 D3 单元中定义“年”，在 E3 单元中定义“月”。

**操作步骤**

(1) 将光标移到 A3 单元单击，执行“数据”|“关键字”|“设置”，打开“设置关键字”对话框，如图 3-10 所示。

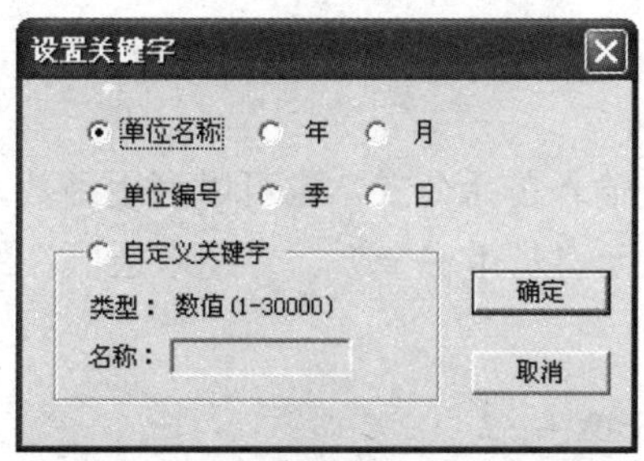


图 3-10 “设置关键字”对话框

(2) 单击选中“单位名称”单选按钮，单击“确定”按钮，完成 A3 单元关键字的设置。

(3) 将光标移到 D3 单元单击，单击“数据”|“关键字”|“设置”，打开“设置关键字”对话框。

(4) 单击选中“年”单选按钮，单击“确定”按钮，完成 D3 单元关键字的设置。

(5) 依此方法，在 E3 单元中设置关键字“月”。

**注意**

- 在格式状态下定义关键字，而关键字的值则在数据状态下录入。
- 每张报表可以同时定义多个关键字。
- 关键字如年、月等会随同报表数据一起显示，在定义关键字时既要考虑编制报表的需要，又要考虑打印的需要。
- 如果关键字的位置设置错误，可以执行“数据”|“关键字”|“取消”选项取消后再重新设置。
- 关键字在一张报表中只能定义一次，即同一张报表中不能有重复的关键字。

### 3.1.4 编辑公式

在财务报表中，由于各种报表之间存在着密切的数据间的逻辑关系，所以报表中各种数据的采集、运算的勾稽关系的检测就需要用到不同的公式。报表中主要有计算公式、审核公式和舍位平衡公式。

计算公式是指为报表单元赋值的公式，利用它可以将单元赋值为数值，也可以赋值为字符。对于需要从报表本身或其他模块(如总账、工资、固定资产、核算等模块)中取数，以及一些小计、合计、汇总等数据的单元，都可以利用单元公式进行取数。

由于报表中各个数据之间一般都存在某种勾稽关系，可以利用这种勾稽关系定义审核公式来进一步检验报表编制的结果是否正确。

报表数据生成后往往非常庞大，不方便读者阅读。另外，在报表汇总时，各个报表的货币计量单位有可能不统一，这时，需要将报表的数据进行位数转换，将报表单位数据由个位转换为百位、千位或万位，如将“元”单位转换为“千元”或“万元”单位，这种操作称为进(舍)位操作。

### 1. 定义单元公式

在定义公式时，可以直接输入单元公式，也可以利用函数向导定义单元公式。

**例 3-12** 直接输入 B6 单元“货币资金”、“期末余额”的计算公式。

**操作步骤**

(1) 将光标移动到 B6 单元单击。

(2) 单击“数据”|“编辑公式”|“单元公式”命令，打开“定义公式”对话框，如图 3-11 所示。

图 3-11 “定义公式”对话框

(3) 直接输入“货币资金”、“期末余额”的取数公式“QM("1001",月,,,年,,)+ QM ("1002",月,,,年,,)+ QM ("1012",月,,,年,,)”。

(4) 单击“确认”按钮。

**注意**

在输入单元公式时，凡是涉及数学符号和标点符号的均需输入英文半角字符，否则系统将认为公式输入错误而不能被保存。

如果用户对财务报表的函数不太了解，直接定义单元公式有困难，可以利用函数向导引导输入公式。

**例 3-13** 使用“函数向导”录入 C8 单元(即“应收票据”年初余额单元)公式。

**操作步骤**

(1) 将光标移动到 C8 单元单击。

(2) 单击“数据”|“编辑公式”|“单元公式”命令，打开“定义公式”对话框。

(3) 单击“函数向导”按钮，打开“函数向导”对话框。

(4) 选择函数分类“用友账务函数”和函数名“期初(QC)”，如图 3-12 所示。

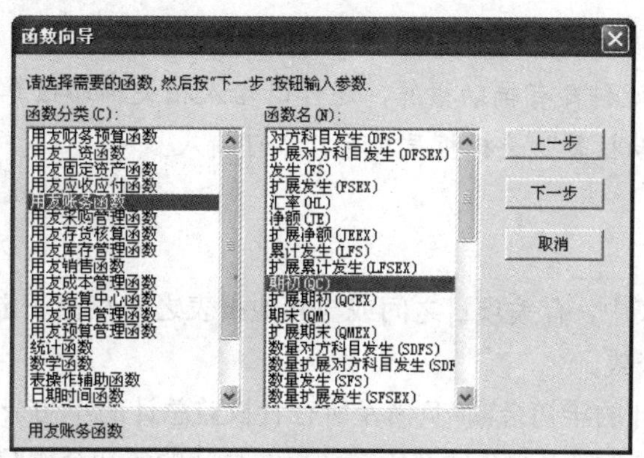

图 3-12 “函数向导”对话框

(5) 单击“下一步”按钮，打开“用友账务函数”对话框，如图 3-13 所示。

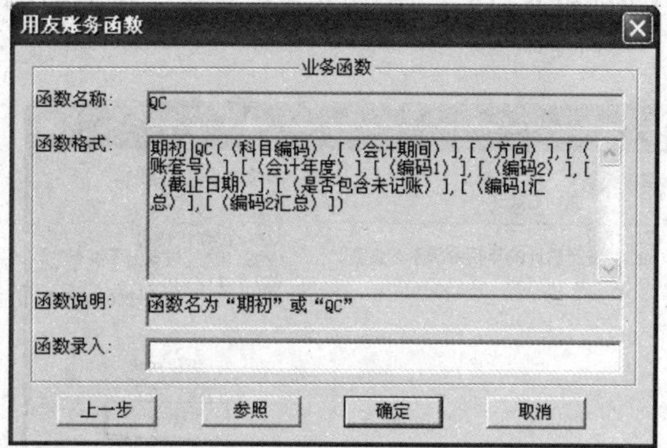

图 3-13 “用友账务函数”对话框

(6) 单击“参照”按钮，打开“账务函数”对话框，如图 3-14 所示。

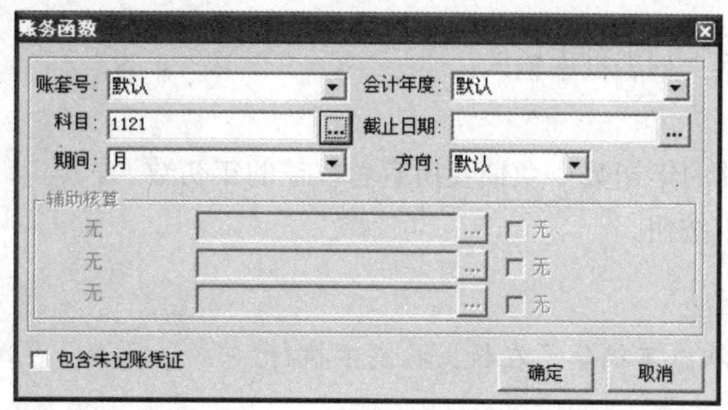

图 3-14 “账务函数”对话框

(7) 单击“科目”栏右侧的 ... 按钮，选择“1121 应收票据”选项。

(8) 单击“确定”按钮。

**注意**

- 账套号和会计年度如果选择默认，以后在选择取数的账套时，需要进行账套初始工作。如果直接输入，则不需再进行账套初始。

- 如果输入的会计科目有辅助核算，还可以输入相关辅助核算内容。如果没有辅助核算，则“辅助核算”选择框呈灰色，不可输入。

### 2. 定义审核公式

如果在一般的报表中，有关项目之间或与其他报表之间存在一定的勾稽关系，可以根据这些关系定义审核公式。

**例 3-14** 资产总计的年初余额=负债及所有者权益总计的年初余额。即“C12=F12 MESS"资产总计的年初余额＜＞负债及所有者权益总计的年初余额"”。

**操作步骤**

(1) 单击“数据”|“编辑公式”|“审核公式”命令，打开“审核公式”对话框，如图 3-15 所示。

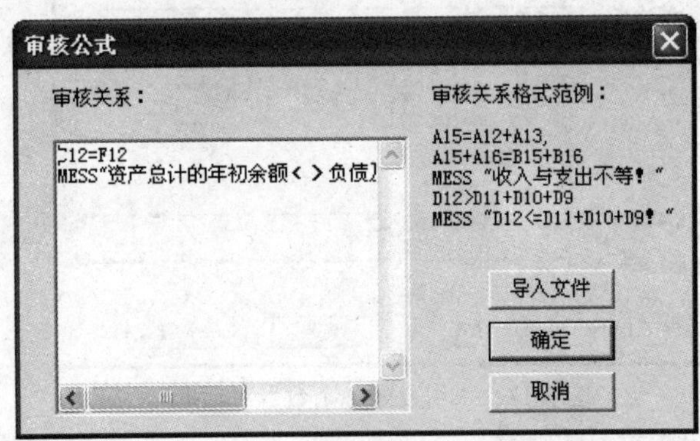


图 3-15 “审核公式”对话框

(2) 在“审核关系”列表框中输入：

C12=F12

MESS“资产总计的年初数<>负债及所有者权益的年初数”。

(3) 单击“确定”按钮。

**注意**

审核公式在格式状态下编辑，在数据状态下执行。

## 3.1.5 保存报表

设置完报表的格式之后，为了确保今后能够随时调出使用并生成报表数据，应将会计报表的格式保存起来。

**例 3-15** 将报表文件保存到“我的文档”中，名称为“资产负债表”。

**操作步骤**

(1) 在格式设计状态下，单击“文件”|“保存”选项(或者按 CTRL+S 键)，打开“保存为”列表框。

(2) 在“文件名”文本框中输入“资产负债表”。

(3) 单击“保存”按钮。

**注意**

- “.REP”为用友报表文件专用扩展名。
- 如果没有保存就退出，系统将弹出“是否保存报表”提示对话框。

# 3.2 报表数据处理

报表数据处理主要包括生成报表数据、审核报表数据和舍位平衡操作等工作，数据处理工作必须在数据状态下进行。处理时，计算机会根据已定义的单元公式、审核公式和舍位平衡公式自动进行取数、审核及舍位等操作。

报表数据处理一般是针对某一特定表页进行的，因此，在数据处理时还涉及表页的操作，如增加、删除、插入、追加表页等。

报表的数据包括报表单元的数值和字符以及游离于单元之外的关键字。数值单元能生成数字，而字符单元既能生成数字又能生成字符；数值单元和字符单元可以由公式生成，也可以由键盘输入。关键字则必须由键盘录入。

## 3.2.1 进入报表数据状态

既可以使用菜单进入报表数据处理状态，也可以直接使用“数据/格式”切换按钮进入。

**例 3-16** 进入“资产负债表”数据状态。

**操作步骤**

方法一：

(1) 单击“文件”|“打开”选项。

(2) 在“打开”对话框中，选择“资产负债表”，单击“打开”按钮。

方法二：

直接在资产负债表的格式状态下，单击报表左下角的“数据/格式”按钮进入报表的数据状态。

## 3.2.2 录入关键字

关键字是表页定位的特定标识，在格式状态下设置完关键字后，只有在数据状态下对其实际赋值才能真正成为表页的鉴别标志，为表页间、表间的取数提供依据。

**例 3-17** 录入关键字的内容：单位名称“光华股份有限公司”，年“2009”，月“1”。

**操作步骤**

(1) 单击“数据”|“关键字”|“录入”，打开“录入关键字”对话框。

(2) 输入单位名称“光华股份有限公司”、年“2009”、月“1”，如图 3-16 所示。

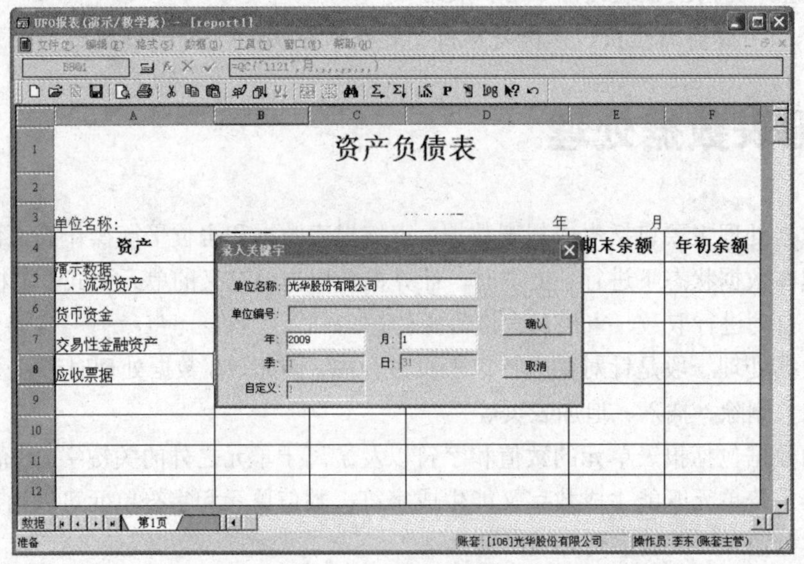


图 3-16 录入关键字

(3) 单击“确认”按钮，系统弹出“是否重算第 1 页”提示对话框，如果此时就要生成有关报表数据，单击“否”按钮，暂不生成报表数据。

**注意**

- 每一张表页均对应不同的关键字，输出时随同单元一起显示。
- 日期关键字可以确认报表数据取数的时间范围，即确定数据生成的具体日期。

## 3.2.3 整表重算

当完成报表的格式设计并完成账套初始和关键字的录入后，便可以计算指定账套并指定报表时间的报表数据了。计算报表数据是在数据处理状态下进行的，它既可以在录入完报表的关键字后直接计算，也可以使用菜单功能计算。

**例 3-18** 计算光华股份有限公司 2009 年 1 月的资产负债表数据。

**操作步骤**

(1) 单击“数据”|“表页重算”选项，系统弹出提示对话框，如图 3-17 所示。

图 3-17　表页重算提示对话框

(2) 单击“是”按钮，系统经过自动计算生成了光华股份有限公司 2009 年 1 月的资产负债表的数据，如图 3-18 所示。

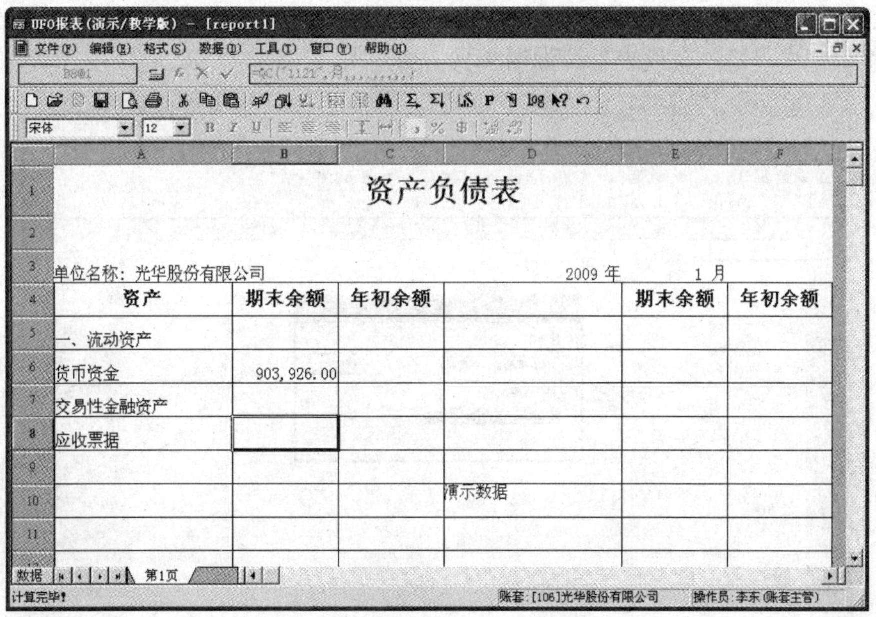


图 3-18　已生成的资产负债表的数据

# 3.3 报表模板

前面各步骤介绍的是自定义报表，自定义报表可以设计出个性化的报表，但对于一些会计实务上常用的、格式基本固定的财务报表，如果逐一自定义无疑费时、费力。针对这种情况，用友财务报表系统为用户提供了多个行业的各种标准财务报表格式。用户可以套用系统提供的标准报表格式，并在标准格式基础上根据本单位的具体情况加以局部的修改，免去从头至尾建立报表、定义格式公式的繁琐工作。

利用报表模板可以迅速建立一张符合需要的财务报表。另外，对于一些本企业常用但报表模板没有提供标准格式的报表，在定义完这些报表以后可以将其定制为报表模板，以后使用时可以直接调用这个模板。

## 3.3.1 调用报表模板并生成报表数据

系统中提供了多个行业的标准财务报表模板。报表模板即建立了一张标准格式的会计报表。如果用户需使用系统内的报表模板，则可以直接调用。

**例 3-19** 调用执行“一般企业”(2007 年新会计准则)会计制度的“资产负债表”模板。

**操作步骤**

(1) 在财务报表窗口中，单击“文件”|“新建”选项，打开“新建”对话框。

(2) 单击“格式”|“报表模板”，打开“报表模板”选择对话框。

(3) 单击“您所在行业”栏下三角按钮，选中“2007 年新会计制度科目”，在“财务报表”栏中选中“资产负债表”，如图 3-19 所示。

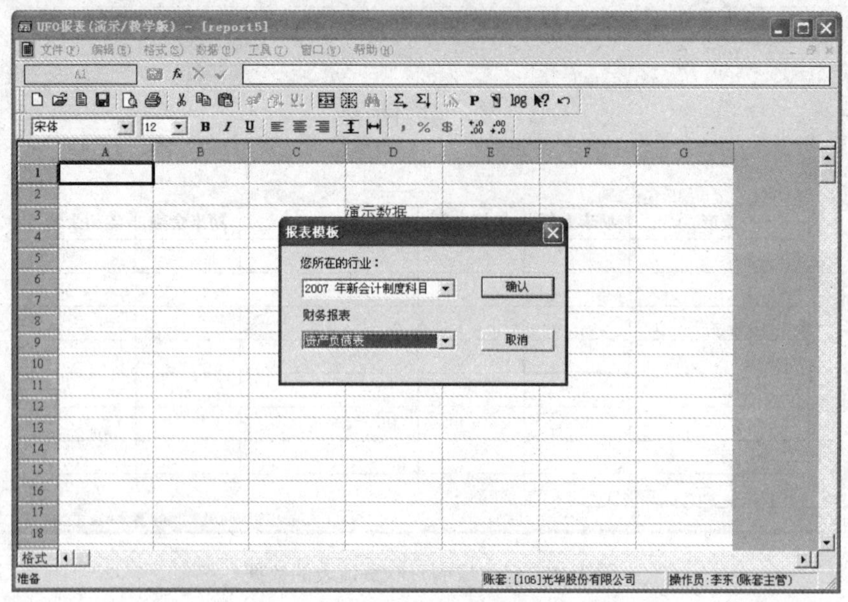


图 3-19 “报表模板”对话框

(4) 单击“确认”按钮，打开“资产负债表”(格式状态)窗口，系统弹出“模板格式将覆盖本表格式！是否继续？”的提示对话框，单击“确定”按钮，生成一张资产负债表。

**注意**

如果所需要的报表格式或公式与调用的模板有所不同，可以在格式状态下直接修改，然后再进行系统初始、录入关键字、计算报表数据。

(5) 单击左下角的“格式”按钮，进入资产负债表的数据状态。

(6) 单击“数据”|“关键字”|“录入”选项，打开“录入关键字”对话框，录入单位名称“光华股份有限公司”、年“2009”、月“1”，如图 3-20 所示。

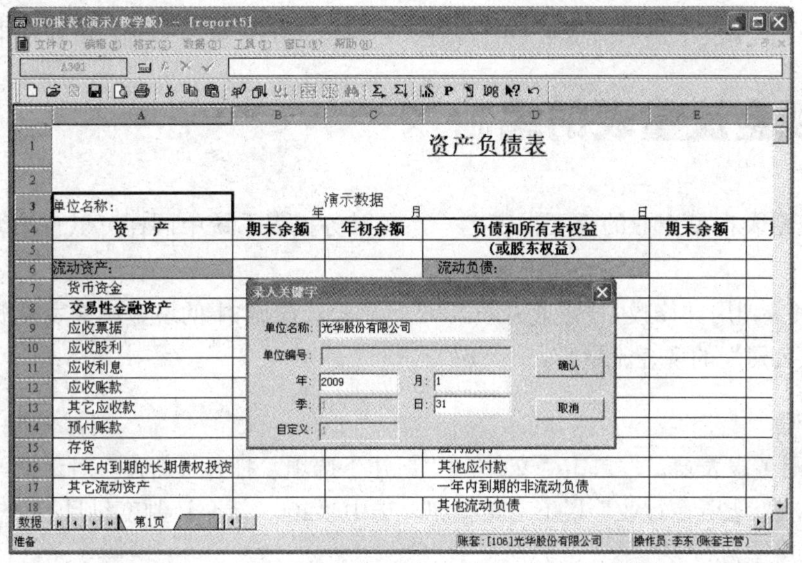

图 3-20　录入关键字

(7) 单击“确认”按钮，出现“是否重算第 1 页”的提示。

(8) 单击“是”按钮，生成了资产负债表的数据。

**注意**

- 利用模块文件生成财务数据之前，要保证所有的凭证都已经记账。
- 生成资产负债表之前，要保证对由工资和固定资产模块传递到总账模块的凭证上相关科目的数据进行了对应结转和期间损益结转，否则资产负债表不平衡。

## 3.3.2　自定义报表模板

用户除了使用系统中的会计报表模板外还可以根据本单位的实际需要定制内部报表模板，并将自定义的模板加入系统提供的模板库内，也可以根据本行业的特征增加或删除各个行业及其内置的模板。

自定义报表模板主要需要定义报表的所属行业及报表名称。

例 3-20　自定义报表模板。

**操作步骤**

(1) 在财务报表窗口，设计出要定制为模板的会计报表。

(2) 单击“格式”|“自定义模板”选项，打开“自定义模板”对话框。

(3) 单击“增加”按钮，打开“定义模板”对话框，输入模板所属的行业名称，单击“确定”按钮返回“自定义模板”对话框。

(4) 单击“下一步”按钮，再单击“增加”按钮，选择要定义为报表模板的报表路径和报表文件。

(5) 单击“添加”按钮，再单击“完成”按钮，该报表便定制为一个会计报表模板。

# 3.4　现金流量表的编制

现金流量表也是企业的重要报表之一，在财务报表系统中同样可以自动编制现金流量表。

例 3-21　调用并修改“一般企业”(2007 年新会计准则)中的现金流量表模板，生成“光华股份有限公司”的现金流量表。

**操作步骤**

(1) 在财务报表窗口，单击“文件”|“新建”选项，打开“新建”对话框。

(2) 单击“您所在行业”栏下三角按钮，选中“2007 新会计制度科目”，在财务报表栏中选中“现金流量表”。

(3) 单击“确定”按钮，打开“现金流量表”(格式状态)窗口，如图 3-21 所示。

| | A | B | C |
|---|---|---|---|
| 1 | 现金流量表 | | |
| 2 | | | 会企03表 |
| 3 | 编制单位： | 年　月 | 单位：元 |
| 4 | 项目 | 本期金额 | 上期金额 |
| 5 | 一、经营活动产生的现金流量： | | |
| 6 | 销售商品、提供劳务收到的现金 | | |
| 7 | 收到的税费返还 | | |
| 8 | 收到其他与经营活动有关的现金 | | |
| 9 | 经营活动现金流入小计 | | |
| 10 | 购买商品、接受劳务支付的现金 | | |
| 11 | 支付给职工以及为职工支付的现金 | | |
| 12 | 支付的各项税费 | | |
| 13 | 支付其它与经营活动有关的现金 | | |
| 14 | 经营活动现金流出小计 | | |
| 15 | 经营活动产生的现金流量净额 | | |
| 16 | 二、投资活动产生的现金流量： | | |
| 17 | 收回投资收到的现金 | | |
| 18 | 取得投资收益收到的现金 | | |
| 19 | 处置固定资产、无形资产和其他长期资产收回的现金净额 | | |
| 20 | 处置子公司及其他营业单位收到的现金净额 | | |

图 3-21　现金流量表模板

**注意**

- 预置的现金流量表模板没有公式。
- 上面显示的“编制单位”、“年”、“月”并不是关键字，要清除后重新设置关键字。

(4) 双击“编制单位”所在的单元格，选中“编制单位”，按 delete 键删除。用同样的方法删除“年、月”。

(5) 把光标定位在 A3 单元中，单击“数据”|“关键字”|“设置”，打开“设置关键字”对话框，单击“单位名称”单选按钮，单击“确定”按钮，完成“单位名称”关键字的设置。

(6) 用同样的方法设置“年”和“月”的关键字。设置后，如图 3-22 所示。

| | A | B | C |
|---|---|---|---|
| 1 | 现金流量表 | | |
| 2 | | | 会企03表 |
| 3 | 单位名称：xxxxxxxxxxxxxxxxxxxxxxxxxxxxxx | xxxx 年 xx 月 | 单位：元 |
| 4 | 项目 | 本期金额 | 上期金额 |
| 5 | 一、经营活动产生的现金流量： | | |
| 6 | 销售商品、提供劳务收到的现金 | | |
| 7 | 收到的税费返还 | | |
| 8 | 收到其他与经营活动有关的现金 | | |
| 9 | 经营活动现金流入小计 | | |
| 10 | 购买商品、接受劳务支付的现金 | | |
| 11 | 支付给职工以及为职工支付的现金 | | |
| 12 | 支付的各项税费 | | |
| 13 | 支付其它与经营活动有关的现金 | | |
| 14 | 经营活动现金流出小计 | | |
| 15 | 经营活动产生的现金流量净额 | | |

图 3-22 重新设置现金流量表的关键字

(7) 把光标定位在 B6 单元中，定义“销售商品、提供劳务收到的现金”的本期金额的公式。单击“数据”|“编辑公式”|“单元公式”命令，打开“定义公式”对话框。

(8) 单击“函数向导”按钮，打开“函数向导”对话框。选择函数分类“用友账务函数”和函数名“现金流量项目金额(XJLL)”，如图 3-23 所示。

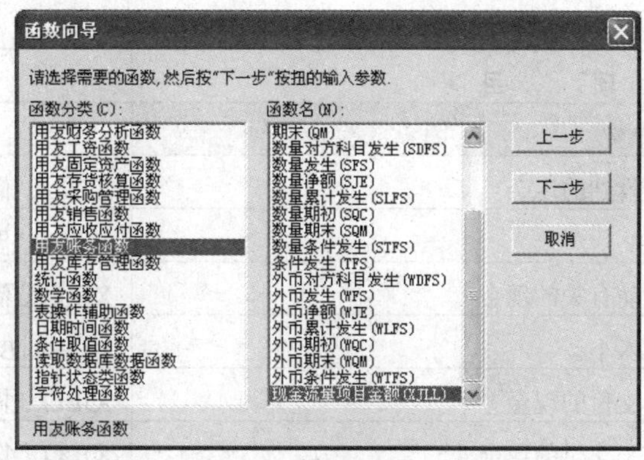


图 3-23 选择函数

(9) 单击“下一步”按钮，进入“用友账务函数”对话框，单击“参照”按钮，进入“账务函数”设置界面，如图 3-24 所示。

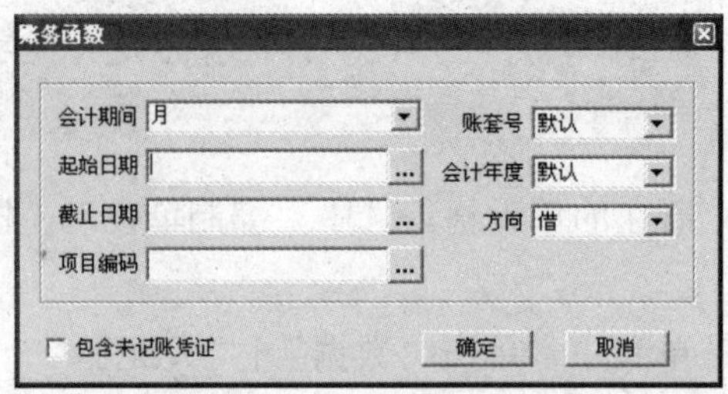


图 3-24 设置现金流量函数

(10) 因为关键字设置到“月”，所以会计期间选择“月”，选择了会计期间后，不再设置“起始日期”和“截止日期”。账套号和会计年度选择系统默认，方向选择“借”。

(11) 单击“项目编码”后的参照框，弹出“参照”对话框，双击“01 销售商品、提供劳务收到的现金”。单击“确定”、“确定”、“确认”，B6 单元格显示“公式单元”。

(12) 用同样的方法设置其他项目的公式。需要注意的是：现金流入项目方向选择“借”、现金流出项目方向选择“贷”。

(13) 把光标定位在 B9 单元中，定义“经营活动现金流入小计”，单击“数据”|“编辑公式”|“单元公式”命令，打开“定义公式”对话框，输入“B6+B7+B8”，如图 3-25 所示。

图 3-25 定义汇总单元格公式

(14) 单击“确认”按钮。部分公式如图 3-26 所示。

## 现金流量表

会小企 03 表

单位名称：XXXX　　　　XX 年 XX 月　　　　单位：元

| 项　目 | 金　额 |
| --- | --- |
| 一、经营活动产生的现金流量 | |
| 销售商品、提供劳务收到的现金 | XJLL(,,"借","01",,,,,月) |
| 收到的税费返还 | XJLL(,,"借","02",,,,,月) |
| 收到的其他与经营活动有关的现金 | XJLL(,,"借","03",,,,,月) |
| 经营活动现金流入小计 | B6+B7+B8 |
| 购买商品、接受劳务支付的现金 | XJLL(,,"贷","04",,,,,月) |
| 支付给职工以及为职工支付的现金 | XJLL(,,"贷","05",,,,,月) |
| 支付的各项税费 | XJLL(,,"贷","06",,,,,月) |

(续表)

| 项　　目 | 金　　额 |
|---|---|
| 支付的其他与经营活动有关的现金 | XJLL(,,"贷","07",,,,,月) |
| 经营活动现金流出小计 | B10+B11+B12+B13 |
| 经营活动产生的现金流量净额 | B9-B14 |
| 二、投资活动产生的现金流量 | |
| 收回投资所收到的现金 | XJLL(,,"借","08",,,,,月) |
| 取得投资收益所收到的现金 | XJLL(,,"借","09",,,,,月) |
| 处置固定资产、无形资产和其他长期资产所收回的现金净额 | XJLL(,,"借","10",,,,,月) |
| 处置子公司及其他营业单位收到的现金净额 | XJLL(,,"借","11",,,,,月) |
| 收到的其他与投资活动有关的现金 | XJLL(,,"借","12",,,,,月) |
| 投资活动现金流入小计 | B17+B18+B19+B20 |
| 购建固定资产、无形资产和其他长期资产所支付的现金 | XJLL(,,"贷","13",,,,,月) |
| 投资所支付的现金 | XJLL(,,"贷","14",,,,,月) |

图 3-26　现金流量表部分公式

(15) 单击左下角的“格式”按钮，提示“是否重算表页”，单击“是”，进入现金流量表的数据状态。

(16) 单击“数据”|“关键字”|“录入”选项，打开“录入关键字”对话框。录入关键字，提示“是否重算第 1 页”，单击“是”。显示如图 3-27 所示。

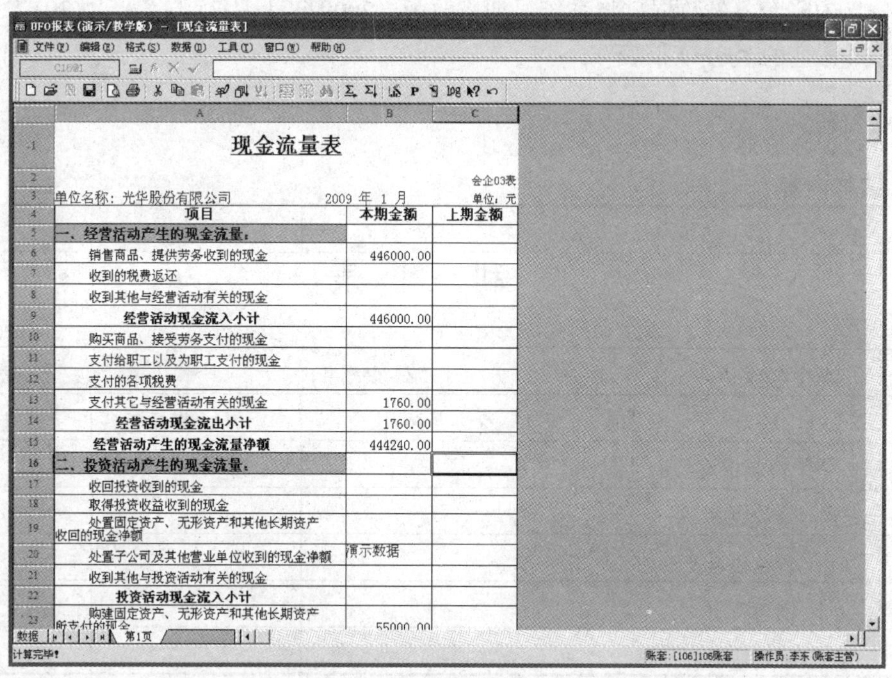

现金流量表

会企03表

单位名称：光华股份有限公司　　2009 年 1 月　　单位：元

| 项目 | 本期金额 | 上期金额 |
|---|---|---|
| 一、经营活动产生的现金流量： | | |
| 销售商品、提供劳务收到的现金 | 446000.00 | |
| 收到的税费返还 | | |
| 收到其他与经营活动有关的现金 | | |
| 经营活动现金流入小计 | 446000.00 | |
| 购买商品、接受劳务支付的现金 | | |
| 支付给职工以及为职工支付的现金 | | |
| 支付的各项税费 | | |
| 支付其它与经营活动有关的现金 | 1760.00 | |
| 经营活动现金流出小计 | 1760.00 | |
| 经营活动产生的现金流量净额 | 444240.00 | |
| 二、投资活动产生的现金流量： | | |
| 收回投资收到的现金 | | |
| 取得投资收益收到的现金 | | |
| 处置固定资产、无形资产和其他长期资产收回的现金净额 | | |
| 处置子公司及其他营业单位收到的现金净额 | 演示数据 | |
| 收到其他与投资活动有关的现金 | | |
| 投资活动现金流入小计 | | |
| 购建固定资产、无形资产和其他长期资产所支付的现金 | 55000.00 | |



图 3-27　现金流量表数据

注意

按照这种方法编制现金流量表的前提是必须在总账系统中指定了“现金流量科目”，并在填制凭证的时候录入了现金流量项目和金额。

# 复习思考题

(1) 应如何进行报表格式设计？

(2) 应如何同时保存多个月份的会计报表？

(3) UFO 报表可以分别保存为哪些格式？

(4) 不能生成报表数据的主要原因有哪些？

# 上机实验

## 实验八　报表格式设计

### 实验准备

已经完成了实验七的操作，可以引入 C:\My Documents\“300 账套备份”文件夹中“实验七备份”的账套备份数据，将系统日期修改为“2009 年 1 月 31 日”，由 301 操作员注册进入 300 账套的“UFO 报表”。

### 实验资料

1. 表样内容

| | A | B | C |
|---|---|---|---|
| | 利　润　表 | | |
| | | | 会企 02 表 |
| | 单位名称：　　　　　　年　　月 | | 单位：元 |
| | 项　　目 | 本期金额 | 上期金额 |
| | 一、营业收入 | | |
| | 减：营业成本 | | |
| | 　　营业税金及附加 | | |
| | 　　销售费用 | | |
| | 　　管理费用 | | |

(续表)

| | A | B | C |
|---|---|---|---|
| | 利　润　表 | | |
| | 会企 02 表 | | |
| | 单位名称：　　　　年　　月 | | 单位：元 |
| | 项　　目 | 本期金额 | 上期金额 |
| 0 | 财务费用 | | |
| 1 | 资产减值损失 | | |
| 2 | 加：公允价值变动收益(损失以“－”号填列) | | |
| 3 | 投资收益(损失以“-”号填列) | | |
| 4 | 其中：对联营企业和合营企业的投资收益 | | |
| 5 | 二、营业利润(亏损以“－”号填列) | | |
| 6 | 加：营业外收入 | | |
| 7 | 减：营业外支出 | | |
| 8 | 其中：非流动资产处置损失 | | |
| 9 | 三、利润总额(亏损总额以“－”号填列) | | |
| 0 | 减：所得税费用 | | |
| 1 | 四、净利润(净亏损以“-”号填列) | | |
| 2 | 五、每股收益： | | |
| 3 | (一)基本每股收益 | | |
| 4 | (二)稀释每股收益 | | |

2. 报表中的计算公式

| 位置 | 单元公式 |
|---|---|
| B5 | fs(6001,月,"贷",,年)+ fs(6051,月,"贷",,年) |
| B6 | fs(6401,月,"借",,年)+ fs(6402,月,"借",,年) |
| B7 | fs(6403,月,"借",,年) |
| B8 | fs(6601,月,"借",,年) |
| B9 | fs(6602,月,"借",,年) |
| B10 | fs(6603,月,"借",,年) |
| B11 | fs(6701,月,"借",,年) |
| B12 | fs(6101,月,"贷",,年) |
| B13 | fs(6111,月,"贷",,年) |
| B15 | B5-B6-B7-B8-B9-B10-B11+B12+B13 |
| B16 | fs(6301,月,"贷",,年) |
| B17 | fs(6711,月,"借",,年) |
| B19 | B15+B16-B17 |
| B20 | fs(6801,月,"借",,年) |
| B21 | B19-B20 |
| C5 | select(?B5,年@=年 And 月@=月+1) |
| C6 | select(?B6,年@=年 And 月@=月+1) |
| C7 | select(?B7,年@=年 And 月@=月+1) |
| C8 | select(?B8,年@=年 And 月@=月+1) |
| C9 | select(?B9,年@=年 And 月@=月+1) |
| C10 | select(?B10,年@=年 And 月@=月+1) |
| C11 | select(?B11,年@=年 And 月@=月+1) |
| C12 | select(?B12,年@=年 And 月@=月+1) |
| C13 | select(?B13,年@=年 And 月@=月+1) |
| C15 | select(?B15,年@=年 And 月@=月+1) |
| C16 | select(?B16,年@=年 And 月@=月+1) |
| C17 | select(?B17,年@=年 And 月@=月+1) |
| C19 | select(?B19,年@=年 And 月@=月+1) |
| C20 | select(?B20,年@=年 And 月@=月+1) |
| C21 | select(?B21,年@=年 And 月@=月+1) |

实验要求

(1) 设计利润表的格式。

(2) 按新企业会计准则设计利润表的计算公式。

(3) 保存报表格式至“我的文档”中“我的利润表”。

## 实验九　报表数据处理

### 实验准备

已经完成了实验八的操作，可以打开“我的文档”中“我的利润表”，将系统日期修改为“2009 年 1 月 31 日”，由 301 操作员注册进入 300 账套的“UFO 报表”。

### 实验资料

(1) 单位名称为“华生股份有限公司”。

(2) 编制时间为“2009 年 1 月”。

### 实验要求

(1) 生成自制利润表的数据。

(2) 将已生成数据的自制利润表另存为“1 月份利润表”

## 实验十　利用报表模板生成报表

### 实验准备

已经完成了实验六的操作，可以引入 C:\My Documents\“300 账套备份”文件夹中“实验六备份”的账套备份数据，将系统日期修改为“2009 年 1 月 31 日”，由 301 操作员注册进入“UFO 报表”。

### 实验资料

(1) 单位名称为“华生股份有限公司”。

(2) 编制时间为“2009 年 1 月 31 日”。

### 实验要求

(1) 按一般企业(2007 年新会计准则)模板生成 300 账套 1 月的“资产负债表”、“现金流量表”。

(2) 保存“资产负债表”、“现金流量表”到“我的文档”中。

# Chapter 4

# 工资管理

**教学目的与要求**

系统学习工资系统初始化、日常业务处理和期末业务处理的工作原理和操作方法。

要求掌握建立工资账套，设置各种分类、档案资料的方法；掌握设置工资项目分类和计算公式的方法。掌握固定工资数据及变动工资数据的编辑方法，掌握计算个人所得税的方法与工资数据的计算和汇总的方法。熟悉工资分配与计提、工资转账凭证生成的原理和处理方法。

工资管理是每一个单位财会部门最基本的业务之一，不仅关系到每个职工的切身利益，也是影响产品成本的重要因素。手工进行工资核算，需要占用财会人员大量的精力和时间，并且容易出错，采用计算机进行工资核算可以有效地提高工资核算的准确性和及时性。

工资系统适用于各类企业、行政事业单位等各个行业，主要提供了简单、方便的工资核算和发放功能，以及强大的工资分析和管理功能，并提供了企业存在多种工资类型的解决方案。

## 4.1 工资系统初始化

使用计算机进行工资核算之前，需要进行工资系统的初始设置，以建立工资系统的应用环境。在进行初始设置之前，应进行必要的数据准备，如规划企业职工的编码规则、进行人员类别的划分，整理好要设置的工资项目及核算方法，并准备好部门档案、人员档案、基本工资数据等基本信息。

### 4.1.1 启用工资系统

在使用工资系统之前，应该已经在系统管理中建立了账套，并且在建立账套后或在企业门户中已经进行了启用工资系统的操作，否则不能启动工资系统。

**例 4-1** 2009 年 1 月 9 日，由 106 账套的账套主管李东(编号：KJ001，密码：123456)注册进入企业门户，启用工资系统，其启用日期为 2009 年 1 月 1 日。

**操作步骤**

(1) 选择“开始”|“程序”|“用友 T6-企业管理软件”|“企业门户”命令，打开“注册〖企业门户〗”对话框。

(2) 在“注册〖企业门户〗”对话框中，在操作员栏录入“KJ001”，在密码栏录入“123456”，单击账套栏下三角按钮，选择“106”账套。

(3) 单击“确定”按钮，进入“用友 T6-企业管理软件”企业门户中。

(4) 在“用友 T6-企业管理软件”企业门户的“设置”页签中，选择“基础信息”|“基本信息”|“系统启用”，打开“系统启用”窗口。

(5) 在“系统启用”窗口，单击选中“工资管理”复选框，出现“日历”对话框，选中“2009 年 1 月 1 日”，如图 4-1 所示。

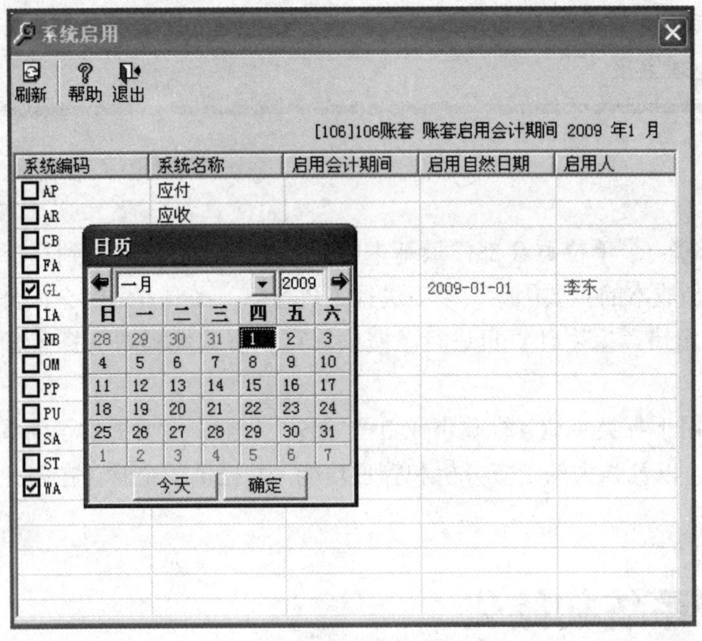


图 4-1 启用工资管理系统

(6) 单击“确定”按钮，系统提示“确实要启用当前系统吗？”。

(7) 单击“是”按钮。

**注意**

- 在启动工资系统前应先在系统管理中设置相应的账套，并在企业门户中启用了工资系统。
- 进入工资系统的日期必须大于等于工资系统的启用日期。

## 4.1.2 建立工资账套

在初次进入工资系统后应根据企业的实际情况建立相应的工资账套。工资账套的建立分为 4 个步骤：参数设置、扣税设置、扣零设置及人员编码设置。

**例 4-2** 建立工资账套的参数为“所需处理的工资类别个数为多个”；扣税设置为“从工资中代扣个人所得税”；不进行扣零处理；人员编码长度为 5 位。

**操作步骤**

(1) 在“用友 T6-企业管理软件”企业门户的“业务”页签中，单击“财务会计”|“工资管理”，打开“建立工资套—参数设置”对话框，如图 4-2 所示。

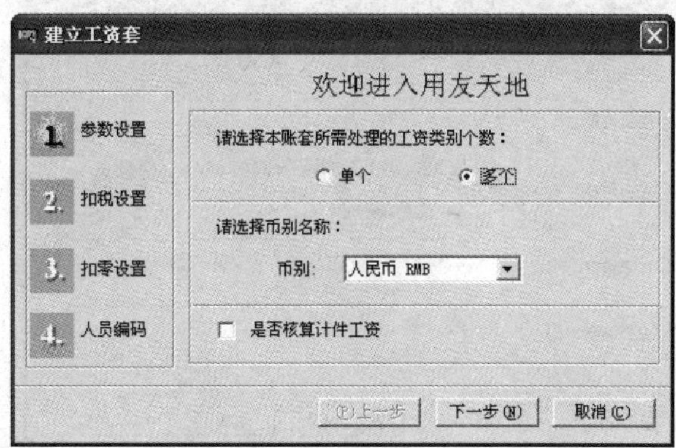


图 4-2 设置工资类别个数

(2) 单击“多个”单选按钮。单击“下一步”按钮，打开“建立工资套—扣税设置”对话框，如图 4-3 所示。

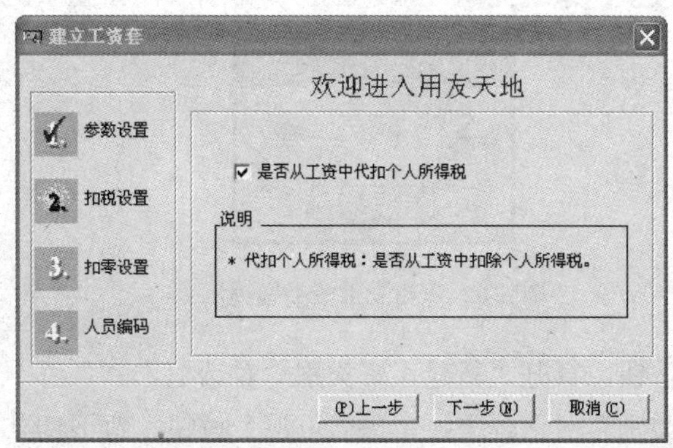


图 4-3 设置是否从工资中代扣个人所得税

(3) 单击选中“是否从工资中代扣个人所得税”复选框。单击“下一步”按钮，打开“建立工资套—扣零设置”对话框，如图 4-4 所示。

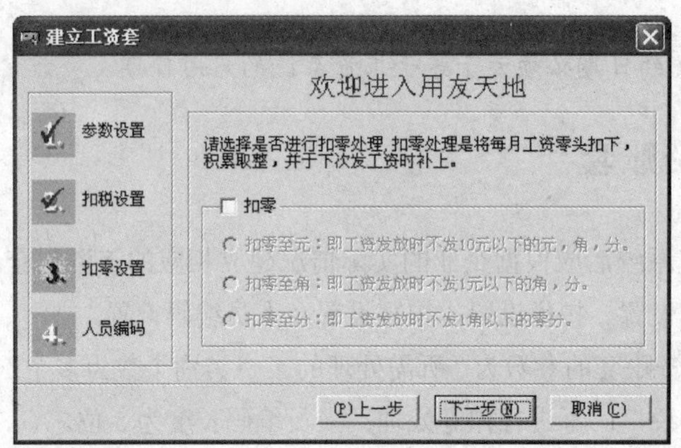


图 4-4　设置扣零

(4) 单击“下一步”按钮，打开“建立工资套—人员编码”对话框，如图 4-5 所示。

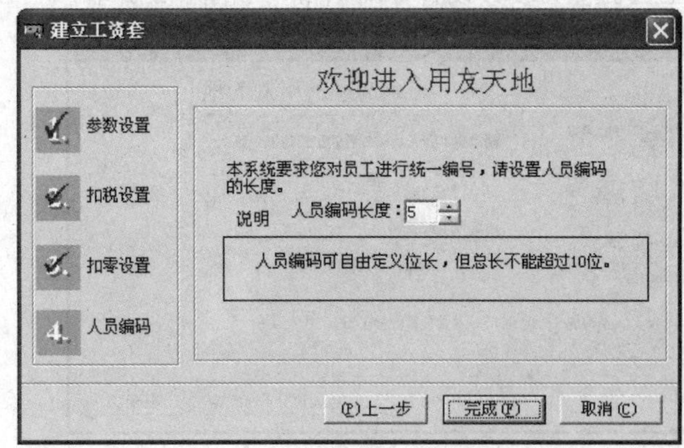


图 4-5　设置人员编码长度

(5) 单击“人员编码长度”栏的微调按钮，设置人员编码长度为“5”。

(6) 单击“完成”按钮，系统提示“未建立工资类别”，如图 4-6 所示。

图 4-6　未建立工资类别提示

(7) 单击“确定”按钮，打开“新建工资类别”对话框。

(8) 在“新建工资类别”对话框中，单击“取消”按钮，暂不建立工资类别。

**注意**

- 工资账套与企业账套是不同的概念，企业核算账套在系统管理中建立，是针对整个用友 T6-企业管理软件而言的，而工资账套只针对系统中的工资系统。即工资账套是企业核算账套的一个组成部分。
- 如果企业中所有员工的工资发放项目和计算方法相同，那么可以对全部员工进行统一的工资核算方案，对应地选择系统提供的单工资类别应用方案。
- 如果企业存在下列情况之一，则需要选择系统提供的多工资类别应用方案。首先，企业存在不同类别的人员，不同类别的人员工资发放项目不同、计算公式也不相同，但需要进行统一工资核算管理。如企业需要分别对在职人员、临时人员等进行工资核算等情况。其次，企业每月进行多次工资发放，月末需要进行统一核算。再次，企业在不同地区设有分支机构，而工资核算由总部统一管理或工资发放使用多种货币。
- 扣税设置，即选择在工资计算中是否由单位代扣个人所得税。
- 扣零设置，通常在发放现金工资时使用，如果单位采用银行代发工资则很少进行此设置。
- 人员编码即单位人员编码长度。可以根据需要自由定义人员编码长度，但总长度不能超过 10 位字符。
- 工资账套建立完成后可以直接设置工资类别，也可以以后再设置工资类别。

### 4.1.3 设置工资类别

工资系统提供了处理多个工资类别的功能，可以按周或一个月多次发放工资，或者是有多种不同类别的人员，工资发放项目不尽相同，计算公式也不相同，但是需要为进行统一工资核算管理的单位提供解决方案。工资系统是按工资类别进行管理的，每个工资类别下均有职工档案、工资变动、工资数据、扣税处理、银行代发等内容。

**例 4-3** 分别设置“在职人员”和“临时人员”的工资类别。其中，“在职人员”所在的部门包括“综合部”、“生产部”、“市场部”及其各部门的下级部门；“临时人员”只属于“市场部”。工资类别的启用日期均为“2009 年 1 月 31 日”。

**操作步骤**

(1) 在“用友 T6-企业管理软件”企业门户的“业务”页签中，单击“财务会计”|“工资管理”|“工资类别”|“新建工资类别”，打开“新建工资类别”对话框，如图 4-7 所示。

(2) 输入工资类别名称“在职人员”。单击“下一步”按钮，打开“请选择部门”对话框，如图 4-8 所示。

(3) 分别选中“综合部”、“生产部”及“市场部”复选框，或单击“选定全部部门”按钮。

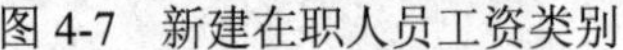
图 4-7 新建在职人员工资类别

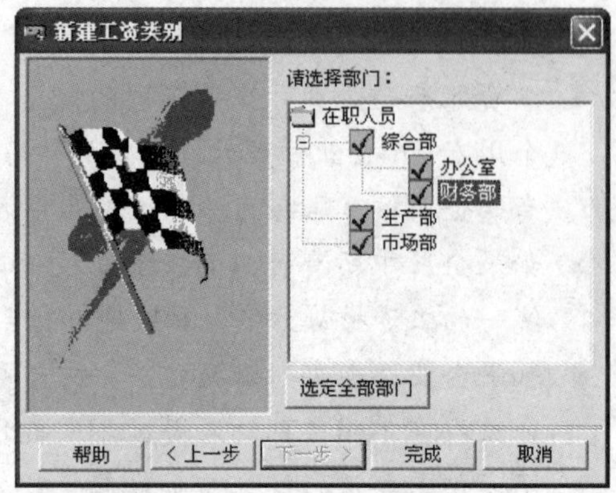


图 4-8 建立工资类别中的部门

(4) 单击“完成”按钮。系统提示“是否以 2009-01-31 为当前工资类别的启用日期”，如图 4-9 所示。

图 4-9 确定工资类别的启用日期

(5) 单击“是”按钮。依此方法继续设置“临时人员”的工资类别。

**注意**

- 同一个部门可以被多个工资类别选中。
- 已被使用的部门不能取消选择，在选中“选定下级部门”前应先选择上级部门。
- 工资类别的启用日期确定后就不能再修改。
- 工资类别建立后，系统直接打开新建的工资类别。
- 在打开工资类别的情况下，“工资类别”项下显示“打开工资类别”和“关闭工资类别”两个选项。单击“关闭工资类别”后，“工资类别”菜单下显示“新建工资类别”、“打开工资类别”和“删除工资类别”几个选项。

## 4.1.4 设置人员附加信息

由于各个企业对人员档案所提供的信息要求不一，系统中除了兼顾人员档案管理的基本功能外还提供了人员附加信息的设置功能，从一定程度上丰富了人员档案管理的内容，便于对人员进行更加有效的管理。

**例 4-4** 增加“性别”和“学历”两项人员附加信息。

**操作步骤**

(1) 在“用友 T6-企业管理软件”企业门户的“业务”页签中，单击“财务会计”|“工

资管理”|“设置”|“人员附加信息设置”，打开“人员附加信息设置”对话框，如图 4-10 所示。

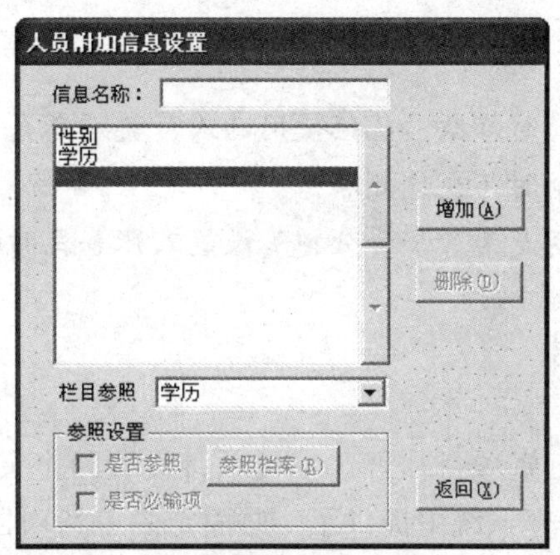


图 4-10　设置人员附加信息

(2) 单击“增加”按钮，再单击“参照”栏下三角按钮，选中“性别”；依此方法，单击“增加”按钮，再单击“参照”栏下三角按钮，选中“学历”。

(3) 单击“返回”按钮。

## 4.1.5　设置人员类别

人员类别是指按某种特定的分类方式将企业职工分成若干类别，不同类别的人员工资水平可能不同，从而有助于实现工资的多级化管理。人员类别的设置还与工资费用的分配、分摊有关，合理设置人员类别便于按人员类别进行工资的汇总计算，为企业提供不同类别人员的工资信息。

**例 4-5**　设置本企业的人员类别为“管理人员”、“生产人员”和“市场营销人员”。

**操作步骤**

(1) 在“用友 T6-企业管理软件”企业门户的“业务”页签中，单击“财务会计”|“工资管理”|“设置”|“人员类别设置”，打开“类别设置”对话框，如图 4-11 所示。

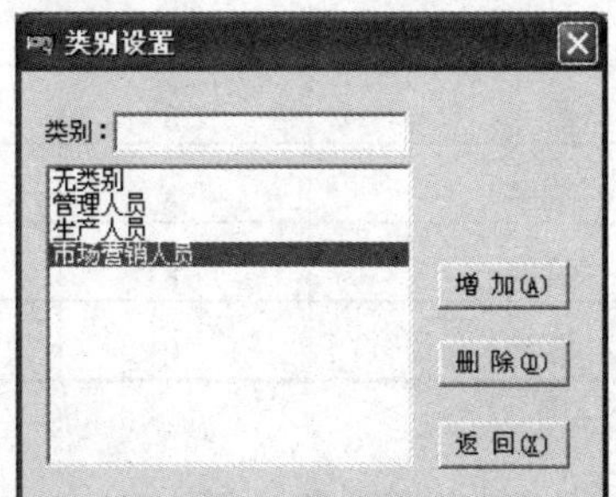


图 4-11　设置人员类别

(2) 单击“增加”按钮，在类别栏录入“管理人员”；再单击“增加”按钮，录入“生产人员”；继续单击“增加”按钮，录入“市场营销人员”，最后单击“增加”按钮。

(3) 单击“返回”按钮。

**注意**

- 人员类别名称可以随时修改。已经使用的人员类别不允许删除。
- 人员类别只剩下一个时不允许删除。
- 设置人员类别的目的是为“工资分摊”设置入账科目时使用。

## 4.1.6 设置工资项目

工资数据最终由各个工资项目体现。工资项目设置即定义工资核算所涉及的项目名称、类型、宽度等。工资管理系统中提供了一些固定的工资项目，它们是工资账中不可缺少的，主要包括“应发合计”、“扣款合计”、“实发合计”；若在工资建账时设置了“扣零处理”，则系统在工资项目中自动生成“本月扣零”和“上月扣零”两个指定名称的项目；若选择了“扣税处理”，则系统在工资项目中自动生成“代扣税”项目，这些项目不能删除和重命名。其他项目可以根据实际需要定义或参照增加。如基本工资、奖金等。在此设置的工资项目对于多工资类别的工资账套而言，是针对所有工资类别所需要使用的全部工资项目，对于单工资类别而言，就是此工资账套所使用的全部工资项目。

**例 4-6** 设置光华股份有限公司的工资项目如表 4-1 所示。

**表 4-1 新增工资项目表**

| 工资项目名称 | 类 型 | 长 度 | 小 数 | 增 减 项 |
|---|---|---|---|---|
| 基本工资 | 数字 | 8 | 0 | 增项 |
| 职务工资 | 数字 | 8 | 0 | 增项 |
| 交通补贴 | 数字 | 8 | 0 | 增项 |
| 物价补贴 | 数字 | 8 | 0 | 增项 |
| 奖金 | 数字 | 8 | 0 | 增项 |
| 应税工资 | 数字 | 8 | 0 | 其他 |
| 养老保险 | 数字 | 8 | 0 | 减项 |
| 医疗保险 | 数字 | 8 | 0 | 减项 |
| 住房公积金 | 数字 | 8 | 0 | 减项 |
| 缺勤扣款 | 数字 | 8 | 0 | 减项 |
| 缺勤天数 | 数字 | 8 | 1 | 其他 |

**操作步骤**

(1) 在“用友 T6-企业管理软件”企业门户的“业务”页签中，单击“财务会计”|“工资管理”|“工资类别”|“关闭工资类别”。

(2) 单击“财务会计”|“工资管理”|“设置”|“工资项目设置”，打开“工资项目设置”对话框。

(3) 单击“增加”按钮，录入工资项目名称“基本工资”，单击“基本工资”所在行“类型”栏下三角按钮，选择“数字”，选择长度“8”，小数位为“0”，选择增减项为“增项”。依此方法继续增加其他工资项目，如图 4-12 所示。

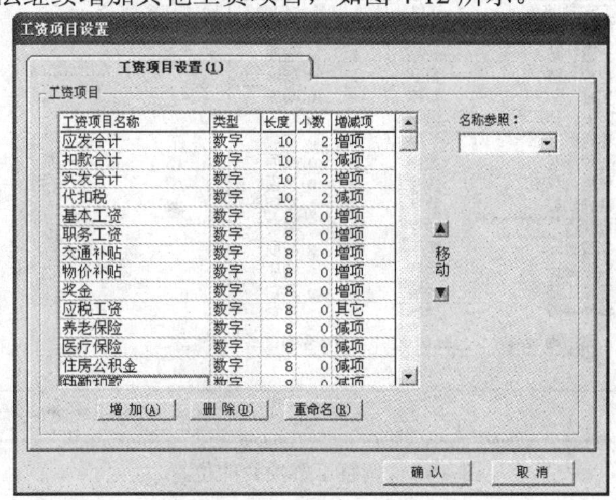


图 4-12　设置工资项目

**例 4-7**　工资项目的正确顺序如表 4-2 所示。

表 4-2　全部工资项目表

| 工资项目名称 | 类　型 | 长　度 | 小　数 | 增　减　项 |
| --- | --- | --- | --- | --- |
| 基本工资 | 数字 | 8 | 0 | 增项 |
| 职务工资 | 数字 | 8 | 0 | 增项 |
| 交通补贴 | 数字 | 8 | 0 | 增项 |
| 物价补贴 | 数字 | 8 | 0 | 增项 |
| 奖金 | 数字 | 8 | 0 | 增项 |
| 应发合计 | 数字 | 10 | 2 | 增项 |
| 养老保险 | 数字 | 8 | 0 | 减项 |
| 医疗保险 | 数字 | 8 | 0 | 减项 |
| 住房公积金 | 数字 | 8 | 0 | 减项 |
| 缺勤扣款 | 数字 | 8 | 0 | 减项 |
| 代扣税 | 数字 | 10 | 2 | 减项 |
| 扣款合计 | 数字 | 10 | 2 | 减项 |
| 实发合计 | 数字 | 10 | 2 | 增项 |
| 应税工资 | 数字 | 8 | 0 | 其他 |
| 缺勤天数 | 数字 | 8 | 1 | 其他 |

(1) 在“工资项目设置”对话框中，单击“移动”的上下三角按钮，将每个工资项目移动到合适的位置，如图 4-13 所示。

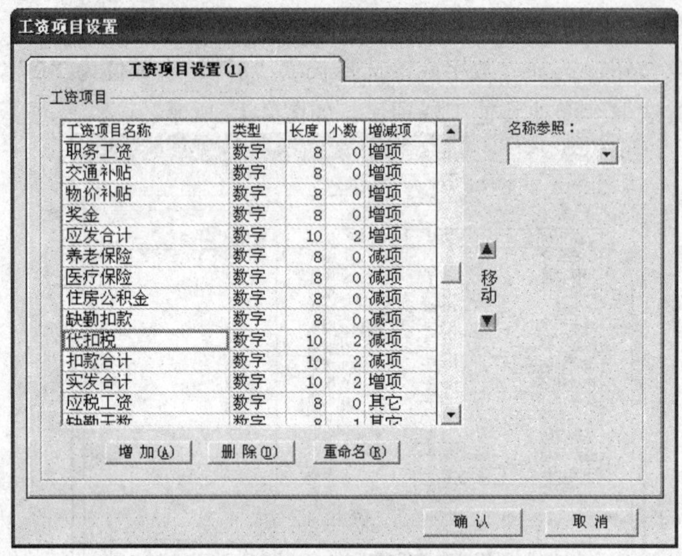


图 4-13　调整工资项目的位置

(2) 单击“确认”按钮，系统提示“工资项目已经改变，请确认各工资类别的公式是否正确。否则计算结果可能不正确”，如图 4-14 所示。

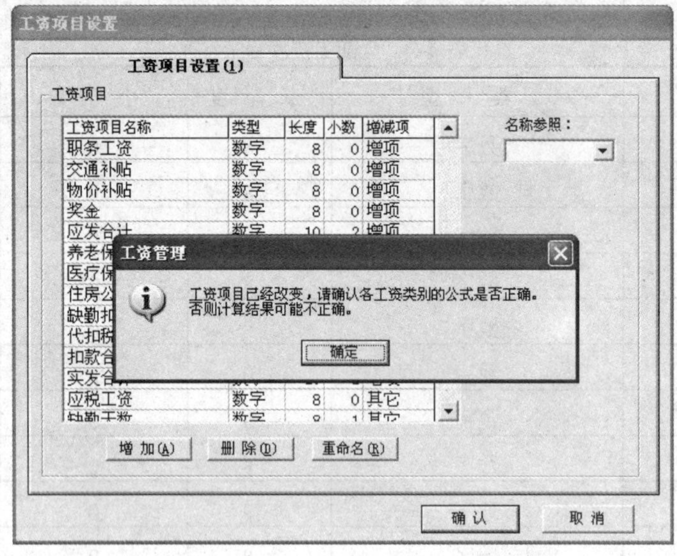


图 4-14　提示工资类别改变后应确认公式

(3) 单击“确定”按钮。

**注意**

- 与选择的工资账套参数无关，系统均提供应发合计、扣款合计、实发合计几项固定的工资项目。

- 如果建账时选择了“是否核算计件工资”，则系统提供“计件工资”工资项目。
- 如果建账时选择了“代扣个人所得税”，则系统提供“代扣税”项目。
- 如果建账时选择了“扣零处理”，则系统提供“本月扣零”和“上月扣零”两个工资项目。
- 工资项目名称必须唯一。
- 已使用的工资项目不可删除，不能修改数据类型。
- 系统提供的固定工资项目不能修改。

### 4.1.7 设置银行名称

当企业发放工资采用银行代发形式时，需要确定银行名称及账号长度。发放工资的银行可以按需要设置多个，这里的银行名称设置是指所有工资类别所涉及的银行名称。如果同一工资类别中的人员由于在不同的工作地点，需由不同的银行代发工资，或者不同的工资类别由不同的银行代发工资，均需将相应的银行名称在此一并设置。

**例 4-8** 设置银行名称为“工商银行”，账号长度为 11 位，录入时自动带出的账号长度为 8 位。

**操作步骤**

(1) 在“用友 T6-企业管理软件”企业门户的“业务”页签中，单击“财务会计”|“工资管理”|“设置”|“银行名称设置”，打开“银行名称设置”对话框，如图 4-15 所示。

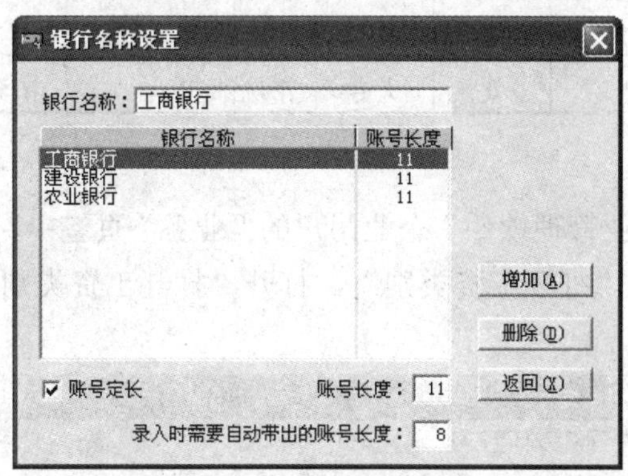


图 4-15 设置银行名称

(2) 在“录入时需要自动带出的账号长度”栏中录入“8”。

(3) 单击“返回”按钮。

**注意**

- 银行账号长度不得为空，且不能超过 30 位。
- 录入时需要自动带出的账号长度是指在录入“人员档案”的银行账号时，从第二个人开始，系统根据用户在此定义的长度自动带出银行账号的相应长度，可以有效提高录入的速度。

- 如果删除银行名称，则与银行名称有关的所有设置将一起删除，包括银行的代发文件格式设置、磁盘输出格式的设置等。

## 4.1.8 人员档案

### 1. 增加人员档案

人员档案的设置用于登记工资发放人员的姓名、职工编号、所在部门、人员类别等信息，此外人员的增减变动都必须先在本功能中处理。人员档案的操作是针对某个工资类别的，即应先打开相应的工资类别才能进行人员档案的设置。

**例 4-9** 在“在职人员”工资类别下设置如表 4-3 所示的人员档案。

表 4-3 “在职人员”的人员档案

| 职员编号 | 人员姓名 | 性别 | 学历 | 所属部门 | 人员类别 | 银行代发账号 |
|---|---|---|---|---|---|---|
| 00001 | 王海涛 | 男 | 大学 | 办公室(101) | 管理人员 | 11010855001 |
| 00002 | 李东 | 男 | 大学 | 财务部(102) | 管理人员 | 11010855002 |
| 00003 | 高宁 | 女 | 大学 | 财务部(102) | 管理人员 | 11010855003 |
| 00004 | 刘佳 | 女 | 大学 | 财务部(102) | 管理人员 | 11010855004 |
| 00005 | 丁玲 | 女 | 大学 | 生产部(2) | 生产人员 | 11010855005 |
| 00006 | 钱进 | 男 | 大学 | 生产部(2) | 生产人员 | 11010855006 |
| 00007 | 陈红 | 女 | 大专 | 市场部(3) | 市场营销人员 | 11010855007 |

**操作步骤**

(1) 在“用友 T6-企业管理软件”企业门户的“业务”页签中，单击“财务会计”|“工资管理”|“工资类别”|“打开工资类别”，打开“打开工资类别”对话框，选择“在职人员”，如图 4-16 所示。

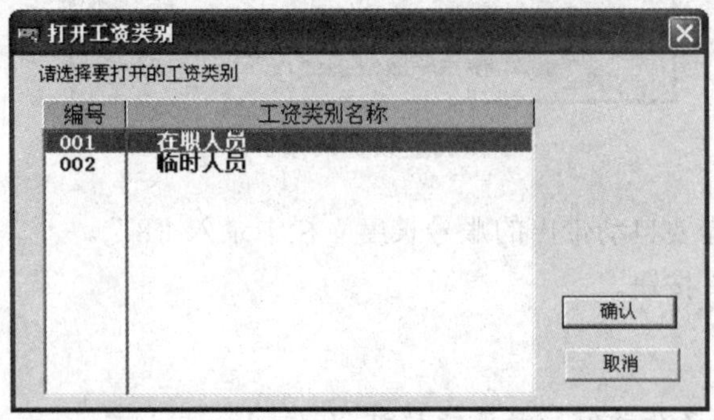


图 4-16 选择工资类别

(2) 单击“确认”按钮。进入“在职人员”工资类别中。

(3) 单击“财务会计”|“工资管理”|“设置”|“人员档案”，打开“人员档案”窗口。

(4) 在“人员档案”窗口中，单击“增加”按钮，打开“人员档案—基本信息”对话框，如图 4-17 所示。

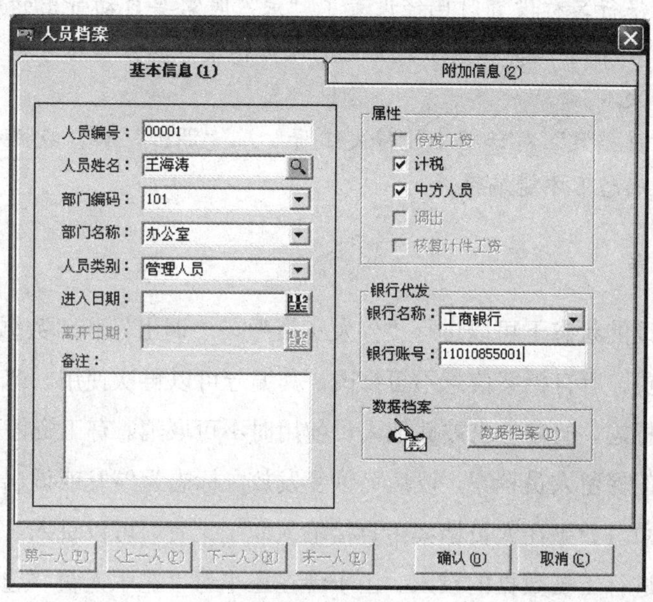


图 4-17 设置人员档案

(5) 录入人员编号“00001”，人员姓名“王海涛”(或单击“人员姓名”栏下三角按钮选择)，单击“部门编码”栏下三角按钮，选择“101”，单击“人员类别”栏下三角按钮，选择“管理人员”，单击“银行名称”栏下三角按钮，选择“工商银行”，在“银行账号”栏录入“11010855001”。

(6) 单击“附加信息”页签，如图 4-18 所示。

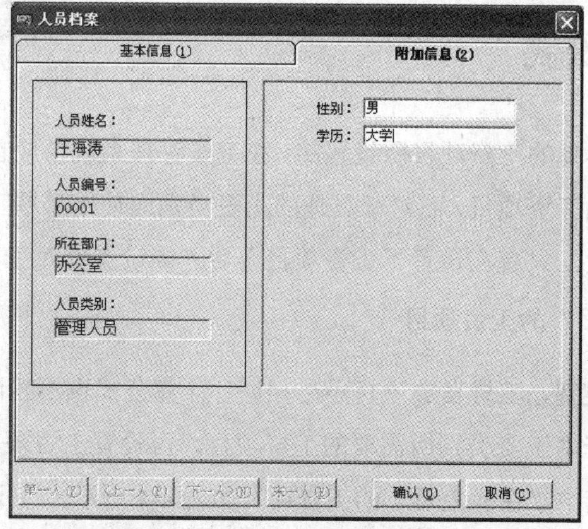


图 4-18 设置人员档案的附加信息

(7) 在“性别”栏录入“男”，在“学历”栏录入“大学”。

(8) 单击“确认”按钮。依此方法，重复(2)~(6)的操作，完成其他人员档案的设置。

注意

- 由于在进行银行名称设置时已经设置了“录入时需要自动带出的账号长度”，因此，在录入第 1 个人员档案后，其他的人员档案中的银行账号则会自动带出相应的账号的位数。
- 在“增加人员档案”对话框中“停发工资”、“调出”和“数据档案”不可选，只有在修改状态下才能编辑。

#### 2. 修改人员档案

人员档案在修改的状态下可以进行“停发工资”、“调出”和“数据档案”的编辑。已做调出标志的人员，所有档案信息不可修改，其编号可以再次使用。调出人员可在当月末结算前取消调出标志，但编号已被其他人员使用时不可取消。有工资停发标志的人员不再进行工资发放，但保留人员档案，以后可恢复发放。标志为停发或调出人员，将不再参与工资的发放和汇总。如果在人员档案中直接输入职工工资，可以进入“工资数据录入—页编辑”对话框中进行工资数据的录入。由于现在还未对“在职人员”选定工资项目，因此，暂不进行工资数据的录入。

#### 3. 数据替换

当个别人员的档案需要修改时，在人员档案窗口中可以进行修改。当一批人员的某个工资项目同时需要修改时，可以利用数据替换功能，即将符合条件的人员的某个工资项目的内容统一替换为某个数据，以提高人员信息的修改速度。

### 4.1.9 设置计算公式

计算公式是针对具体的工资项目所设置的。在工资管理系统中应首先在关闭工资的类别的情况下设置所有的工资项目，而对于具体的工资类别应使用哪些工资项目则应在进入工资类别后再进行设置。只有在设置了工资项目之后才能设置针对工资项目的计算公式。

#### 1. 设置“在职人员”的工资项目

由于不同的工资类别，工资发放项目不尽相同，计算公式也不相同。因此，在进入某个工资类别后，应选择本工资类别所需要的工资项目，再设置工资项目对应的计算公式。

例 4-10 106 账套中“在职人员”的工资项目如表 4-4 所示。

表 4-4 “在职人员”工资项目表:

| 工资项目名称 | 类　型 | 长　度 | 小　数 | 增 减 项 |
| --- | --- | --- | --- | --- |
| 基本工资 | 数字 | 8 | 0 | 增项 |
| 职务工资 | 数字 | 8 | 0 | 增项 |
| 交通补贴 | 数字 | 8 | 0 | 增项 |
| 物价补贴 | 数字 | 8 | 0 | 增项 |
| 奖金 | 数字 | 8 | 0 | 增项 |
| 应发合计 | 数字 | 10 | 2 | 增项 |
| 应税工资 | 数字 | 8 | 0 | 其他 |
| 养老保险 | 数字 | 8 | 0 | 减项 |
| 医疗保险 | 数字 | 8 | 0 | 减项 |
| 住房公积金 | 数字 | 8 | 0 | 减项 |
| 缺勤扣款 | 数字 | 8 | 0 | 减项 |
| 代扣税 | 数字 | 10 | 2 | 减项 |
| 扣款合计 | 数字 | 10 | 2 | 减项 |
| 实发合计 | 数字 | 10 | 2 | 增项 |
| 缺勤天数 | 数字 | 8 | 1 | 其他 |

**操作步骤**

(1) 在“用友 T6-企业管理软件”企业门户的“业务”页签中，“在职人员”工资类别中，单击“财务会计”|“工资管理”|“设置”|“工资项目设置”，打开“工资项目设置—工资项目设置(1)”对话框，如图 4-19 所示。

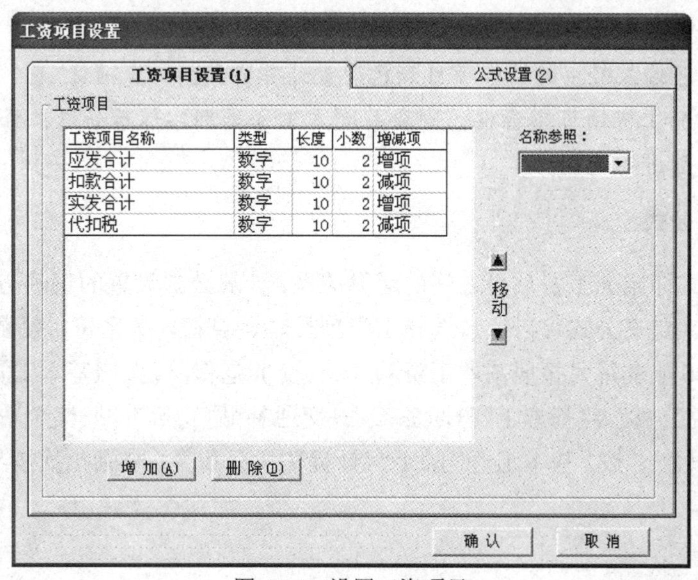


图 4-19 设置工资项目

(2) 单击“增加”按钮，再单击“名称参照”栏下的三角按钮，选择“基本工资”，依此方法继续增加其他的工资项目。

(3) 单击选中“基本工资”，再单击“移动”的上三角按钮，将其移动到第 1 行。依此方法将每一个工资项目移动到相应的位置，如图 4-20 所示。

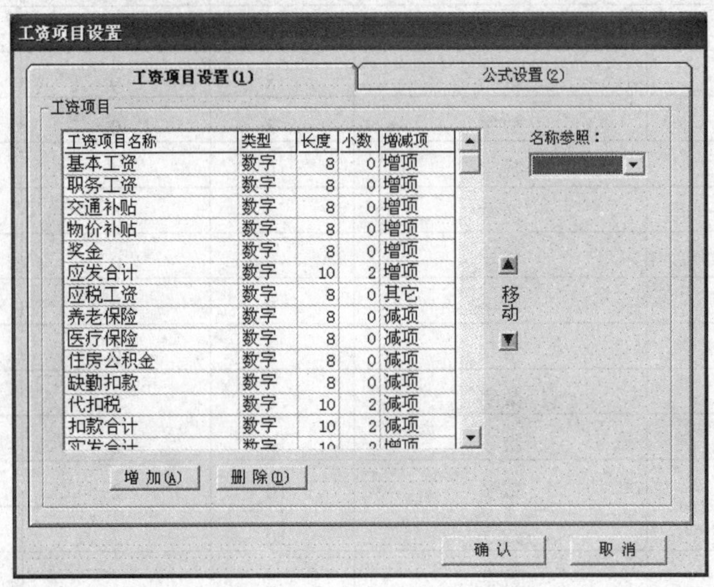


| 工资项目名称 | 类型 | 长度 | 小数 | 增减项 |
|---|---|---|---|---|
| 基本工资 | 数字 | 8 | 0 | 增项 |
| 职务工资 | 数字 | 8 | 0 | 增项 |
| 交通补贴 | 数字 | 8 | 0 | 增项 |
| 物价补贴 | 数字 | 8 | 0 | 增项 |
| 奖金 | 数字 | 8 | 0 | 增项 |
| 应发合计 | 数字 | 10 | 2 | 增项 |
| 应税工资 | 数字 | 8 | 0 | 其它 |
| 养老保险 | 数字 | 8 | 0 | 减项 |
| 医疗保险 | 数字 | 8 | 0 | 减项 |
| 住房公积金 | 数字 | 8 | 0 | 减项 |
| 缺勤扣款 | 数字 | 8 | 0 | 减项 |
| 代扣税 | 数字 | 10 | 2 | 减项 |
| 扣款合计 | 数字 | 10 | 2 | 减项 |
| 实发合计 | 数字 | 10 | 2 | 增项 |

图 4-20 “在职人员”的“工资项目”

(4) 单击“确认”按钮。

**注意**

- 工资项目一旦被选择，即可进行公式定义。
- 没有选择的工资项目不允许在计算公式中出现。
- 不能删除已输入数据的工资项目和已设置计算公式的工资项目。
- 如果所需的工资项目不存在，则要关闭本工资类别，然后新增工资项目，再打开此工资类别进行选择。

### 2. 设置计算公式

设置计算公式即定义工资项目之间的运算关系，计算公式设置的正确与否关系到工资核算的最终结果。定义公式可以通过选择工资项目、运算符、关系符、函数等组合完成。

**例 4-11** 106 账套每月按照基本工资的 8%代交养老保险，按照基本工资的 2%代交医疗保险；“应税工资”=(基本工资+职务工资+交通补贴+物价补贴+奖金)-(养老保险+医疗保险+住房公积金)；按“基本工资”的 12%计提住房公积金；缺勤扣款按“基本工资/22*缺勤天数”计算。

**操作步骤**

(1) 在“在职人员”工资类别中，单击“财务会计”|“工资管理”|“设置”|“工资

项目设置”，打开“工资项目设置—工资项目设置”对话框。

(2) 单击“公式设置”页签，打开“工资项目设置—公式设置(1)”对话框，如图 4-21 所示。

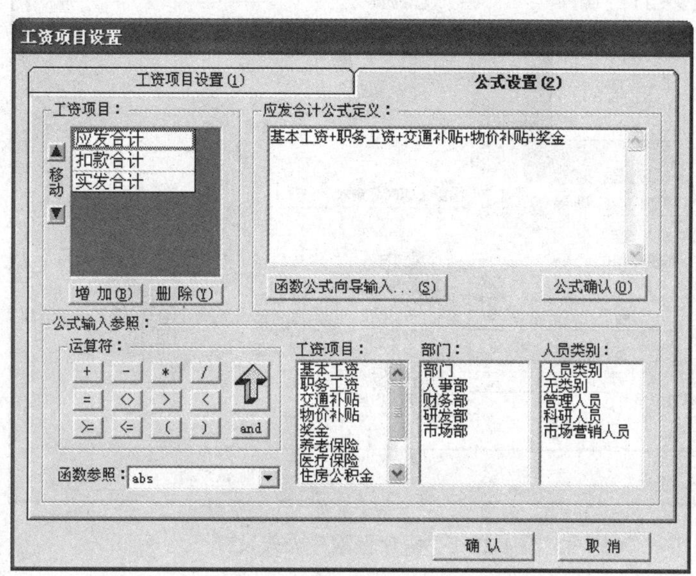


图 4-21　工资项目设置对话框

(3) 单击“增加”按钮，再单击“工资项目”中的下三角按钮，选择“养老保险”；在“养老保险公式定义”栏中输入“基本工资*0.08”，如图 4-22 所示。

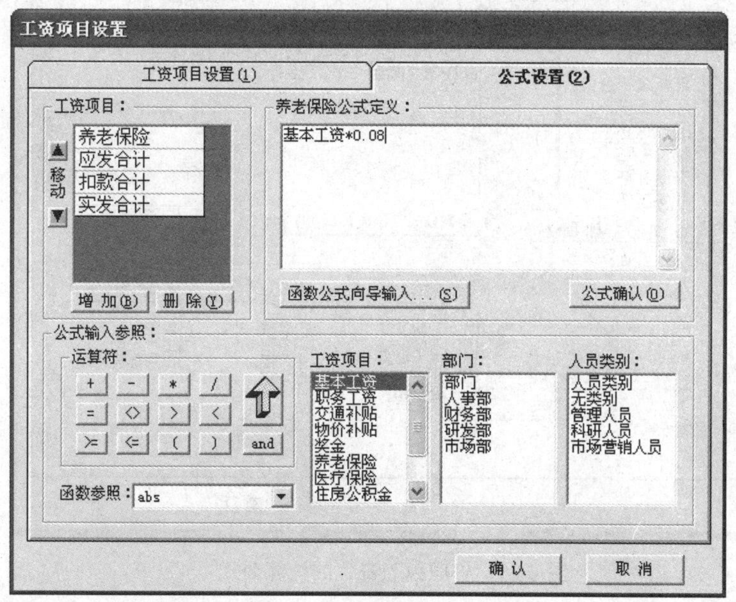


图 4-22　“养老保险”公式设置

(4) 单击“公式确认”按钮。

(5) 以此方法继续设置“医疗保险”的计算公式，如图 4-23 所示。

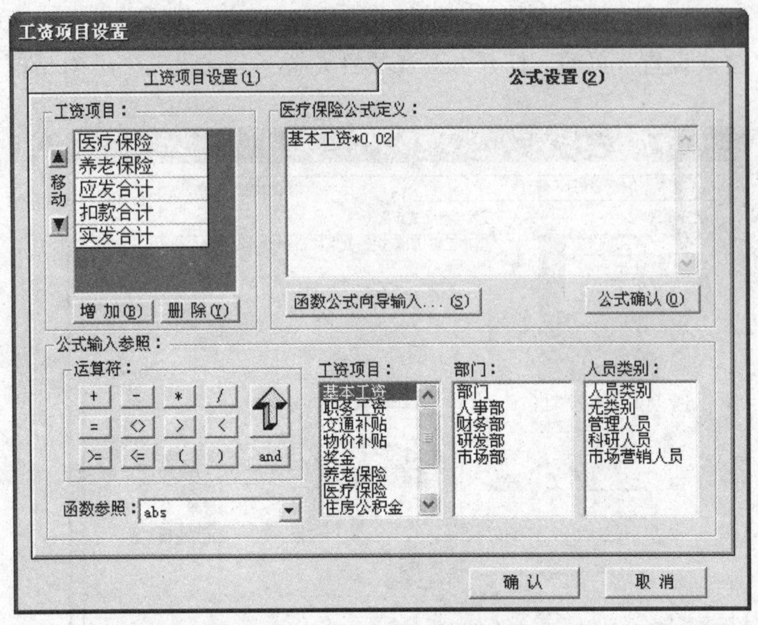

图 4-23 “医疗保险”公式设置

(6) 单击“公式确认”按钮。“应税工资”的计算公式如图 4-24 所示。

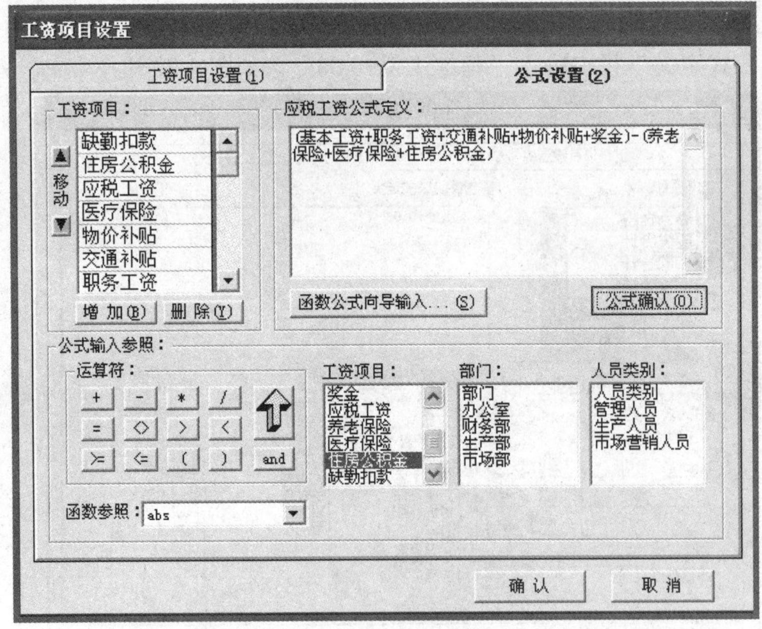

图 4-24 “应税工资”的计算公式

(7) 单击“公式确认”按钮。“住房公积金”的计算公式如图 4-25 所示。

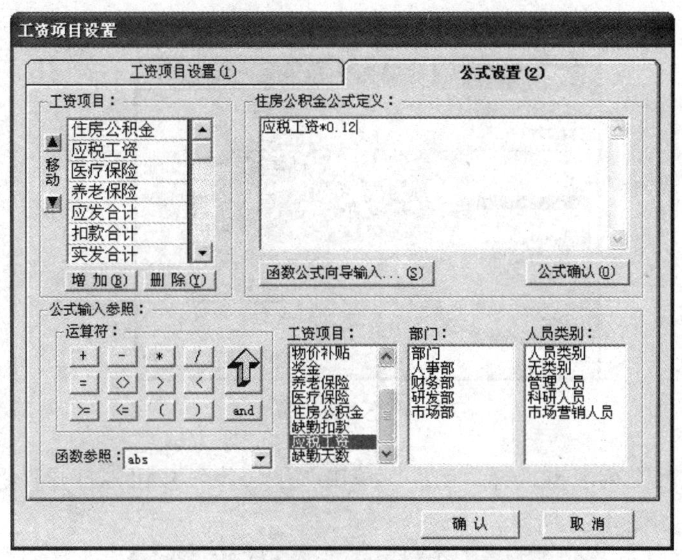


图 4-25 “住房公积金”的计算公式

(8) 单击“公式确认”按钮。“缺勤扣款”的计算公式如图 4-26 所示。

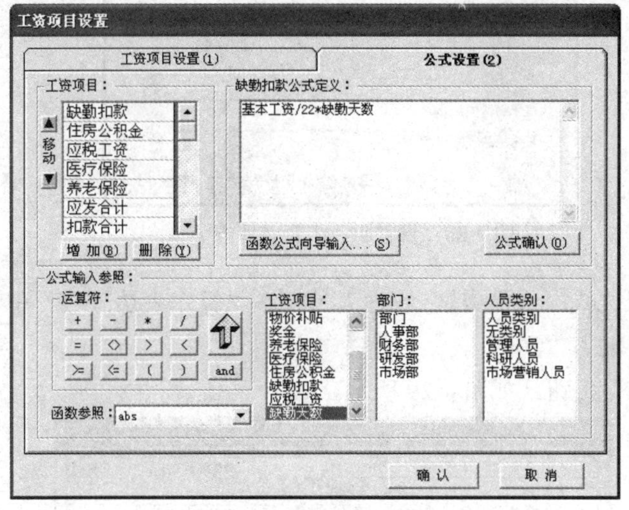


图 4-26 “缺勤扣款”的计算公式

(9) 单击“公式确认”按钮，再单击“确认”按钮。

**例 4-12** 设置“职务工资”的计算公式：职务工资=iff(人员类别=“管理人员”，500，200)。该公式表示人员类别是“管理人员”的职务工资是 500 元，其他类别人员的职务工资是 200 元；交通补贴每人每月 100 元，物价补贴每人每月 120 元。

**操作步骤**

(1) 在“工资项目设置—工资项目设置”对话框中，单击“公式设置”页签。

(2) 单击“增加”按钮，再单击“工资项目”列表中的下三角按钮，选择“职务工资”。

(3) 单击“函数公式向导输入”按钮，打开“函数向导——步骤之 1”对话框，如图

4-27 所示。

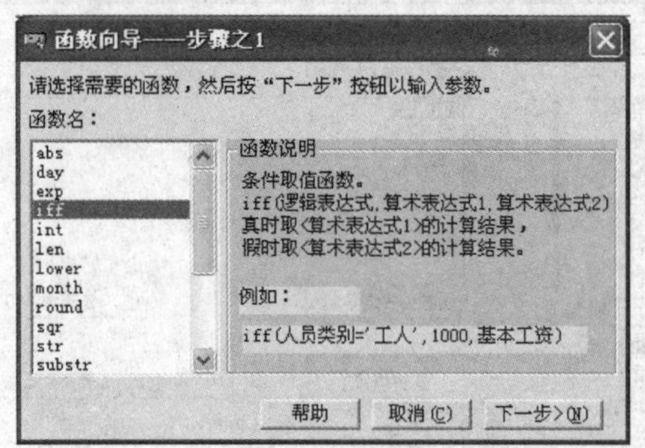


图 4-27　职务工资函数设置

(4) 在"函数名"列表框选择"iff"，单击"下一步"按钮，打开"函数向导——步骤之 2"对话框，如图 4-28 所示。

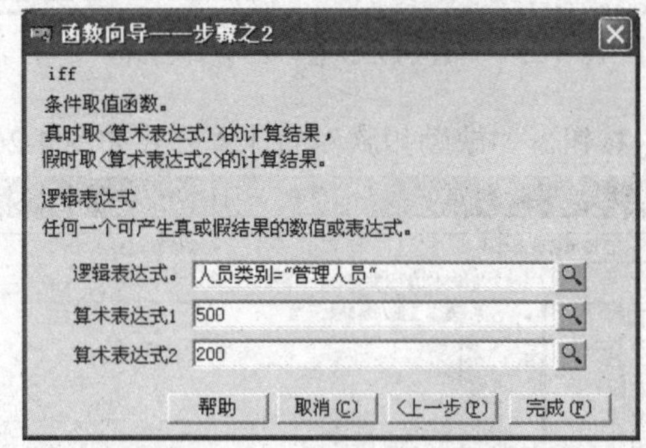


图 4-28　设置职务工资计算表达式

(5) 输入逻辑表达式：人员类别=管理人员，在"算术表达式 1"中输入"500"，在"算术表达式 2"中输入"200"。

(6) 单击"完成"按钮，如图 4-29 所示。

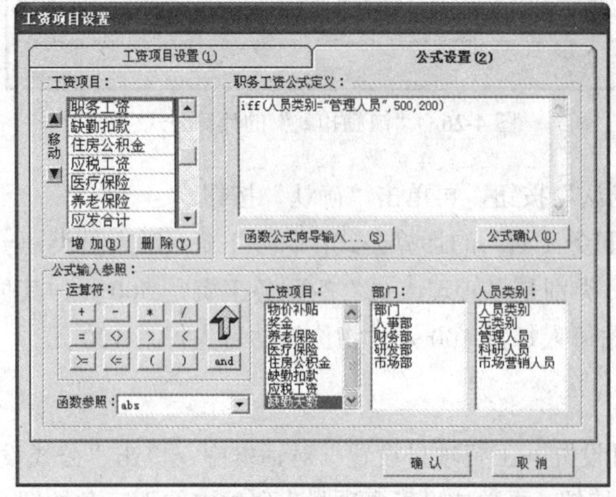


图 4-29　职务工资计算表达式

(7) 单击“公式确认”按钮。继续设置“交通补贴”的计算公式如图 4-30 所示。

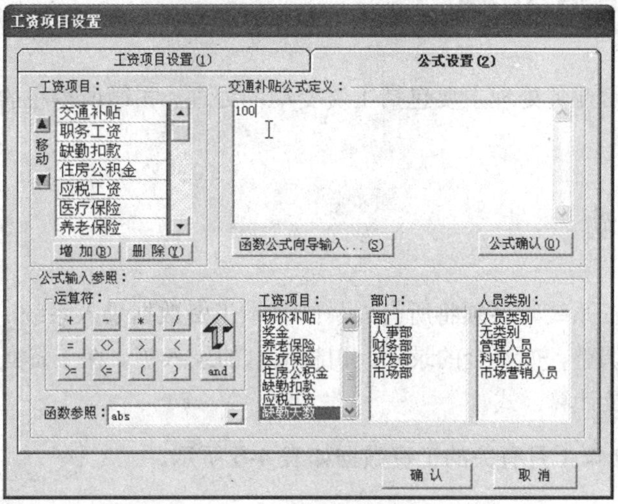

图 4-30 “交通补贴”的计算公式

(8) 单击“公式确认”按钮。设置“物价补贴”的计算公式如图 4-31 所示。

图 4-31 “物价补贴”的计算公式

(9) 再单击“确认”按钮。

**注意**

函数公式向导只支持系统提供的函数。

# 4.2 日常业务处理

工资业务的日常业务处理主要包括工资变动的处理、扣缴所得税的处理、工资分摊的账务处理等。

## 4.2.1 工资变动

第一次使用工资系统时必须将所有人员的基本工资数据录入系统，每月发生的工资数据变动也在此进行调整，如奖金的录入、扣款信息的录入等。在工资变动处理之前，需事先设置好工资项目及计算公式。

例 4-13　2009 年 1 月有关的工资数据如表 4-5 所示。

表 4-5　1 月份工资表

| 职员编码 | 职员姓名 | 所属部门 | 人员类别 | 基本工资 | 职务工资 | 交通补贴 | 物价补贴 | 奖金 | 养老保险 | 医疗保险 | 住房公积金 | 缺勤扣款 | 缺勤天数 |
|---|---|---|---|---|---|---|---|---|---|---|---|---|---|
| 00001 | 王海涛 | 办公室 | 管理人员 | 4000 | | | | 500 | | | | | |
| 00002 | 李东 | 财务部 | 管理人员 | 3300 | | | | 600 | | | | | |
| 00003 | 高宁 | 财务部 | 管理人员 | 3000 | | | | 400 | | | | | |
| 00004 | 刘佳 | 财务部 | 管理人员 | 2300 | | | | 400 | | | | | |
| 00005 | 丁玲 | 生产部 | 生产人员 | 5000 | | | | 500 | | | | | |
| 00006 | 钱进 | 生产部 | 生产人员 | 4500 | | | | 700 | | | | | |
| 00007 | 陈红 | 市场部 | 市场营销人员 | 3000 | | | | 700 | | | | | |

### 操作步骤

(1) 在“用友 T6-企业管理软件”企业门户的“业务”页签中，“在职人员”工资类别中，单击“财务会计”|“工资管理”| “业务处理”|“工资变动”，打开“工资变动”窗口。

(2) 在“工资变动”窗口中，分别录入工资项目的数据内容，如图 4-32 所示。

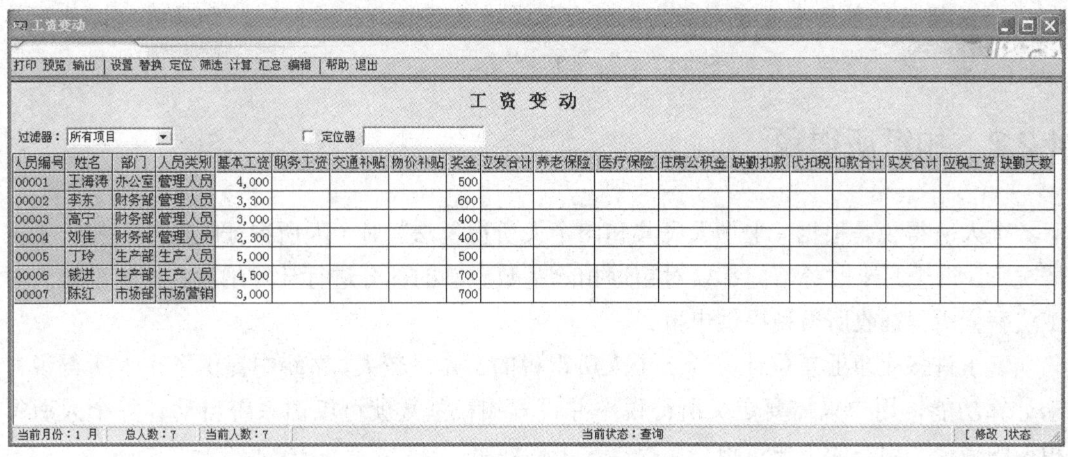

工资变动

过滤器：所有项目　　定位器

| 人员编号 | 姓名 | 部门 | 人员类别 | 基本工资 | 职务工资 | 交通补贴 | 物价补贴 | 奖金 | 应发合计 | 养老保险 | 医疗保险 | 住房公积金 | 缺勤扣款 | 代扣税 | 扣款合计 | 实发合计 | 应税工资 | 缺勤天数 |
|---|---|---|---|---|---|---|---|---|---|---|---|---|---|---|---|---|---|---|
| 00001 | 王海涛 | 办公室 | 管理人员 | 4,000 | | | | 500 | | | | | | | | | | |
| 00002 | 李东 | 财务部 | 管理人员 | 3,300 | | | | 600 | | | | | | | | | | |
| 00003 | 高宁 | 财务部 | 管理人员 | 3,000 | | | | 400 | | | | | | | | | | |
| 00004 | 刘佳 | 财务部 | 管理人员 | 2,300 | | | | 400 | | | | | | | | | | |
| 00005 | 丁玲 | 生产部 | 生产人员 | 5,000 | | | | 500 | | | | | | | | | | |
| 00006 | 钱进 | 生产部 | 生产人员 | 4,500 | | | | 700 | | | | | | | | | | |
| 00007 | 陈红 | 市场部 | 市场营销 | 3,000 | | | | 700 | | | | | | | | | | |

当前月份：1 月　总人数：7　当前人数：7　当前状态：查询　[ 修改 ]状态

图 4-32　录入工资项目内容

(3) 单击“计算”按钮，计算全部工资项目内容，如图 4-33 所示。

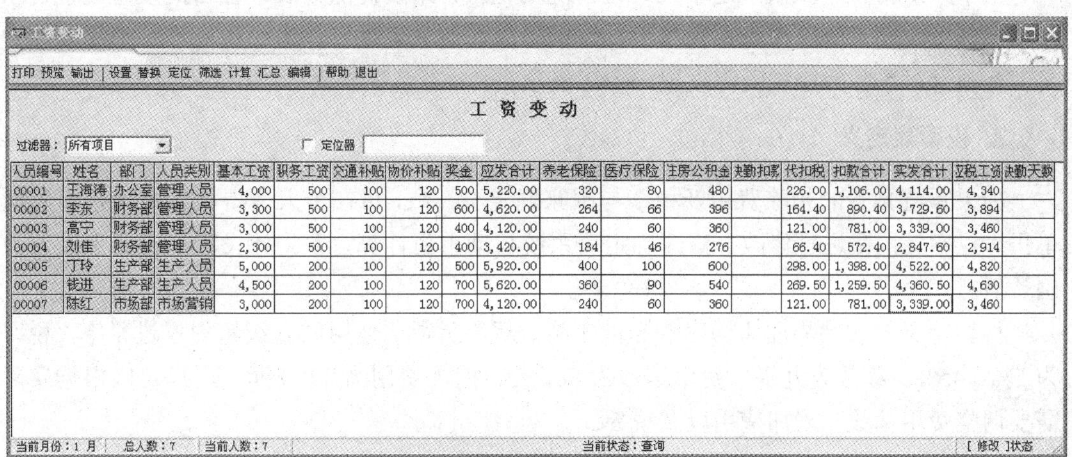

工资变动

过滤器：所有项目　　定位器

| 人员编号 | 姓名 | 部门 | 人员类别 | 基本工资 | 职务工资 | 交通补贴 | 物价补贴 | 奖金 | 应发合计 | 养老保险 | 医疗保险 | 住房公积金 | 缺勤扣款 | 代扣税 | 扣款合计 | 实发合计 | 应税工资 | 缺勤天数 |
|---|---|---|---|---|---|---|---|---|---|---|---|---|---|---|---|---|---|---|
| 00001 | 王海涛 | 办公室 | 管理人员 | 4,000 | 500 | 100 | 120 | 500 | 5,220.00 | 320 | 80 | 480 | | 226.00 | 1,106.00 | 4,114.00 | 4,340 | |
| 00002 | 李东 | 财务部 | 管理人员 | 3,300 | 500 | 100 | 120 | 600 | 4,620.00 | 264 | 66 | 396 | | 164.40 | 890.40 | 3,729.60 | 3,894 | |
| 00003 | 高宁 | 财务部 | 管理人员 | 3,000 | 500 | 100 | 120 | 400 | 4,120.00 | 240 | 60 | 360 | | 121.00 | 781.00 | 3,339.00 | 3,460 | |
| 00004 | 刘佳 | 财务部 | 管理人员 | 2,300 | 500 | 100 | 120 | 400 | 3,420.00 | 184 | 46 | 276 | | 66.40 | 572.40 | 2,847.60 | 2,914 | |
| 00005 | 丁玲 | 生产部 | 生产人员 | 5,000 | 200 | 100 | 120 | 500 | 5,920.00 | 400 | 100 | 600 | | 298.00 | 1,398.00 | 4,522.00 | 4,820 | |
| 00006 | 钱进 | 生产部 | 生产人员 | 4,500 | 200 | 100 | 120 | 700 | 5,620.00 | 360 | 90 | 540 | | 269.50 | 1,259.50 | 4,360.50 | 4,630 | |
| 00007 | 陈红 | 市场部 | 市场营销 | 3,000 | 200 | 100 | 120 | 700 | 4,120.00 | 240 | 60 | 360 | | 121.00 | 781.00 | 3,339.00 | 3,460 | |

当前月份：1 月　总人数：7　当前人数：7　当前状态：查询　[ 修改 ]状态

图 4-33　计算全部工资项目内容

(4) 单击“退出”按钮。

### 注意

- 第一次使用工资系统必须将所有人员的基本工资数据录入系统。工资数据可以在录入人员档案时直接录入，需要计算的内容再在此功能中进行计算；也可以在工资变动功能中录入，当工资数据发生变动时应在此录入。

- 如果工资数据变化较大可以使用替换功能进行替换。
- 在修改了某些数据、重新设置了计算公式、进行了数据替换或在个人所得税中执行了自动扣税等操作，必须调用“计算”和“汇总”功能对个人工资数据重新计算，以保证数据正确。
- 如果对工资数据只进行了“计算”的操作，而未进行“汇总”操作，则退出时系统提示“数据发生变动后尚未进行汇总，是否进行汇总？”，如果需要汇总则单击“是”按钮，否则单击“否”按钮即可。

## 4.2.2 扣缴所得税

个人所得税是根据《中华人民共和国个人所得税法》对个人所得征收的一种税。手工情况下，每个月末财务部门都要对超过扣除基数金额的部分进行计算纳税申报，系统只对工资薪金所得征收所得税提供申报。

鉴于许多企事业单位计算职工个人所得税的工作量较大，系统中提供了个人所得税自动计算功能，用户只需要定义所得税率并设置扣税基数就可以由系统自动计算个人所得税，既减轻了用户的工作负担，又提高了工作效率。

### 1. 选择申报表栏目

“个人所得税申报表”是个人纳税情况的记录，系统提供对表中栏目的设置功能。系统默认以“实发工资”作为扣税基数。如果想以其他工资项目作为扣税标准，则需要在定义工资项目时单独为应税所得设置一个工资项目。

### 2. 税率表定义

如果系统预置的扣除费用及税率与国家规定不一致，可在个人所得税扣缴申报表界面单击“税率”按钮进行修改。修改确定后系统自动重新计算，并将此设置保存到下次修改确认后。

税率定义的初始界面为国家颁布的工资、薪金所得所适用的九级超额累进税率，税率为5%～45%，级数为九级，费用基数为800元，附加费用为3200元。用户可以根据实际需要调整费用基数和附加费用以及税率。

修改个人所得税税率表时，需要注意以下问题。

(1) 应纳税所得额下限不允许改动。系统设定下一级的下限与上一级的上限相同。当调整某一级的上限时，该级的下限也随之改动。

(2) 当增加新一级的上限即等于其下限加一，用户可根据需要调整新增级次的上限。

(3) 系统税率表初始界面的速算扣除数由系统给定，用户可以进行修改；用户增加新的级次时，则该级的速算扣除数由用户自行输入。

(4) 在删除税率的级次时，一定要注意不能跨级删除，必须从末级开始删除。税率表只剩一级时不允许删除。

### 3. 个人所得税计算

当税率定义完并确认后，系统将根据用户的设置自动计算并生成新的个人所得税申报表。如果用户修改了“税率表”或重新选择了“收入额全计项”，则用户在退出个人所得税功能后，需要到数据变动功能中执行重新计算功能。否则系统将保留用户修改个人所得税前的数据状态。

**例 4-14** 2009 年 1 月，106 账套中“在职人员”工资应按 2000 元的费用扣除后计算个人所得税。试计算“在职人员”的应缴个人所得税并重新计算工资。

**操作步骤**

(1) 在“用友 T6-企业管理软件”企业门户的“业务”页签中，在“在职人员”中，单击“财务会计”|“工资管理”|“业务处理”|“扣缴所得税”，打开“栏目选择”对话框，对应工资项目选择应税工资，如图 4-34 所示。

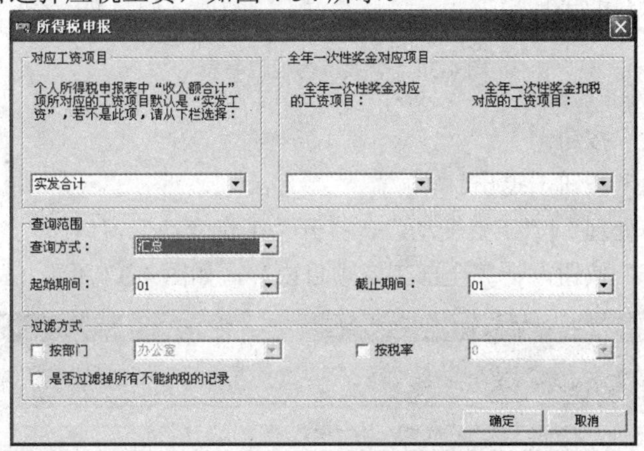


图 4-34 栏目选择对话框

(2) 单击“确定”按钮，打开“个人所得税申报表”窗口，如图 4-35 所示。

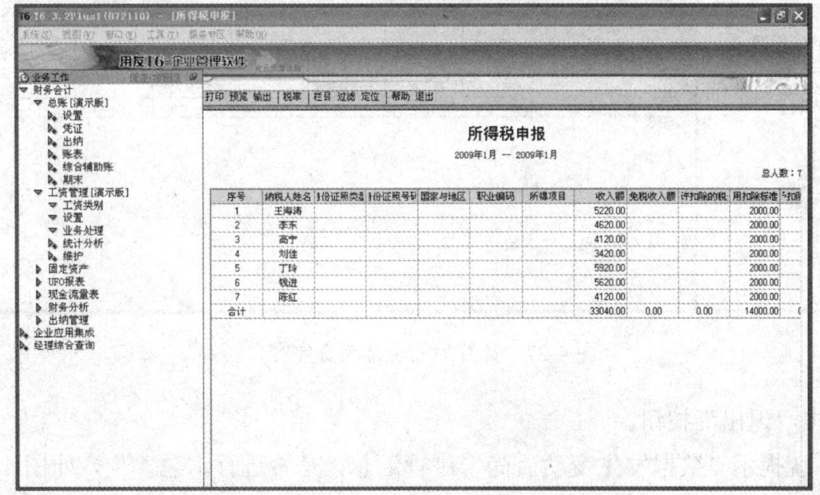


所得税申报

2009年1月 -- 2009年1月

总人数：7

| 序号 | 纳税人姓名 | 份证照类 | 份证照号 | 国家与地区 | 职业编码 | 所得项目 | 收入额 | 免税收入额 | 许扣除的税 | 用扣除标准 |
|---|---|---|---|---|---|---|---|---|---|---|
| 1 | 王海涛 | | | | | | 5220.00 | | | 2000.00 |
| 2 | 李东 | | | | | | 4620.00 | | | 2000.00 |
| 3 | 高宁 | | | | | | 4120.00 | | | 2000.00 |
| 4 | 刘佳 | | | | | | 3420.00 | | | 2000.00 |
| 5 | 丁玲 | | | | | | 5920.00 | | | 2000.00 |
| 6 | 钱进 | | | | | | 5620.00 | | | 2000.00 |
| 7 | 陈红 | | | | | | 4120.00 | | | 2000.00 |
| 合计 | | | | | | | 33040.00 | 0.00 | 0.00 | 14000.00 |

图 4-35 个人所得税扣缴申报表

(3) 单击“税率”按钮，出现“个人所得税申报表—税率表”对话框。

(4) 在“个人所得税申报表—税率表”对话框中，在“基数”栏录入“2000”，如图 4-36 所示。

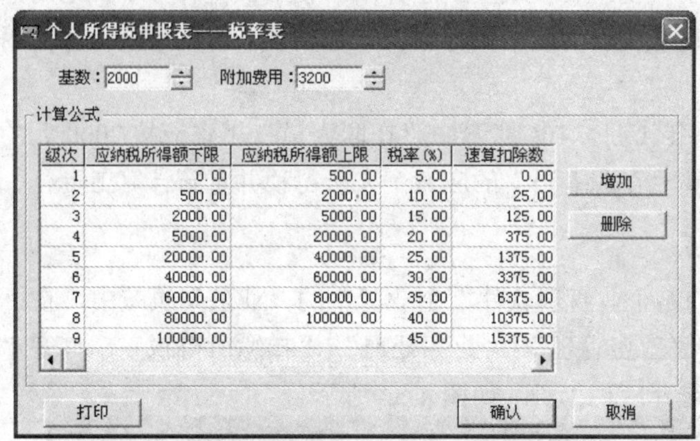


| 级次 | 应纳税所得额下限 | 应纳税所得额上限 | 税率(%) | 速算扣除数 |
|---|---|---|---|---|
| 1 | 0.00 | 500.00 | 5.00 | 0.00 |
| 2 | 500.00 | 2000.00 | 10.00 | 25.00 |
| 3 | 2000.00 | 5000.00 | 15.00 | 125.00 |
| 4 | 5000.00 | 20000.00 | 20.00 | 375.00 |
| 5 | 20000.00 | 40000.00 | 25.00 | 1375.00 |
| 6 | 40000.00 | 60000.00 | 30.00 | 3375.00 |
| 7 | 60000.00 | 80000.00 | 35.00 | 6375.00 |
| 8 | 80000.00 | 100000.00 | 40.00 | 10375.00 |
| 9 | 100000.00 | | 45.00 | 15375.00 |

图 4-36 个人所得税税率表

(5) 单击“确认”按钮。

(6) 单击“退出”按钮，退出。

(7) 单击“业务处理”|“工资变动”，打开“工资变动”窗口。

(8) 单击“计算”按钮，计算全部工资项目内容，如图 4-37 所示。

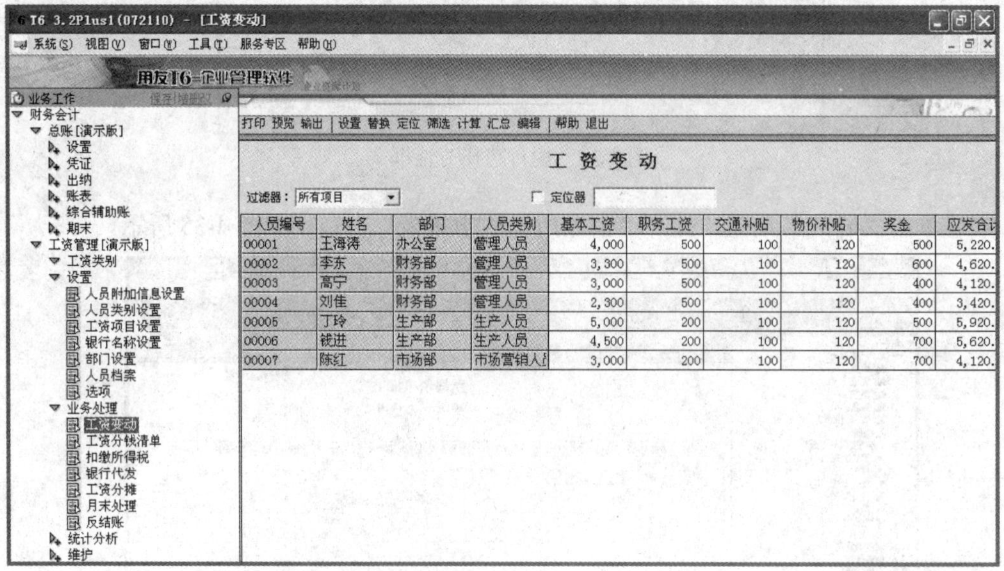


| 人员编号 | 姓名 | 部门 | 人员类别 | 基本工资 | 职务工资 | 交通补贴 | 物价补贴 | 奖金 | 应发合计 |
|---|---|---|---|---|---|---|---|---|---|
| 00001 | 王海涛 | 办公室 | 管理人员 | 4,000 | 500 | 100 | 120 | 500 | 5,220. |
| 00002 | 李东 | 财务部 | 管理人员 | 3,300 | 500 | 100 | 120 | 600 | 4,620. |
| 00003 | 高宁 | 财务部 | 管理人员 | 3,000 | 500 | 100 | 120 | 400 | 4,120. |
| 00004 | 刘佳 | 财务部 | 管理人员 | 2,300 | 500 | 100 | 120 | 400 | 3,420. |
| 00005 | 丁玲 | 生产部 | 生产人员 | 5,000 | 200 | 100 | 120 | 500 | 5,920. |
| 00006 | 钱进 | 生产部 | 生产人员 | 4,500 | 200 | 100 | 120 | 700 | 5,620. |
| 00007 | 陈红 | 市场部 | 市场营销人员 | 3,000 | 200 | 100 | 120 | 700 | 4,120. |

图 4-37 计算后的全部工资内容

(9) 单击“退出”按钮。

(10) 系统提示“数据发生变动后尚未进行汇总，是否进行汇总？”，如图 4-38 所示。

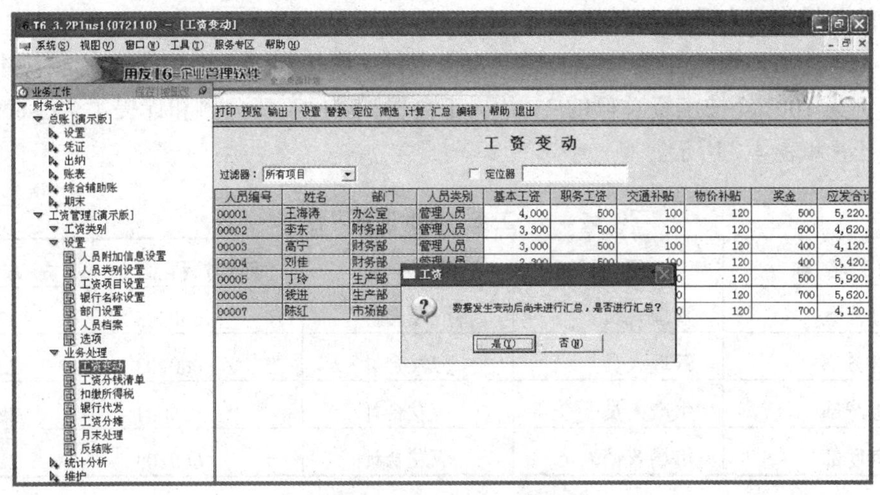

图 4-38　退出工资变动的提示

(11) 单击“是”按钮。

**注意**

- “个人所得税申报表”是个人纳税情况的记录，系统提供对表中栏目的设置功能。
- 个人所得税申报表栏目只能选择系统提供的项目，不提供由用户自定义的项目。
- 系统默认以“实发合计”作为扣税基数。如果想以其他工资项目作为扣税标准，则需要在定义工资项目时单独为应税所得设置一个工资项目。
- 如果单位的扣除费用及税率与国家规定的不一致，可以在个人所得税扣缴申报表中单击“税率”按钮进行修改。
- 在“工资变动”中，系统默认以“实发合计”作为扣税基数，所以在执行完个人所得税计算后，需要到“工资变动”中执行“计算”和“汇总”功能，以保证“代扣税”这个工资项目正确地反映出单位实际代扣个人所得税的金额。
- 个人所得税计提基数的初始设置是 800 元，而本例中是 2 000 元，所以应先调整个人所得税计提基数后再进行工资变动。如果先进行工资变动再修改个人所得税的计提基数，就应该在修改了个人所得税的计提基数后再进行一次工资变动，否则工资数据将不正确。

## 4.2.3 工资分摊

工资分摊是指对当月发生的工资费用进行工资总额的计算、分配及各种经费的计提，并制作自动转账凭证传递到总账系统。

### 1. 设置工资分摊类型

在初次使用工资系统时应先进行工资分摊的设置。所有与工资相关的费用及基金均需建立相应的分摊类型名称及分摊比例。

**例 4-15** 106 账套中工资分摊的类型为“应付工资”和“工会经费”。“应付工资”的分摊比例为 100%，按工资总额的 2%计提工会费。应付工资分摊和计提工会经费的设置内容如表 4-6 和表 4-7 所示。

表 4-6 工资分摊的设置内容

| 部门名称 | 人员类别 | 项目 | 借方科目 | 贷方科目 |
|---|---|---|---|---|
| 办公室 | 管理人员 | 应发合计 | 660203 | 2211 |
| 财务部 | 管理人员 | 应发合计 | 660203 | 2211 |
| 生产部 | 生产人员 | 应发合计 | 5001 | 2211 |
| 市场部 | 市场营销人员 | 应发合计 | 660103 | 2211 |

表 4-7 工会经费分摊的设置内容

| 部门名称 | 人员类别 | 项目 | 借方科目 | 贷方科目 |
|---|---|---|---|---|
| 办公室 | 管理人员 | 应发合计 | 660204 | 2241 |
| 财务部 | 管理人员 | 应发合计 | 660204 | 2241 |
| 生产部 | 生产人员 | 应发合计 | 5001 | 2241 |
| 市场部 | 市场营销人员 | 应发合计 | 660104 | 2241 |

**操作步骤**

(1) 在“用友 T6-企业管理软件”企业门户的“业务”页签中，在“在职人员”工资类别中，单击“财务会计”|“工资管理”|“业务处理”|“工资分摊”，打开“工资分摊”窗口。

(2) 单击“工资分摊设置”按钮，打开“分摊类型设置”对话框，如图 4-39 所示。

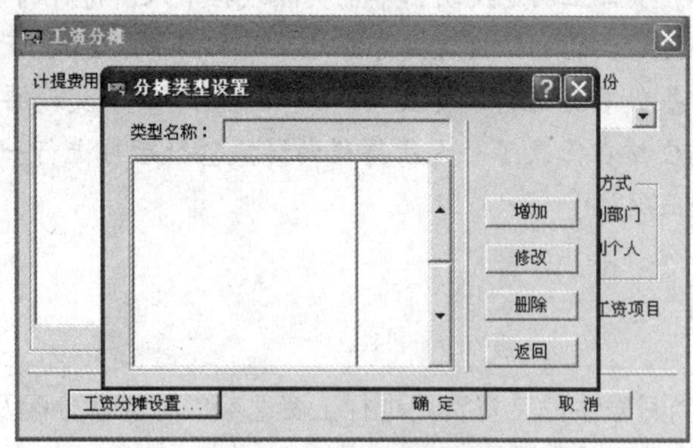


图 4-39 分摊类型设置

(3) 单击“增加”按钮，打开“分摊计提比例设置”对话框。

(4) 在“计提类型名称”栏录入“应付工资”，如图 4-40 所示。

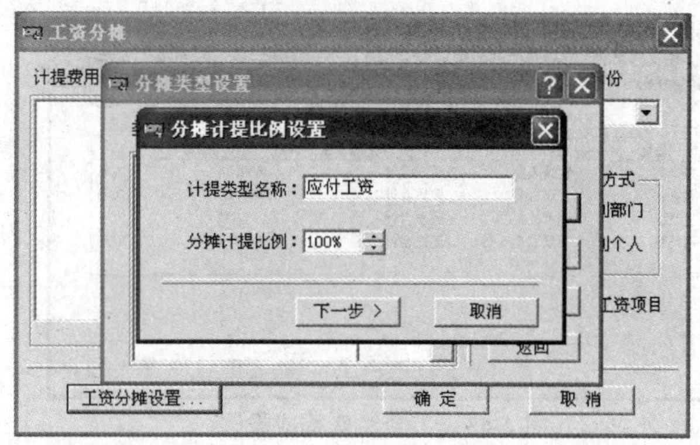


图 4-40　分摊计提比例设置

(5) 单击“下一步”按钮，打开“分摊构成设置”对话框。

(6) 在“分摊构成设置”对话框中，分别选择分摊构成的各个项目内容，如图 4-41 所示。

分摊构成设置

| 部门名称 | 人员类别 | 项目 | 借方科目 | 贷方科目 |
| --- | --- | --- | --- | --- |
| 办公室 | 管理人员 | 应发合计 | 660203 | 2211 |
| 财务部 | 管理人员 | 应发合计 | 660203 | 2211 |
| 生产部 | 生产人员 | 应发合计 | 5001 | 2211 |
| 市场部 | 市场营销人员 | 应发合计 | 660103 | 2211 |

< 上一步　完 成　取 消

图 4-41　分摊构成设置

(7) 单击“完成”按钮，返回“分摊类型设置”对话框。

(8) 单击“增加”按钮，在“计提类型名称”栏录入“工会经费”，在“分摊比例”栏录入“2%”，如图 4-42 所示。

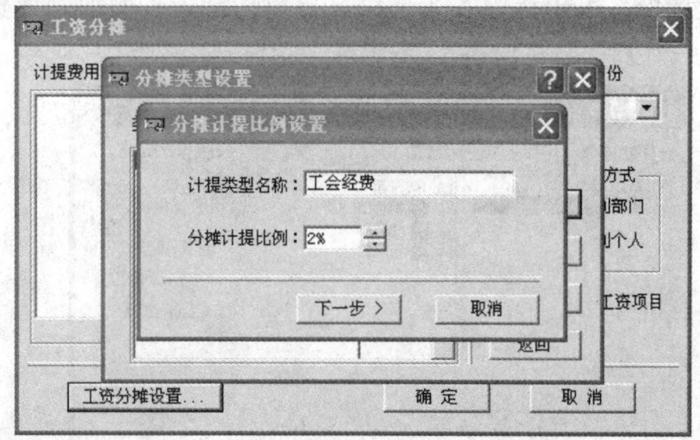


图 4-42　福利费分摊计提比例设置

(9) 单击“下一步”按钮，打开“分摊构成设置”对话框。在“分摊构成设置”对话框中分别选择分摊构成的各个项目内容，如图 4-43 所示。

| 部门名称 | 人员类别 | 项目 | 借方科目 | 贷方科目 |
|---|---|---|---|---|
| 办公室 | 管理人员 | 应发合计 | 660204 | 2241 |
| 财务部 | 管理人员 | 应发合计 | 660204 | 2241 |
| 生产部 | 生产人员 | 应发合计 | 5001 | 2241 |
| 市场部 | 市场营销人员 | 应发合计 | 660104 | 2241 |

图 4-43　工会经费构成设置

(10) 单击“完成”按钮，返回“分摊类型设置”对话框。

(11) 单击“返回”按钮，返回“工资分摊”对话框。

**注意**

- 所有与工资相关的费用及基金均需建立相应的分摊类型名称及分类比例。
- 不同部门、相同人员类别可以设置不同的分摊科目。
- 不同部门、相同人员类别在设置时可以一次选择多个部门。

### 2. 分摊工资并生成转账凭证

**例 4-16**　分摊 106 账套的应付工资及工会经费。

**操作步骤**

(1) 在“用友 T6-企业管理软件”企业门户的“业务”页签中，单击“财务会计”|“工资管理”|“业务处理”|“工资分摊”，打开“工资分摊”窗口。

(2) 在“工资分摊”窗口中，单击“工资分摊设置”按钮，打开“工资分摊设置”窗口。

(3) 在“工资分摊设置”窗口中，单击“增加”按钮，分别单击选中“应付工资”、“工会经费”前的复选框，单击选中各个部门，再单击选中“明细到工资项目”前的复选框，如图 4-44 所示。

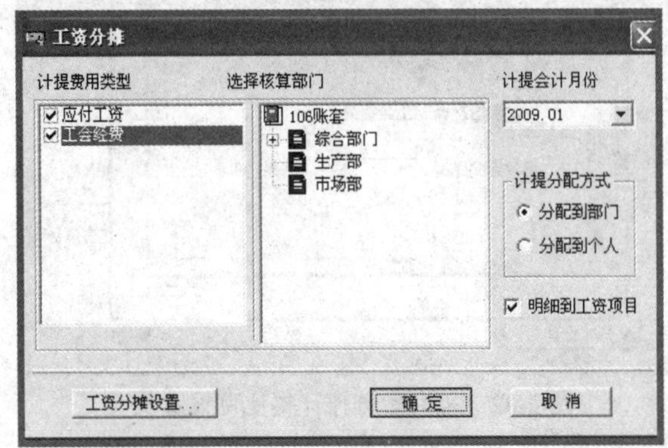


图 4-44　工资分摊设置

(4) 单击“确定”按钮，打开“应付工资一览表”。

(5) 在“应付工资一览表”中，分别选择相应的借贷方会计科目，单击选中“合并科目相同、辅助项相同的分录”前的复选框，如图 4-45 所示。

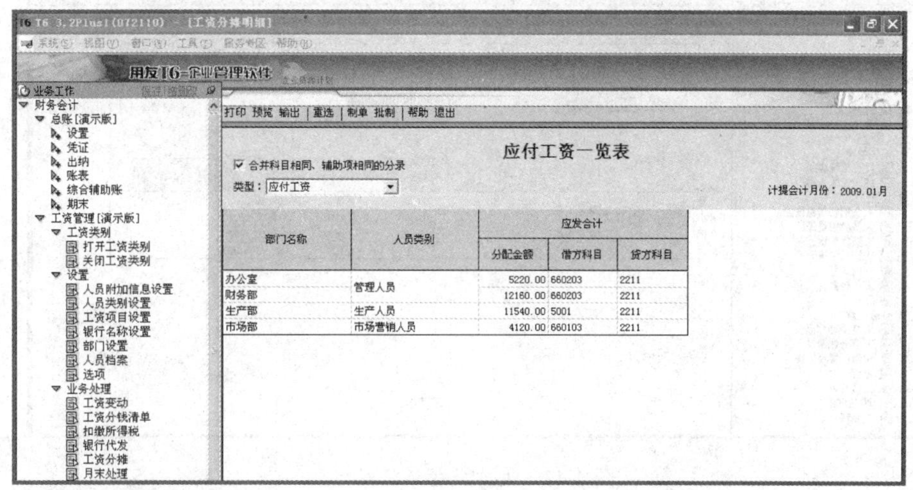


图 4-45　应付工资一览表

(6) 单击“制单”按钮，生成应付工资分摊的转账凭证。选择凭证类别为“转账凭证”，单击“保存”按钮，如图 4-46 所示。

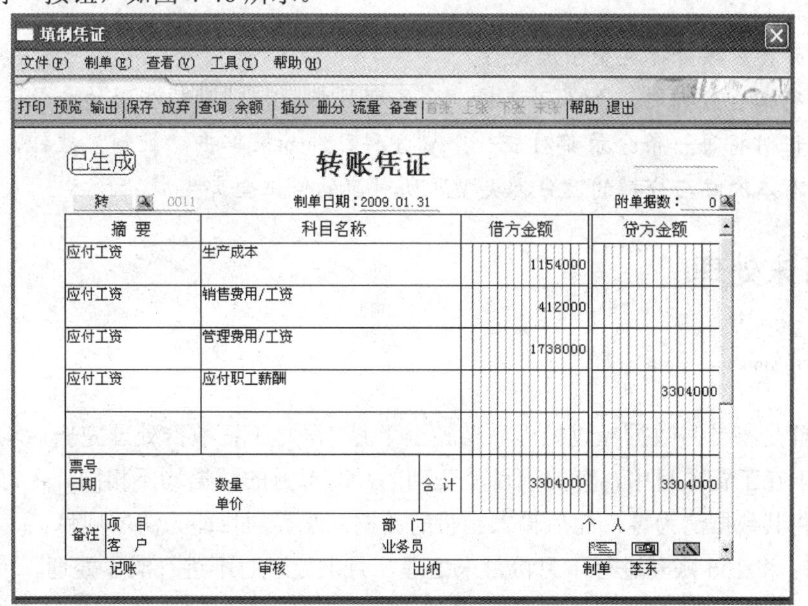


图 4-46　工资分摊的记账凭证

(7) 单击“退出”按钮，返回“应付工资一览表”。

(8) 在“应付工资一览表”中，单击“类型”栏下三角按钮，选择“工会经费”，分别选择相应的借贷方会计科目，并单击选中“合并科目相同、辅助项相同的分录”前的复选框，如图 4-47 所示。

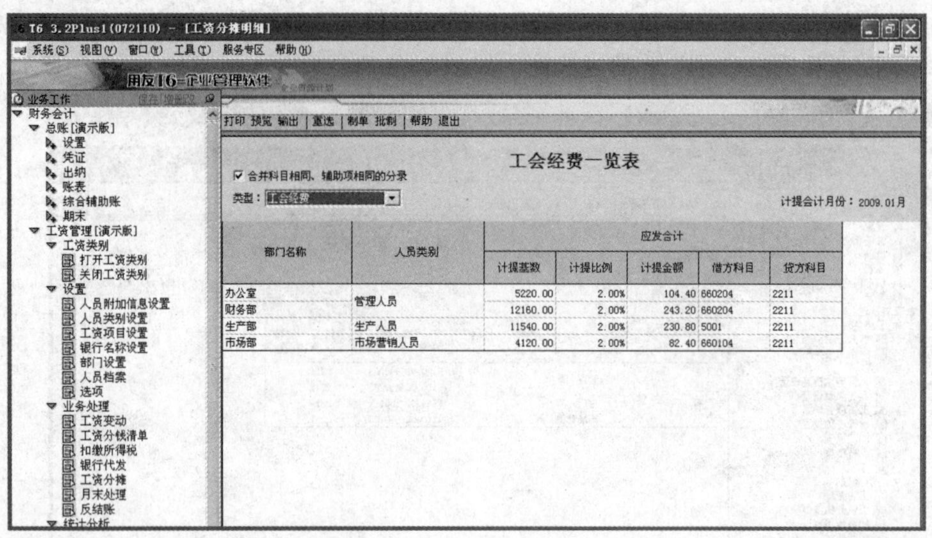

图 4-47 工会经费一览表

(9) 单击“制单”按钮，生成工会经费分摊的转账凭证。选择凭证类别为“转账凭证”，单击“保存”按钮。

注意

- 工资分摊应按分摊类型依次进行。
- 在进行工资分摊时，如果不选择“合并科目相同、辅助项相同的分录”，则在生成凭证时将每一条分录都对应一个贷方科目；如果单击“批制”按钮，可以一次将所有本次参与分摊的“分摊类型”所对应的凭证全部生成。

## 4.2.4 月末处理

### 1. 月末处理

月末处理是将当月数据经过处理后结转至下月。每月工资数据处理完毕后均可进行月末结转。由于在工资项目中，有的项目是变动的，即每月的数据均不相同，在每月工资处理时，均需将其数据清为零，而后输入当月的数据，此类项目即为清零项目。

例 4-17 将 106 账套进行 1 月份月末处理，月末处理时不进行清零处理。

操作步骤

(1) 在“用友 T6-企业管理软件”企业门户的“业务”页签中，单击“财务会计”|“工资管理”|“业务处理”|“月末处理”，打开“月末处理”对话框，如图 4-48 所示。

(2) 单击“确认”按钮，系统提示“月末处理之后，本月工资将不允许变动！继续月末处理吗？”，如图 4-49 所示。

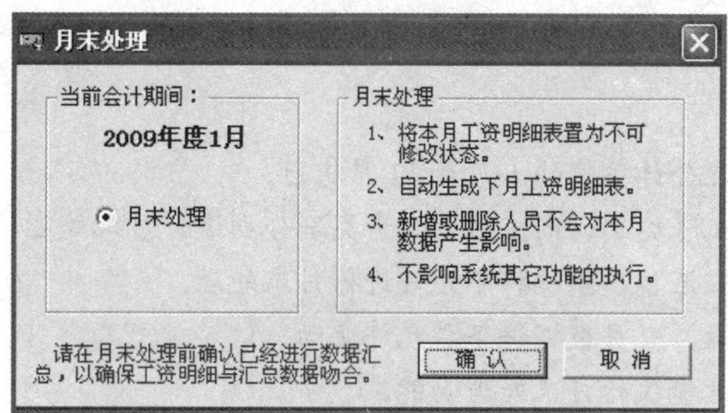


图 4-48 月末处理

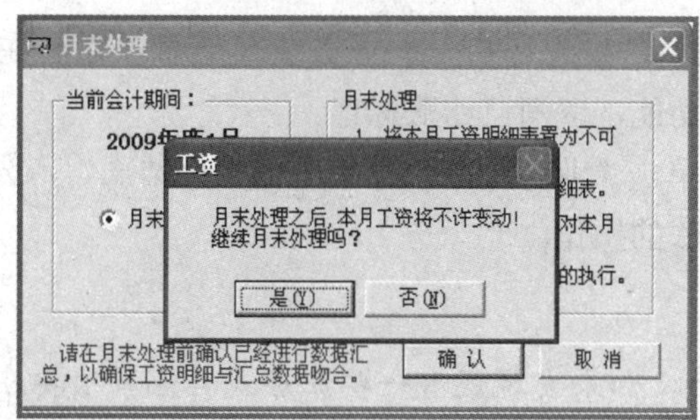


图 4-49 月末处理的提示

(3) 单击“是”按钮。系统提示“是否选择清零项？”，如图 4-50 所示。

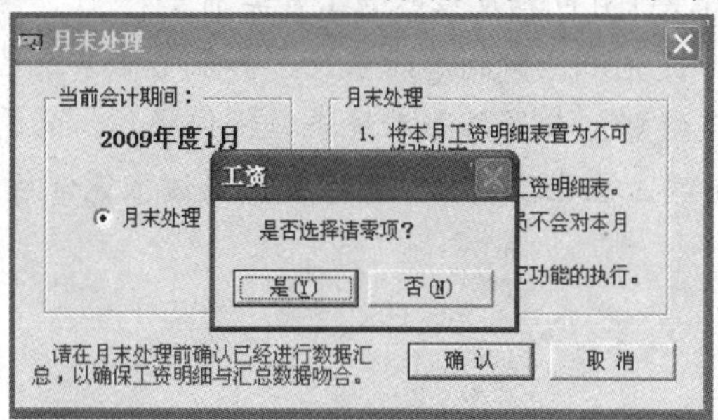


图 4-50 是否清零提示

(4) 单击“否”按钮。系统提示“月末处理完毕”，如图 4-51 所示。

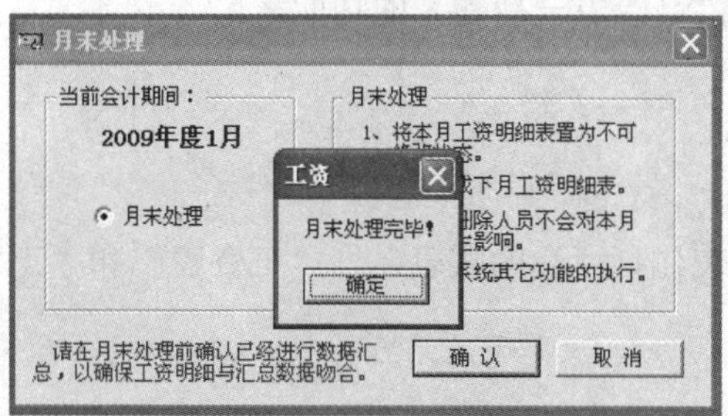


图 4-51 月末处理完成提示

(5) 单击“确定”按钮。

注意

- 月末处理只有在会计年度的 1 月至 11 月进行。
- 如果处理多个工资类别，则应打开工资类别分别进行月末处理。
- 如果本月工资未汇总，系统将不允许进行月末处理。
- 进行月末处理后，当月数据将不再允许变动。
- 只有账套主管才能执行月末处理功能。

2. 反结账

在工资管理系统结账后，发现还有一些业务或其他事项需要在已结账月进行账务处理，此时需要使用反结账功能，取消已结账标记。

在工资管理系统中，单击“业务处理”菜单中的“反结账”，选择要反结账的工资类别，确认后即可完成反结账的操作。

注意

- 在进行月末处理后，如果发现还有一些业务或其他事项要在已进行月末处理的月份进行账务处理，可以由账套主管使用反结账功能，取消已结账标记。
- 有下列情况之一不允许反结账：总账系统已结账；汇总工资类别的会计月份与反结账的会计月相同，并且包括反结账的工资类别。
- 本月工资分摊、计提凭证传输到总账系统，如果总账系统已审核并记账，需做红字冲销后，才能反结账；如果总账系统未做任何操作，只需删除此凭证即可。如果凭证已由出纳签字，应在取消出纳签字并删除该张凭证后才能反结账。

# 4.3 统计分析

工资业务处理完成后，相关工资报表数据同时生成。系统提供了多种形式的报表反映工资核算的结果，报表的格式是工资项目按照一定的格式由系统设定。如果对报表提供的固定格式不满意，系统提供修改表—新建表的功能。

## 4.3.1 账表

工资管理系统中的账表包括“我的账表”、“工资表”和“工资分析表”等。

1. “我的账表”

“我的账表”的主要功能是对工资系统中所有的报表进行管理，有工资表和工资分析表两种报表类型。如果系统提供的报表不能满足企业的需要，用户可以启用自定义报表功能，新增报表夹和设置自定义报表。

### 2. 工资表

工资表用于本月工资的发放和统计，本功能主要完成查询和打印各种工资表的工作。工资表包括以下一些由系统提供的原始表：工资卡、工资发放条、部门工资汇总表、部门条件汇总表、工资发放签名表、人员类别汇总表 、条件统计(明细)表及工资变动汇总(明细)表。

在工资系统中，单击“统计分析”菜单中的“工资表”，打开“工资表”对话框，选择要查看的工资表，单击“查看”按钮，输入查询条件，即可得到相应的查询结果。

### 3. 工资分析表

工资分析表是以工资数据为基础，对部门、人员类别的工资数据进行分析和比较，产生各种分析表，供决策人员使用。工资数据分析表包括工资增长分析、按月分类统计表、部门分类统计表、工资项目分析表、员工工资汇总表、按项目分类统计表、员工工资项目统计表、分部门各月工资构成分析及部门工资项目构成分析表。

在工资系统中，单击“统计分析”菜单中的“工资分析表”，打开“工资分析表”对话框，选择要查看的工资分析表，单击“确认”按钮，输入查询条件，即可得到相应的查询结果。

对于工资项目分析，系统仅提供单一部门项目分析表。用户在分析界面可以单击部门下拉列表框，选择已选取部门中的某一个部门，查看该部门的工资项目分析表。

对于员工工资汇总表，系统仅提供对单一工资项目和单一部门进行员工工资的汇总分析。对于分部门各月工资构成分析表，系统提供对单一工资项目进行工资构成分析。在各查询分析界面，可以单击“查询”按钮，重新设定分析条件。

## 4.3.2 凭证查询

工资核算的结果以转账凭证的形式传输到总账系统，在总账系统中可以进行查询、审核、记账等操作，不能修改或删除。工资管理系统中的凭证查询功能可以对工资系统中所生成的转账凭证进行删除及冲销的操作。

**例 4-18** 查询 106 账套 1 月份的记账凭证。

**操作步骤**

(1) 在“用友 T6-企业管理软件”企业门户的“业务”页签中，单击“财务会计”|“工资管理”|“统计分析”|“凭证查询”，打开“凭证查询”对话框，如图 4-52 所示。

(2) 选择输入所要查询的起始和终止月份，显示查询期间凭证列表。

(3) 选中某张凭证，单击“删除”按钮可删除标志为“未审核”的凭证。

(4) 单击“冲销”按钮，则可对当前标志为“记账”的凭证进行红字冲销操作，自动生成与原凭证相同的红字凭证。

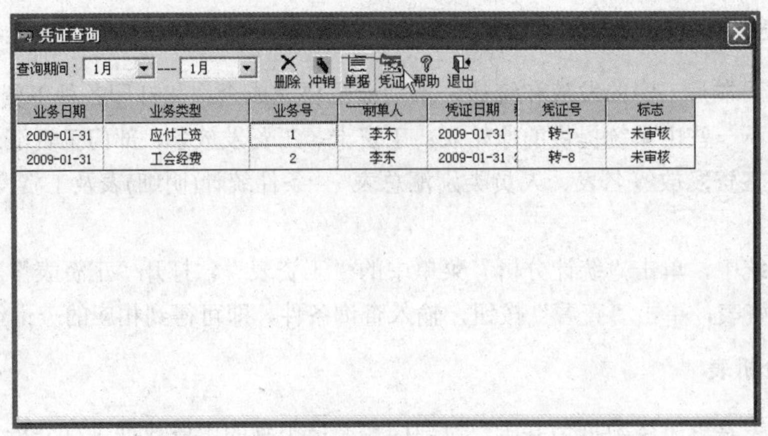


图 4-52 凭证查询

(5) 单击“单据”按钮，显示生成凭证的原始凭证。

(6) 单击“凭证”按钮，显示单张凭证。

# 4.4 数据维护

## 4.4.1 数据上报与数据采集

数据上报主要是指本月与上月相比新增加人员信息及减少人员信息的上报，本功能是在基层单位账中使用，形成上报数据文件。如果企业为单工资类别账时，数据上报功能一直可以使用，而为多工资类别时，则需关闭所有工资类别后才可以使用。人员信息包括人员档案的所有字段信息、工资数据包含所有工资项目的信息。

数据采集是指人员信息采集，人员信息采集是指将人员上报盘中的信息读入至系统中。本功能用于人员的增加、减少、工资数据的变更。数据采集功能在单工资类别账时，一直可用；在多工资类别账时，需关闭所有工资类别才可使用。

## 4.4.2 工资类别汇总

在多个工资类别中，以部门编号、人员编号、人员姓名为标准，将此三项内容相同的人员的工资数据进行合计。如果需要统计所有工资类别本月发放工资的合计数，或某些工资类别中的人员工资都由一个银行代发，希望生成一套完整的工资数据传到银行，则可使用此项功能。

注意

- 工资分析表不受数据权限控制，能查询到无权限的部门工资数据。

● 操作至此的数据已经备份于光盘中的“例题账套(106 账套)备份/(3)第 4 章备份(已完成全部工资业务处理)”。

# 复习思考题

(1) 设置人员类别有何作用？
(2) 如果是多工资类别，应如何完成工资项目的设置？
(3) 应如何完成给每个人增加 100 元奖金的操作？
(4) 应如何完成工资分摊的操作？
(5) 凭证查询功能中可以完成哪些操作？
(6) 月末处理的内容有哪些？

# 上机实验

## 实验十一 工资系统初始化

### 实验准备

已经完成了实验三的操作，可以引入 C:\My Documents\“300 账套备份”文件夹中“实验三备份”的账套备份数据，由 301 号操作员注册进入 300 账套的“企业门户”，启用“工资管理”(启用日期为“2009 年 1 月 1 日”)，再进入“工资”系统。

### 实验资料

#### 1. 300 账套工资系统的参数

工资类别选择多个，工资核算本位币为人民币，不核算计件工资，自动代扣个人所得税，不进行扣零设置，人员编码长度采用系统默认的 10 位。工资类别为“基本人员”和“编外人员”，并且基本人员分布各个部门，而编外人员只属于行政部。

#### 2. 人员附加信息

人员的附加信息为“学历”和“技术职称”。

#### 3. 人员类别

企业的人员类别包括“企业管理人员”、“采购人员”、“销售人员”和“生产人员”。

4．工资项目

| 工资项目名称 | 类型 | 长度 | 小数 | 增减项 |
| --- | --- | --- | --- | --- |
| 基本工资 | 数字 | 8 | 2 | 增项 |
| 职务补贴 | 数字 | 8 | 2 | 增项 |
| 福利费 | 数字 | 8 | 2 | 增项 |
| 交通补贴 | 数字 | 8 | 2 | 增项 |
| 奖金 | 数字 | 8 | 2 | 增项 |
| 应发合计 | 数字 | 10 | 2 | 增项 |
| 缺勤扣款 | 数字 | 8 | 2 | 减项 |
| 养老保险 | 数字 | 8 | 2 | 减项 |
| 失业保险 | 数字 | 8 | 2 | 减项 |
| 医疗保险 | 数字 | 8 | 2 | 减项 |
| 住房公积金 | 数字 | 8 | 2 | 减项 |
| 应纳税收入 | 数字 | 8 | 2 | 其它 |
| 代扣税 | 数字 | 10 | 2 | 减项 |
| 扣款合计 | 数字 | 10 | 2 | 减项 |
| 实发合计 | 数字 | 10 | 2 | 增项 |
| 缺勤天数 | 数字 | 8 | 2 | 其它 |

5．银行名称

银行名称为“建设银行”，账号长度为11位，录入时自动带出的账号长度为8位。

6．工资类别

工资类别为基本人员和编外人员。

7．基本人员档案

| 职员编号 | 人员姓名 | 学历 | 职称 | 所属部门 | 人员类别 | 银行代发账号 |
| --- | --- | --- | --- | --- | --- | --- |
| 0000000001 | 杜兴 | 大学 | 经济师 | 行政部(1) | 企业管理人员 | 11022033001 |
| 0000000002 | 林静 | 大学 | 经济师 | 行政部(1) | 企业管理人员 | 11022033002 |
| 0000000003 | 王华 | 大学 | 会计师 | 财务部(2) | 企业管理人员 | 11022033003 |
| 0000000004 | 张力 | 大学 | 会计师 | 财务部(2) | 企业管理人员 | 11022033004 |
| 0000000005 | 钱芳 | 大专 | 助理会计师 | 财务部(2) | 企业管理人员 | 11022033005 |
| 0000000006 | 杨伟 | 大学 | | 采购部(301) | 采购人员 | 11022033006 |
| 0000000007 | 陈强 | 大专 | | 销售部(302) | 销售人员 | 11022033007 |
| 0000000008 | 高明 | 大专 | | 生产部 | 生产人员 | 11022033008 |
| 0000000009 | 刘美 | 大专 | | 生产部 | 生产人员 | 11022033009 |

### 8. 计算公式

缺勤扣款=基本工资/22*缺勤天数

采购人员和销售人员的交通补贴为 200 元，其他人员的交通补助为 80 元。

住房公积金= (基本工资+职务补贴+福利费+交通补贴+奖金)*0.12

养老保险=(基本工资+职务补贴+福利费+交通补贴+奖金) *0.08

失业保险=(基本工资+职务补贴+福利费+交通补贴+奖金)*0.005

医疗保险=(基本工资+职务补贴+福利费+交通补贴+奖金)*0.02+3 元

应纳税收入=((基本工资+职务补贴+福利费+交通补贴+奖金) −(养老保险+医疗保险+失业保险+住房公积金)

### 实验要求

(1) 建立工资账套。

(2) 基础设置。

(3) 工资类别管理。

(4) 设置基本人员工资账套的工资项目。

(5) 设置人员档案。

(6) 设置计算公式。

(7) 账套备份(备份至“我的文档”中“300 账套备份”\“实验十一备份”)。

## 实验十二　工资业务处理

### 实验准备

已经完成了实验十一的操作，可以引入 C:\My Documents\“300 账套备份”文件夹中“实验十一备份”的账套备份数据，将系统日期修改为“2009 年 1 月 31 日”，由 301 操作员注册进入“工资”系统。

### 实验资料

### 1. 个人收入所得税

个人收入所得税应按“应纳税所得额”扣除 2 000 元后计税。

### 2. 2009 年 1 月有关的工资数据

| 职员编号 | 人员姓名 | 所属部门 | 人员类别 | 基本工资 | 职务补贴 | 福利费 | 奖金 | 缺勤天数 |
|---|---|---|---|---|---|---|---|---|
| 0000000001 | 杜兴 | 行政部(1) | 企业管理人员 | 4 000 | 2 000 | 200 | 800 | |
| 0000000002 | 林静 | 行政部(1) | 企业管理人员 | 3 000 | 1 500 | 200 | 800 | 2 |
| 0000000003 | 王华 | 财务部(2) | 企业管理人员 | 4 000 | 1 500 | 200 | 800 | |

(续表)

| 职员编号 | 人员姓名 | 所属部门 | 人员类别 | 基本工资 | 职务补贴 | 福利费 | 奖金 | 缺勤天数 |
|---|---|---|---|---|---|---|---|---|
| 0000000004 | 张力 | 财务部(2) | 企业管理人员 | 2 800 | 1 000 | 200 | 800 | |
| 0000000005 | 钱芳 | 财务部(2) | 企业管理人员 | 1 500 | 900 | 200 | 1 000 | |
| 0000000006 | 杨伟 | 采购部(301) | 采购人员 | 1 500 | 900 | 200 | 1 200 | |
| 0000000007 | 陈强 | 销售部(302) | 销售人员 | 1 200 | 800 | 200 | 1 100 | |
| 0000000008 | 高明 | 生产部 | 生产人员 | 1 000 | 800 | 200 | 800 | |
| 0000000009 | 刘美 | 生产部 | 生产人员 | 1 000 | 800 | 200 | 800 | |

(1) 工资分摊的类型

工资分摊的类型为“工资”、“职工教育经费”和“工会经费”。

(2) 有关计提的标准

按工资总额的2.5%计提职工教育费，按工资总额的2%计提工会经费。

(3) 分摊构成设置

| 计提类型 | 部门名称 | 人员类别 | 借方科目 | 贷方科目 |
|---|---|---|---|---|
| 工资 | 行政部 | 企业管理人员 | 管理费用—工资(660203) | 应付职工薪酬(221101) |
| | 财务部 | 企业管理人员 | 管理费用—工资(660203) | 应付职工薪酬(221101) |
| | 采购部 | 采购人员 | 销售费用(6601) | 应付职工薪酬(221101) |
| | 销售部 | 销售人员 | 销售费用(6601) | 应付职工薪酬(221101) |
| | 生产部 | 生产人员 | 生产成本(5001) | 应付职工薪酬(221101) |
| 职工教育经费 | 行政部 | 企业管理人员 | 管理费用—其他(660205) | 应付职工薪酬(221102) |
| | 财务部 | 企业管理人员 | 管理费用—其他(660205) | 应付职工薪酬(221102) |
| | 采购部 | 采购人员 | 销售费用(6601) | 应付职工薪酬(221102) |
| | 销售部 | 销售人员 | 销售费用(6601) | 应付职工薪酬(221102) |
| | 生产部 | 生产人员 | 生产成本(5001) | 应付职工薪酬(221102) |
| 工会经费 | 行政部 | 企业管理人员 | 管理费用—其他(660205) | 应付职工薪酬(221103) |
| | 财务部 | 企业管理人员 | 管理费用—其他(660205) | 应付职工薪酬(221103) |
| | 采购部 | 采购人员 | 销售费用(6601) | 应付职工薪酬(221103) |
| | 销售部 | 销售人员 | 销售费用(6601) | 应付职工薪酬(221103) |
| | 生产部 | 生产人员 | 生产成本(5001) | 应付职工薪酬(221103) |

**实验要求**

(1) 对基本人员进行工资核算与管理。

(2) 录入并计算 1 月份的工资数据。

(3) 扣缴所得税。

(4) 银行代发工资。

(5) 分摊工资并生成转账凭证。

(6) 月末处理。

(7) 账套备份(备份至“我的文档”中“300 账套备份”\“实验十二备份”)。

# Chapter 5

# 固定资产管理

**教学目的与要求**

系统学习固定资产系统初始化、日常业务处理和期末业务处理的工作原理和操作方法。要求掌握建立固定资产账套、进行基础设置及录入原始卡片的内容和方法；熟悉固定资产增减变动的处理方法，掌握计提折旧和制单的方法，了解对账、结账及账表查询的方法。

固定资产系统是一套用于企事业单位进行固定资产核算和管理的软件，主要面向中小企业，帮助企业的财务部门进行固定资产总值、累计折旧数据的动态管理，为总账系统提供相关凭证，协助企业进行成本核算，同时还为设备管理部门提供固定资产的各项指标管理工作。

## 5.1 固定资产系统初始化

固定资产管理系统初始化是根据企业的具体情况，建立一个适合本单位需要的固定资产子账套的过程。固定资产系统初始化的内容主要包括建立固定资产子账套、基础设置和录入原始卡片。

### 5.1.1 建立固定资产子账套

建立固定资产子账套是根据企业的具体情况，在已经建立会计核算账套的基础上建立一个适合企业实际需要的固定资产子账套的过程。建立固定资产子账套需要设置的内容主要包括约定及说明、启用月份、折旧信息、编码方式、账务接口和完成设置六部分。

**例 5-1** 以 KJ001 号操作员李东(密码为“123456”)的身份在 2009 年 1 月 9 日登录注册 106 账套的“企业门户”，启用“固定资产”系统，启用日期为“2009 年 1 月 1 日”。打开固定资产系统并建立固定资产子账套。固定资产子账套的启用月份为“2009 年 1 月”；固定资产折旧采用“平均年限法(一)，按月计提折旧”，折旧汇总分配周期为“1 个月”；当(月初已计提折旧月份=可使用月份－1)时，要求将剩余折旧全部提足。固定资产编码方式为“2-1-1-1”，固定资产编码方式采用自动编码，编码方式为按“类别编码+序号”；序号长度为 5。固定资产系统要求与总账系统进行对账；固定资产对账科目为“1601 固定资产”，累计折旧对账科目为“1602 累计折旧”；对账不平的情况下不允许结账。

**操作步骤**

(1) 以 KJ001 号操作员李东(密码为“123456”)的身份在 2009 年 1 月 9 日登录注册 106 账套的“企业门户”，启用“固定资产”系统，启用日期为“2009 年 1 月 1 日”。

(2) 在“用友 T6-企业管理软件”企业门户的“业务”页签中，单击“财务会计”|“固定资产”。进入“用友 T6-企业管理软件”系统。系统提示“这是第一次打开此账套，还未进行过初始化，是否进行初始化”，如图 5-1 所示。

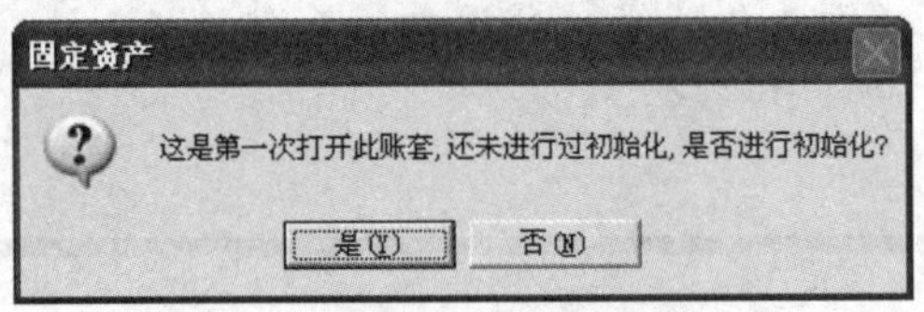


图 5-1 初次打开该账套的提示

(3) 单击“是”按钮，打开“固定资产初始化向导—约定及说明”窗口，如图 5-2 所示。

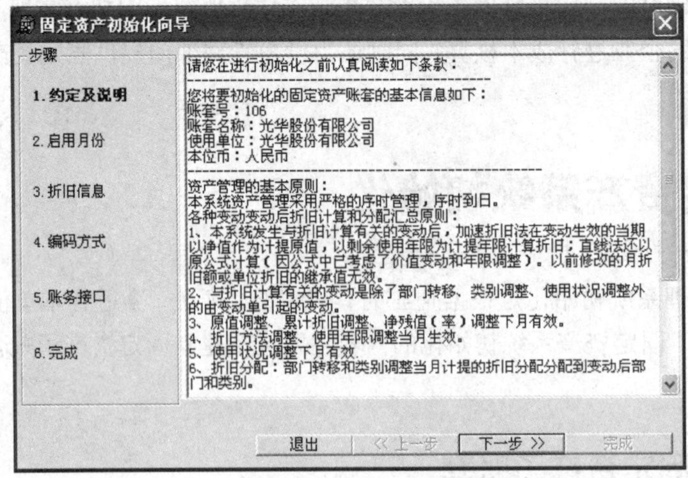


图 5-2 约定及说明

(4) 单击“下一步”按钮，打开“固定资产初始化向导—启用月份”窗口，如图 5-3 所示。

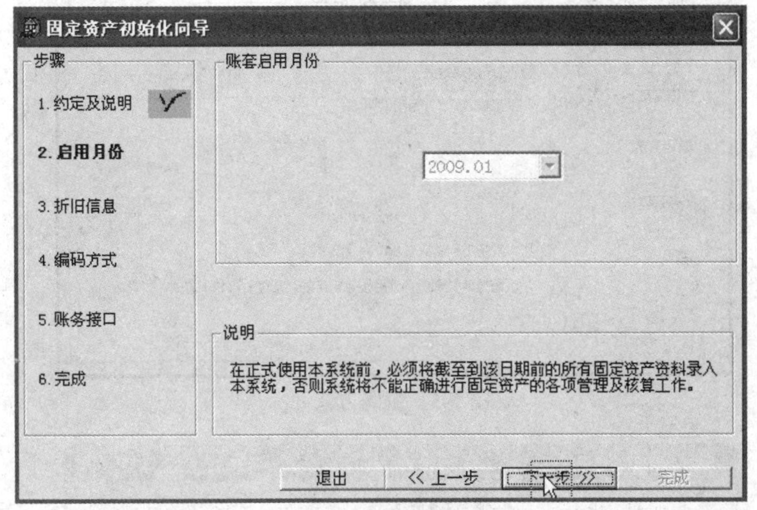

图 5-3 启用月份

(5) 单击“下一步”按钮，打开“固定资产初始化向导—折旧信息”窗口，如图 5-4 所示。

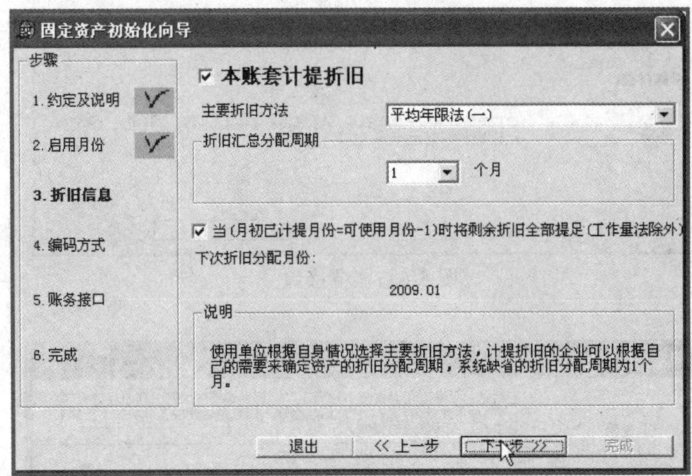

图 5-4 折旧信息

(6) 单击“下一步”按钮，打开“固定资产初始化向导—编码方式”窗口，如图 5-5 所示。

(7) 单击固定资产编码方式中“自动编码”前的单选按钮，单击“下一步”按钮，打开“固定资产初始化向导—账务接口”窗口，如图 5-6 所示。

(8) 单击“固定资产对账科目”栏“参照”按钮，选择“1601 固定资产”，再单击“累计折旧对账科目”栏“参照”按钮，选择“1602 累计折旧”。单击“下一步”按钮，打开“固定资产初始化向导—完成”窗口，如图 5-7 所示。

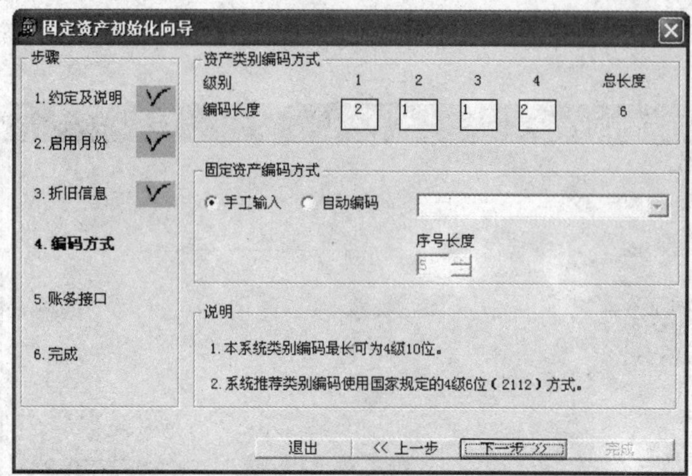


图 5-5 编码方式

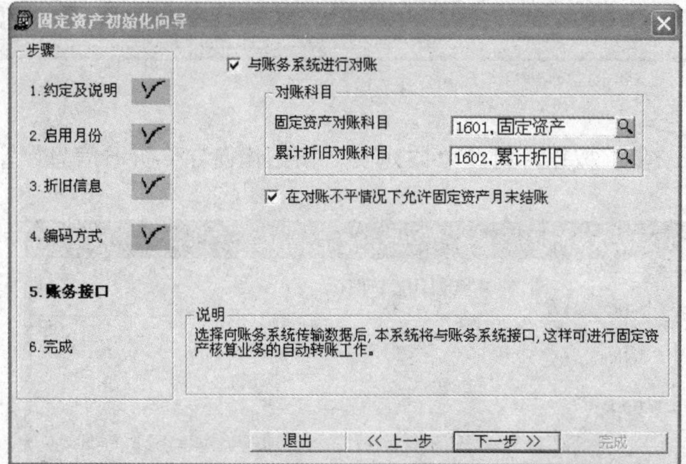


图 5-6 账务接口

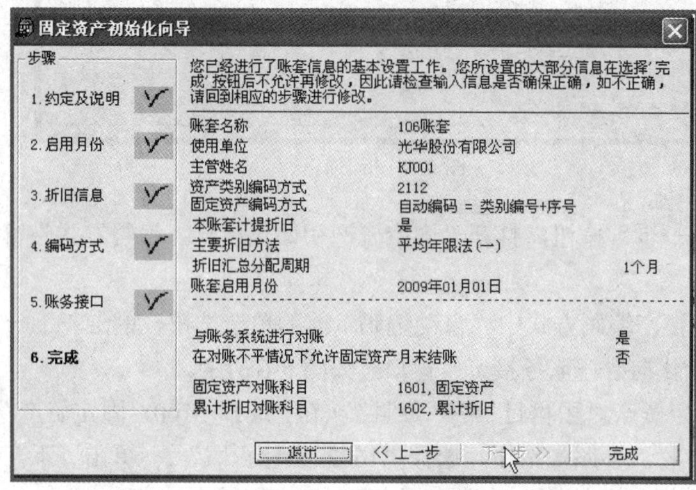


图 5-7 初始化完成内容

(9) 单击“完成”按钮，系统提示“已经完成了新建账套的所有设置工作”，如图5-8所示。

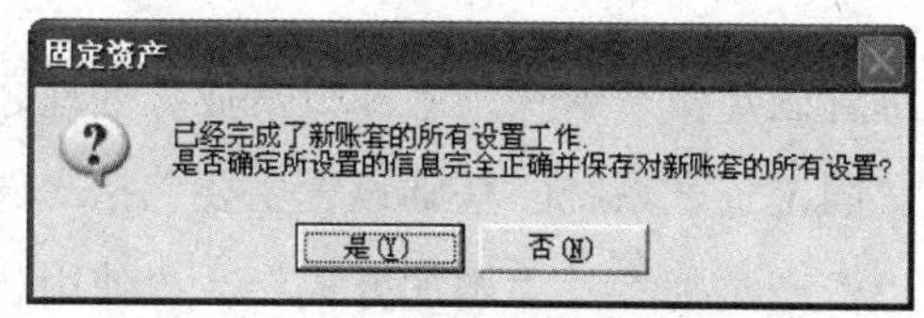


图5-8 完成初始化是否保存设置的提示

(10) 单击“是”按钮，系统提示“已成功初始化本固定资产账套”，如图5-9所示。

图5-9 保存完成初始化设置

(11) 单击“确定”按钮，进入固定资产系统。

**注意**

- 在启动固定资产系统前，应先在系统管理中设置相应的账套。
- 在启动固定资产系统前，应先在建立账套后或在“企业门户”中已经启用“固定资产”系统，并且将启用日期确定在“2009年1月1日”。
- 在“固定资产初始化向导—折旧信息”窗口中，“本账套计提折旧”选项是需要选定本账套是否计提折旧。按照制度规定，行政事业单位的固定资产不计提折旧，而企业的固定资产则应计提折旧。一旦选择不计提折旧，则套内所有与折旧有关的功能均不能操作，该选项在初始化设置完成后不能修改。
- 系统设置了6种常用折旧方法，选择折旧方法以便在资产类别设置时自动带出。对具体的固定资产可以重新定义折旧方法。
- 当(月初已计提折旧月份=可使用月份－1)时，将剩余的折旧全部提足(工作量法除外)，如果选中该项，则除工作量法外，只要上述条件满足，该月月折旧额=净值－净残值，并且不能手工修改；如果不选该项，则该月不提足折旧并且可以手工修改，但是，如果以后各月按照公式计算的月折旧额是负数时，认为公式无效，令月折旧率=0，月折旧额=净值－净残值。
- 建账完成后，当需对账套中的某些参数进行修改时，可以在“设置”菜单中的“选项”中重新设置；当发现某些设置错误又不允许修改(如本账套是否计提折旧)，但必须纠正，则只能通过“重新初始化”功能实现，但应注意重新初始化将清空对该账套所做的一切工作。

## 5.1.2 基础设置

在使用固定资产系统进行固定资产卡片录入和日常业务处理之前，应检查系统是否已经完成了相应的基础设置。固定资产系统的基础设置主要包括“选项”、“部门档案”、“部门对应折旧科目”、“资产类别”、“增加方式”、“使用状况”和“折旧方法”。

### 1. 选项设置

由于在建立固定资产子账套时已经进行了有关选项的设置，因此，在“选项”中只能对允许修改的参数进行修改，其他参数只能查看。

### 2. 部门档案设置

在“部门档案”设置中，可以对企业的各职能部门进行分类和描述，以便确定固定资产的归属。部门档案的设置在各个系统中是共享的，在固定资产系统中应检查其设置的内容是否完整，在这里可以根据企业的实际需要进行设置或修改。

### 3. 部门对应折旧科目设置

固定资产计提折旧后必须把折旧归入成本或费用，根据不同使用者的具体情况按部门或按类别归集。当按部门归集折旧费用时，某一部门所属的固定资产折旧费用将归集到一个比较固定的科目，所以部门对应折旧科目设置就是给部门选择一个折旧科目，录入固定资产卡片时，该科目自动显示在卡片中，不必一个一个输入，可提高工作效率。然后在生成部门折旧分配表时每一部门按折旧科目汇总，生成记账凭证。

**例 5-2** 设置 106 账套对应折旧科目如表 5-1 所示。

**表 5-1 部门对应折旧科目表**

| 部 门 名 称 | 折 旧 科 目 |
| --- | --- |
| 综合部 | 管理费用(660205) |
| 生产部 | 制造费用(5101) |
| 市场部 | 销售费用(660105) |

**操作步骤**

(1) 在“用友 T6-企业管理软件”企业门户的“业务”页签中，单击“财务会计”|“固定资产”|“设置”|“部门对应折旧科目”，打开“部门编码表”窗口，如图 5-10 所示。

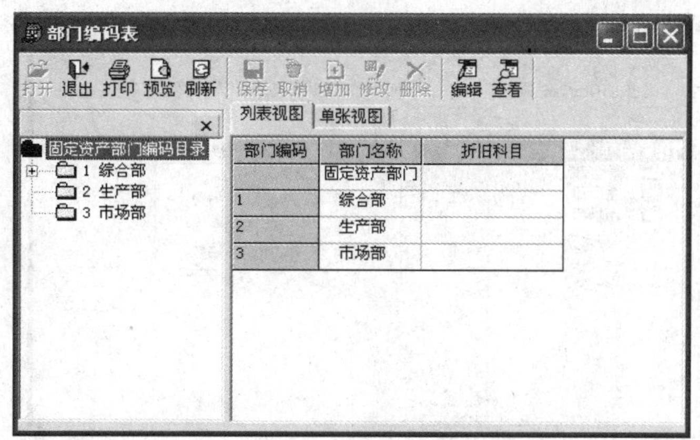


图 5-10 部门编码表—列表视图

(2) 单击“综合部”所在行，再单击“修改”按钮。打开“单张视图”页签，如图 5-11 所示。

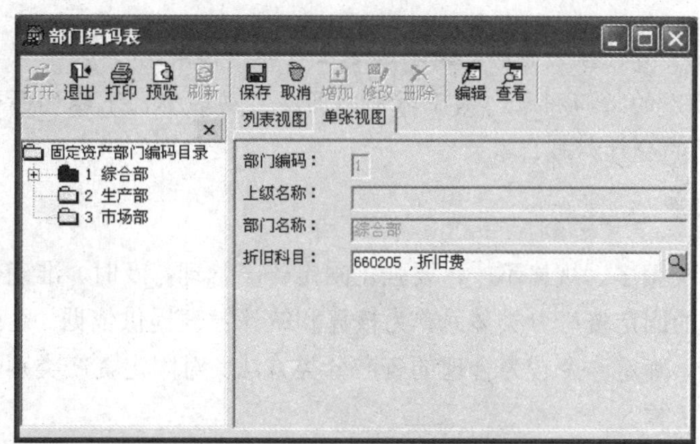


图 5-11 部门编码表—单张视图

(3) 单击“折旧科目”栏“参照”按钮，选择“管理费用—折旧费”。

(4) 单击“保存”按钮，系统提示“是否将[综合部]部门的所有下级部门的折旧科目替换为[折旧费]？”，如图 5-12 所示。

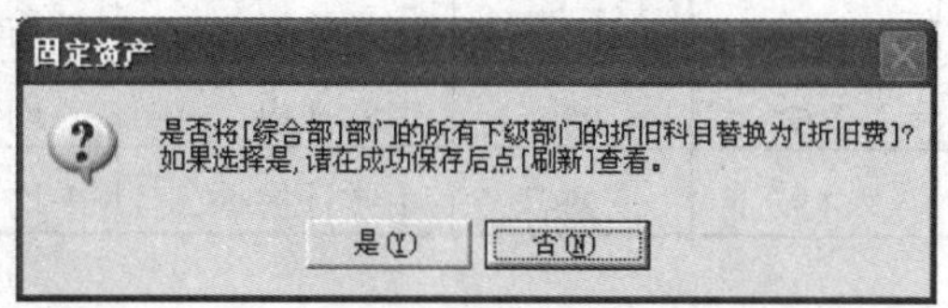


图 5-12 折旧科目设置提示

(5) 依此方法继续设置“生产部”和“市场部”的折旧对应科目，如图 5-13 所示。

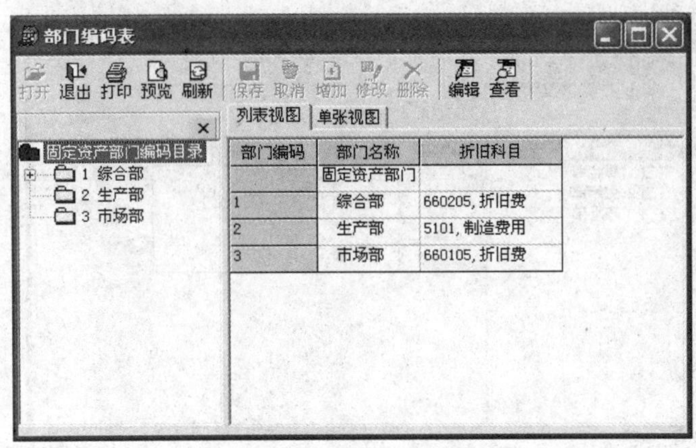


图 5-13 折旧科目总表

(6) 单击“退出”按钮，退出。

注意

- 在使用部门折旧科目功能前，必须已建立好部门档案。
- 设置上级部门的折旧科目，则下级部门可以自动继承，下级部门也可以选择与上级部门不同的会计科目。

#### 4. 资产类别设置

固定资产的种类繁多，规格不一，要强化固定资产管理，及时、准确作好固定资产核算，必须建立科学的固定资产分类体系，为核算和统计管理提供依据。企业可以根据自身的特点和管理要求，确定一个较为合理的资产分类方法。对固定资产类别可以分别进行增加、修改和删除的操作。

**例 5-3** 设置 106 账套固定资产类别如表 5-2 所示。

表 5-2 固定资产类别表

| 类别编码 | 类别名称 | 使用年限 | 净残值率 | 计提属性 | 折旧方法 | 卡片样式 |
|---|---|---|---|---|---|---|
| 01 | 房屋 | 30 | 2% | 正常计提 | 平均年限法(一) | 通用样式 |
| 02 | 设备 | | | 正常计提 | 平均年限法(一) | 通用样式 |
| 021 | 办公设备 | 5 | 2% | 正常计提 | 平均年限法(一) | 通用样式 |
| 022 | 运输设备 | 15 | 2% | 正常计提 | 平均年限法(一) | 通用样式 |

**操作步骤**

(1) 在“用友 T6-企业管理软件”企业门户的“业务”页签中，单击“财务会计”|“固定资产”|“设置”|“资产类别”，打开“固定资产分类编码表”窗口，如图 5-14 所示。

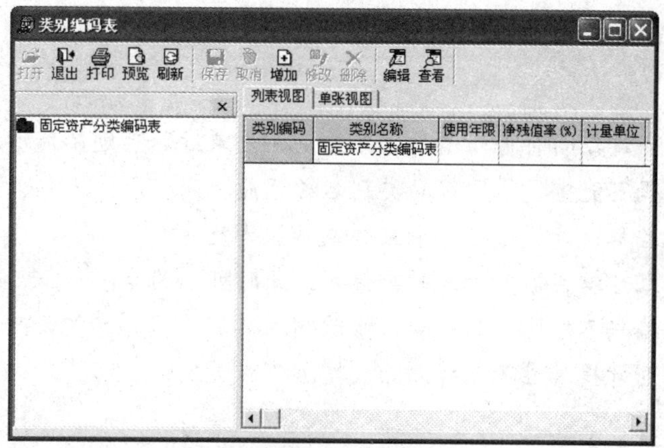


图 5-14　固定资产分类编码表

(2) 单击“增加”按钮，打开“类别编码表—单张视图”对话框，如图 5-15 所示。

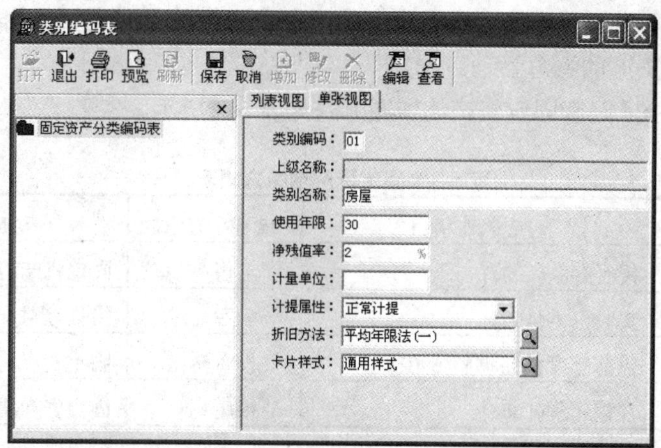


图 5-15　类别编码表—单张视图

(3) 录入类别名称“房屋”，使用年限“30”，净残值率“2”。

(4) 单击“保存”按钮。

(5) 依此方法继续录入其他的资产类别，如图 5-16 所示。

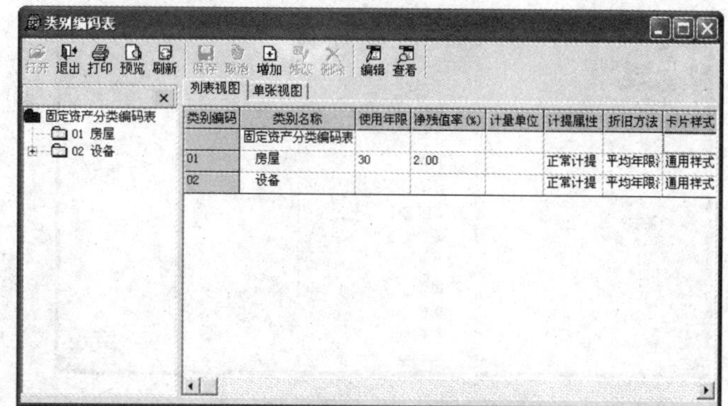


图 5-16　固定资产分类全表

(6) 单击“退出”按钮，退出。

注意

- 只有在最新会计期间时可以增加资产类别，月末结账后则不能增加。
- 资产类别编码不能重复，同级的类别名称不能相同。
- 类别编码、名称、计提属性、卡片样式不能为空。
- 其他各项内容可以在输入卡片时再输入，此时可以为空。
- 非明细类别编码不能修改和删除，修改明细类别编码时只能修改本级的编码。
- 使用过的类别计提属性不允许删除或增加下级类别。

### 5. 增减方式设置

增减方式包括增加方式和减少方式两类。增加的方式主要有直接购入、投资者投入、捐赠、盘盈、在建工程转入、融资租入。减少的方式主要有出售、盘亏、投资转出、捐赠转出、报废、毁损、融资租出等。设置资产的增加和减少的方式主要是用以确定资产计价和处理原则以及对资产的汇总管理。

**例 5-4** 设置 106 账套固定资产的增减方式如表 5-3 所示。

表 5-3 固定资产增减方式表

| 增加方式 | 对应入账科目 | 减少方式 | 对应入账科目 |
|---|---|---|---|
| 直接购入 | 银行存款(1002) | 出售 | 固定资产清理(1606) |
| 投资者投入 | 实收资本(4001) | 盘亏 | 待处理财产损溢(1901) |
| 盘盈 | 以前年度损益调整(6901) | 投资转出 | 固定资产清理(1606) |
| 在建工程转入 | 在建工程(1604) | 报废 | 固定资产清理(1606) |

**操作步骤**

(1) 在“用友 T6-企业管理软件”企业门户的“业务”页签中，单击“财务会计”|“固定资产”|“设置”|“增减方式”，打开“固定资产增减方式”窗口，如图 5-17 所示。

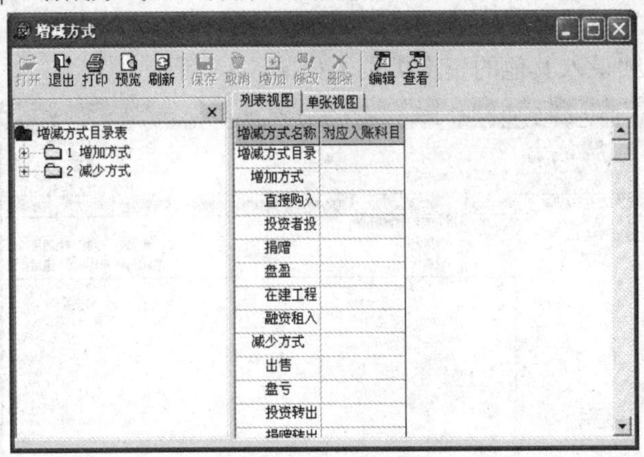


图 5-17 固定资产增减方式窗口

(2) 单击“直接购入”所在行，再单击“修改”按钮，打开“增减方式—单张视图”对话框，如图5-18所示。

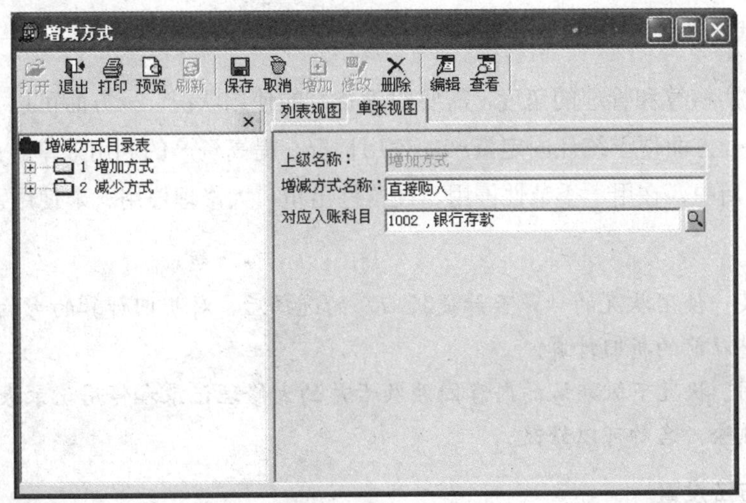


图5-18 增减方式—单张视图

(3) 单击“入账科目”栏“参照”按钮，选择“1002 银行存款”。

(4) 单击“保存”按钮。

(5) 依此方法继续录入其他的固定资产增减方式所对应的会计科目，如图5-19所示。

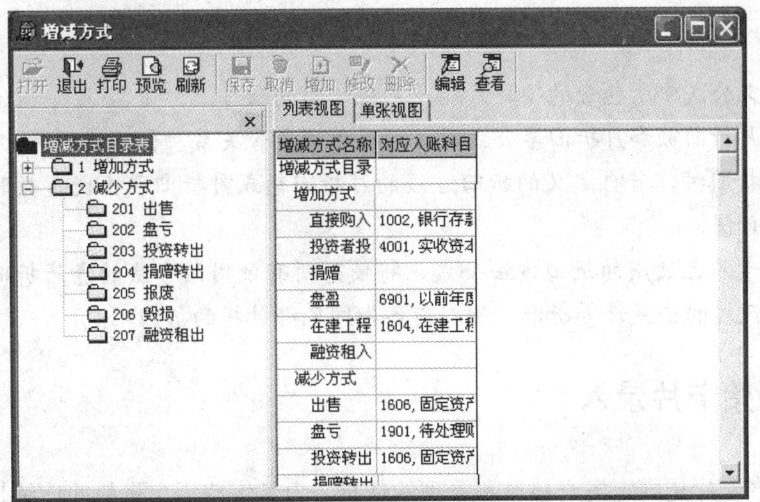


图5-19 固定资产增减方式全表

(6) 单击“退出”按钮，退出。

注意

- 此处所设置的对应入账科目是为了在进行增加及减少固定资产业务处理时直接生成凭证中的会计科目。

- 非明细级增减方式不能删除，已使用的增减方式不能删除。
- 生成凭证时如果入账科目发生了变化，可以进行修改。

6. 使用状况设置

从固定资产核算和管理的角度，需要明确资产的使用状况，一方面可以正确地计算和计提折旧，另一方面便于统计固定资产的使用情况，提高资产的利用效率。系统预置的使用状况有：使用中、在用、季节性停用、经营性出租、大修理停用、未使用及不需用。

注意

- 修改某一使用状况的“是否计提折旧”的选择后，对折旧计算的影响从当期开始，不调整以前的折旧计算。
- “在用”状况下级默认的内容因涉及卡片的大修理记录和停用记录表的自动填写，不能删除，名称可以修改。

7. 折旧方法设置

折旧方法设置是系统自动计算折旧的基础。系统给出了常用的五种方法：不提折旧、平均年限法(一和二)、工作量法、年数总和法、双倍余额递减法。这几种方法是系统设置的折旧方法，只能选用，不能删除和修改。如果这几种方法不能满足企业的使用需要，系统提供了折旧方法的自定义功能，可以定义自己合适的折旧方法的名称和计算公式。

注意

- 自定义公式中所包含的项目只能是系统给定的项目。
- 定义月折旧额和月折旧率公式时必须有单项包含关系，但不能同时互相包含。
- 计提折旧时，若自定义的折旧方法的月折旧额或月折旧率出现负数时，自动终止折旧计提。
- 修改卡片已使用的折旧方法公式，将使得所有使用该方法的资产折旧的计提方法按修改过的公式计算折旧。但以前各期间已经计提的折旧不变。

### 5.1.3 原始卡片录入

固定资产卡片是固定资产核算和管理的依据，为了保持历史资料的连续性，在使用固定资产核算前，除了要进行基础设置的工作外，必须将建账日期以前的数据录入到系统中，使固定资产系统中有一个完整的数据资料。原始卡片的录入不限制必须在第一个期间结账前，任何时候都可以录入原始卡片。

**例 5-5** 录入 106 账套固定资产的原始卡片如表 5-4 所示。

表 5-4 固定资产原始卡片

| 卡 片 编 号 | 00001 | 00002 | 00003 |
|---|---|---|---|
| 固定资产编号 | 010001 | 02100001 | 02200001 |
| 固定资产名称 | 办公楼 | 计算机 | 汽车 |
| 类别编号 | 01 | 021 | 022 |
| 类别名称 | 房屋 | 办公设备 | 运输设备 |
| 部门名称 | 生产部 | 财务部 | 市场部 |
| 增加方式 | 在建工程转入 | 直接购入 | 投资者投入 |
| 使用状况 | 在用 | 在用 | 在用 |
| 使用年限 | 30年 | 5年 | 15年 |
| 折旧方法 | 平均年限法(一) | 平均年限法(一) | 平均年限法(一) |
| 开始使用日期 | 2005年1月1日 | 2006年1月15日 | 2005年3月1日 |
| 币种 | 人民币 | 人民币 | 人民币 |
| 原值 | 1 200 000 | 24 000 | 360 000 |
| 净残值率 | 2% | 2% | 2% |
| 净残值 | 24 000 | 480 | 7200 |
| 累计折旧 | 113 400 | 13 692 | 68 040 |
| 月折旧率 | 0.0027 | 0.0163 | 0.0054 |
| 月折旧额 | 3240 | 391.2 | 1944 |
| 净值 | 1 086 600 | 10 308 | 291 960 |
| 对应折旧科目 | 5101 制造费用 | 660205 管理费用—折旧费 | 660105 销售费用—折旧费 |

**操作步骤**

(1) 在“用友T6-企业管理软件”企业门户的“业务”页签中，单击“财务会计”|“固定资产”|“卡片”|“录入原始卡片”，打开“资产类别参照”窗口，如图5-20所示。

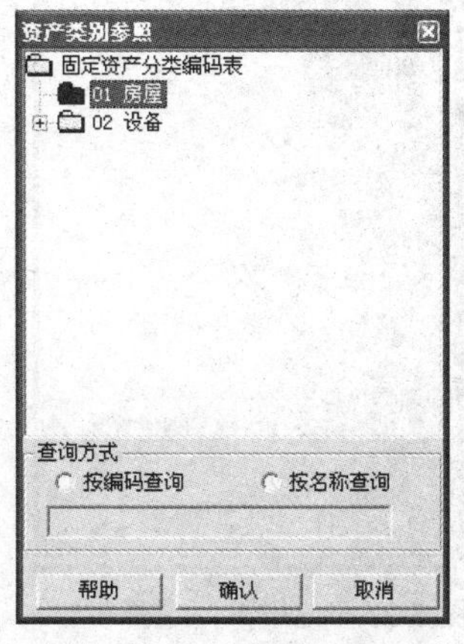


图 5-20 资产类别参照

(2) 单击“确认”按钮，打开“固定资产卡片[录入原始卡片:00001 号卡片]”对话框，如图 5-21 所示。

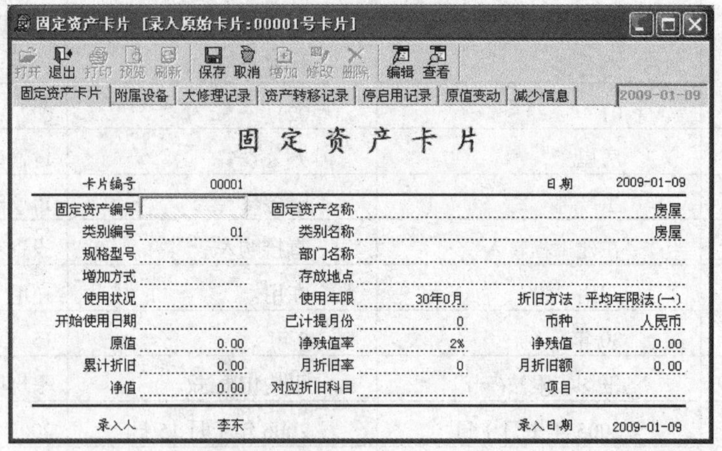

图 5-21　00001 号固定资产卡片

(3) 录入固定资产编号“010001”，单击“部门名称”，出现“部门名称”按钮，再单击“部门名称”按钮，出现“固定资产—本资产部门使用方式”对话框，如图 5-22 所示。

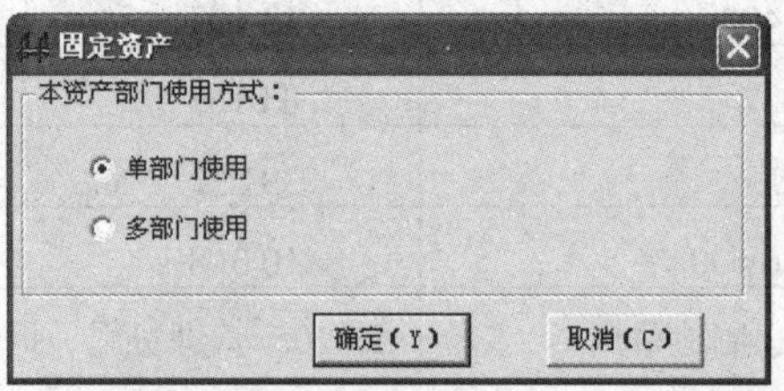

图 5-22　部门使用方式选择窗口

(4) 单击“确定”按钮，出现“部门参照”对话框。单击选中“生产部”，如图 5-23 所示。

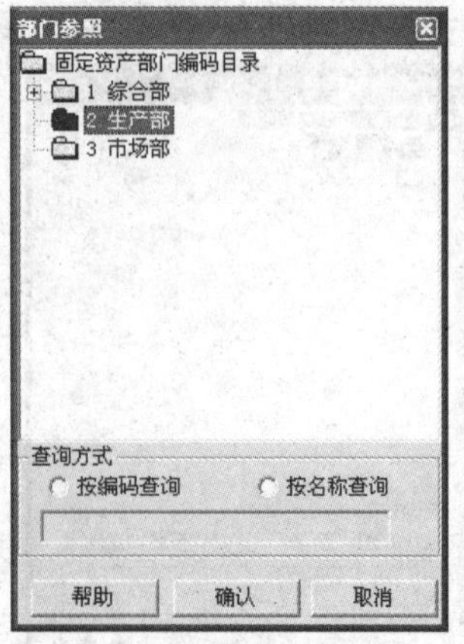

图 5-23　使用部门选择窗口

(5) 单击“确认”按钮，单击“增加方式”，出现“增加方式”按钮，再单击“增加方式”按钮，出现“增加方式参照”对话框，单击选中“在建工程转入”，如图5-24所示。

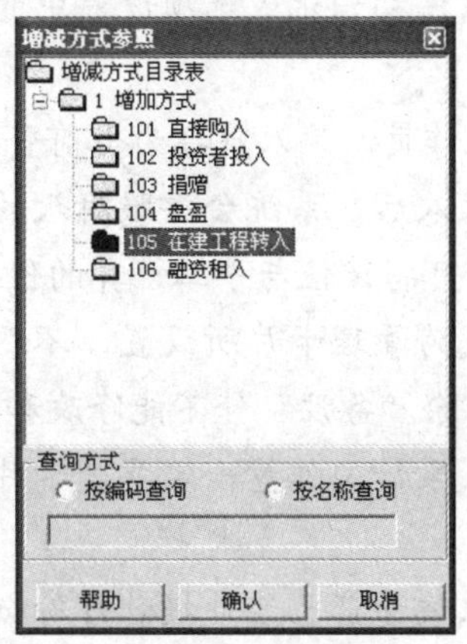


图5-24 “增减方式参照”窗口

(6) 单击“确认”按钮，单击“使用状况”，出现“使用状况”按钮，再单击“使用状况”按钮，出现“使用状况参照”对话框。

(7) 单击“确认”按钮，单击“开始使用日期”，在“开始使用日期”栏录入“2005-01-01”。

(8) 单击“原值”，在“原值”栏录入“1200000”。

(9) 单击“累计折旧”，在“累计折旧”栏录入“113400”，如图5-25所示。

**固 定 资 产 卡 片**

| 卡片编号 | 00001 | | | 日期 | 2009-01-09 |
|---|---|---|---|---|---|
| 固定资产编号 | 0100001 | 固定资产名称 | | | 房屋 |
| 类别编号 | 01 | 类别名称 | | | 房屋 |
| 规格型号 | | 部门名称 | | | 生产部 |
| 增加方式 | 在建工程转入 | 存放地点 | | | |
| 使用状况 | 在用 | 使用年限 | 30年0月 | 折旧方法 | 平均年限法(一) |
| 开始使用日期 | 2005-01-01 | 已计提月份 | 47 | 币种 | 人民币 |
| 原值 | 1200000.00 | 净残值率 | 2% | 净残值 | 24000.00 |
| 累计折旧 | 113400 | 月折旧率 | 0.0027 | 月折旧额 | 3240.00 |
| 净值 | 1086600.00 | 对应折旧科目 | 5101,制造费用 | 项目 | |
| 录入人 | 李东 | | | 录入日期 | 2009-01-09 |

图5-25 已填制完成的00001号资产卡片

(10) 单击“保存”按钮。系统提示“数据成功保存”，如图5-26所示。

图5-26 卡片成功保存提示

(11) 单击“确定”按钮。依此方法继续录入其他的原始卡片。

注意

- 卡片中的固定资产编号根据初始化或选项设置中的编码方式自动编码或需要用户手工录入。
- 录入人自动显示为当前操作员，录入日期为当前登录日期。
- 与计算折旧有关的项目录入后，系统会按照输入的内容将本月应提的折旧额显示在“月折旧额”项目内，可将该值与手工计算的值比较，看是否有录入错误。
- 其他页签录入的内容只是为管理卡片所设置，不参与计算。并且除附属设备外，其他内容在录入月结账后除“备注”外不能修改和输入，由系统自动生成。
- 录入的原值、累计折旧、累计工作量一定要是卡片录入月月初的价值，否则将会出现计算错误。
- 已计提月份必须严格按照该资产已经计提的月份数，不包括使用期间停用等不计提折旧的月份，否则不能正确计算折旧。
- 开始使用日期，必须采用 YYYY-MM-DD 形式录入。其中年和月对折旧计提有影响，日期不会影响折旧的计提，但是也必须录入。
- 如果输入原值和净值，可自动计算累计折旧。
- 对应折旧科目会根据所选择的使用部门自动带出。

## 5.2 日常业务处理

固定资产的日常业务处理主要包括企业平时的固定资产卡片管理、固定资产的增减业务处理及各种变动管理。

### 5.2.1 固定资产卡片管理

卡片管理是对固定资产系统中所有卡片进行综合管理的功能操作。通过卡片管理可完成卡片修改、卡片删除、卡片查询及卡片打印等操作。

#### 1. 卡片查询

卡片查询既可以查询单张卡片的信息，也可以查询卡片汇总的信息。每一张卡片在固定资产列表显示为一条记录行。通过这条记录行或快捷信息窗体可查看该资产的简要信息，要想查看详细情况，可以在卡片管理列表中选中要查看的卡片记录行，双击该记录行，即显示单张卡片的详细内容。查看卡片汇总信息即查看企业实际业务中的固定资产台账。固定资产系统设置按部门查询、按类别查询、自定义查询三种查询方式。

**例 5-6** 查询 106 账套全部固定资产卡片并查询生产部的固定资产情况。

**操作步骤**

(1) 在“用友 T6-企业管理软件”企业门户的“业务”页签中，单击“财务会计”|“固定资产”|“卡片”|“卡片管理”，打开“卡片管理[全部卡片]”窗口，如图 5-27 所示。

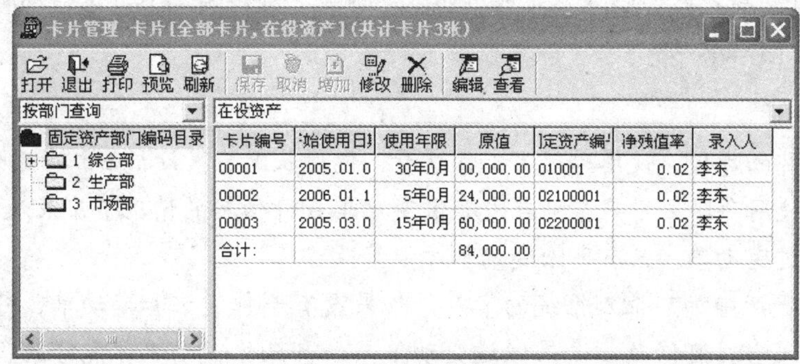


图 5-27 资产卡片全表

(2) 单击左侧窗口中“固定资产部门编码目录”中的“生产部”，在右侧窗口中显示生产部的固定资产情况，如图 5-28 所示。

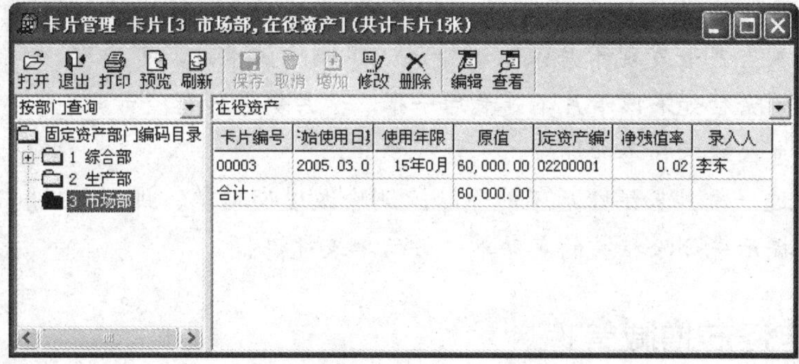


图 5-28 生产部资产卡片

(3) 单击“退出”按钮，退出。

**注意**

- 按部门查询卡片可以从左边查询条件下拉列表框中选择“按部门查询”，目录区显示部门目录，选择“部门编码目录”，右边显示所有在役和已减少资产状况；选择要查询的部门名称，则右侧列表显示的就是属于该部门的卡片列表。在役资产和已减少资产可分别显示。
- 按类别查询卡片可以从左边查询条件下拉列表框中选择“按类别查询”，目录区显示类别目录，选择“分类编码表”，右边显示所有在役和已减少资产状况；选择要查询的固定资产类别，则右侧列表显示的就是属于该类别的卡片列表。在役资产和已减少资产可分别显示。
- 双击某一卡片则打开该卡片，可以查看该卡片的所有内容。

### 2. 卡片修改与删除

当发现卡片录入有错误，或资产在使用过程中有必要修改卡片的一些内容时，可以通过卡片修改功能实现，这种修改为无痕迹修改。删除卡片是指把卡片资料彻底从系统中删除，并不是资产清理或减少。

**注意**

- 原始卡片的原值、使用部门、工作总量、使用状况、累计折旧、净残值(率)、折旧方法、使用年限、资产类别在没有做变动单或评估单的情况下，录入当月可修改。如果做过变动单，只有删除变动单才能修改。
- 通过“资产增加”录入系统的卡片，如果没有制作凭证和变动单、评估单的情况下，录入当月可修改。如果做过变动单，只有删除变动单才能修改。如果已制作凭证，要修改原值或累计折旧必须删除凭证后，才能修改。
- 在做过一次月末结账后，原值、使用部门、使用状况、累计折旧、净残值(率)、折旧方法、使用年限、资产类别各项目只能通过变动单或评估单调整，不能通过卡片修改功能改变。
- 卡片录入当月若发现卡片录入有错误，想删除该卡片，可通过“卡片删除”功能实现，删除后如果该卡片不是最后一张，卡片编号保留空号。
- 非本月录入的卡片不能删除。
- 卡片做过一次月末结账后不能删除。删除做过变动单、评估单或凭证的卡片时，系统会提示先删除相关的变动单、评估单或凭证。

## 5.2.2 固定资产增减管理

### 1. 固定资产增加

“资产增加”即新增加固定资产卡片。在系统日常使用过程中，可能会购进或通过其他方式增加企业资产，该部分资产通过“资产增加”操作录入系统。当固定资产开始使用日期的会计期间=录入会计期间时，才能通过“资产增加”录入。

**例 5-7** 2009 年 1 月 31 日，生产部直接购入一台电脑，价值 26 000 元，预计使用年限 5 年，预计净残值率为 3%，采用年数总和法计提折旧。

**操作步骤**

(1) 在“用友 T6-企业管理软件”企业门户的“业务”页签中，单击“卡片”菜单中的“资产增加”，打开“资产类别参照”窗口，单击选中“设备”中的“办公设备”，如图 5-29 所示。

(2) 单击“确认”按钮，打开“固定资产卡片[新增资产：00004 号卡片]”窗口。

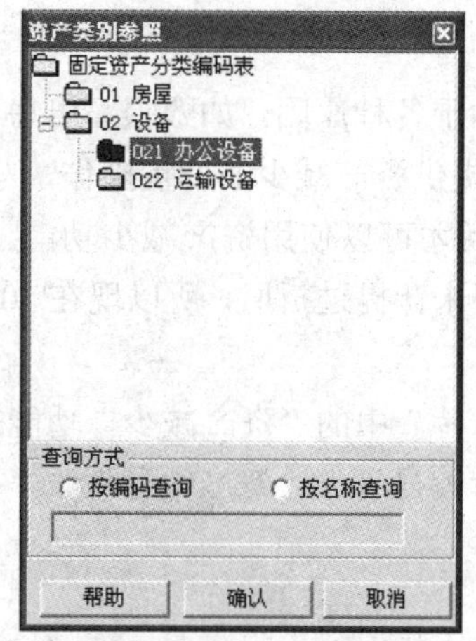


图 5-29　资产类别参照

(3) 录入固定资产编号“021002”，修改固定资产名称为“电脑”，分别录入或选择部门名称为“生产部”、增加方式为“直接购入”、使用状况为“在用”、原值为“26000”、折旧方法为“年数总和法”，如图 5-30 所示。

**固 定 资 产 卡 片**

| 卡片编号 | 00004 | | | 日期 | 2009-01-31 |
|---|---|---|---|---|---|
| 固定资产编号 | 02100002 | 固定资产名称 | | | 电脑 |
| 类别编号 | 021 | 类别名称 | | | 办公设备 |
| 规格型号 | | 部门名称 | | | 生产部 |
| 增加方式 | 直接购入 | 存放地点 | | | |
| 使用状况 | 在用 | 使用年限 | 5年0月 | 折旧方法 | 年数总和法 |
| 开始使用日期 | 2009-01-31 | 已计提月份 | 0 | 币种 | 人民币 |
| 原值 | 26000.00 | 净残值率 | 2% | 净残值 | 520.00 |
| 累计折旧 | 0.00 | 月折旧率 | 0 | 月折旧额 | 0.00 |
| 净值 | 26000.00 | 对应折旧科目 | 5101，制造费用 | 项目 | |
| 录入人 | 李东 | | | 录入日期 | 2009-01-31 |

图 5-30　已填制完成的 00004 号资产卡片

(4) 单击“保存”按钮，系统提示“数据成功保存”，单击“确定”按钮。

**注意**

- 新卡片第一个月不提折旧，折旧额为空或零。
- 录入的原值应是卡片录入月月初的价值，否则将会出现计算错误。
- 如果录入的累计折旧、累计工作量不是零，说明是旧资产，该累计折旧或累计工作量是在进入本企业前的价值。
- 已计提月份必须严格按照该资产在其他单位已经计提或估计已计提的月份数，不包括使用期间停用等不计提折旧的月份，否则不能正确计算折旧。

### 2. 固定资产减少

资产在使用过程中，总会由于各种原因，如毁损、出售、盘亏等，退出企业，该部分操作称为“资产减少”。系统中提供资产减少的批量操作，为同时清理一批资产提供方便。

只有当账套开始计提折旧后才可以使用资产减少功能，否则资产的减少只能通过删除卡片来完成。由于106账套还未计提过折旧，所以现在106账套还不能进行资产减少的操作。

资产减少的操作是通过“卡片”中的“资产减少”功能来完成的。在资产减少时应分别在资产减少功能中录入“卡片编号”、“资产编号”、“减少方式”及“减少日期”等内容。

**注意**

- 如果误减少资产，可以使用系统提供的纠错功能来恢复。只有当月减少的资产才可以恢复。如果资产减少操作已制作了凭证，则必须在删除凭证后才能恢复。
- 只要卡片未被删除，就可以通过卡片管理中“已减少资产”来查看减少的资产。

### 3. 固定资产变动管理

资产在使用过程中，可能会调整卡片上的某些项目，这种变动要求留下原始凭证，制作的原始凭证称为“变动单”。资产的变动包括原值变动、部门转移、使用状况变动、使用年限调整、折旧方法调整、净残值(率)调整等。

系统约定本月录入的卡片和本月增加的资产不允许进行变动处理，因此，要进行资产变动必须先计提折旧并制单、结账后才能进行有关变动的处理。

固定资产变动管理是在“卡片”中的“变动单”或“批量变动”功能中完成的。打开变动单后输入相应的变动内容并制单即可。

**注意**

- 变动单保存后不能修改，只能在当月删除后重新填制。
- 进行使用年限调整的资产在调整的当月就按调整后的使用年限计提折旧。
- 进行折旧方法调整的资产在调整的当月就按调整后的折旧方法计提折旧。
- 如果进行累计折旧调整则应保证调整后的累计折旧大于净残值。

## 5.3 期末业务处理

在固定资产系统中，期末业务处理的工作主要包括计提折旧、制单处理及对账与结账的处理工作。

## 5.3.1 折旧处理

自动计提折旧是固定资产系统的主要功能之一。系统根据已经录入系统的有关固定资产资料每期计提折旧一次，并自动生成折旧分配表，然后制作记账凭证，将本期的折旧费用自动登账，并将当期的折旧额自动累加到累计折旧项目。

影响折旧的因素主要有原值、减值准备、累计折旧、净残值(率)、折旧方法、使用年限及使用状况。

**例 5-8** 计提 106 账套 2009 年 1 月的固定资产折旧。

(1) 在“用友 T6-企业管理软件”企业门户的“业务”页签中，单击“财务会计”|“固定资产”|“处理”|“计提本月折旧”，系统提示“计提折旧后是否要查看折旧清单？”，如图 5-31 所示。

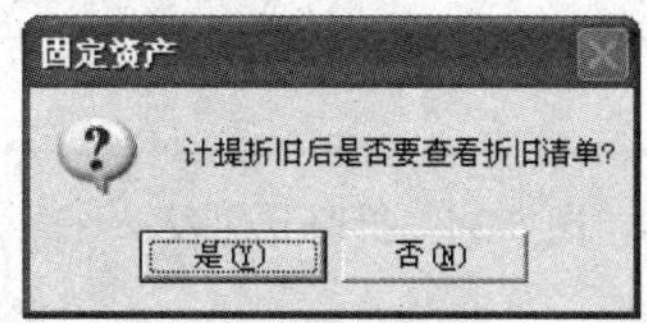


图 5-31 是否要查看折旧清单提示

(2) 单击“是”按钮，系统提示“本操作将计提本月折旧，并花费一定时间，是否要继续？”，如图 5-32 所示。

图 5-32 是否计提折旧提示

(3) 单击“是”按钮，生成“折旧清单”，如图 5-33 所示。

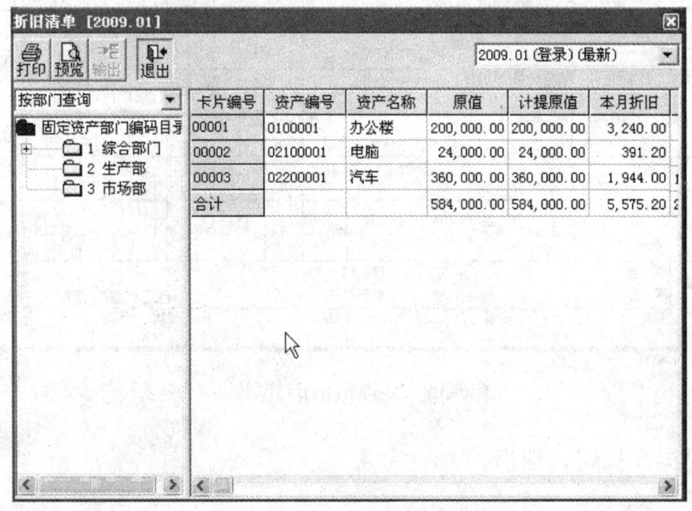


图 5-33 计提折旧结果

(4) 单击“退出”按钮，打开“折旧分配表”窗口，如图 5-34 所示。

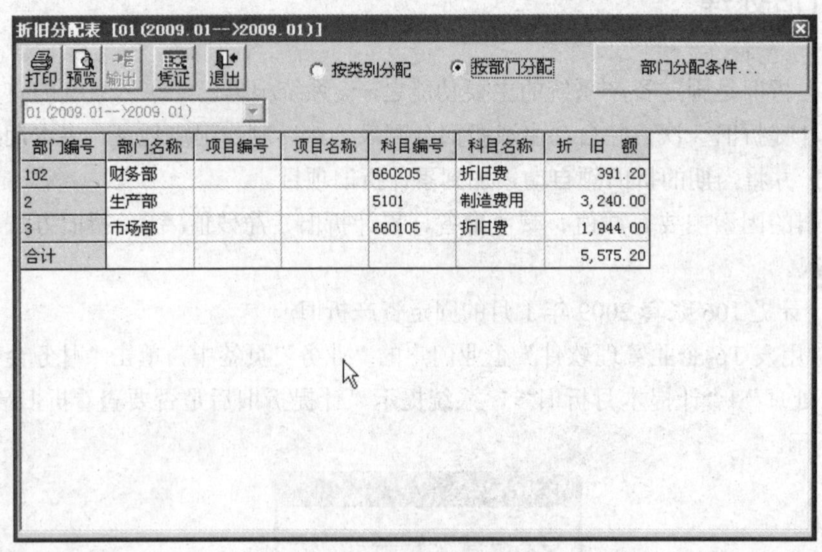


| 部门编号 | 部门名称 | 项目编号 | 项目名称 | 科目编号 | 科目名称 | 折 旧 额 |
|---|---|---|---|---|---|---|
| 102 | 财务部 | | | 660205 | 折旧费 | 391.20 |
| 2 | 生产部 | | | 5101 | 制造费用 | 3,240.00 |
| 3 | 市场部 | | | 660105 | 折旧费 | 1,944.00 |
| 合计 | | | | | | 5,575.20 |

图 5-34　折旧分配表

(5) 单击“凭证”按钮，生成一张计提折旧的记账凭证，选择凭证种类为“转账凭证”，单击第 4 条分录的科目名称栏的“参照”按钮选择“1602 累计折旧”，再单击“保存”按钮，保存计提折旧的记账凭证，如图 5-35 所示。

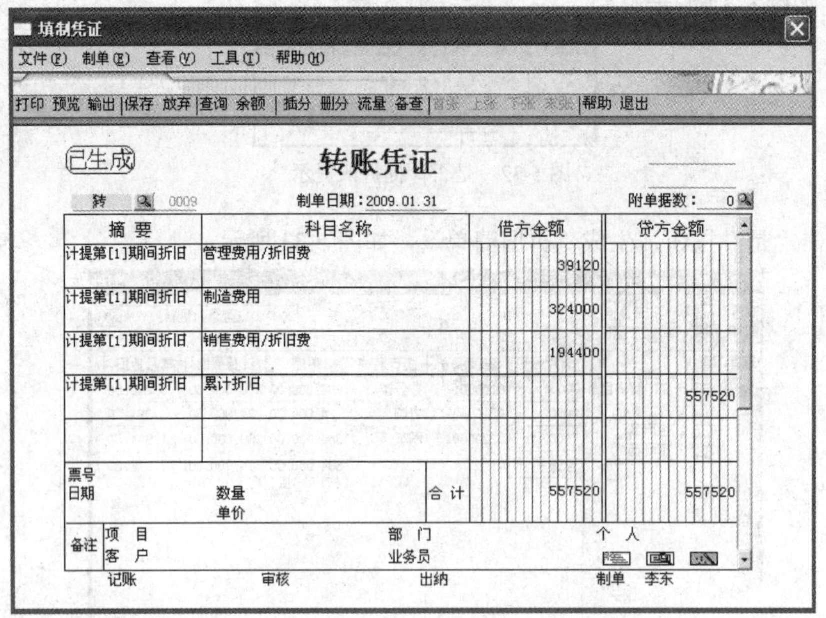


| 摘 要 | 科目名称 | 借方金额 | 贷方金额 |
|---|---|---|---|
| 计提第[1]期间折旧 | 管理费用/折旧费 | 39120 | |
| 计提第[1]期间折旧 | 制造费用 | 324000 | |
| 计提第[1]期间折旧 | 销售费用/折旧费 | 194400 | |
| 计提第[1]期间折旧 | 累计折旧 | | 557520 |
| | 合 计 | 557520 | 557520 |

图 5-35　计提折旧的凭证

(6) 单击“退出”按钮，退出。

注意

- 本系统在一个期间内可以多次计提折旧，每次计提折旧后，只是将计提的折旧累加到月初的累计折旧，不会重复累计。
- 如果上次计提折旧已制单，把数据传递到了账务系统，则必须删除该凭证才能重新计提折旧。
- 计提折旧后又对账套进行了影响折旧计算或分配的操作，必须重新计提折旧，否则系统不允许结账。
- 如果自定义的折旧方法月折旧率或月折旧额出现负数，自动中止计提。

## 5.3.2 制单处理

### 1. 批量制单

固定资产系统和总账系统之间存在数据的自动传输关系，这种传输是通过记账凭证来完成的。固定资产系统中要制作凭证的业务内容主要包括资产增加、资产减少、卡片修改(涉及原值和累计折旧时)、资产评估(涉及原值和累计折旧时)、原值变动、累计折旧调整及折旧分配。

制作凭证可以采用“立即制单”和“批量制单”两种方法。当在“选项”中设置了“业务发生后立即制单”，则当发生需制单的业务时，系统自动调出不完整的凭证供修改后保存；如果在“选项”中未选中“业务发生后立即制单”，则可以利用系统提供的“批量制单”功能完成制单的工作。批量制单功能可以同时将一批需要制单的业务连续制作凭证并传输到总账系统。

注意

- 在固定资产系统中所生成的凭证可以在“凭证查询”功能中进行查询、修改和删除的操作。
- 由固定资产系统传递到总账系统中的凭证，在总账系统中不能修改和删除。
- 修改凭证时，能修改的内容仅限于摘要、用户自行增加的凭证分录、系统默认的折旧科目，而系统缺少的分录的金额是与原始交易所相关的，不能修改。

**例 5-9** 生成 106 账套新增固定资产的记账凭证。

**操作步骤**

(1) 在“用友 T6-企业管理软件”企业门户的“业务”页签中，单击“财务会计”|“固定资产”|“处理”|“批量制单”，打开“批量制单—制单选择”对话框。

(2) 双击选中“制单”栏，如图 5-36 所示。

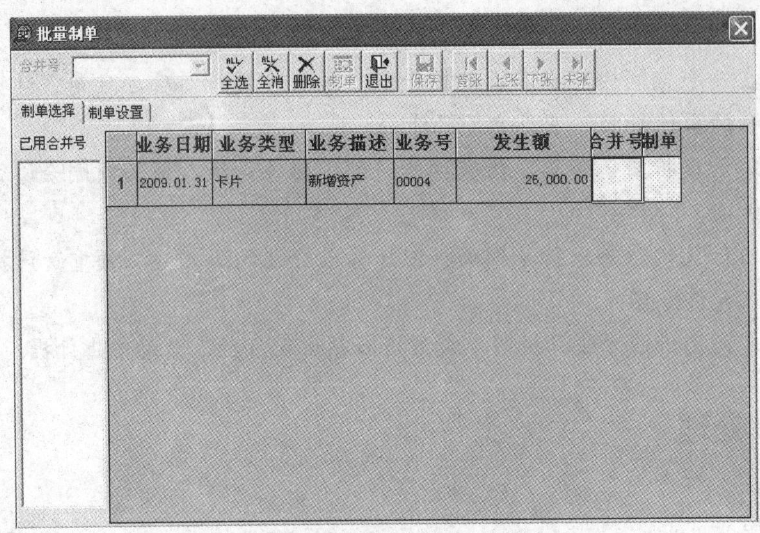


图 5-36　“批量制单”对话框

(3) 单击“制单设置”页签，打开“批量制单—制单设置”对话框。

(4) 在第 1 行科目栏录入“1601 固定资产”，如图 5-37 所示。

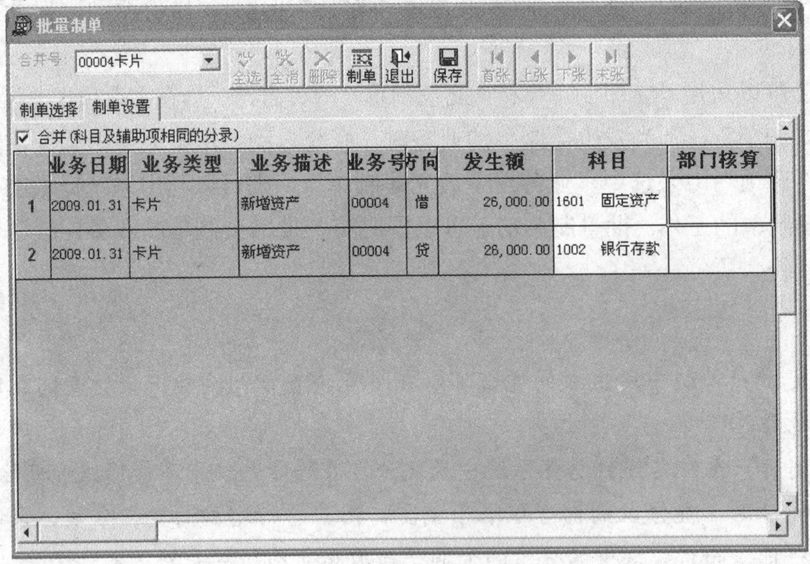


图 5-37　“批量制单—制单设置”对话框

(5) 单击“制单”按钮，生成增加固定资产的记账凭证。录入摘要“新增固定资产”，单击“流量”按钮，打开“现金流量表”对话框，选择现金流量项目“13 购买固定资产、无形资产和其他长期资产支付的现金”，选择凭证类别为“付款凭证”。

(6) 单击“保存”按钮，如图 5-38 所示。

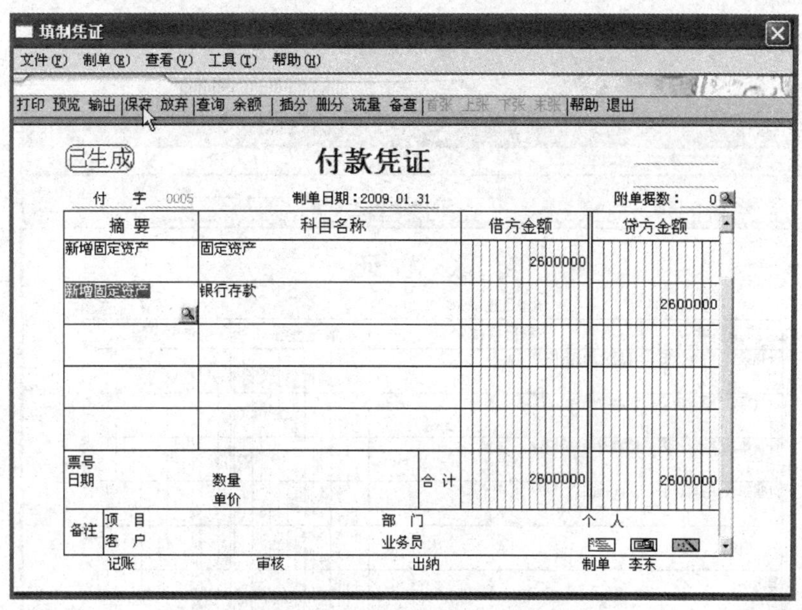


图 5-38　增加固定资产的记账凭证

### 2. 凭证查询

无论采用立即制单方式还是批量制单方式，均可以在凭证查询功能中查询到所有已经生成的记账凭证，并且可以在凭证查询功能中对错误的凭证进行删除的操作。

**例 5-10**　查询 106 账套在固定资产系统中生成的“计提折旧”的记账凭证。

### 操作步骤

(1) 在“用友 T6-企业管理软件”企业门户的“业务”页签中，单击“财务会计”|“固定资产”|“处理”|“凭证查询”，打开“凭证查询”对话框，如图 5-39 所示。

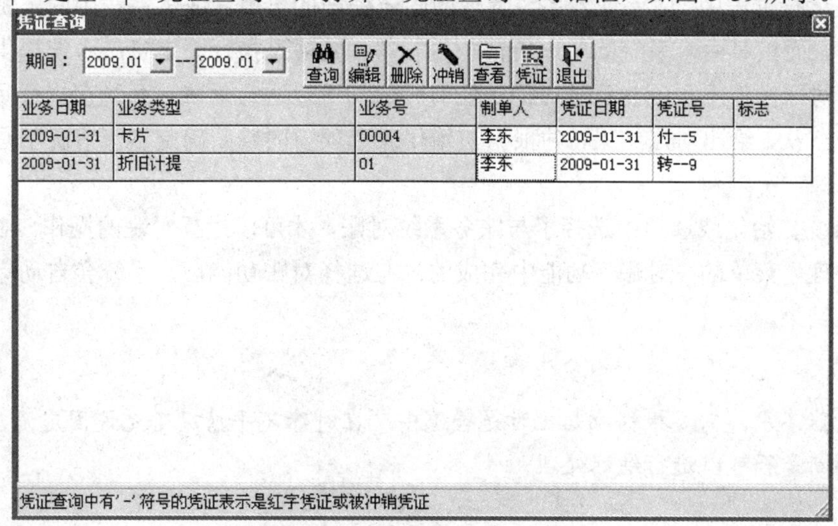


图 5-39　“凭证查询”对话框

(2) 单击选中“业务类型”为“折旧计提”的凭证所在行，再单击“凭证”按钮，如图 5-40 所示。

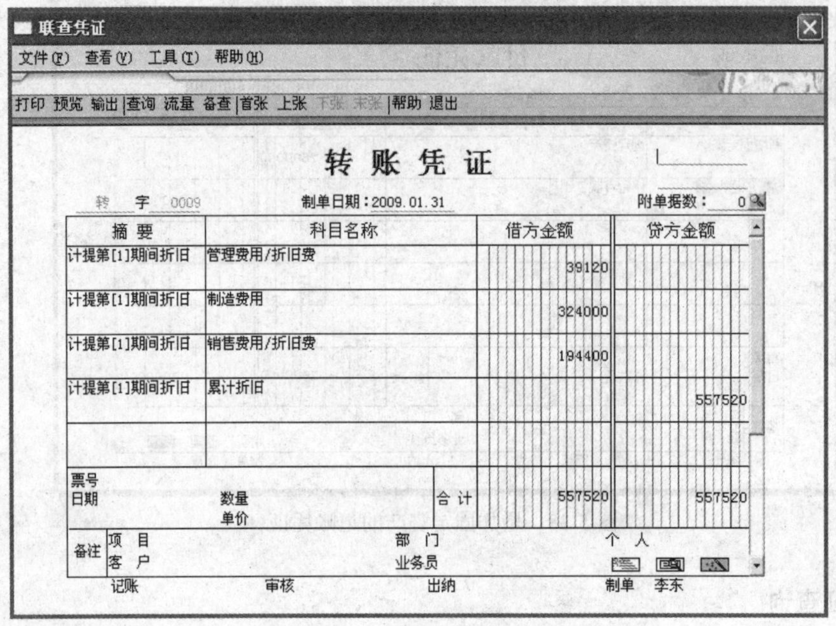

图 5-40　计提折旧的记账凭证

## 5.3.3　对账与结账处理

### 1. 对账

系统在运行过程中，应保证本系统管理的固定资产的价值和账务系统中固定资产科目的数值相等。而核对两个系统的资产价值是否相等，应通过执行固定资产系统提供的对账功能实现，对账操作不限制执行的时间，任何时候均可以进行对账。系统在执行月末结账时自动对账一次，给出对账结果，并根据初始化或选项中的判断确定不平情况下是否允许结账。

只有系统初始化或选项中选择了与账务系统对账，才可以进行对账的操作。对账的操作是在“处理”菜单的“对账”功能中完成的，在选择对账功能后，系统会自动完成对账并给出对账结果。

**注意**

如果对账不平，需要根据初始化时是否选中“在对账不平情况下允许固定资产月末结账”来判断是否可以进行结账处理。

2. 结账

当固定资产系统完成了本月全部制单业务后，可以进行月末结账。月末结账每月进行一次，结账后当期数据不能修改。结账的操作是在“固定资产”|“处理”|“月末结账”功能中完成的。结账后如果发现有本月未处理的业务或需要修改的事项，可以通过系统提供的“恢复月末结账前状态”功能进行反结账。

注意

- 本期不结账，将不能处理下期的数据；结账前一定要进行数据备份。
- 不能跨年度恢复数据，即本系统年末结转后不能利用本功能恢复年末结转。

### 5.3.4 账表管理

在固定资产管理的过程中，需要及时掌握资产的统计、汇总和其他各方面的信息。在固定资产系统中根据用户对系统的日常操作自动提供这些信息，以报表的形式提供给财务人员和资产管理人员。本系统提供的报表分为四类：账簿、折旧表、汇总表、分析表。另外，如果所提供的报表不能满足要求，系统还提供了自定义报表的功能，可以根据需要定义符合要求的报表。

1. 固定资产账簿

在进行了固定资产的日常业务处理之后，系统根据业务内容直接生成有关的固定资产账簿资料。固定资产的账簿资料主要包括固定资产总账、固定资产明细账及固定资产登记簿。固定资产明细账包括单个固定资产明细账和分别按部门或按类别登记的固定资产明细账。这些账簿以不同的方式，序时地反映了资产的变化情况，在查询的过程中可以联查到某一时期或某一部门、某一类别的明细资料及记账凭证，从而获得全面的固定资产的信息。

固定资产账簿可以在“账表”菜单中“我的账表”功能中的“账簿”中查询。

2. 分析表

固定资产分析表主要通过对固定资产的综合分析，为管理者提供管理和决策依据。系统提供了四种分析表，即部门构成分析表、价值结构分析表、类别构成分析表和使用状况分析表。管理者可以通过这些分析表了解企业固定资产的计提折旧的情况和剩余价值大小等内容。

固定资产分析表可以在“账表”菜单“我的账表”功能的“分析表”中查询。

3. 统计表

统计表是出于管理资产的需要，按管理目的统计的数据。系统提供了 8 种统计表：固定资产原值一览表、固定资产到期提示表、固定资产统计表、评估汇总表、评估变动表、盘盈盘亏报告表、逾龄资产统计表、役龄资产统计表。这些表从不同的侧面对固定资产进行统计和分析，使管理者可以全面、细致地了解企业对资产的管理，为及时掌握资产的价值、数量以及新旧程度等指标提供依据。

4. 折旧表

系统提供了5种折旧表，即部门折旧计提汇总表、固定资产及累计折旧表、固定资产折旧计算明细表及固定资产折旧清单表。通过固定资产折旧表可以了解并掌握企业所有固定资产本期、本年中某部门、某类别固定资产计提折旧及明细情况。

## 5.4 数据维护

### 5.4.1 数据接口管理

数据接口管理即卡片导入功能，可以将企业已有的固定资产核算系统的资产卡片自动写入到本系统中，可以减少手工录入卡片的工作量。为保证卡片导入顺利进行，应在执行该功能之前，仔细阅读卡片导入的约束条件、提示信息和栏目说明的内容。

### 5.4.2 重新初始化账套

系统在运行过程中发现账簿错误很多或太乱，无法或不想通过“反结账”纠错，这种情况可以通过“重新初始化账套”将该账套的内容全部清空，然后从系统初始化开始重新建立账套。

**注意**

- 重新初始化账套是对已经打开的账套而言。
- 执行重新初始化账套会删除该对账套所进行的所有操作。

操作至此的数据已经备份于光盘中的“例题账套(106账套)备份/(4)第5章备份(已完成全部的固定资产业务处理)”。

## 复习思考题

(1) 固定资产系统初始设置的内容有哪些？

(2) 在启用固定资产的当月为什么不能做减少固定资产的操作？

(3) 应如何完成计提固定资产折旧并制单的操作？

(4) 重新初始化账套有何作用？

# 上机实验

## 实验十三　固定资产系统初始化

### 实验准备

已经完成了实验十二的操作，可以引入 C:\My Documents\“300 账套备份”文件夹中“实验十二备份”的账套备份数据，由 301 操作员注册进入 300 账套的“企业门户”，选择“固定资产”项目，启用日期为“2009 年 1 月 1 日”，再进入“固定资产”系统。

### 实验资料

#### 1. 300 账套固定资产系统的参数

固定资产账套的启用月份为“2009 年 1 月”。固定资产采用“平均年限法(一)”计提折旧，折旧汇总分配周期为一个月；当“月初已计提月份=可使用月份-1)”时将剩余折旧全部提足。固定资产编码方式为“2-1-1-2”；固定资产编码方式采用手工输入方法；序号长度为“5”。要求固定资产系统与总账进行对账；固定资产对账科目为“1601　固定资产”；累计折旧对账科目为“1602　累计折旧”；对账不平衡的情况下允许固定资产月末结账。

#### 2. 部门对应折旧科目

| 部门名称 | 贷方科目 |
|---|---|
| 行政部 | 管理费用-折旧费(660204) |
| 财务部 | 管理费用-折旧费(660204) |
| 采购部 | 销售费用(6601) |
| 销售部 | 销售费用(6601) |
| 生产部 | 制造费用(5101) |

#### 3. 固定资产类别

| 类别编码 | 类别名称 | 使用年限 | 净残值率 | 计提属性 | 折旧方法 | 卡片样式 |
|---|---|---|---|---|---|---|
| 01 | 房屋及建筑物 | | | | 平均年限法(一) | 通用样式 |
| 011 | 办公楼 | 30 | 2% | 正常计提 | 平均年限法(一) | 通用样式 |
| 012 | 厂房 | 30 | 2% | 正常计提 | 平均年限法(一) | 通用样式 |
| 02 | 机器设备 | | | | 平均年限法(一) | 通用样式 |
| 021 | 办公设备 | 5 | 3% | 正常计提 | 平均年限法(一) | 通用样式 |

### 4. 固定资产增减方式

| 增加方式 | 对应入账科目 | 减少方式 | 对应入账科目 |
|---|---|---|---|
| 直接购入 | 银行存款-建行人民币(100201) | 出售 | 固定资产清理(1606) |
| 投资者投入 | 实收资本(4001) | 投资转出 | 固定资产清理(1606) |
| 捐赠 | 营业外收入(6301) | 捐赠转出 | 固定资产清理(1606) |
| 盘盈 | 以前年度损益调整(6901) | 盘亏 | 待处理财产损益(1901) |
| 在建工程转入 | 在建工程(1604) | 报废 | 固定资产清理(1606) |

### 5. 固定资产原始卡片

| 卡片编号 | 00001 | 00002 | 00003 |
|---|---|---|---|
| 固定资产编号 | 01100001 | 01200001 | 02100001 |
| 固定资产名称 | 1 号楼 | 2 号楼 | 计算机 |
| 类别编号 | 011 | 012 | 021 |
| 类别名称 | 办公楼 | 厂房 | 办公设备 |
| 部门名称 | 行政部 | 生产部 | 财务部 |
| 增加方式 | 在建工程转入 | 在建工程转入 | 直接购入 |
| 使用状况 | 在用 | 在用 | 在用 |
| 使用年限 | 30 年 | 30 年 | 5 年 |
| 折旧方法 | 平均年限法(一) | 平均年限法(一) | 平均年限法(一) |
| 开始使用日期 | 2006-02-08 | 2006-03-10 | 2007-06-01 |
| 币种 | 人民币 | 人民币 | 人民币 |
| 原值 | 4 000 000 | 4 500 000 | 20 000 |
| 净残值率 | 2% | 2% | 3% |
| 累计折旧 | 367 200 | 400 950 | 5832 |
| 对应折旧科目 | 管理费用-折旧费 | 制造费用 | 管理费用-折旧费 |

**实验要求**

(1) 建立固定资产子账套。

(2) 基础设置。

(3) 录入原始卡片。

(4) 账套备份(备份至“我的文档”中“300 账套备份”\“实验十三备份”)。

## 实验十四　固定资产业务处理

### 实验准备

已经完成了实验十三的操作，可以引入 C:\My Documents\“300 账套备份”文件夹中“实验十三备份”的账套备份数据，将系统日期修改为“2009 年 1 月 31 日”，由 301 号操作员注册进入“固定资产”系统。

### 实验资料

#### 1. 修改固定资产卡片

将卡片编号为“00003”的固定资产(计算机)的折旧方式，由“平均年限法(一)”修改为“双倍余额递减法”。

#### 2. 新增固定资产

2009 年 1 月 15 日直接购入并交付销售部使用一台计算机，预计使用年限为 5 年，原值为 12 000 元，净残值率为 3%，采用“年数总和法”计提折旧。

### 实验要求

(1) 修改固定资产卡片。

(2) 增加加固定资产。

(3) 账套备份(备份至“我的文档”中“300 账套备份”\“实验十四备份”)。

## 实验十五　固定资产期末处理

### 实验准备

已经完成了实验十四的操作，可以引入 C:\My Documents\“300 账套备份”文件夹中“实验十四备份”的账套备份数据，将系统日期修改为“2009 年 1 月 31 日”，由 301 操作员注册进入“固定资产”系统。

### 实验要求

(1) 计提 1 月份折旧并生成记账凭证。

(2) 生成增加固定资产的记账凭证。

(3) 账套备份(备份至“我的文档”中“300 账套备份”\“实验十五备份”)。

# Chapter 6

# 往来款管理

## 教学目的与要求

系统学习应收应付款系统初始化的一般方法，日常业务处理的基本知识和操作方法。掌握应收应付款系统与总账系统组合时的基本功能和操作方法。主要包括应收款系统初始化的主要内容和操作方法，日常业务处理中应收单据及收款单据的处理方法、核销方法及转账业务的处理方法。了解错误单据的修改方法及单据查询的内容和方法。

## 6.1 系统初始化

往来账款管理系统包括应收款管理系统及应付款管理系统，是财务系统的两个重要的子系统，其初始化主要包括初始设置、编码档案设置及期初余额的录入。由于应收及应付款管理系统的初始化内容几乎都是一一对应的，这里只以应收款系统的初始化为例介绍应收及应付账款管理系统初始化的内容及操作方法。

### 6.1.1 系统准备

由于往来账款的管理是企业会计核算和管理的一个重要组成部分，应与总账系统一起使用才能全面地进行企业的会计核算与管理，并且往来款管理应在特定的账套中进行，因此，在进行往来款系统初始化之前应做好账套的准备及相应的基础设置等系统准备。

### 1. 账套准备

企业自2009年1月1日开始使用“用友T6-企业管理软件”系统，对企业中生产加工的工厂业务进行往来账款管理，新建一套工厂业务的账套，分别启用总账管理、应收和应付系统。经调研发现企业新建账套的基础设置与原有的106账套基本相同，因此，在建立账套后使用“总账工具”功能复制106账套的基础信息，再进行适当修改后用于新建账套。

**例6-1** 建立107账套，账套名称“光华工厂业务账套”，执行“2007年新会计制度科目”，会计主管为李东(编号：KJ001，密码：123456)，建立账套时不预置会计科目，在经济业务处理时，需对“存货”和“客户”进行分类。需设置的分类编码分别为：科目编码级次“4-2-2-2”，客户分类编码级次“1-2-2”，“存货”分类编码“1-2-2”。创建账套后分别启用“总账”、“应收”和“应付”系统。

**操作步骤**

(1) 在“系统管理”窗口中，单击“账套”|“建立”选项，建立107账套。

(2) “创建账套—核算类型”的设置结果如图6-1所示。

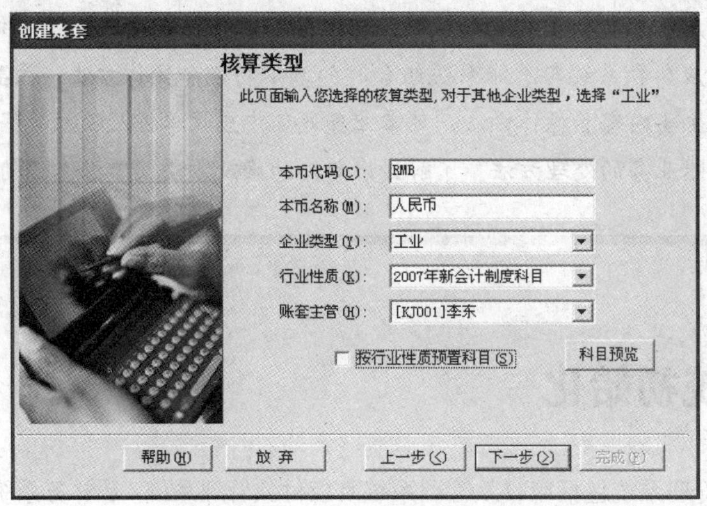


图6-1 核算类型的设置结果

**注意**

由于新建立的107账套将复制106账套的会计科目，因此，在建立账套时不能选择“按行业性质预置会计科目”。

(3) 单击“下一步”按钮，继续进行账套建立的操作。

(4) 建立账套后直接启用“总账”、“应收”和“应付”系统。

(5) 单击“退出”按钮。

### 2. 基础设置

**例6-2** 使用总账工具功能将106账套中的相关基础设置复制到107账套中。应复制的内容包括凭证类别、会计科目、客户分类、客户目录、供应商目录、结算方式、部门目录、个人目录。

**操作步骤**

(1) 执行“开始”|“程序”|“用友 T6-企业管理软件”|“系统服务”|“总账工具”选项。

(2) 单击选中“数据源”中 SQL SERVER 前的单选按钮，再单击 SQL SERVER 的“参照”按钮，出现“数据源信息”对话框。

(3) 在“数据源信息”对话框中的账套号栏录入“106”，如图 6-2 所示。

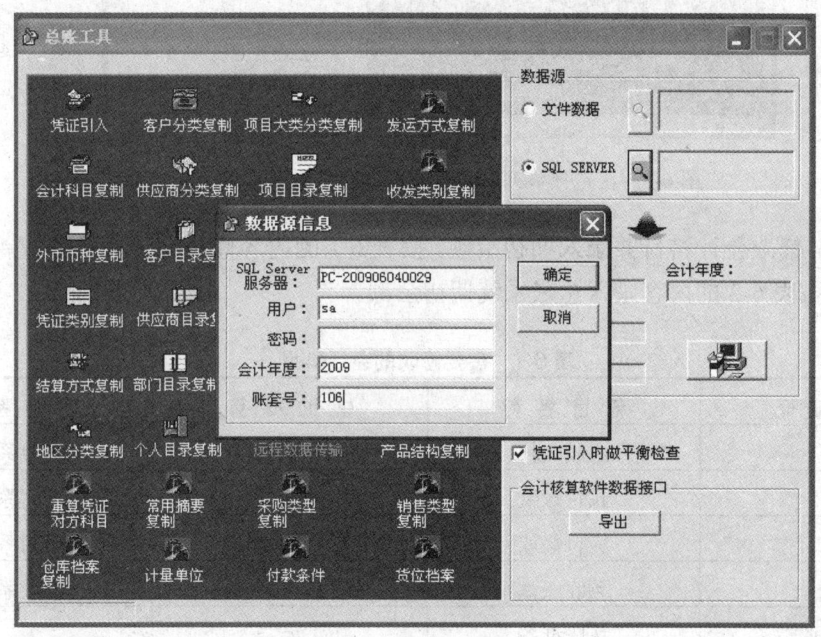


图 6-2　选择数据源账套

(4) 单击“确定”按钮。

(5) 单击“目的数据”中的注册图标，打开“注册〖公用目录设置〗”对话框。

(6) 在“注册〖公用目录设置〗”对话框中，在操作员栏录入“KJ001”，在密码栏录入“123456”，选择“账套”下拉列表框中的“[107]”选项。

(7) 单击“确定”按钮，返回到“总账工具”对话框，如图 6-3 所示。

(8) 双击“会计科目复制”图标，系统弹出“会计科目复制完成，祝贺你”对话框。

(9) 单击“确定”按钮，以此方法继续复制凭证类别、客户分类、客户目录、供应商目录、结算方式、部门目录、个人目录。

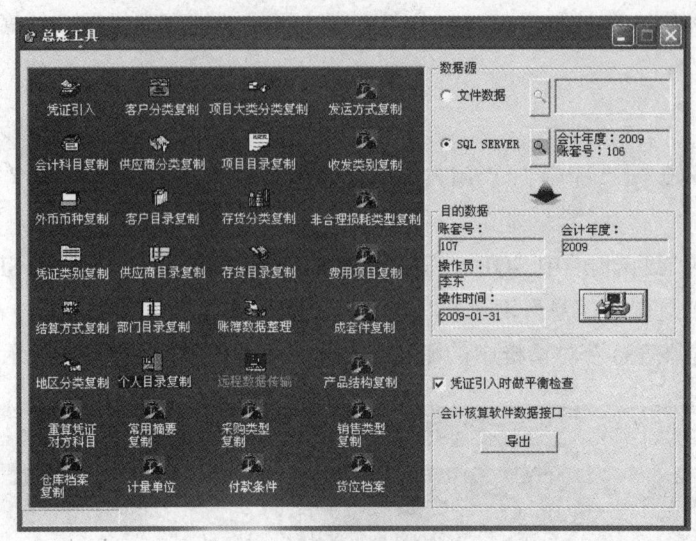


图 6-3　已选择数据源和目的数据的总账工具对话框

**例 6-3**　修改会计科目并录入期初余额。按表 6-1 的内容修改会计科目，删除“140301 A 材料”。按表 6-2 的内容录入总账系统期初余额。

**表 6-1　需要修改的会计科目**

| 科目编码 | 科目名称 | 辅助核算 | 受控系统 |
|---|---|---|---|
| 1122 | 应收账款 | 客户往来 | 应收系统 |
| 1123 | 预付账款 | 供应商往来 | 应付系统 |
| 2202 | 应付账款 | 供应商往来 | 应付系统 |
| 2203 | 预收账款 | 客户往来 | 应收系统 |
| 660206 | 坏账准备 | | |

**表 6-2　总账系统期初余额**

| 科目名称 | 方向 | 期初余额 | 明细内容 |
|---|---|---|---|
| 库存现金 | 借 | 89 020 | |
| 银行存款 | 借 | 425 666 | |
| 个人借款 | 借 | 5 000 | 2008 年 12 月 22 日，“付-13”凭证，市场部 陈红，出差借款 |
| 应收账款 | 借 | 446 000 | 2008 年 11 月 13 日，销售给“大地公司”产品未收款(转账凭证 121 号) |
| 原材料 | 借 | 356 250 | |
| 库存商品 | 借 | 816 934 | |
| 固定资产 | 借 | 1 725 330 | |
| 累计折旧 | 贷 | 595 600 | |

(续表)

| 科目名称 | 方向 | 期初余额 | 明 细 内 容 |
|---|---|---|---|
| 短期借款 | 贷 | 398 000 | |
| 应付账款 | 贷 | 210 600 | 2008 年 12 月 11 日，向“百惠公司”采购材料的应付款(转账凭证 101 号) |
| 长期借款 | 贷 | 660 000 | |
| 实收资本 | 贷 | 2 000 000 | |

**操作步骤**

(1) 以李东的身份注册进入 107 账套的企业门户。

(2) 在“用友 T6-企业管理软件”企业门户的“设置”页签中，单击“基础信息”|“基础档案”|“财务”|“会计科目”。

(3) 在“会计科目”窗口中，将光标移到“1122 应收账款”科目上，单击“修改”按钮。

(4) 选中“客户往来”复选框，单击“受控系统”栏的下三角按钮，选择“应收系统”，即受控于应收系统，如图 6-4 所示。

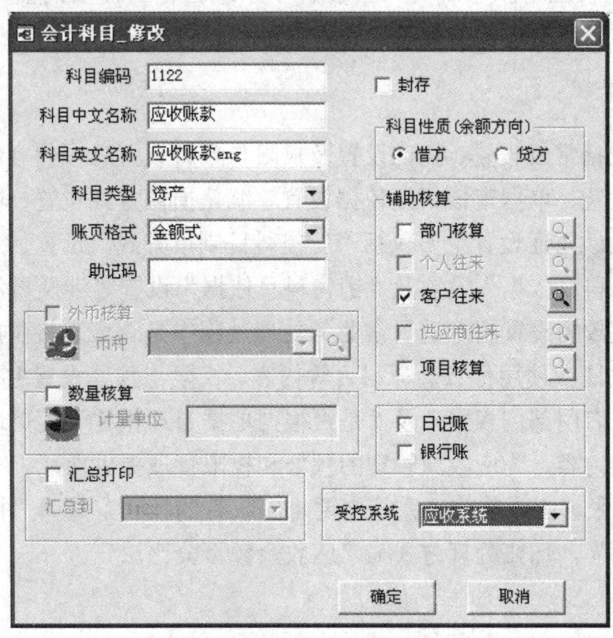


图 6-4　修改应收账款科目

(5) 单击“确定”按钮。依此方法继续修改其他的会计科目。

(6) 在“期初余额录入”对话框中依次录入所有会计科目的期初余额。

(7) 单击“试算”按钮，试算结果如图 6-5 所示。

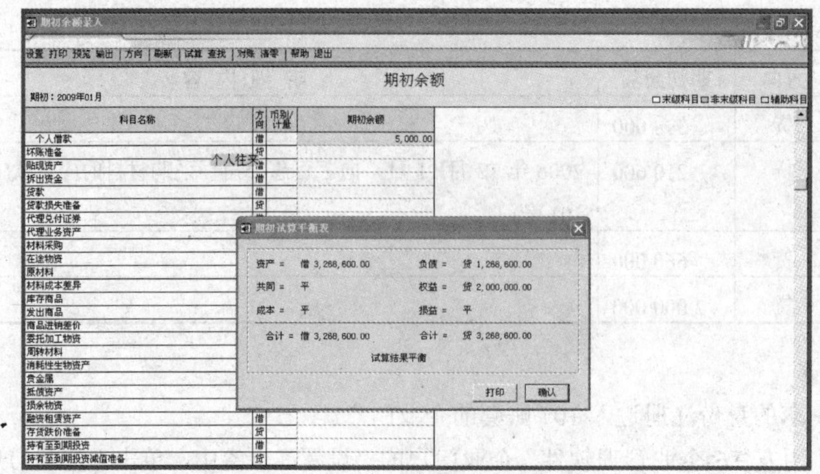

图 6-5　试算平衡结果

## 6.1.2　初始设置

在第一次使用应收应付款系统时，应设置本系统运行所需要的参数及常用科目等内容，以便系统根据用户所设定的参数等初始内容进行相应的业务处理。

### 1. 账套参数设置

账套参数设置包括常规设置、凭证设置及权限与预警设置三项内容。其中常规设置包括应收款核销方式设置、单据审核日期依据设置、汇兑损益方式设置、坏账处理方式设置和代垫费用类型设置。凭证设置主要包括“受控科目制单方式”设置、“非受控科目制单方式”设置、“控制科目依据”设置及“销售科目依据”设置等涉及日常业务处理中凭证参数的设置。凭证参数的设置决定着日常业务处理过程中是否应直接生成记账凭证，以及如果直接生成记账凭证应使用什么会计科目等内容。权限与预警设置主要包括“是否启用客户权限”、“是否启用部门权限”及“是否根据单据自动报警”等更进一步的权限的设置和信用管理设置的内容，为应收款管理的预警和权限管理提供保证。

**例 6-4**　在 107 账套应收款管理系统中要求应收款的核销方式为“按单据”核销，审核日期为“单据日期”，坏账处理方式为“应收余额百分比法”。

**操作步骤**

(1) 在“用友 T6-企业管理软件”企业门户的“业务”页签中，单击“财务会计”|“应收款管理”|“设置”|“选项”，打开“账套参数设置”对话框。

(2) 在“账套参数设置”对话框中，单击“编辑”按钮，在“常规”页签中，单击“应收款核销方式”栏的下三角按钮，选择“按单据”；单击“单据审核日期依据”栏下三角按钮，选择“单据日期”；再单击“坏账处理方式”栏下三角按钮，选择“应收余额百分比法”，如图 6-6 所示。

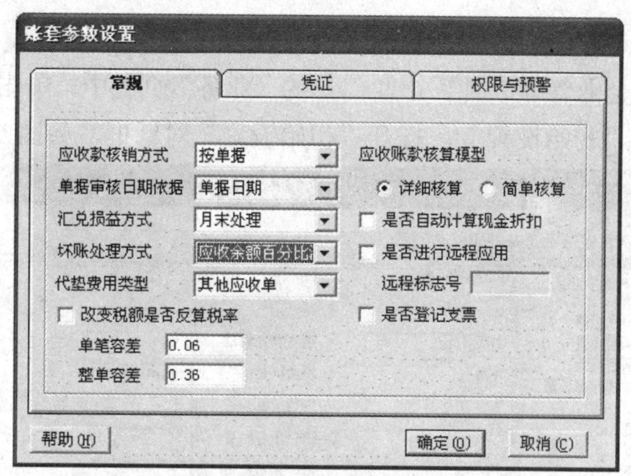


图 6-6 常规参数设置

(3) 单击“确定”按钮。

注意

- 单击“编辑”按钮后才能进行“账套参数”设置。
- 应收款的核销方式，可以按单据或按产品。按单据核销是指系统将满足条件的未结算单据全部列出，由用户选择要结算的单据，根据所选择的单据进行核销；按产品核销是指系统将满足条件的未核销的发票、应收单按产品列出，由用户选择要结算的产品，根据所选择的记录进行核销。
- 单据审核日期可以是单据日期或业务日期。单据日期是指在单据处理功能中进行单据审核时，自动将单据的审核日期记为该单据的单据日期；业务日期是指在单据处理功能中进行单据审核时，自动将单据的审核日期记为当前业务日期(即登录日期)。
- 系统提供了备抵法和直接转销法两种坏账处理方式。其中，备抵法包括应收余额百分比法、销售收入百分比法和账龄分析法。

## 2. 初始设置

初始设置的内容主要包括设置会计科目、设置结算方式和设置坏账准备的处理方法。

由于在应收及应付账款管理系统中业务类型比较固定，生成的凭证类型也比较固定。因此，为了简化凭证生成的操作，可以在初始设置中将各业务类型凭证中的常用科目预先进行设置，以便在日常业务处理中，系统根据事先定义的格式和随时发生的业务数据自动生成相应的记账凭证。

企业中形成应收账款的主要原因是赊销商品或产品，因此，形成应收账款时的账务处理主要涉及应收账款科目、销售收入科目、税金科目(应交增值税—销项税额)及预收科目等。通过基本科目的设置可以在发生应收账款业务时由系统自动生成相应的记账凭证。

**例 6-5** 设置基本科目如下：应收科目“1122”、销售收入科目“6001”、税金科目“22210102”、预收科目“2203”。

**操作步骤**

(1) 在“用友 T6-企业管理软件”企业门户的“业务”页签中，单击“财务会计”|“应收款管理”|“设置”|“初始设置”，打开“初始设置”对话框，如图 6-7 所示。

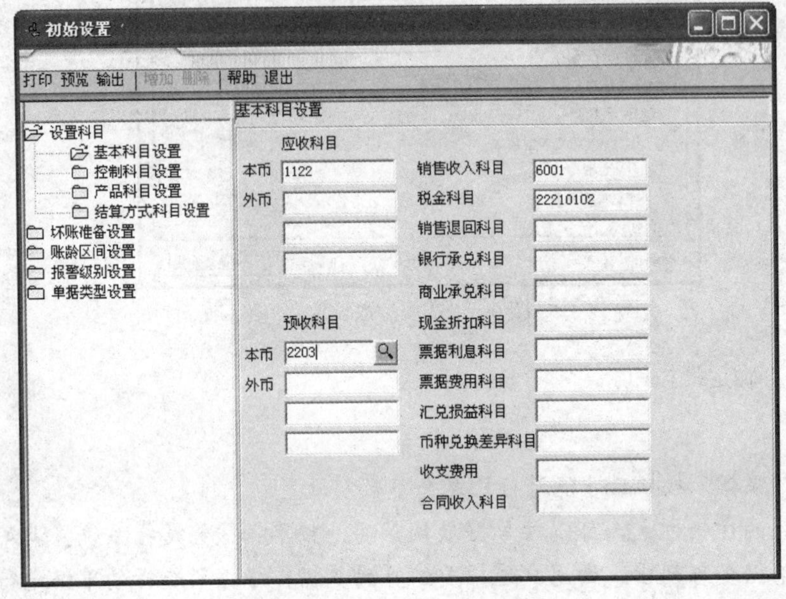


图 6-7 “初始设置”对话框

(2) 在应收科目“本币”栏中输入“1122”；在“销售收入科目”栏中输入“6001”；在“税金科目”栏中录入“22210102”；在“预收科目”栏中录入“2203”。

**注意**

- 在进行基本科目设置时，输入的科目必须是总账系统中的末级科目。
- 在基本科目设置中所输入的应收科目、预收科目，必须是已在总账系统中被设为“客户往来”的会计科目，并且受控于应收系统。

如果在总账系统中针对客户(客户分类、地区分类)分别设置应收及预收科目，则应在应收系统中通过“控制科目设置”录入每一个客户(客户分类、地区分类)所对应的应收、预收科目，否则不需要设置控制科目。即如果核算每一客户(客户分类、地区分类)的应收账款或预收账款的科目与基本科目设置一样，则不需在此处设置。

如果在总账系统中针对不同的存货(或存货分类)分别设置销售收入科目、应交税金科目和销售退回科目，则应在应收系统中通过“产品科目设置”录入每一存货(存货分类)所对应的销售收入、应交税金及销售退回科目，否则不需要设置产品科目。即如果核算某个存货(存货分类)的销售收入、应交增值税、销售退回科目与基本科目设置一样，则不需在此处设置。

在进行应收款项的核算时，采用不同的结算方式则在进行账务处理时将会使用不同的会计科目。为了方便地进行不同结算方式下的应收款项的核算，可以在初始设置时针对不同的结算方式设置相应的会计科目，以便在进行会计核算时由系统根据所选择的结算方式直接生成记账凭证中相应的会计科目。

**例 6-6** 107 账套所使用的结算方式均为人民币，其不同的结算方式所对应的会计科目如表 6-3 所示。

表 6-3 结算方式对应在的会计科目

| 结算方式名称 | 币 种 | 结算方式科目 |
|---|---|---|
| 现金结算 | 人民币 | 1001 |
| 现金支票 | 人民币 | 1002 |
| 转账支票 | 人民币 | 1002 |
| 银行汇票 | 人民币 | 1012 |

**操作步骤**

(1) 在“初始设置”对话框中，单击“结算方式科目设置”，如图 6-8 所示。

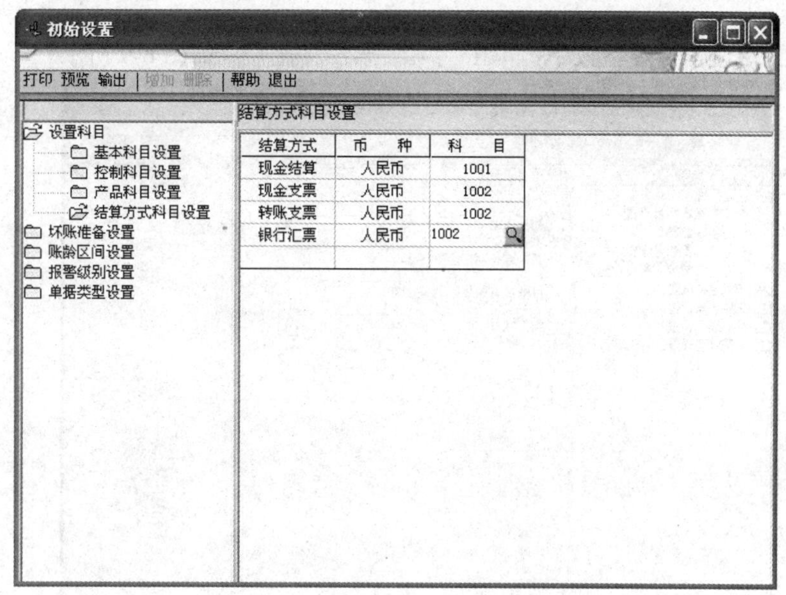


图 6-8 设置结算方式科目

(2) 单击“结算方式”栏的下三角按钮，选择“库存现金”，单击“币种”栏的下三角按钮，选择“人民币”，在“科目”栏中输入“1001”。

(3) 单击下一行“结算方式”栏中的下三角按钮，选择“转账支票”，单击该行“币种”栏的下三角按钮，选择“人民币”，在该行“科目”栏中输入“1002”。依此方法继续设置“银行汇票”的结算方式科目。

**注意**

- 在设置结算方式科目时应已经设置了结算方式。
- 会计科目核算的币种必须与结算方式对应的币种相同。

- 结算方式对应的科目必须是总账系统中的末级会计科目。

坏账准备内容的设置取决于在设置账套参数时所选取的坏账处理方式。如果在设置账套参数时，将坏账处理方式设置为“应收余额百分比法”或“销售收入百分比法”，则应设置的坏账准备的有关内容包括“提取比率”、“坏账准备期初余额”、“坏账准备科目”及“对方科目”；如果将坏账处理方式设置为“账龄分析法”，则应设置的坏账准备的有关内容包括“坏账准备期初余额”、“坏账准备科目”、“对方科目”、“账龄”及“提取比率”；如果将坏账处理方式设置为“直接转销法”，则应在初始设置的“基本科目”设置中设置“坏账入账科目”，而不需要进行坏账准备的设置。

**例 6-7** 107 账套的坏账处理方式为“应收余额百分比法”，坏账准备的提取比率为2%，坏账准备期初余额为 0 元，坏账准备科目为“1231 坏账准备”，对方科目为“6701 资产减值损失”。

**操作步骤**

(1) 在“初始设置”对话框中，单击“坏账准备设置”，如图 6-9 所示。

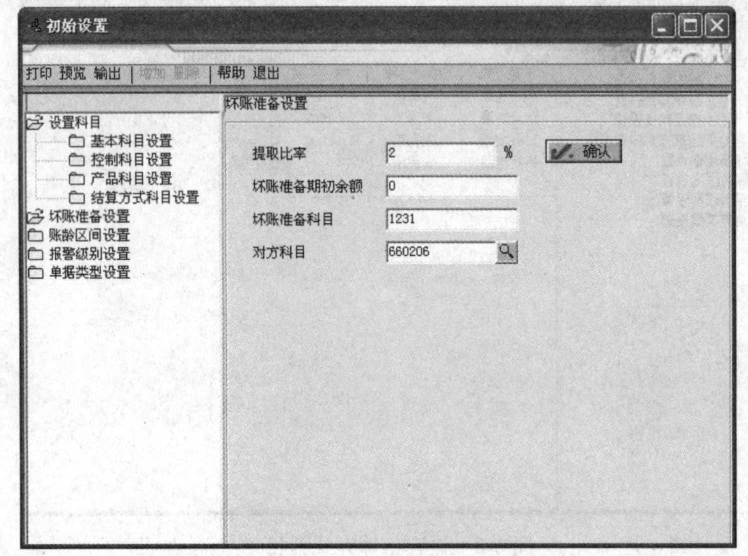


图 6-9 设置坏账准备

(2) 在“提取比率”栏输入“2”，在“坏账准备期初余额”栏输入“0”，在“坏账准备科目”栏输入“1231”，在“对方科目”栏输入“6701”。

(3) 单击“确认”按钮。系统提示“储存完毕”，如图 6-10 所示。

(4) 单击“确定”按钮。

图 6-10 储存完毕提示

**注意**

- 在设置账套参数时，选择的坏账处理方式不同，相应的坏账准备内容也不同。

- 在第一年使用应收款系统时，直接输入坏账准备的期初余额，以后年度由系统自动生成。进入下一年度可以修改坏账计提比率及会计科目。
- 计提坏账准备后的各参数将不允修改，只能查询。

### 3. 基础设置

由于在启用应收应付款系统时要在应收应付款系统中进行采购业务及销售业务的核算和管理，因此，就涉及单据是否可以自行编号的选择、存货是否分类及存货的计量单位设置等。因此，为了能够顺利地进行采购及付款核算和销售及收款核算的管理，就要在进行应收及应付款的日常业务之前进行有关的基础设置。

根据企业业务中所使用的各种单据的不同需要，由用户自行设置各种单据类型的编码生成原则，系统默认各种单据均由系统自动编号，如果企业需要自行编制有关单据的编号，则应进行单据编号的设置。

**例 6-8** 设置在 107 账套中允许修改“销售专用发票”的编号，即允许“手工改动，重号时自动重取”。

(1) 在“用友 T6-企业管理软件”企业门户的“设置”页签中，单击“基础信息”|“基础档案”|“单据设置”|“单据编码设置”，打开“单据编号设置”窗口。

(2) 单击左侧“单据类型”窗口中“销售”|“销售专用发票”，打开“单据编号设置—销售专用发票”窗口。

(3) 在“单据编号设置—销售专用发票”窗口中，单击“修改”按钮，单击选中“手工改动，重号时自动重取”复选框，如图 6-11 所示。

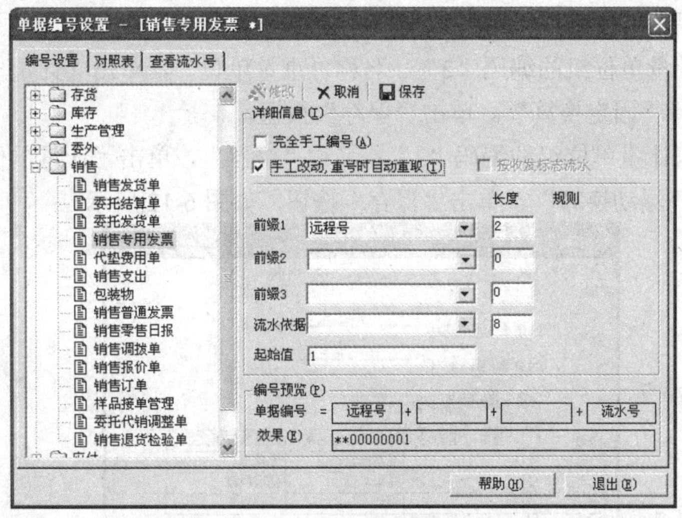


图 6-11 单据编号设置—销售专用发票

(4) 单击“保存”按钮，单击“退出”按钮退出。

**注意**

- 如果不在“单据编号设置”中设置“手工改动，重号时自动重取”，则在填制单据时其编号由系统自动生成而不允许手工录入编号。

● 在单据编号设置中，还可以设置“完全手工编号”及“按收发标志流水”等。

在对存货进行核算时会涉及多种计量单位，甚至一种存货就会有多种计量方法，在对存货进行核算之前应设置计量单位。系统中把计量单位分成了三大类：无换算、浮动换算和固定换算。系统约定，每个计量单位组中有一个主计量单位、多个辅助计量单位，可以设置主辅计量单位之间的换算率。在设置计量单位时必须先增加计量单位组，再增加每组中计量单位的具体内容。

**例 6-9** 107 账套计量单位分组情况如下。

| 计量单位组编码 | 计量单位组名称 | 计量单位组类别 |
|---|---|---|
| 1 | 基本计量单位 | 无换算 |
| 2 | 重量单位 | 固定换算 |
| 3 | 钢丝 | 浮动换算 |

**操作步骤**

(1) 在“用友 T6-企业管理软件”企业门户的“设置”页签中，单击“基础信息”|“基础档案”|“存货”|“计量单位”，打开“计量单位”窗口。

(2) 单击“分组”按钮，打开“计量单位分组”对话框。

(3) 单击“增加”按钮，打开“增加计量单位组”窗口，输入计量单位组的编码“1”、名称“基本计量单位”，单击“计量单位组类别”栏下三角按钮，选择“无换算”。

(4) 单击“保存”按钮。

(5) 再输入计量单位组的编码“2”、名称“重量单位”，单击“计量单位组类别”栏下三角按钮，选择“固定换算”。单击“保存”按钮。

(6) 继续输入计量单位组的编码“3”、名称“钢丝”，单击“计量单位组类别”栏下三角按钮，选择“浮动换算”，单击“保存”按钮，如图 6-12 所示。

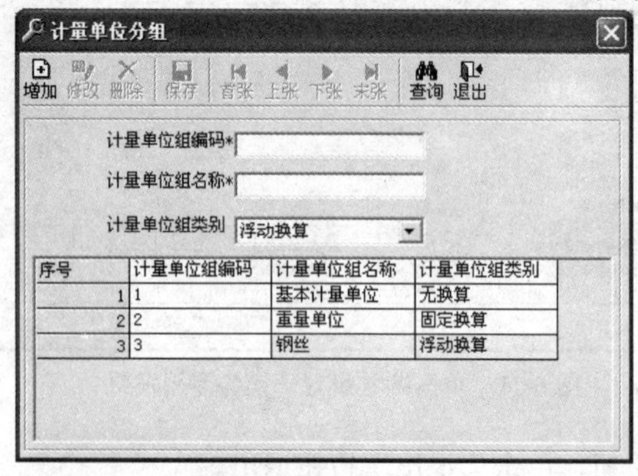


图 6-12 计量单位分组

(7) 单击“退出”按钮，退出计量单位组输入对话框。系统显示计量单位组列表。

**例 6-10** 107 账套的计量单位如下。

基本计量单位(无换算率)：台、个、次、箱、公里。

重量单位(固定换算率)：1 吨＝1000 千克。

**操作步骤**

(1) 在“计量单位”窗口中，单击选中“(1)基本计量单位<无换算>”计量单位组，再单击“单位”按钮，打开“计量单位设置”对话框。

(2) 单击“增加”按钮，输入计量单位编码“1”、计量单位名称“台”。

(3) 单击“保存”按钮。继续输入其他的基本计量单位，如图 6-13 所示。

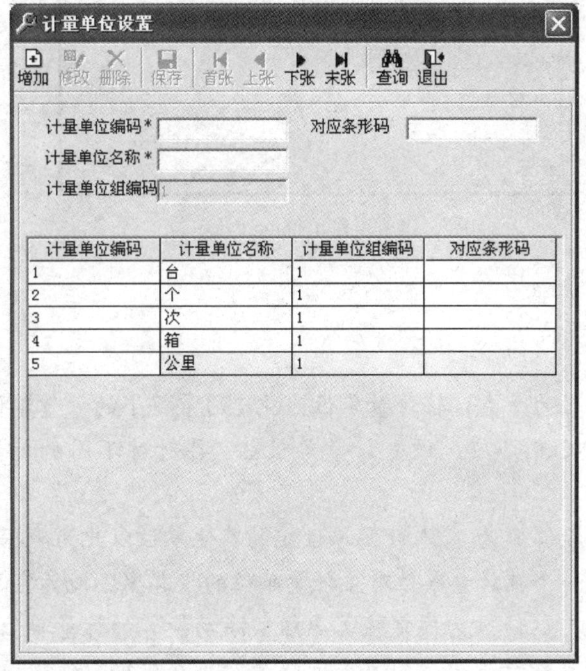


| 计量单位编码 | 计量单位名称 | 计量单位组编码 | 对应条形码 |
|---|---|---|---|
| 1 | 台 | 1 | |
| 2 | 个 | 1 | |
| 3 | 次 | 1 | |
| 4 | 箱 | 1 | |
| 5 | 公里 | 1 | |

图 6-13　基本计量单位组计量单位的设置

(4) 单击“退出”按钮，退出基本计量单位组计量单位的设置。

(5) 单击选中“(2)重量单位<固定>”计量单位组，再单击“单位”按钮，打开“计量单位设置”对话框。

(6) 单击“增加”按钮，输入计量单位编码“6”、计量单位名称“千克”。

(7) 单击“保存”按钮。

(8) 单击“增加”按钮，输入计量单位编码“7”、计量单位名称“吨”，在换算率栏录入“1000”。单击“保存”按钮，如图 6-14 所示。

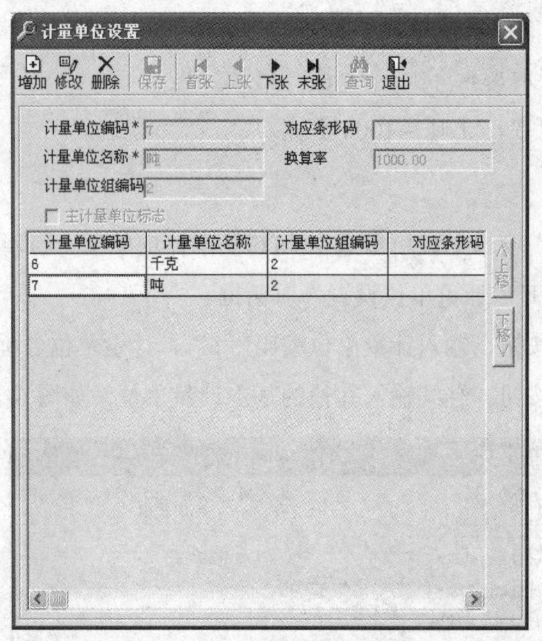


图 6-14　重量单位的计量单位

(9) 单击“退出”按钮。

注意

- 此时主计量单位为千克，辅计量单位为吨。通常将小的计量单位作为主计量单位。
- 在设置计量单位时，应先设置计量单位组，再针对不同的计量单位组设置计量单位。
- 主计量单位的换算率为1，本计量单位组的其他单位以此为依据，按照换算率折合。
- 固定换算组每一个辅计量单位对主计量单位的换算率不能为空。
- 浮动换算率组可以修改为固定换算率组。浮动换算的计量单位只能包括两个计量单位。同时，其辅计量单位换算率可以为空，在单据中使用该浮动换算率时需要手工输入换算率，或通过录入数量、件数，系统自动计算出换算率。

当企业存货较多时，可以对存货进行分类，以便对存货进行分类统计和汇总等分类管理。

**例 6-11**　107 账套的存货分类方案如表 6-4 所示。

表 6-4　存货分类表

| 类 别 编 码 | 类 别 名 称 |
|---|---|
| 1 | 原材料 |
| 2 | 库存商品 |
| 3 | 应税劳务 |

操作步骤

(1) 在“用友 T6-企业管理软件”企业门户的“设置”页签中，单击“基础信息”|“基础档案”|“存货”|“存货分类”，打开“存货分类”对话框，如图 6-15 所示。

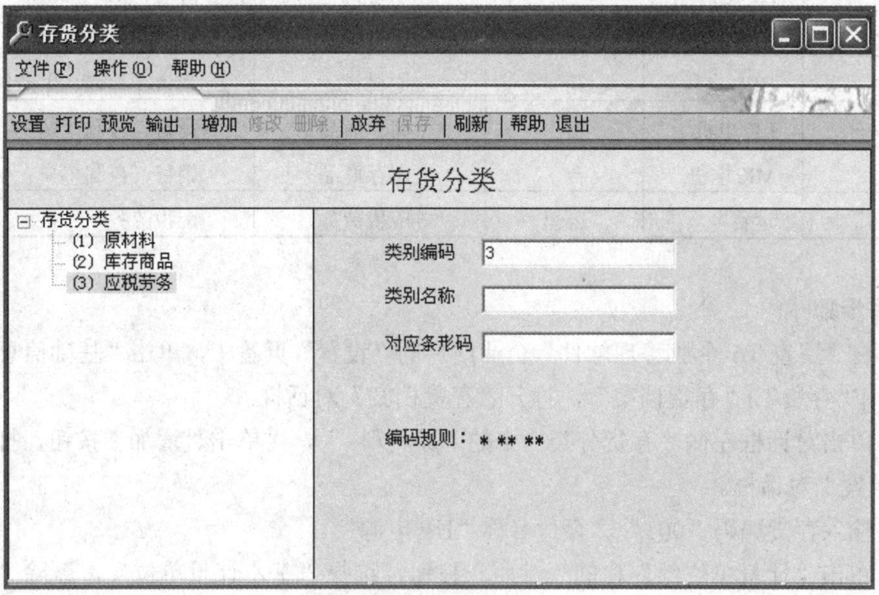

图 6-15　存货分类

(2) 单击“增加”按钮，输入类别编码“1”、类别名称“原材料”，单击“保存”按钮。

(3) 输入类别编码“2”、类别名称“库存商品”和类别编码“3”、类别名称“应税劳务”，单击“保存”按钮。

(4) 单击“退出”按钮。

注意

- 只有在建立账套时设置了对存货分类，才能在此设置存货分类，否则不能设置存货分类。
- 存货分类编码必须唯一，且必须符合编码规则。
- 存货分类编码必须与所设定的编码级次结构相符。
- 由于运输费、装卸费等也是构成企业存货成本的一个组成部分，并且它们拥有不同于一般存货的税率。为了能够正确反映和核算这些劳务费用，一般在存货分类中可以单独设置一类存货，如“应税劳务”或“劳务费用”。

如果企业需要对存货进行库存管理，那么必须将企业中存货的详细信息录入到存货档案中，以便对存货数据进行统计、汇总和查询等处理。

例 6-12　106 账套的部分存货档案如表 6-5 所示。

表6-5 存货档案

| 存货编号 | 存货名称 | 计量单位 | 存货分类 | 存货属性 |
|---|---|---|---|---|
| 001 | HP 电源 | 个 | 原材料 | 外购、生产耗用 |
| 002 | HPK 仪表 | 个 | 原材料 | 外购、生产耗用 |
| 003 | HPL 电线 | 箱 | 原材料 | 销售、外购、生产耗用 |
| 004 | LK 电机 | 台 | 库存商品 | 销售、自制 |
| 005 | MK 电机 | 台 | 库存商品 | 销售、自制 |
| 006 | 运费 | 公里 | 应税劳务 | 应税劳务 |

**操作步骤**

(1) 在"用友 T6-企业管理软件"企业门户的"设置"页签中，单击"基础信息"|"基础档案"|"存货"|"存货档案"，打开"存货档案"对话框。

(2) 单击对话框左侧"存货分类"中的"原材料 "，再单击"增加"按钮，打开"增加存货档案"对话框。

(3) 输入存货编码"001"、存货名称"HP 电源"。

(4) 单击"计量单位组"栏的"参照"按钮，选择"基本计量单位"，删除"主计量单位"栏的"台"，再单击"主计量单位"栏的"参照"按钮，选择"个"。

(5) 分别单击选中"外购"和"生产耗用"前的复选框，如图 6-16 所示。

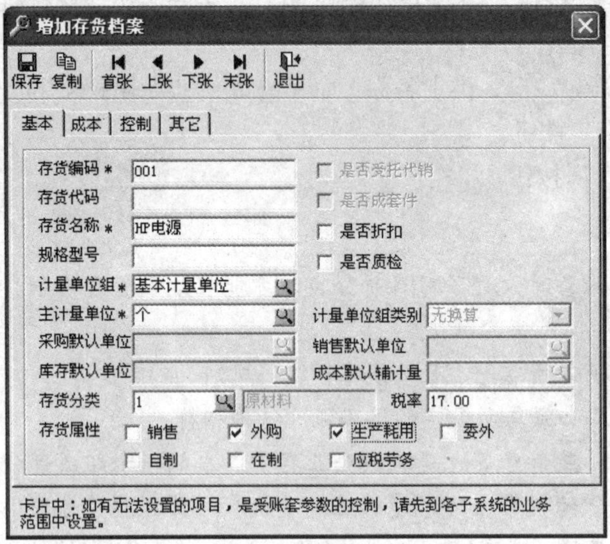

图 6-16 存货档案

(6) 单击"保存"按钮。

(7) 继续输入存货编码"002"、存货名称"HPK 仪表"。

(8) 依此方法继续录入其他的存货档案。

**注意**

- *存货档案必须在最末级存货分类下增加。*
- *若左框中无存货分类，则将存货归入无存货分类。*

由于企业在开具销售发票时需要列示本企业开户银行的信息，以便与客户之间进行收付结算，因此，在日常业务处理之前应设置本单位的开户银行。

**例 6-13** 设置开户银行信息，开户银行编码为“1”，开户银行名称为“工行海淀区上地路支行”，银行账号为“11011012300”。

**操作步骤**

(1) 在“用友 T6-企业管理软件”企业门户的“设置”页签中，单击“基础信息”|“基础档案”|“财务”|“收付结算”|“开户银行”，打开“开户银行”对话框。

(2) 单击“增加”按钮，录入开户银行编码为“1”，开户银行名称为“工行海淀区上地路支行”，银行账号为“11011012300”。

(3) 单击“保存”按钮。

(4) 单击“退出”按钮，退出。

### 4. 期初余额

应收款系统的期初余额是指企业已形成的应收款项到目前为止尚未结算的余额。为了便于以后核销账务，在初次使用应收款系统时，应将未处理完的单据全部录入到本系统中。在第二年进行业务处理时，系统自动将上年度未处理完全的单据，转成下一年度的期初余额。由于应收款项业务形成的原因不同，使得形成应收款项的原始单据也有所不同。形成应收款项的单据主要有销售专用发票、销售普通发票、预收单及其他应收单等。当完成全部应收款期初余额录入后，通过对账功能可将应收款系统与总账系统期初余额进行核对。

**例 6-14** 2008 年 12 月 10 日，市场部销售给大地公司 LK 电机 50 台，单价为 3 980 元，MK 电机 82 台，单价为 2 000 元，开具销售专用发票一张，发票号为 258321，税率为 17%，货款尚未收回。其应收账款科目为“1122 应收账款”。

**操作步骤**

(1) 在“用友 T6-企业管理软件”企业门户的“业务”页签中，单击“财务会计”|“应收款管理”|“设置”|“期初余额”。打开“期初余额—查询”对话框，如图 6-17 所示。

(2) 在“期初余额—查询”对话框中，单击“确认”按钮，进入“期初余额明细表”窗口。

(3) 在“期初余额明细表”窗口中，单击“增加”按钮，打开“单据类别”对话框，如图 6-18 所示。

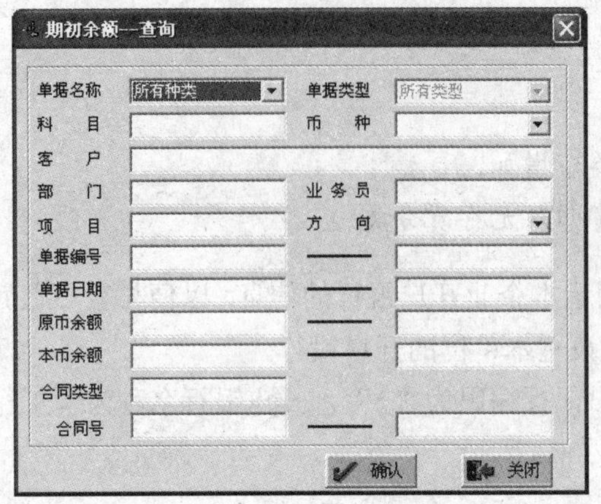


图 6-17　期初余额查询条件对话框

图 6-18　单据类别对话框

注意

正向表示销售发票为蓝字发票，而负向则表示为红字销售发票。

(4) 在“单据类别”对话框中，单击“确认”按钮。打开“销售专用发票”对话框，如图 6-19 所示。

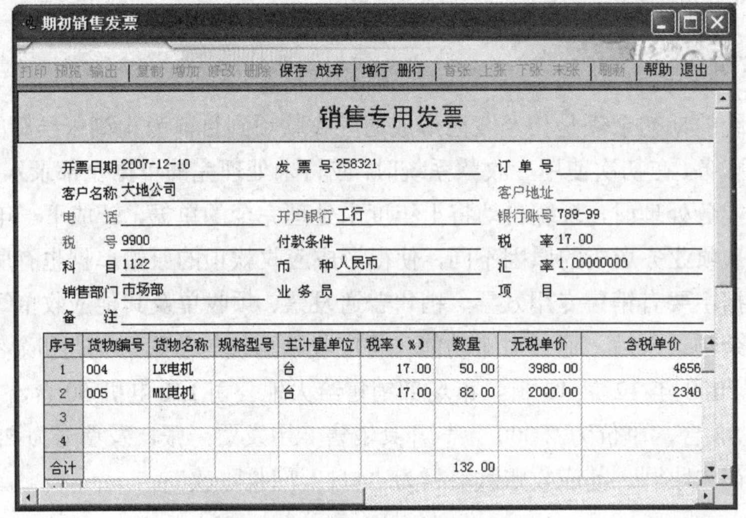


图 6-19　销售专用发票对话框

(5) 在“销售专用发票”对话框中，修改“开票日期”为“2008-12-10”，修改“发票号”为“258321”，单击“客户名称”栏“参照”按钮，选择“大地公司”，单击“科目”栏“参照”按钮，选择“1122”，单击“税率”栏录入“17”，单击“销售部门”栏“参照”按钮，选择“市场部”。单击“货物名称”栏“参照”按钮，选择“LK 电机”，在“数量”栏录入“50”，在“无税单价”栏录入“3980”。单击第二行的“货物名称”栏“参照”按钮，选择“MK 电机”，在“数量”栏录入“82”，在“无税单价”栏录入“2000”。

(6) 单击“保存”按钮。

(7) 单击“退出”按钮，返回“期初余额明细表”。

**例 6-15** 2008 年 12 月 15 日，市场部销售给长远公司 HPL 电线 50 箱，含税单价为 425.8 元，开具销售普通发票一张，发票号为 25896，货款尚未收回。其应收账款科目为“1122 应收账款”。

**操作步骤**

(1) 在“期初余额明细表”窗口中，单击“增加”按钮，打开“单据类别”对话框，如图 6-20 所示。

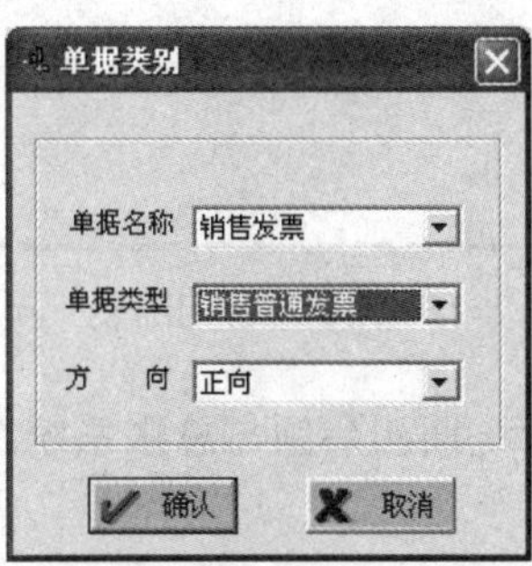


图 6-20 单据类别对话框

(2) 在“单据类别”对话框中，单击“单据类型”栏的下三角按钮，选择“销售普通发票”。

(3) 单击“确认”按钮，打开“销售普通发票”对话框。

(4) 录入普通发票的所有内容。

(5) 单击“保存”按钮，如图 6-21 所示。

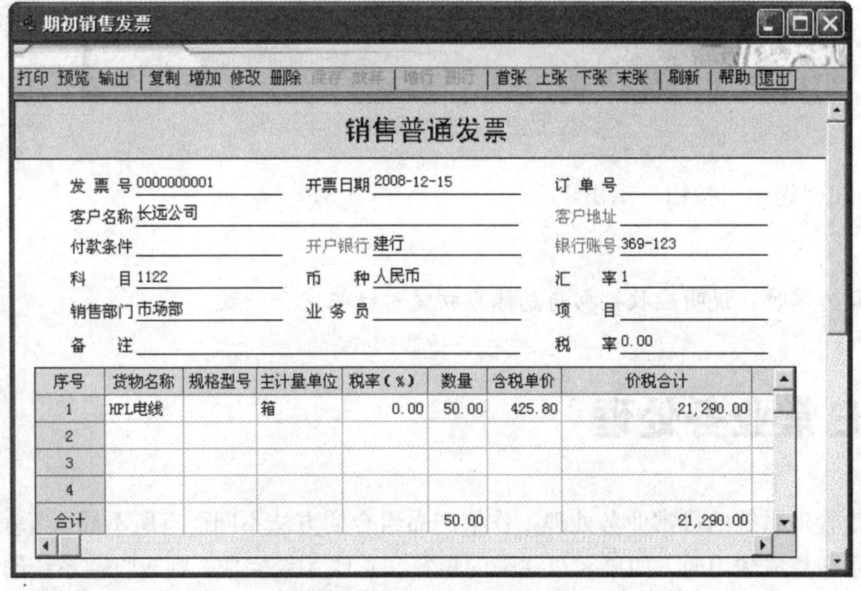


图 6-21 普通发票对话框

(6) 单击“退出”按钮，返回“期初余额明细表”。单击“刷新”按钮，显示已录入的期初余额，如图 6-22 所示。

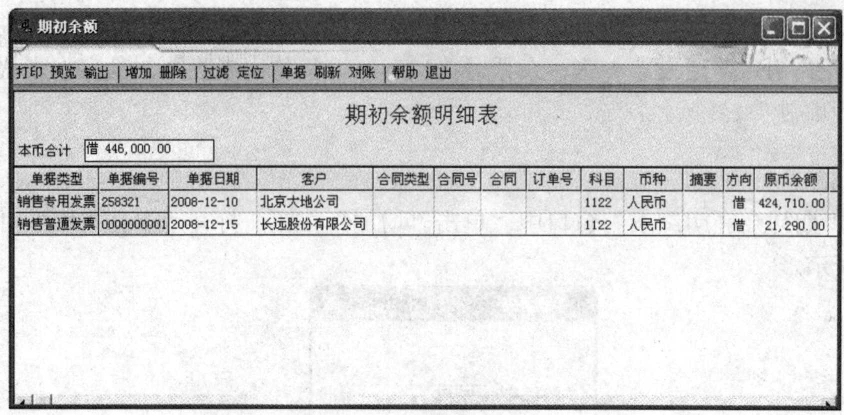


| 单据类型 | 单据编号 | 单据日期 | 客户 | 合同类型 | 合同号 | 合同 | 订单号 | 科目 | 币种 | 摘要 | 方向 | 原币余额 |
|---|---|---|---|---|---|---|---|---|---|---|---|---|
| 销售专用发票 | 258321 | 2008-12-10 | 北京大地公司 | | | | | 1122 | 人民币 | | 借 | 424,710.00 |
| 销售普通发票 | 0000000001 | 2008-12-15 | 长远股份有限公司 | | | | | 1122 | 人民币 | | 借 | 21,290.00 |

图 6-22　期初余额明细表

**例 6-16**　将 107 账套应收款系统期初余额与总账系统客户往来科目余额进行核对。

**操作步骤**

(1) 在“期初余额明细表”窗口中，单击“对账”按钮。打开“期初对账”窗口，如图 6-23 所示。

期初对账

| 科目 | | 应收期初 | | 总账期初 | | 差额 | |
|---|---|---|---|---|---|---|---|
| 编号 | 名称 | 原币 | 本币 | 原币 | 本币 | 原币 | 本币 |
| 1122 | 应收账款 | 446,000.00 | 446,000.00 | 446,000.00 | 446,000.00 | 0.00 | 0.00 |
| 2203 | 预收账款 | 0.00 | 0.00 | 0.00 | 0.00 | 0.00 | 0.00 |
| | 合计 | | 446,000.00 | | 446,000.00 | | 0.00 |

图 6-23　期初对账窗口

(2) 单击“退出”按钮，退出。

**注意**

当差额为零时，说明应收期初与总账期初核对结果完全一致。

# 6.2　日常业务处理

应收款管理系统的日常业务处理工作依产品组合的方法不同而有所不同。当总账系统与应收款系统集成使用时，如果客户往来的核算在总账系统完成，则应收款系统的日常业务只是查询、核销和打印有关客户往来资料。如果客户往来核算在应收款系统进行，则应收款系统的日常业务处理工作包括“单据录入”、“单据结算”及“制单”等；如果总账管理系统与应收款系统及销售管理系统集成使用，则应收款系统的日常业务处理应包括除录入“销售发票”以外的“单据录入”，进行“单据结算”及“制单”等。这里假设总账管理系统与应收款系统集成使用，并且客户往来核算在应收款系统中进行。

### 6.2.1 应收单据处理

应收单据处理主要包括应收单据录入和应收单据审核两项内容。应收单据录入包括销售发票和应收单，销售发票包括销售专用发票和普通发票。当应收款系统与销售管理系统集成使用时，销售发票只能在销售管理系统录入，应收款系统只能录入应收单，而对应收单据的审核则是分别审核销售发票和应收单。

#### 1. 应收单据录入

当销售业务发生时应将销售发票录入到应收款系统中，形成应收账款，对形成应收账款的单据还应进行审核的操作。

**例 6-17** 2009 年 1 月 10 日，市场部销售给大地公司 LK 电机 6 台，无税单价为 3985 元，开具销售专用发票一张，发票号为 243123，税率为 17%，货款尚未收回。

**操作步骤**

(1) 在“用友 T6-企业管理软件”企业门户的“业务”页签中，单击“财务会计”|“应收款管理”|“日常处理”|“应收单据处理”|“应收单据录入”。打开“单据类别”对话框。

(2) 在“单据类别”对话框中，单击“确认”按钮。打开“销售专用发票”对话框，如图 6-24 所示。

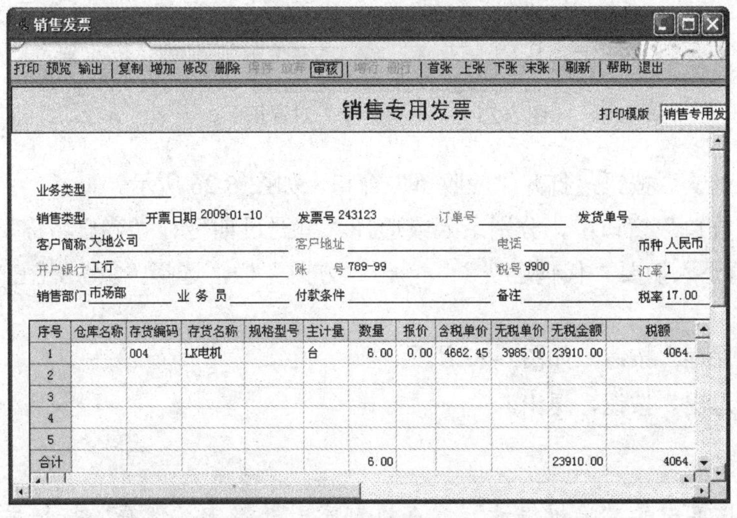


图 6-24 销售专用发票对话框

(3) 在“销售专用发票”对话框中，分别录入或选择“开票日期”、“发票号”、“客户名称”及税率，单击“存货名称”栏“参照”按钮，选择“LK 电机”，在“数量”栏录入“6”，在“无税单价”栏录入“3985”。

(4) 单击“保存”按钮。

(5) 单击“审核”按钮。

**注意**

- 销售发票可以在“销售专用发票”窗口中直接审核，也可以在“单据明细表”中集中审核。
- 销售发票审核后才能生成记账凭证。

**例 6-18** 2009 年 1 月 11 日，为向大地公司销售 LK 电机，以转账支票交与运输部门代垫运费 200 元。

**操作步骤**

(1) 在“用友 T6-企业管理软件”企业门户的“业务”页签中，单击“财务会计”|“应收款管理”|“日常处理”|“应收单据处理”|“应收单据录入”。打开“单据类别”对话框。

(2) 在“单据类别”对话框中，单击“单据名称”栏的下三角按钮，选择“应收单”，如图 6-25 所示。

图 6-25 “单据类别”对话框

(3) 单击“确认”按钮，打开“应收单”窗口，如图 6-26 所示。

(4) 在“应收单”窗口中，分别录入或选择“单据日期”、“客户名称”、“科目”及“金额”，再录入摘要“代垫运费”。单击“方向”栏，选择“贷”，在“对应科目”栏录入“1002”。

(5) 单击“保存”按钮，如图 6-27 所示。

(6) 单击“退出”按钮，退出。

**注意**

- 其他应收单中的“单据编号”，在填制完成并单击“保存”按钮后由系统自动生成。

- 其他应收单中的“科目”是指该笔业务应记入的应收款科目，该科目必须是已在总账管理系统中设置为“客户往来”类的会计科目。
- 其他应收单中的“方向”是指与应收款相对应的科目的方向。
- 其他应收单中的对应科目是指与应收款相对应的科目。
- 在销售管理系统与应收款系统集成使用时，代垫运费的单据应在销售管理系统中填制，而应收款系统中的其他应收单只能填制与销售没有直接关系的应收款单。

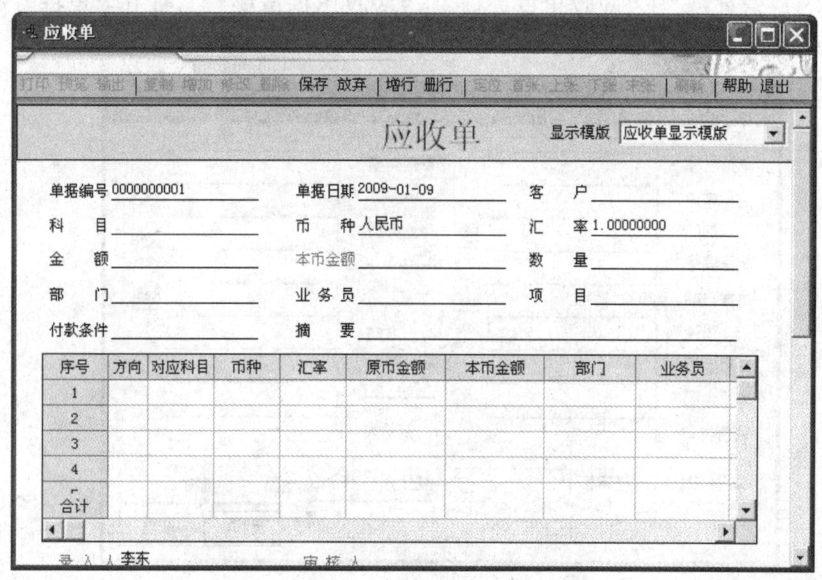


图 6-26　其他应收单窗口

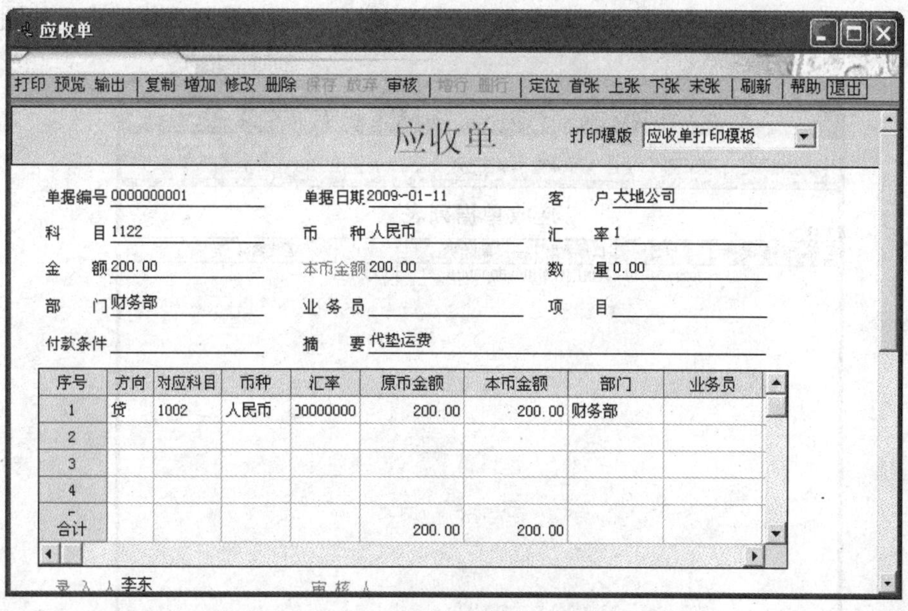


图 6-27　已保存的其他应收单

2. 应收单据审核

录入应收单据后应进行审核，否则将不能进行后续的处理。应收单据的审核既可以在填制应收单据后直接审核，也可以在应收单据审核功能中审核。在应收单据审核功能中可以进行手工审核或自动批审。这里以手工审核的方式，学习应收单据的审核方法。

**例 6-19** 审核应收单据。

(1) 在“用友 T6-企业管理软件”企业门户的“业务”页签中，单击“财务会计”|“应收款管理”|“日常处理”|“应收单据处理”|“应收单据审核”。打开“单据过滤条件”对话框，如图 6-28 所示。

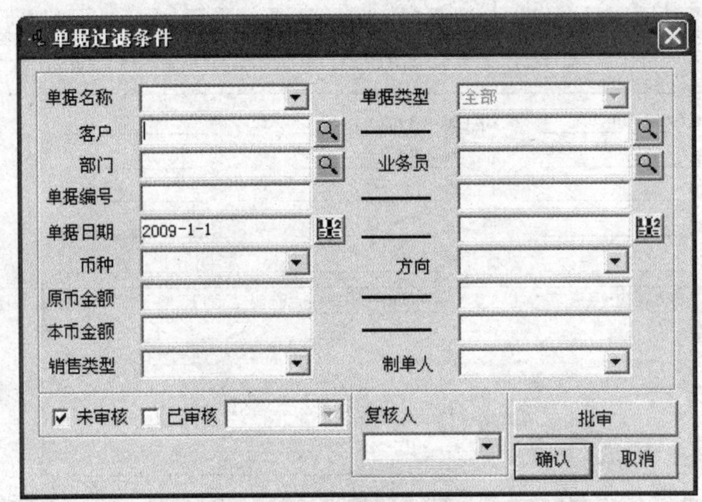


图 6-28 应收单据过滤条件窗口

(2) 单击“确认”按钮，打开“应收单据列表”窗口，在“选择”栏双击，如图 6-29 所示。

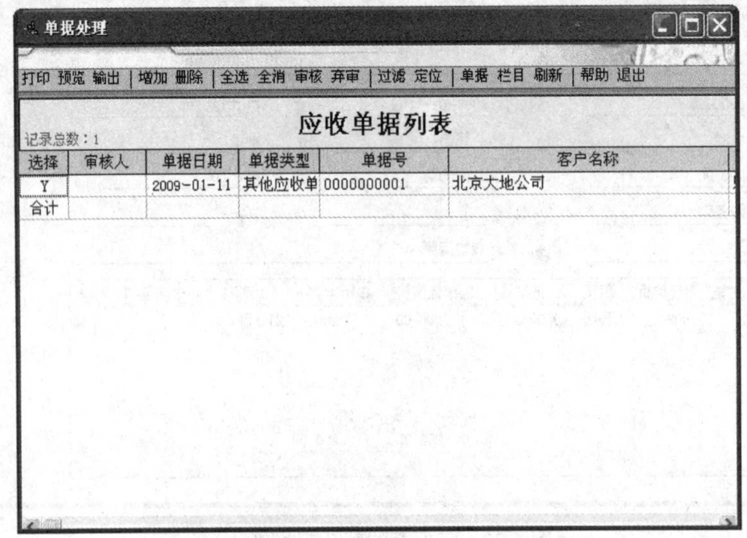


图 6-29 应收单据列表

(3) 单击“审核”按钮，系统提示“审核成功”，如图 6-30 所示。

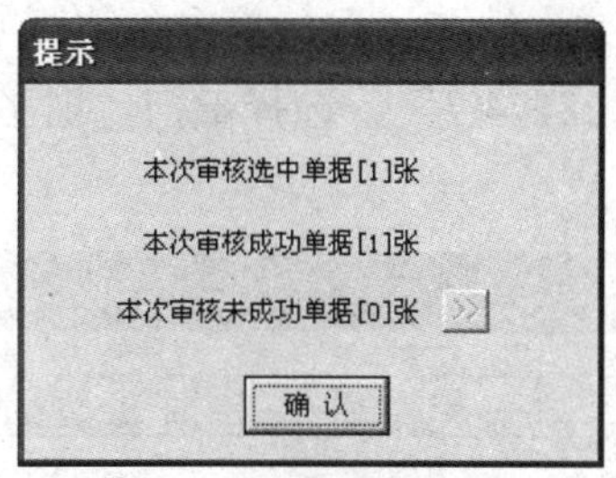


图 6-30　已审核单据的提示

(4) 单击“确认”按钮。

(5) 单击“退出”按钮，退出。

**注意**

在对应收单据列表中的单据进行审核后，系统并不要求直接进行制单处理，制单的操作应在制单功能中进行。

## 6.2.2　收款单据处理

收款单据处理主要是对结算单据(收款单、付款单即红字收款单)进行管理，包括收款单、付款单的录入，以及单张结算单的核销。应收系统的收款单用来记录企业所收到的客户款项，款项性质包括应收款、预收款、其他费用等。其中，应收款、预收款性质的收款单将与发票、应收单、付款单进行核销勾对。应收款系统的付款单用来记录发生销售退货时，表示企业退付给客户的款项。该付款单可与应收、预收性质的收款单、红字应收单、红字发票进行核销。

### 1. 收款单据录入

收款单据录入，是将已收到的客户款项或退回客户的款项，录入到应收款管理系统。收款单据录入包括收款单和付款单(即红字收款单)的录入。收款单用来记录企业所收到的客户的款项，款项性质包括应收款、预收款、其他费用等。其中，应收款、预收款性质的收款单将与发票、应收单、付款单进行核销勾对。

**例 6-20**　2009 年 1 月 15 日，收到大地公司的转账支票一张，用以支付货款及运费 28 174.7 元。2009 年 1 月 20 日，收到大地公司 324 710 元的银行汇票一张，用以偿还 2008 年 12 月 10 日销售给大地公司的 50 台 LK 电机和 82 台 MK 电机款。

**操作步骤**

(1) 在“用友 T6-企业管理软件”企业门户的“业务”页签中，单击“财务会计”|“应收款管理”|“日常处理”|“收款单据处理”|“收款单据录入”。打开“收款单”对话框。

(2) 在“收款单”对话框中，单击“增加”按钮，修改日期为“2009-01-15”，单击“客户”栏“参照”按钮，选择“大地公司”，单击“结算方式”栏“参照”按钮，选择“转账支票”，在金额栏录入“28174.7”，选择部门“财务部”，录入摘要“收到大地公司还款”，如图 6-31 所示。

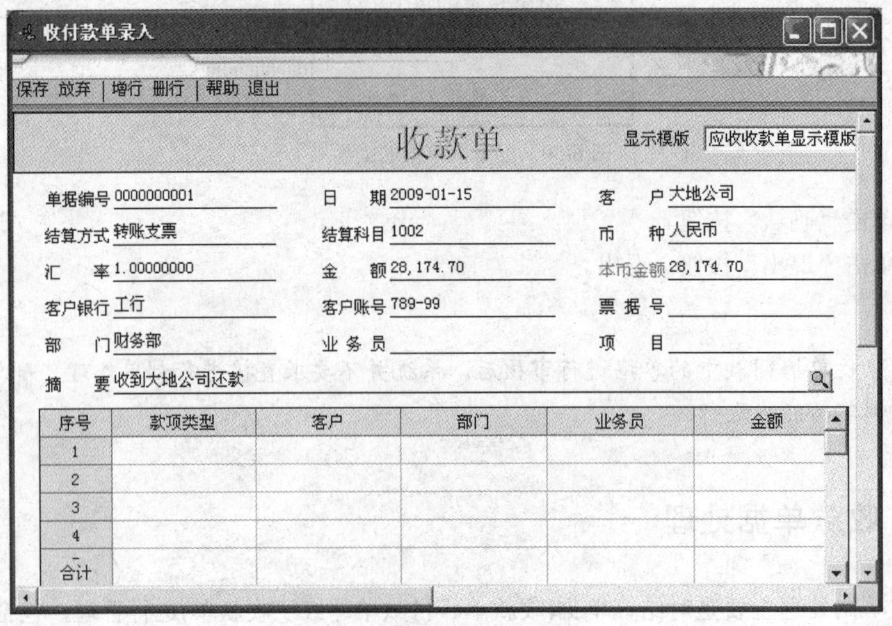


图 6-31　收款单对话框

(3) 单击“保存”按钮。

(4) 单击“审核”按钮。

(5) 继续录入下一张收款单。

**例 6-21**　2009 年 1 月 15 日，收到大地公司 200 000 元的转账支票(NO.0012345)一张，预付购买商品的货款。

**操作步骤**

(1) 在“用友 T6-企业管理软件”企业门户的“业务”页签中，单击“财务会计”|“应收款管理”|“日常处理”|“收款单据处理”|“收款单据录入”。打开“收款单”对话框。

(2) 在“收款单”对话框中，单击“增加”按钮，修改日期为“2009-01-15”，单击“客户”栏“参照”按钮，选择“大地公司”，单击“结算方式”栏“参照”按钮，选择“转账支票”，在金额栏录入“200000”，在票据号栏录入“0012345”，单击“款项类型”栏下三角按钮，选择“预收款”，如图 6-32 所示。

(3) 单击“保存”按钮。

(4) 单击“审核”按钮。

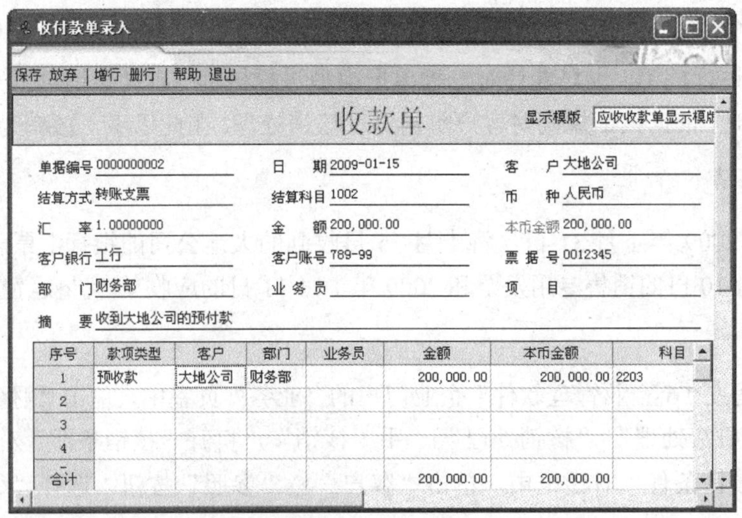


图 6-32　收款单对话框

注意

- 结算科目由系统从用户在初始设置时所设置的结算科目中取得，也可以修改。
- 收款单可以在“收款单”窗口中直接审核，也可以在“收款单据审核”中集中审核。
- 收款单审核后才能生成记账凭证。
- 在一张收款单中，若选择表体记录的款项类型为应收款，则该款项性质为冲销应收款；若选择表体记录的款项类型为预收款，则该款项用途为形成预收款；若选择表体记录的款项类型为其他费用，则该款项用途为其他费用。对于不同用途的款项，系统提供的后续业务的处理不同。对于冲销应收款及预收款的款项，后续可进行核销处理，即将收款单与销售发票或应收单进行核销勾对，冲销客户债务。对于其他费用用途的款项则不需进行核销，直接记入费用科目。

#### 2. 收款单据审核

当收款单据录入后可以由专人集中在“收款单据审核”功能中进行集中审核。系统提供了手工审核和自动批审核两种方法。在“收款单据审核”功能中既可以对收款单据进行审核，也可以分别查看已审核和未审核的收(付)款单，同时还可以对收(付)款单进行弃审或删除等操作。

### 6.2.3　核销处理

核销处理是指日常工作中所进行的收款核销应收款的工作。单据核销的作用是对收回客户款项核销该客户应收款的处理工作，建立收款与应收款的核销记录，监督应收款的及时收取，加强往来款项的管理。

系统提供了手工核销和自动核销两种方法。在手工核销的情况下，一次只针对一个客户的单据记录进行核销，也只能针对一种单据类型进行核销。自动核销可以一次对多个客户进行核销处理，依据核销规则对客户单据进行核销处理。在此以手工核销为例进行说明。

### 1. 完全核销

**例 6-22** 2009 年 1 月 31 日，将 1 月 15 日收到的大地公司的银行汇票款 28 174.7 元与 2009 年 1 月 10 日的销售专用发票和 2009 年 1 月 11 日的应收单(代垫运费)全部核销。

**操作步骤**

(1) 在“用友 T6-企业管理软件”企业门户的“业务”页签中，单击“财务会计”|“应收款管理”|“日常处理”|“核销处理”|“手工核销”，打开“核销条件”对话框。

(2) 在“核销条件”对话框中，单击“客户”栏“参照”按钮，选择“大地公司”，如图 6-33 所示。

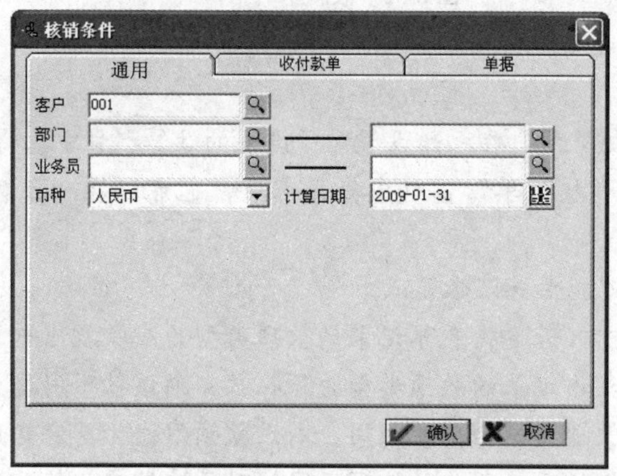


图 6-33 核销条件对话框

(3) 单击“确认”按钮，打开“单据核销”窗口。

(4) 在“单据核销”窗口中，在下半部分第 1 行的“本次结算”栏录入“200”，再在下半部分第 2 行的“本次结算”栏录入“27974.7”，图 6-34 所示。

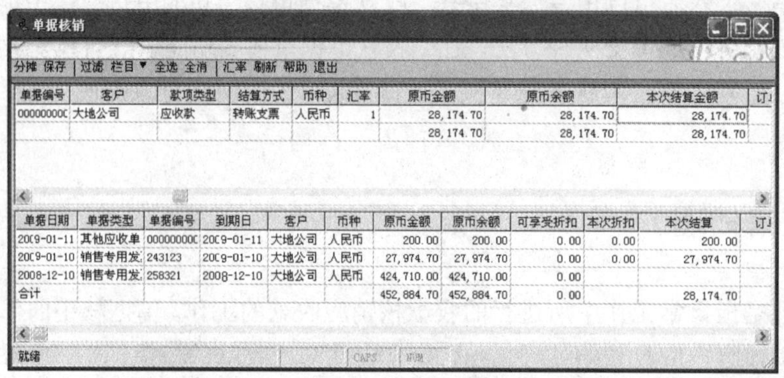


图 6-34 核销条件对话框

(5) 单击“保存”按钮，如图 6-35 所示。

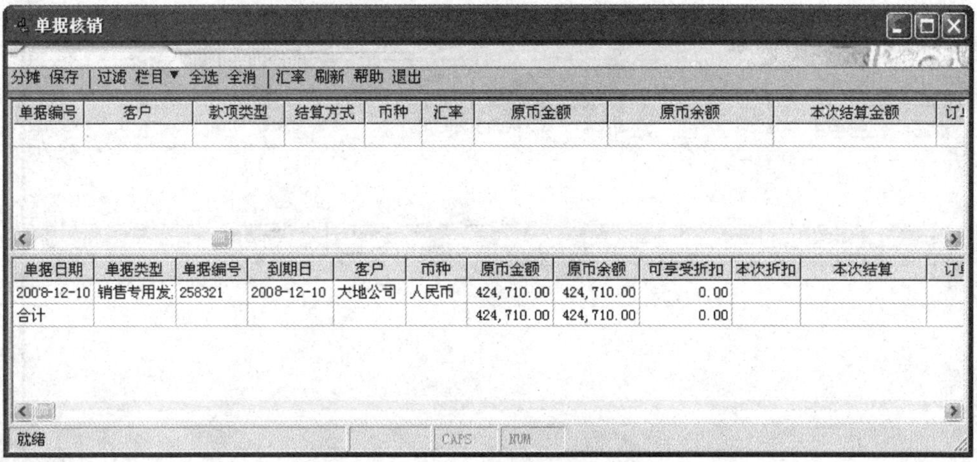

单据核销

分摊 保存 | 过滤 栏目▼ 全选 全消 | 汇率 刷新 帮助 退出

| 单据编号 | 客户 | 款项类型 | 结算方式 | 币种 | 汇率 | 原币金额 | 原币余额 | 本次结算金额 | 订… |
| --- | --- | --- | --- | --- | --- | --- | --- | --- | --- |
| | | | | | | | | | |

| 单据日期 | 单据类型 | 单据编号 | 到期日 | 客户 | 币种 | 原币金额 | 原币余额 | 可享受折扣 | 本次折扣 | 本次结算 | 订… |
| --- | --- | --- | --- | --- | --- | --- | --- | --- | --- | --- | --- |
| 2008-12-10 | 销售专用发 | 258321 | 2008-12-10 | 大地公司 | 人民币 | 424,710.00 | 424,710.00 | 0.00 | | | |
| 合计 | | | | | | 424,710.00 | 424,710.00 | 0.00 | | | |

就绪 CAPS NUM

图 6-35　已核销的收款单对话框

**注意**

- “本次结算”即本次销账金额。“本次结算”栏录入的结算金额应小于等于“本次结算金额”(本次收到的金额)加上本次使用预收款的合计。
- “本次结算”栏录入的结算金额小于“本次结算金额”时，其差额将自动形成预收款。
- 如果发现已核销的收款单有错，可以通过“取消操作”功能取消核销，然后再修改相应的收款单。

如果收到的款项小于原有单据的数额，那么单据只能得到部分核销，未核销的余款留待以后核销。

### 2. 核销时使用预收款

如果客户事先预付了一部分款项，在业务完成后又支付剩余部分的部分或全部款项，并且要求这将两笔款项同时结算，则在核销时使用预收款。

**例 6-23**　将 2009 年 1 月 20 日收到的大地公司 324 710 元的银行汇票款，与 2008 年 12 月 10 日销售给大地公司的 50 台 LK 电机和 82 台 MK 电机款进行核销，不足部分使用预收款(100 000 元)。

**操作步骤**

(1) 在“用友 T6-企业管理软件”企业门户的“业务”页签中，单击“财务会计”|“应收款管理”| “日常处理”|“核销处理”|“手工核销”，打开“核销条件”对话框。

(2) 在“核销条件”对话框中，单击“客户”栏“参照”按钮，选择“大地公司”。

(3) 单击“确认”按钮，打开“单据核销”窗口。

(4) 在“单据核销”窗口中，在上半部分的第 1 行的“预收款”栏录入“100000”，默认第 2 行的“本次结算金额”栏中的金额“324710”；在下半部分第 1 行的“本次结算”

栏录入“424710”，如图 6-36 所示。

分摊 保存 | 过滤 栏目▼ 全选 全消 | 汇率 刷新 帮助 退出

| 单据日期 | 单据编号 | 客户 | 款项类型 | 结算方式 | 币种 | 汇率 | 原币金额 | 原币余额 | 本次结算金 |
|---|---|---|---|---|---|---|---|---|---|
| 2009-01-15 | 0000000003 | 大地公司 | 预收款 | 转账支票 | 人民币 | 1 | 200,000.00 | 200,000.00 | |
| 2009-01-20 | 0000000002 | 大地公司 | 应收款 | 银行汇票 | 人民币 | 1 | 324,710.00 | 324,710.00 | 324,710. |
| 合计 | | | | | | | 524,710.00 | 524,710.00 | 324,710. |

| 单据日期 | 单据类型 | 单据编号 | 到期日 | 客户 | 币种 | 原币金额 | 原币余额 |
|---|---|---|---|---|---|---|---|
| 2008-12-10 | 销售专用发 | 0000000001 | 2008-12-10 | 大地公司 | 人民币 | 424,710.00 | 424,710.00 |
| 合计 | | | | | | 424,710.00 | 424,710.00 |

图 6-36　核销条件对话框

(5) 单击“保存”按钮，如图 6-37 所示。

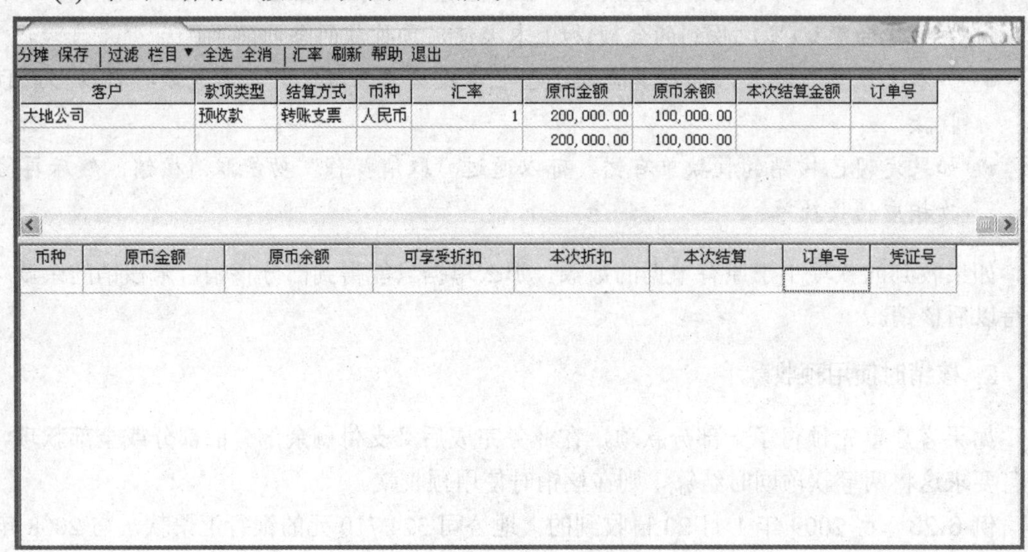

分摊 保存 | 过滤 栏目▼ 全选 全消 | 汇率 刷新 帮助 退出

| 客户 | 款项类型 | 结算方式 | 币种 | 汇率 | 原币金额 | 原币余额 | 本次结算金额 | 订单号 |
|---|---|---|---|---|---|---|---|---|
| 大地公司 | 预收款 | 转账支票 | 人民币 | 1 | 200,000.00 | 100,000.00 | | |
| | | | | | 200,000.00 | 100,000.00 | | |

| 币种 | 原币金额 | 原币余额 | 可享受折扣 | 本次折扣 | 本次结算 | 订单号 | 凭证号 |
|---|---|---|---|---|---|---|---|
| | | | | | | | |

图 6-37　已核销收款单对话框

**注意**

已经核销的内容在此不再显示。

## 6.2.4　转账处理

在实际工作中，往来单位之间有可能是互为供应单位，往来款项业务十分复杂，双方单位之间经常出现既有应收账款又有预收账款，既有应收账款又有应付账款的情况。因此，在实际工作中可以根据不同情况将预收账款冲抵应收账款，以应收账款冲抵应收账款，以应收账款冲抵应付账款等。转账处理功能即是完成往来业务相互冲抵操作的功能。

### 1. 应收冲应收

应收冲应收是指将一家客户的应收款转入到另一家客户中。

**例 6-24** 2009 年 1 月 31 日，将长远公司应收账款 11 290 元，转入到“大地公司”。

**操作步骤：**

(1) 在“用友 T6-企业管理软件”企业门户的“业务”页签中，单击“财务会计”|“应收款管理”|“日常处理”|“转账”|“应收冲应收”，打开“应收冲应收”对话框。

(2) 在“应收冲应收”对话框中，单击“转出户”栏“参照”按钮，选择“002 长远公司”，再单击“转入户”栏“参照”按钮，选择“001 大地公司”，再单击“部门”参照按钮，选择“市场部”。

(3) 单击“过滤”按钮，在“并账金额”栏录入“11290”，如图 6-38 所示。

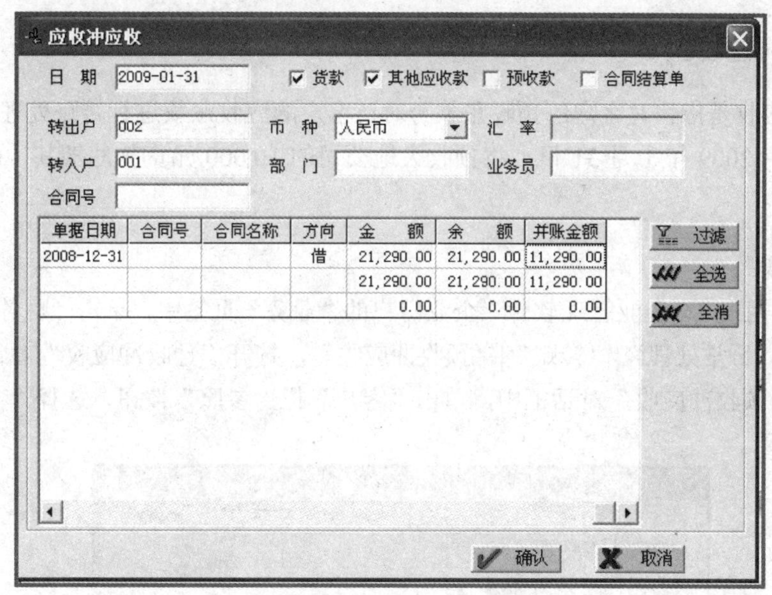


图 6-38 “应收冲应收”对话框

(4) 单击“确认”按钮，出现“是否立即制单”提示对话框，如图 6-39 所示。

(5) 单击“是”按钮，生成一张记账凭证。

(6) 选择“转账凭证”。单击“保存”按钮，如图 6-40 所示。

(7) 单击“退出”按钮。

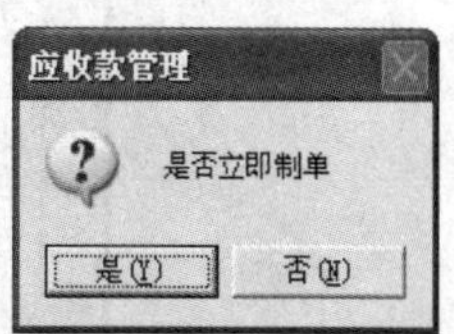


图 6-39 是否立即制单的提示

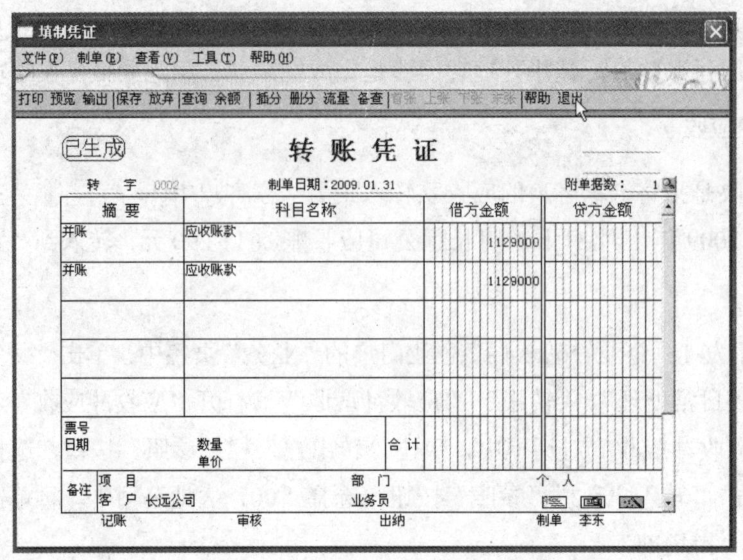


图 6-40　直接生成的记账凭证

## 2. 预收冲应收

预收冲应收是指将对客户的预收账款与对该客户的应收账款进行转账处理。

**例 6-25**　2009 年 1 月 31 日，将预收大地公司的 10 000 元货款冲抵其 10 000 元的应收账款。

**操作步骤**

(1) 在“用友 T6-企业管理软件”企业门户的“业务”页签中，单击“财务会计”|“应收款管理”|“日常处理”|“转账”|“预收冲应收”，打开“预收冲应收”对话框。

(2) 在“预收冲应收”对话框中，单击“客户”栏“参照”按钮，选择“大地公司”，如图 6-41 所示。

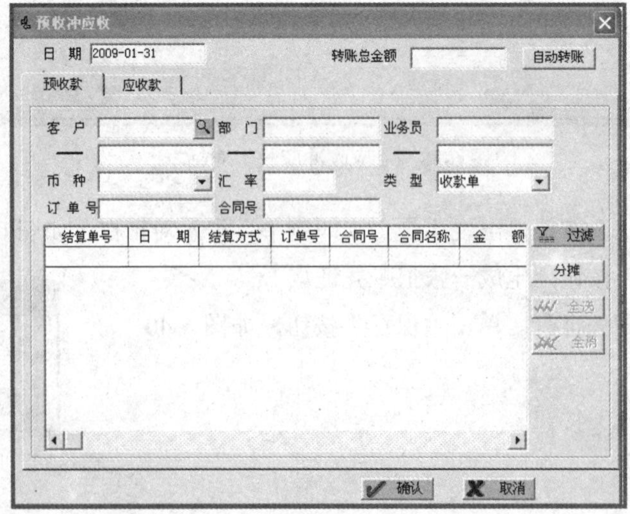


图 6-41　“预收冲应收”对话框

(3) 单击“过滤”按钮，在“转账金额”栏输入“10000”，如图 6-42 所示。

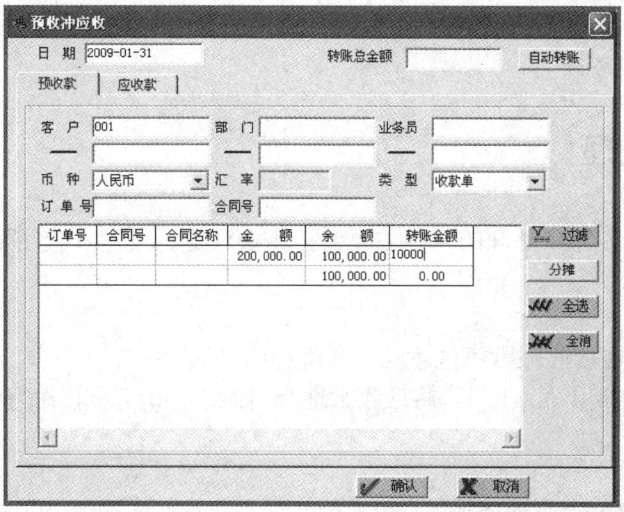

图 6-42 已录入预收款的预收冲应收对话框

(4) 单击“应收款”页签，再单击“过滤”按钮，在“转账金额”栏中录入“10000”，如图 6-43 所示。

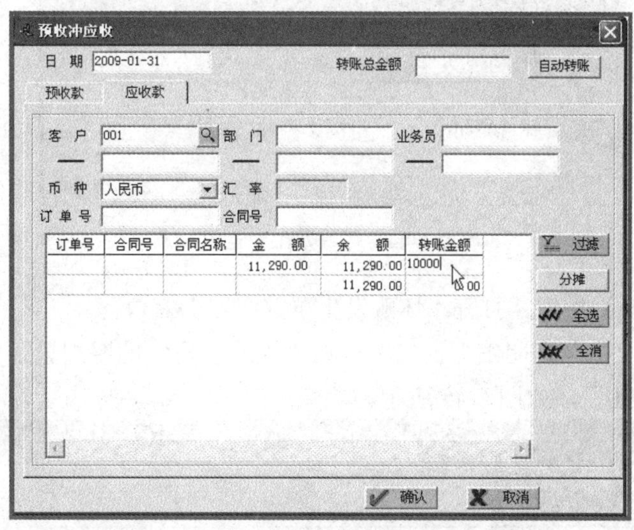


图 6-43 已录入应收款的预收冲应收对话框

(5) 单击“确认”按钮，出现“是否立即制单”提示对话框。

(6) 单击“否”按钮，暂不生成记账凭证。

**注意**

- 预收冲应收窗口中有两个页签，一个是预收款页签，另一个是应收款页签，系统默认的页签是预收款页签。
- 预收款可以全额冲销应收款，也可以冲销部分应收款。
- 预收冲应收窗口中的类型包括收款单和付款单，如果选择付款单，则系统只提供对所过滤出的红字单据进行转账处理。

- 每一笔应收款的转账金额不能大于其余额。应收款的转账金额合计应等于预收款的转账金额合计。

### 6.2.5 坏账处理

在实际工作中，坏账处理的内容主要包括坏账计提、发生、收回及取消坏账处理等。

#### 1. 发生坏账

发生坏账是指在应收账款不能收回时所进行的确认。

**例 6-26** 2009 年 1 月 31 日，将应收大地公司的 1 290 元货款作为坏账处理。

**操作步骤**

(1) 在“用友 T6-企业管理软件”企业门户的“业务”页签中，单击“财务会计”|“应收款管理”| “日常处理”|“坏账处理”|“坏账发生”，打开“坏账发生”对话框。

(2) 在如图 6-44 所示的“坏账发生”对话框的“客户”栏选择“001 大地公司”。

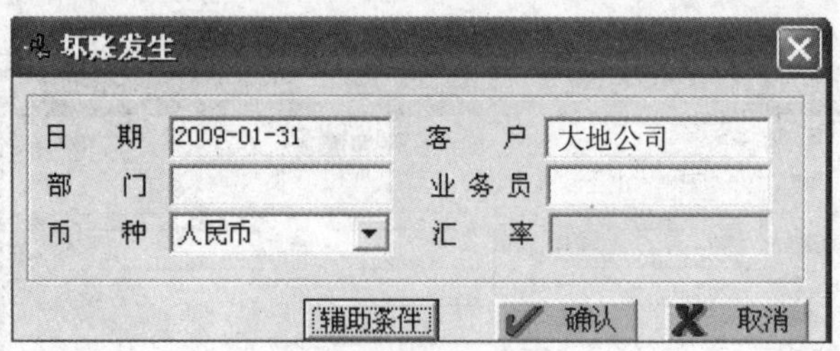
坏账发生
日 期 2009-01-31 客 户 大地公司
部 门 业 务 员
币 种 人民币 汇 率
辅助条件 确认 取消

图 6-44 坏账发生对话框

(3) 单击“确认”按钮，打开“坏账发生单据明细”窗口。

(4) 在“坏账发生单据明细”窗口中，在“大地公司”的明细记录的“本次发生坏账金额”栏录入“1290”，如图 6-45 所示。

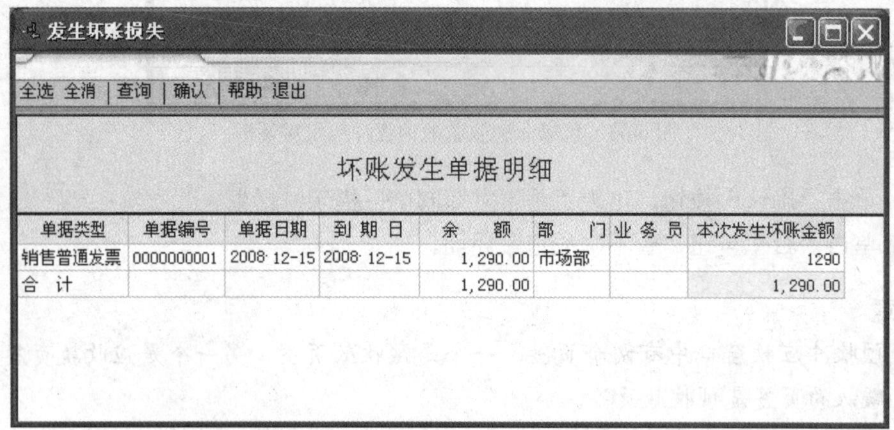
发生坏账损失
全选 全消 | 查询 | 确认 | 帮助 退出
坏账发生单据明细

| 单据类型 | 单据编号 | 单据日期 | 到 期 日 | 余 额 | 部 门 | 业 务 员 | 本次发生坏账金额 |
|---|---|---|---|---|---|---|---|
| 销售普通发票 | 0000000001 | 2008-12-15 | 2008-12-15 | 1,290.00 | 市场部 | | 1290 |
| 合 计 | | | | 1,290.00 | | | 1,290.00 |

图 6-45 坏账发生明细对话框

(5) 单击“确认”按钮，系统提示“是否立即制单”。

(6) 单击“否”按钮，暂不生成记账凭证。

### 2. 收回坏账

收回坏账是在收回已确认为坏账的应收款项时所进行的操作。当已作为坏账处理的应收账款又收回时，应首先在“收款单据录入”功能中填制一张收款单，而后再在“坏账处理”功能中进行收回金额的录入并生成记账凭证。

**注意**

- 已作为坏账处理的应收账款又收回时所填制的收款单应不予核销，否则将不能作为坏账收回处理。
- 已作为坏账处理的应收账款又收回时所填制的收款单不需要审核。
- 坏账收回金额必须等于收款单的金额。

### 3. 计提坏账准备

计提坏账准备是将预计不能收回的应收账款的损失，按系统设置的坏账处理方法和规定比例，及时计入坏账准备。系统提供的坏账计提方法主要有应收账款余额百分比法、销售收入百分比法及账龄分析法。

在实际工作中，可以根据预先设置的计提坏账准备的方法在“坏账处理”功能中执行“计提坏账准备”功能，即可由系统自动计提相应的坏账准备，并进行相应的账务处理。

## 6.2.6 制单

在应收款系统中，可以根据销售发票、应收单等原始单据生成相应的记账凭证并传递到总账管理系统。系统提供了即时制单和成批制单的功能，用户可以根据实际工作情况，决定在填制有关单据后立即制单或集中成批制单。集中成批制单是在“制单”功能中完成的。

**例 6-27** 2009 年 1 月 31 日，分别将“发票制单”、“应收单制单”、“收付款单制单”、“转账业务制单”、“坏账处理制单”进行制单处理。

**操作步骤**

(1) 在“用友 T6-企业管理软件”企业门户的“业务”页签中，单击“财务会计”|“应收款管理”|“日常处理”|“制单处理”，打开“制单查询”对话框。

(2) 在“制单查询”对话框，单击选中“发票制单”前的复选框，如图 6-46 所示。

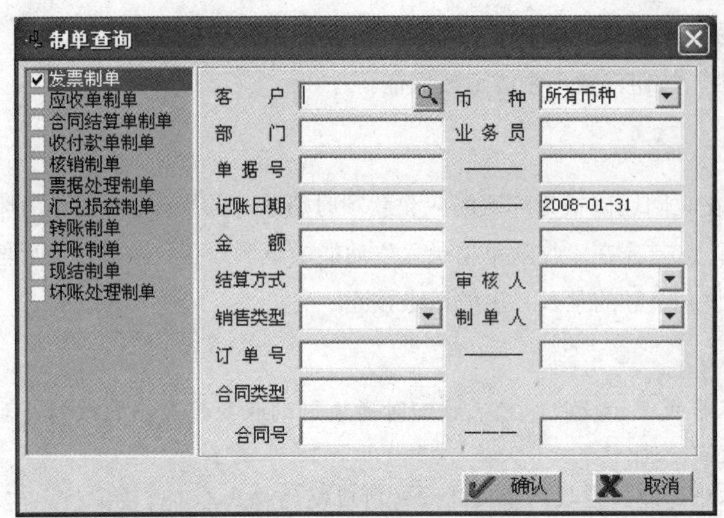


图 6-46 制单查询对话框

(3) 单击“确认”按钮。打开“销售发票制单”窗口。

(4) 在“销售发票制单”窗口，单击“全选”按钮，如图 6-47 所示。

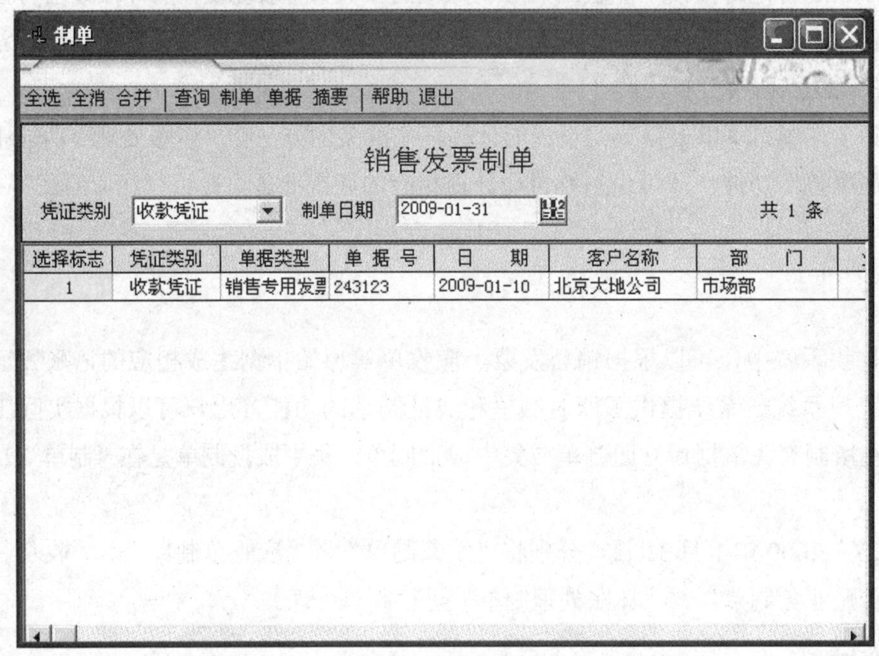


图 6-47 转账制单窗口

(5) 单击“制单”按钮，即生成一张记账凭证。

(6) 选择“转账凭证”，单击“保存”按钮，保存已生成的记账凭证，如图 6-48 所示。

(7) 依此方法，再将“应收单制单”、“收付款单制单”、“转账业务制单”、“坏账处理制单”进行制单处理。

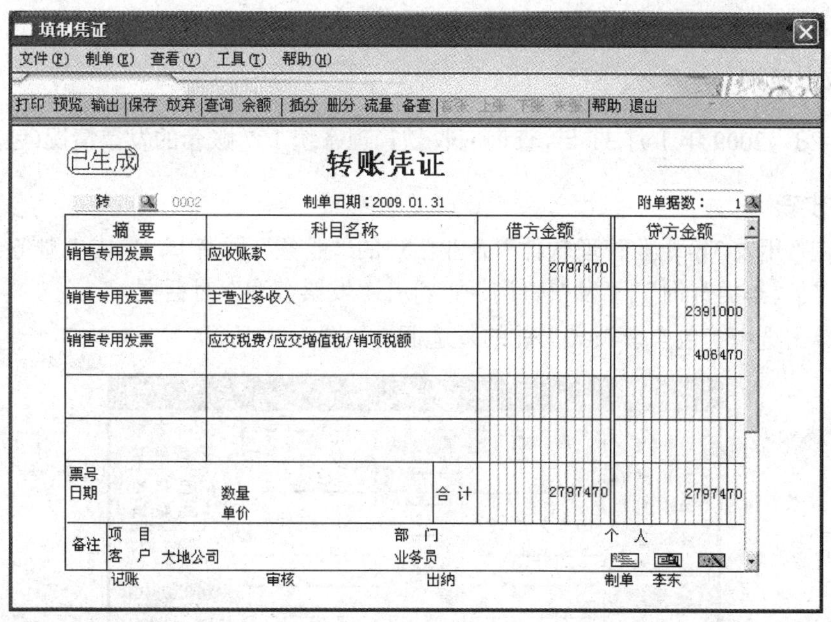

图 6-48　已保存的转账凭证

注意

- 制单日期系统默认为当前业务日期。制单日期应大于等于选中的单据的最大日期，但小于等于当前的系统日期。
- 如果同时使用了总账系统，且总账系统要求制单序时，所输入的制单日期应该满足制单日期序时的要求，即大于等于同月同类凭证的最大日期。

# 6.3　账表查询及其他处理

账表查询主要包括单据查询、业务账表查询、科目账表查询等内容。

通过查询已经审核的各类型应收单据的收款及结余情况、结算单的结算情况及系统所生成的凭证，随时能了解往来款项的核算与管理情况。通过业务账表查询，可以查看客户、客户分类、地区分类、部门、业务员等一定期间所发生的应收、收款及余额情况。通过科目账表查询，可以查看指定科目的明细账情况。其他处理主要包括取消操作和期末处理两项内容。

## 6.3.1　单据查询

单据查询主要包括对发票、应收单、结算单和凭证的查询。还可以查询已经审核的各类型应收单据的收款情况、结余情况；查询结算单的使用情况以及应收款系统中所生成的记账凭证。

### 1. 发票查询

**例 6-28** 2009 年 1 月 31 日，查询应收款管理系统 107 账套的发票情况(包含余额=0)。

**操作步骤**

(1) 在“用友 T6-企业管理软件”企业门户的“业务”页签中，单击“财务会计”|“应收款管理”|“单据查询”|“发票查询”，打开“发票查询”对话框。

(2) 单击选中“包含余额=0”前的复选框，如图 6-49 所示。

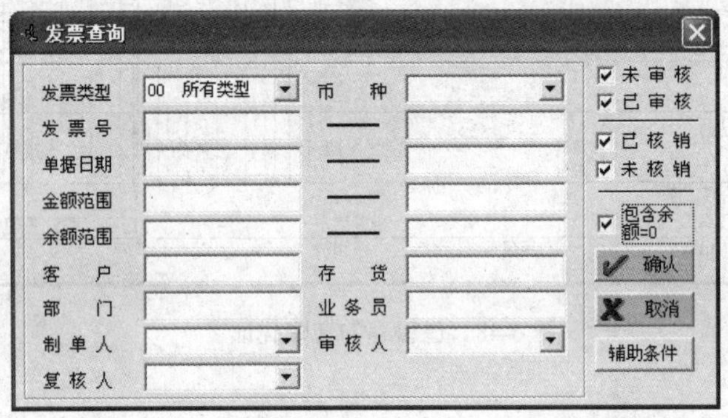


图 6-49 “发票查询”对话框

**注意**

- 在“发票查询”窗口中，选中“已审核”复选框，则在查询结果中只显示已审核的销售发票；选中“已核销”复选框，则在查询结果中只显示已核销的销售发票。
- 查询条件为空时表示查询所有销售发票。

(3) 单击“确认”按钮。打开“发票查询”窗口，如图 6-50 所示。

打印 预览 输出 | 查询 单据 详细 凭证 栏目 | 帮助 退出

**发票查询**

记录总数：3

| 客户 | 币种 | 汇率 | 原币金额 | 原币余额 | 本币金额 | 本币余额 |
| --- | --- | --- | --- | --- | --- | --- |
| 北京大地公司 | 人民币 | 1.00000000 | 424,710.00 | 0.00 | 424,710.00 | 0.00 |
| 长远股份有限公司 | 人民币 | 1.00000000 | 21,290.00 | 10,000.00 | 21,290.00 | 10,000.00 |
| 北京大地公司 | 人民币 | 1.00000000 | 27,974.70 | 0.00 | 27,974.70 | 0.00 |
| | | | 473,974.70 | 10,000.00 | 473,974.70 | 10,000.00 |

图 6-50 发票查询对话框

**注意**

在“发票查询”窗口中，单击“单据”按钮，可以查询当前记录的销售发票；单击“详细”按钮，可以查看当前记录的收款情况；单击“凭证”按钮，可以查看根据当前销售发票所生成的记账凭证。

### 2. 凭证查询

例 6-29　2009 年 1 月 31 日，查询应收款管理系统 107 账套所生成的记账凭证。

**操作步骤**

(1) 在“用友 T6-企业管理软件”企业门户的“业务”页签中，单击“财务会计”|“应收款管理”|“单据查询”|“凭证查询”，打开“凭证查询”对话框。

(2) 在“凭证查询”对话框中，单击“确认”按钮。打开“凭证查询”窗口，如图 6-51 所示。

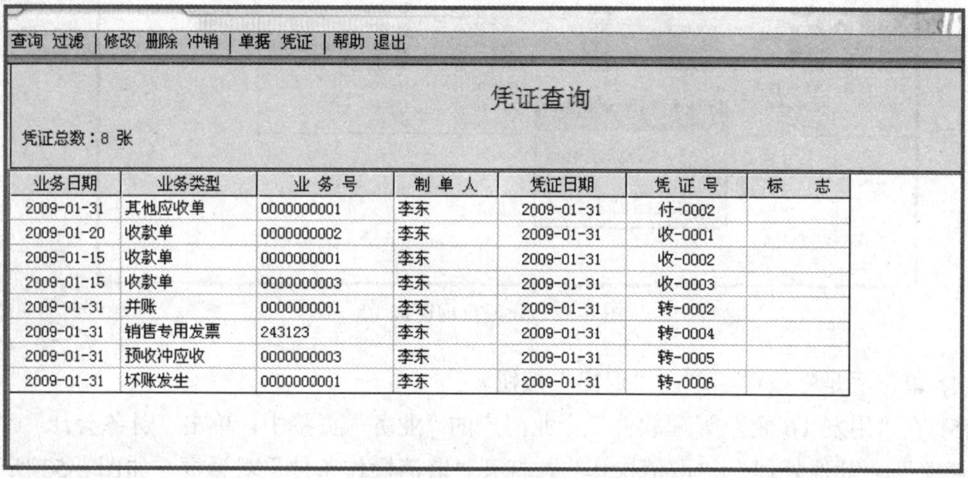

查询 过滤 | 修改 删除 冲销 | 单据 凭证 | 帮助 退出

凭证查询

凭证总数：8 张

| 业务日期 | 业务类型 | 业务号 | 制单人 | 凭证日期 | 凭证号 | 标志 |
|---|---|---|---|---|---|---|
| 2009-01-31 | 其他应收单 | 0000000001 | 李东 | 2009-01-31 | 付-0002 | |
| 2009-01-20 | 收款单 | 0000000002 | 李东 | 2009-01-31 | 收-0001 | |
| 2009-01-15 | 收款单 | 0000000001 | 李东 | 2009-01-31 | 收-0002 | |
| 2009-01-15 | 收款单 | 0000000003 | 李东 | 2009-01-31 | 收-0003 | |
| 2009-01-31 | 并账 | 0000000001 | 李东 | 2009-01-31 | 转-0002 | |
| 2009-01-31 | 销售专用发票 | 243123 | 李东 | 2009-01-31 | 转-0004 | |
| 2009-01-31 | 预收冲应收 | 0000000003 | 李东 | 2009-01-31 | 转-0005 | |
| 2009-01-31 | 坏账发生 | 0000000001 | 李东 | 2009-01-31 | 转-0006 | |

图 6-51　凭证查询窗口

**注意**

- 在“凭证查询”窗口中，单击“单据”按钮，可以查询形成当前记录的单据；单击“凭证”按钮，可以查看当前记录的记账凭证。
- 单击“删除”按钮，可以删除当前记录的记账凭证。

## 6.3.2　其他处理

### 1. 取消操作

在应收款管理的各个业务处理环节，都可能由于各种各样的原因造成操作失误，为了方便修改，系统提供了取消操作的功能。

取消操作的类型包括取消核销、取消坏账处理、取消转账、取消并账等。

**例 6-30** 2009 年 1 月 31 日，已将预收大地公司的 10 000 元货款冲抵了 10 000 元的应收账款，并已生成记账凭证。现将其金额修改为“9000”元。

**操作步骤**

(1) 在“用友 T6-企业管理软件”企业门户的“业务”页签中，单击“财务会计”|“应收款管理”|“单据查询”|“凭证查询”，打开“凭证查询”对话框。

(2) 在“凭证查询”对话框中，单击“确认”按钮。打开“凭证查询”窗口，单击选中要删除凭证“预收冲应收”的记录行。

(3) 单击“删除”按钮，如图 6-52 所示。

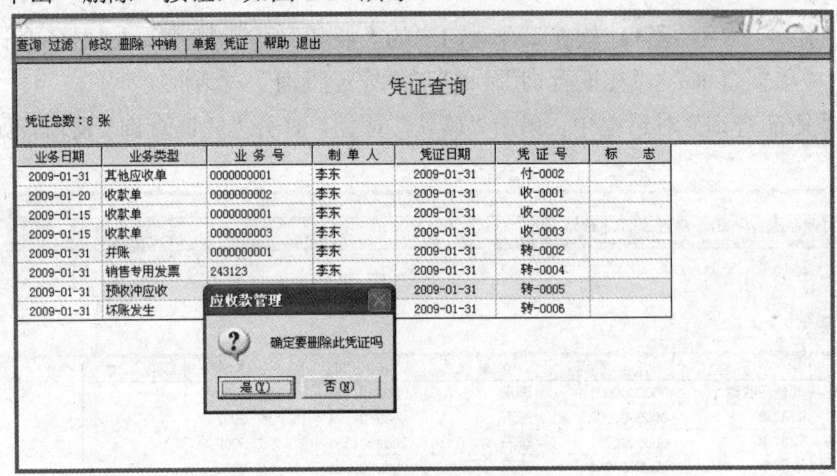


图 6-52 凭证查询窗口

(4) 单击“是”按钮。单击“退出”按钮。

(5) 在“用友 T6-企业管理软件”企业门户的“业务”页签中，单击“财务会计”|“应收款管理”|“其他处理”|“取消操作”，打开“取消操作条件”对话框，如图 6-53 所示。

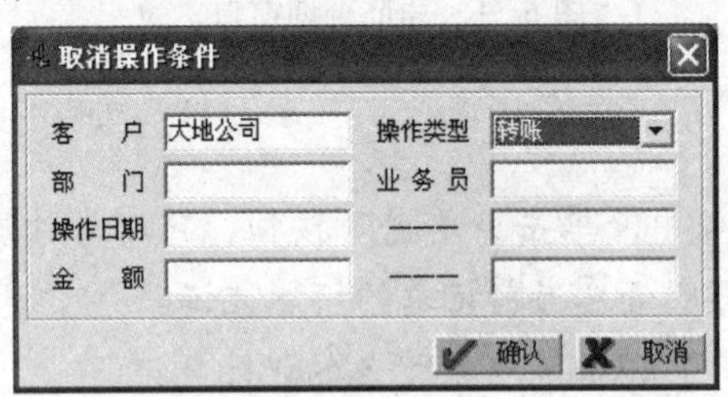


图 6-53 “取消操作条件”对话框

(6) 单击“客户”栏“参照”按钮，选择“大地公司”，单击“操作类型”栏下三角按钮，选择“转账”。

(7) 单击“确认”按钮，打开“取消操作”窗口，双击选中要取消的记录所在行，如图 6-54 所示。

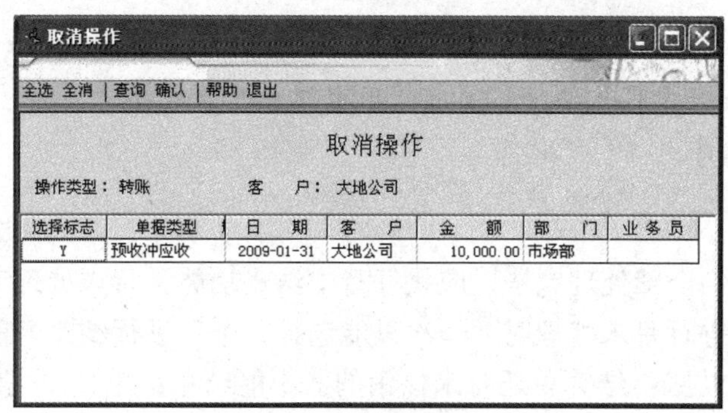


图 6-54　取消操作窗口

(8) 单击“确认”按钮。单击“退出”按钮。

(9) 在“用友 T6-企业管理软件”企业门户的“业务”页签中，单击“财务会计”|“应收款管理”|“日常处理”|“转账”|“预收冲应收”，打开“预收冲应收”对话框。

(10) 在“预收冲应收”对话框中，单击“客户”栏“参照”按钮，选择“001 大地公司”。

(11) 单击“过滤”按钮，在“转账金额”栏输入“9000”。

(12) 单击“应收款”页签，再单击“过滤”按钮，在“转账金额”录入“9000”。

(13) 单击“确认”按钮，出现“是否立即制单”提示对话框。

(14) 单击“是”按钮，生成记账凭证。单击“保存”按钮，如图 6-55 所示。

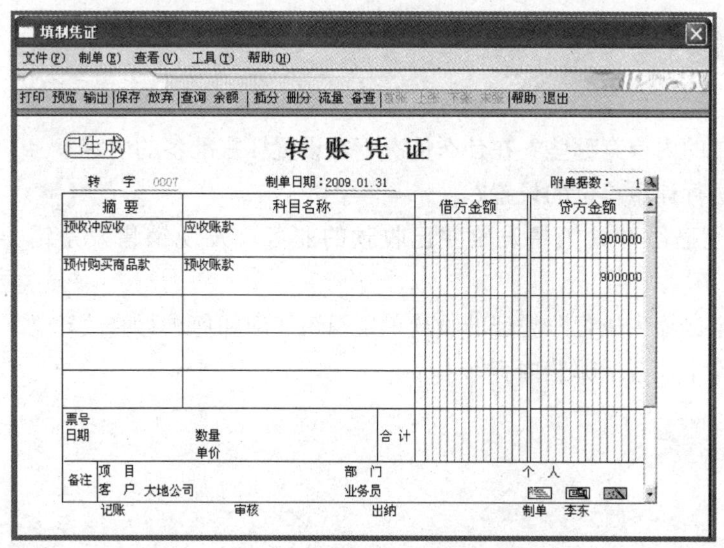


图 6-55　生成已修改数据的记账凭证

**注意**

- 如果要取消操作的内容还没有生成记账凭证，则可以直接进行取消操作。
- 如果一张发票填制错误，而这张发票已经审核、收款、核销并已制单，则在修改时就应该从最后的操作内容一直向前进行修改。即“删除凭证→取消核销→取消收款单审核→删除收款单→取消应收单审核→修改发票”。当修改完成后再继续完成其他的操作。

2. 月末结账

如果当月业务已经全部处理完毕，应执行月末结账功能。月末处理工作是在系统引导方式下进行的。在进行月末处理时，一次只能选择一个月进行结账，前一个月如果没有结账，则本月不能结账；结算单还有未核销的，不能结账；单据(发票和应收单)在结账前应该全部审核；年度末结账，应对所有核销、坏账、转账处理全部制单，系统列示检查结果，并对“本月单据全部结账”和“本月结算单全部核销”进行检查，对其他栏目没有强制性约束。月末结账是在“月末结账”功能中完成的。在执行了月末结账功能后，发现该月还需处理有关业务，则可以对应收款系统取消结账。

注意

- 如果当月总账管理系统已经结账，则不能执行应收款系统的取消结账的操作。
- “工具”中的“取消操作”功能可以取消“发票记账”、“应收单记账”、“核销”、“坏账处理”及“转账”等操作。在未生成记账凭证的情况下，只有取消相应的操作才能修改相应的错误单据。
- 操作的这些数据已备份至“例题账套(107 账套)备份。

# 复习思考题

(1) 初始设置的内容有哪些？在什么情况下需设置坏账准备的内容？

(2) 应如何进行计量单位的设置？

(3) 对于一笔已经开具销售发票并已收款的业务，发现销售发票错误应如何进行修改？

(4) 对于一笔已经生成记账凭证的收款单发现错误应如何进行修改？

(5) 取消操作主要包括哪些内容？

# 上机实验

## 实验十六　往来账款管理系统初始化

### 实验准备

已经完成了实验三的操作，可以引入 C:\My Documents\“300 账套备份”文件夹中“实验三备份”的账套备份数据，然后将系统日期修改为“2009 年 1 月 1 日”，由 301 操作员注册进入 300 账套的“企业门户”，启用“应收”、“应付”系统，修改会计科目“应收账款”、“预收账款”、“应收票据”的辅助核算为“客户往来”，并为“应收”系统受控科目。

实验资料

1．存货分类

| 存货分类编码 | 存货分类名称 |
|---|---|
| 1 | 原材料 |
| 2 | 库存商品 |
| 3 | 应税劳务 |

2．计量单位

| 计量单位组 | 计 量 单 位 |
|---|---|
| 基本计量单位(无换算) | 吨 |
|  | 套 |
|  | 台 |
|  | 公里 |

3．存货档案

| 存 货 编 号 | 存 货 名 称 | 所 属 分 类 | 计 量 单 位 | 税 率 | 存 货 属 性 |
|---|---|---|---|---|---|
| 001 | 甲材料 | 1 | 吨 | 17% | 外购，生产耗用 |
| 002 | 乙材料 | 1 | 吨 | 17% | 外购，生产耗用 |
| 003 | A 产品 | 2 | 台 | 17% | 自制、销售 |
| 004 | B 产品 | 2 | 台 | 17% | 自制、销售 |
| 005 | 运费 | 3 | 公里 | 7% | 应税劳务 |

4．系统设置

(1) 选项

坏账处理方式为应收余额百分比法，启用客户权限，提前 7 天根据单据自动报警，信用方式，包含信用额度为零。

(2) 初始设置

基本科目：应收科目为“1122 应收账款”，预收科目为“2203 预收账款”，销售收入科目为“6001 主营业务收入”，税金科目为“22210102 应交税费—应交增值税(销项税)”，销售退回科目为“6001 主营业务收入”，银行承兑科目为“1121 应收票据”，商业承兑科目为“1121 应收票据”。

结算方式科目：现金结算科目为“1001 库存现金”，现金支票结算科目为“100201 银行存款—建行人民币”，转账支票结算科目为“100201 银行存款—建行人民币”。

坏账准备：提取比率为 5%，坏账准备期初余额为“0”，坏账准备科目为“1231 坏账准备”，坏账准备对方科目为“6701 资产减值损失”。

账龄区间：总天数为 30 天，60 天，90 天和 120 天。

报警级别：A 级总比率为 10%，B 级总比率为 20%，C 级总比率为 30%，D 级总比率为 40%，E 级总比率为 50%，F 级总比率为 50%以上。

单据编号：手工改动，重号时自动重取。

开户银行：建行北京支行华海路办事处，账号 0012345678。

### 5. 期初余额

2008 年 8 月 12 号，业务员陈强销售给中兴公司库存商品 A 产品 1 100 台，价税合计款 1 100 000 元，发票号为 983319。

### 实验要求

(1) 录入存货分类、档案。

(2) 系统基础设置。

(3) 设置基本科目。

(4) 坏账准备设置。

(5) 账龄区间设置。

(6) 报警级别设置。

(7) 设置本单位开户银行。

(8) 录入期初余额并与总账系统对账。

(9) 账套备份(备份至“我的文档”中“300 账套备份”\“实验十六备份”)。

## 实验十七 往来款管理业务处理

### 实验准备

已经完成了实验十六的操作，可以引入 C:\My Documents\“300 账套备份”文件夹中“实验十六备份”的账套备份数据，将系统日期修改为业务发生时间，由 301 号操作员注册进入“应收款管理”系统。

### 实验资料

2009 年 1 月 8 号，业务员陈强销售给明珠公司库存商品 A 产品 20 台，价税合计款 20 000 元，增值税率为 17%，销售专用发票号为 983320，以现金代垫运费 300 元。

2009 年 1 月 8 日，业务员陈强接到银行通知，收到中兴公司交来转账支票一张，支付购货款项 1 100 000 元，票据号为 3211。

2009 年 1 月 18 日，经三方同意，将 2009 年 1 月 8 号形成的应向明珠公司收取的应收账款 20 300 元转到光贸公司。

2009 年 1 月 28 日，将应收光贸公司的账款作为坏账处理。

**实验要求**

(1) 录入应收单据并审核。

(2) 录入收款单据并审核。

(3) 核销。

(4) 转账。

(5) 坏账处理。

(6) 制单。

(7) 月末结账。

(8) 账套备份(备份至“我的文档”中“300 账套备份”\“实验十七备份”)。

# Chapter 7

# 会计数据综合查询

**教学目的与要求**

系统学习账簿查询的作用和方法。要求掌握查询总账、明细账、日记账和多栏明细账的方法；掌握联查总账、明细账和记账凭证的方法。

企业发生的经济业务，经过制单、审核、记账操作之后，就形成了正式的会计账簿。为了能够及时地了解账簿中的数据资料，并满足对账簿数据的统计分析及打印的需要，在总账系统中，系统提供了强大的查询功能，包括基本会计核算账簿的查询输出、各种辅助核算账簿及现金和银行存款日记账的查询和输出。整个系统可以方便地实现对总账、明细账及凭证等账、证、表资料的联查。

## 7.1 科目账查询

科目账查询主要包括查询总账、余额表、明细账和多栏账等。通过科目账查询，可以总括地了解总账、明细账、多栏账科目及余额表的期初余额、本期发生额和期末余额的情况。

### 7.1.1 总账

#### 1. 三栏式总账

总账通常被定义为三栏式，即借贷余三栏账。在电算化方式下，通过三栏式总账查询功能，不但可以查询各总账科目的年初余额、各月发生额合计和月末余额，而且还可查询所有二至五级明细科目的年初余额、各月发生额合计和月末余额等。

**例 7-1** 查询 2009 年 1 月 31 日，“6602 管理费用”的总账情况。

**操作步骤**

(1) 在“用友 T6-企业管理软件”企业门户的“业务”页签中，单击“财务会计”|“总账”|“账表”|“科目账”|“总账”，打开“总账查询条件”对话框，如图 7-1 所示。

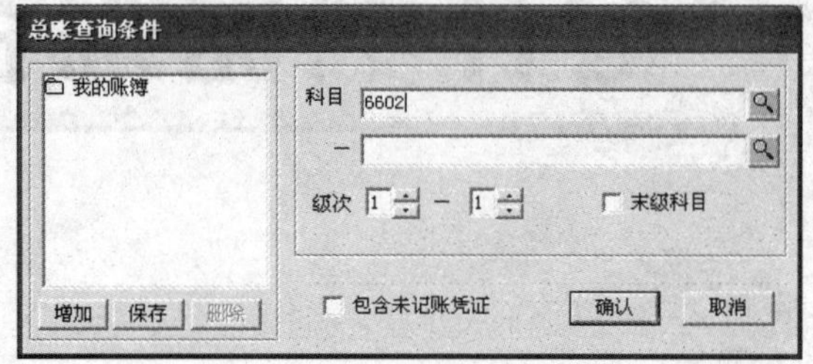


图 7-1 输入总账查询条件

(2) 在“科目”文本框中，直接输入或单击“参照”按钮选择“6602”。

(3) 默认“级次”文本框中级次范围“1-1”。

**注意**

- 科目范围为空时，系统默认查询所有科目。
- 如果需要查询一至三级科目，可选择级次范围“1-3”；如果需查询所有末级科目，则应选中“末级科目”复选框。
- 如果需要查看明细账，可在“总账查询”窗口中单击“明细”按钮。
- 如果需要查询包含未记账凭证的总账，则应选中“包含未记账凭证”复选框。
- 可将查询条件保存到“我的账簿”中。

(4) 单击“确定”按钮，显示查询结果，如图 7-2 所示。

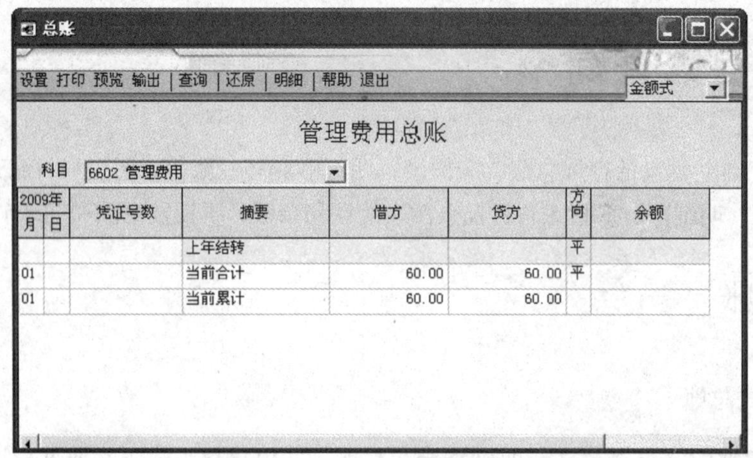


图 7-2 显示查询结果

### 2. 数量金额式总账

数量金额式总账查询主要用于在总账系统初始化时已将会计科目的账页格式设置为“数量金额式”科目的总账资料的查询。针对数量金额式总账的查询既可以查询到“数量金额式”总账，也可以查询到“金额式”总账，同时还可以联查数量金额式明细账及相应的记账凭证。

**例 7-2** 查询“1403”(原材料)数量金额式总账余额。

**操作步骤**

(1) 在“用友 T6-企业管理软件”企业门户的“业务”页签中，单击“财务会计”|“总账”|“账表”|“科目账”|“总账”选项，打开“总账查询条件”对话框，如图 7-3 所示。

图 7-3 输入数量金额式总账查询条件

(2) 在“科目”框中，直接输入或单击“参照”按钮选择科目“原材料”。

(3) 默认“级次”框中的级次范围“1-1”。

(4) 单击“确定”按钮，显示查询结果，如图 7-4 所示。

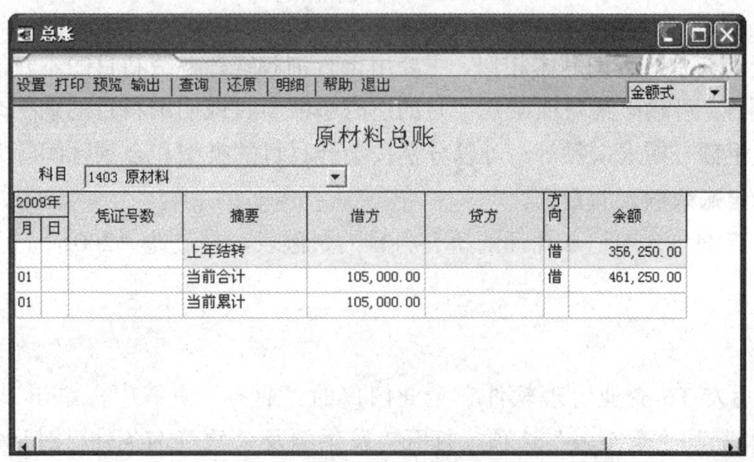


| 2009年 月 | 日 | 凭证号数 | 摘要 | 借方 | 贷方 | 方向 | 余额 |
|---|---|---|---|---|---|---|---|
| | | | 上年结转 | | | 借 | 356,250.00 |
| 01 | | | 当前合计 | 105,000.00 | | 借 | 461,250.00 |
| 01 | | | 当前累计 | 105,000.00 | | | |

图 7-4 显示查询结果

**注意**

此时的显示结果为“原材料”总账科目的三栏式总账金额。

(5) 选择“金额式”下拉列表框中的“数量金额式”选项，显示数量金额式总账查询结果，如图 7-5 所示。

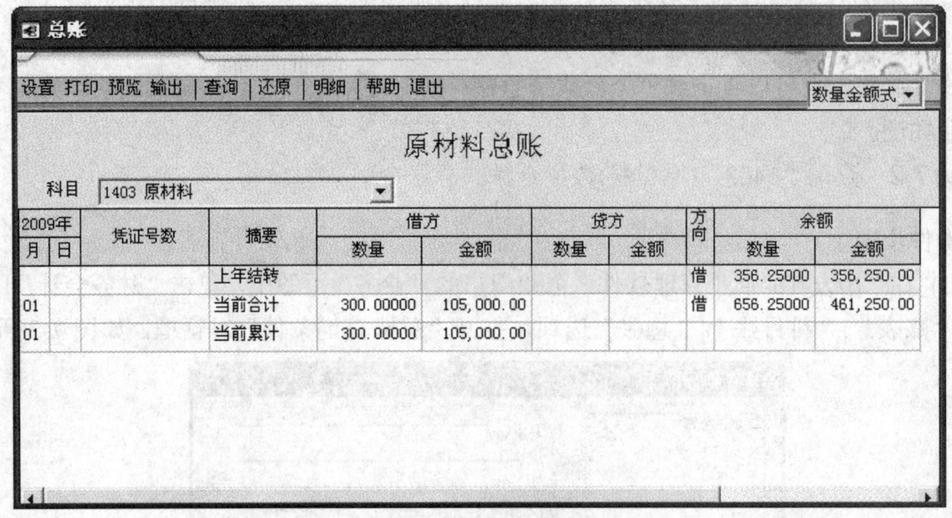


| 2009年 月 | 日 | 凭证号数 | 摘要 | 借方 数量 | 借方 金额 | 贷方 数量 | 贷方 金额 | 方向 | 余额 数量 | 余额 金额 |
|---|---|---|---|---|---|---|---|---|---|---|
| | | | 上年结转 | | | | | 借 | 356.25000 | 356,250.00 |
| 01 | | | 当前合计 | 300.00000 | 105,000.00 | | | 借 | 656.25000 | 461,250.00 |
| 01 | | | 当前累计 | 300.00000 | 105,000.00 | | | | | |

图 7-5　显示数量金额式总账查询结果

**注意**

- 同样可在“总账查询”窗口中单击“明细”按钮查看数量金额式明细账及联查到凭证。
- 如果需要查询包含未记账凭证的总账，则应选中“包含未记账凭证”复选框。

## 7.1.2　余额表

余额表查询与总账查询基本相似，主要用于查询和统计各级科目的本月发生额、累计发生额和余额等，可输出某月或某几个月的所有总账科目或明细科目的期初余额、本期发生额、累计发生额、期末余额等。可以分别按会计科目的类型和金额区间等方式查询。在此主要介绍未记账余额表的查询。

**例 7-3**　查询包含未记账凭证的所有科目的余额表，并过滤“2001”(短期借款)科目的余额。

**操作步骤**

(1) 在“用友 T6-企业管理软件”企业门户的“业务”页签中，单击“财务会计”|“总账”|“账表”|“余额表”选项，打开“发生额及余额查询条件”对话框，如图 7-6 所示。

(2) 在“月份”框中输入起止月份范围，当只查询某个月的资料时，应将起止月份都选择为同一月份，如查询 2009 年 01 月，则月份范围应选择“2009.01—2009.01”。

(3) 选中“末级科目”及“包含未记账凭证”复选框。

(4) 单击“确认”按钮，系统显示“发生额及余额表”，如图 7-7 所示。

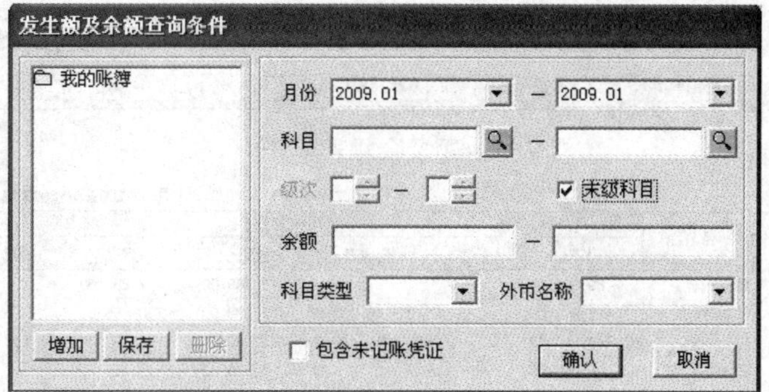


图 7-6 输入发生额及余额查询条件

发生额及余额表

设置 打印 预览 输出 | 查询 定位 过滤 | 转换 还原 | 专项 累计 | 帮助 退出　金额式

发生额及余额表

月份：2009.01-2009.01

| 科目编码 | 科目名称 | 期初余额 | | 本期发生 | | 期末余额 | |
|---|---|---|---|---|---|---|---|
| | | 借方 | 贷方 | 借方 | 贷方 | 借方 | 贷方 |
| 1001 | 库存现金 | 89,020.00 | | | 1,760.00 | 87,260.00 | |
| 1002 | 银行存款 | 425,666.00 | | 446,000.00 | 81,000.00 | 790,666.00 | |
| 1122 | 应收账款 | 446,000.00 | | 144,495.00 | 446,000.00 | 144,495.00 | |
| 1221 | 其他应收款 | 5,000.00 | | | 5,000.00 | | |
| 1403 | 原材料 | 356,250.00 | | 105,000.00 | | 461,250.00 | |
| 1405 | 库存商品 | 816,934.00 | | | | 816,934.00 | |
| 1601 | 固定资产 | 1,725,330.00 | | 81,000.00 | | 1,806,330.00 | |
| 1602 | 累计折旧 | | 595,600.00 | | 5,575.20 | | 601,175.20 |
| 资产小计 | | 3,864,200.00 | 595,600.00 | 776,495.00 | 539,335.20 | 4,106,935.00 | 601,175.20 |
| 2001 | 短期借款 | | 398,000.00 | | | | 398,000.00 |
| 2202 | 应付账款 | | 210,600.00 | | 122,850.00 | | 333,450.00 |
| 2211 | 应付职工薪酬 | | | | 33,040.00 | | 33,040.00 |
| 2221 | 应交税费 | | | 17,850.00 | 20,995.00 | | 3,145.00 |
| 2241 | 其他应付款 | | | | 660.80 | | 660.80 |
| 2501 | 长期借款 | | 660,000.00 | | 33,000.00 | | 693,000.00 |
| 负债小计 | | | 1,268,600.00 | 17,850.00 | 210,545.80 | | 1,461,295.80 |
| 4001 | 实收资本 | | 2,000,000.00 | | | | 2,000,000.00 |
| 4103 | 本年利润 | | | | 84,540.00 | | 84,540.00 |
| 权益小计 | | | 2,000,000.00 | | 84,540.00 | | 2,084,540.00 |
| 5001 | 生产成本 | | | 12,570.80 | | 12,570.80 | |
| 5101 | 制造费用 | | | 4,040.00 | 800.00 | 3,240.00 | |
| 成本小计 | | | | 16,610.80 | 800.00 | 15,810.80 | |
| 6001 | 主营业务收入 | | | 123,500.00 | 123,500.00 | | |
| 6601 | 销售费用 | | | 12,046.40 | 5,900.00 | 6,146.40 | |

图 7-7 发生额及余额表

(5) 通过“账页格式”下拉列表框可以转换账页格式。

(6) 单击“累计”按钮，系统自动显示借贷方累计发生额。

(7) 将光标定在具有辅助核算的科目所在行，单击“专项”按钮，可查到相应科目的辅助总账或余额表。

(8) 单击“过滤”按钮，打开“过滤”对话框，如图 7-8 所示。

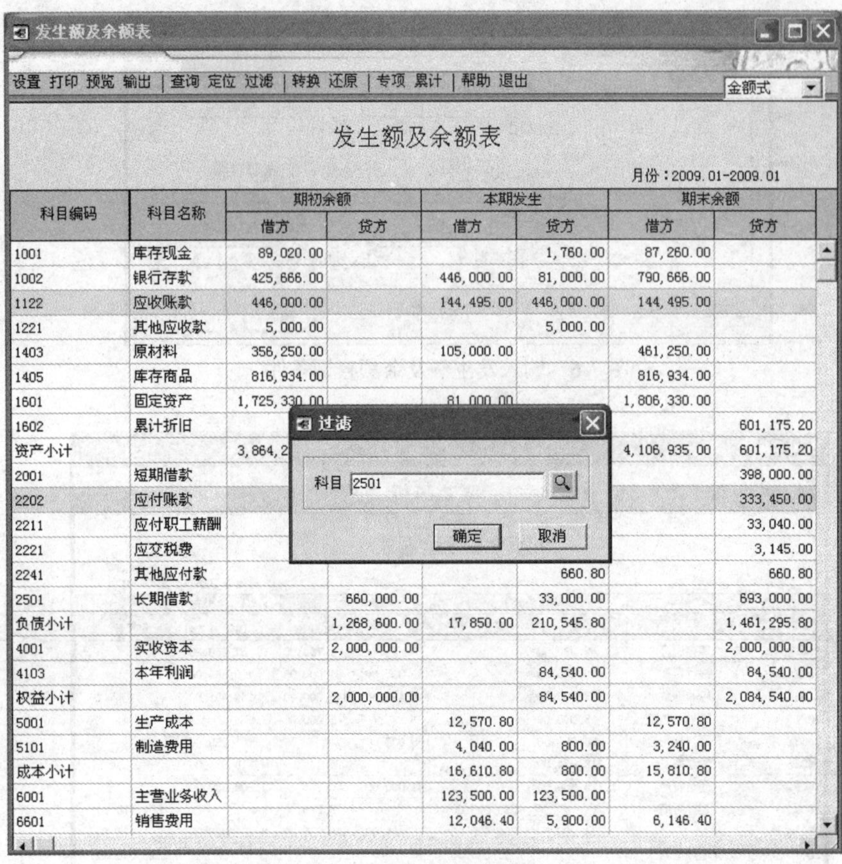


发生额及余额表

月份：2009.01-2009.01

| 科目编码 | 科目名称 | 期初余额 | | 本期发生 | | 期末余额 | |
|---|---|---|---|---|---|---|---|
| | | 借方 | 贷方 | 借方 | 贷方 | 借方 | 贷方 |
| 1001 | 库存现金 | 89,020.00 | | | 1,760.00 | 87,260.00 | |
| 1002 | 银行存款 | 425,666.00 | | 446,000.00 | 81,000.00 | 790,666.00 | |
| 1122 | 应收账款 | 446,000.00 | | 144,495.00 | 446,000.00 | 144,495.00 | |
| 1221 | 其他应收款 | 5,000.00 | | | 5,000.00 | | |
| 1403 | 原材料 | 356,250.00 | | 105,000.00 | | 461,250.00 | |
| 1405 | 库存商品 | 816,934.00 | | | | 816,934.00 | |
| 1601 | 固定资产 | 1,725,330.00 | | 81,000.00 | | 1,806,330.00 | |
| 1602 | 累计折旧 | | | | | | 601,175.20 |
| 资产小计 | | 3,864,2 | | | | 4,106,935.00 | 601,175.20 |
| 2001 | 短期借款 | | | | | | 398,000.00 |
| 2202 | 应付账款 | | | | | | 333,450.00 |
| 2211 | 应付职工薪酬 | | | | | | 33,040.00 |
| 2221 | 应交税费 | | | | | | 3,145.00 |
| 2241 | 其他应付款 | | | | 660.80 | | 660.80 |
| 2501 | 长期借款 | | 660,000.00 | | 33,000.00 | | 693,000.00 |
| 负债小计 | | | 1,268,600.00 | 17,850.00 | 210,545.80 | | 1,461,295.80 |
| 4001 | 实收资本 | | 2,000,000.00 | | | | 2,000,000.00 |
| 4103 | 本年利润 | | | | 84,540.00 | | 84,540.00 |
| 权益小计 | | | 2,000,000.00 | | 84,540.00 | | 2,084,540.00 |
| 5001 | 生产成本 | | | 12,570.80 | | 12,570.80 | |
| 5101 | 制造费用 | | | 4,040.00 | 800.00 | 3,240.00 | |
| 成本小计 | | | | 16,610.80 | 800.00 | 15,810.80 | |
| 6001 | 主营业务收入 | | | 123,500.00 | 123,500.00 | | |
| 6601 | 销售费用 | | | 12,046.40 | 5,900.00 | 6,146.40 | |

图 7-8　输入过滤条件

(9) 输入要过滤的科目编码，如 2501，单击“确定”按钮，显示查询结果，如图 7-9 所示。

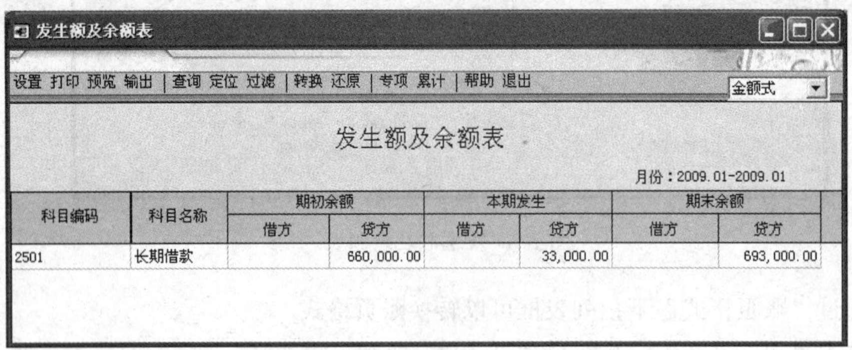


发生额及余额表

月份：2009.01-2009.01

| 科目编码 | 科目名称 | 期初余额 | | 本期发生 | | 期末余额 | |
|---|---|---|---|---|---|---|---|
| | | 借方 | 贷方 | 借方 | 贷方 | 借方 | 贷方 |
| 2501 | 长期借款 | | 660,000.00 | | 33,000.00 | | 693,000.00 |

图 7-9　显示查询结果

## 7.1.3　明细账

明细账查询与总账查询的操作步骤基本相同，主要用于查询二至五级明细科目的年初余额、各月发生额合计和月末余额等。明细账的查询格式主要有普通明细账、按科目排序明细账、月份综合明细账。普通明细账是按科目查询、按发生日期排序的明细账；按科目排序明细账是按非末级科目查询、按其有发生额的末级科目排序的明细账；月份综合明细账是按非末级科目查询、包含非末级科目总账数据及末级科目明细数据的综合明细账，从而使各级科目的数据关系一目了然。

### 1. 普通明细账

普通明细账查询主要用于平时按科目范围查询各账户的明细发生情况，及按任意条件组合查询明细账。在查询过程中可以包含未记账凭证。

**例 7-4** 查询所有科目的“月份综合明细账”。

**操作步骤**

(1) 在“用友 T6-企业管理软件”企业门户的“业务”页签中，单击“财务会计”|“总账”|“账表”|“科目账”|“明细账”选项，打开“明细账查询条件”对话框，如图 7-10 所示。

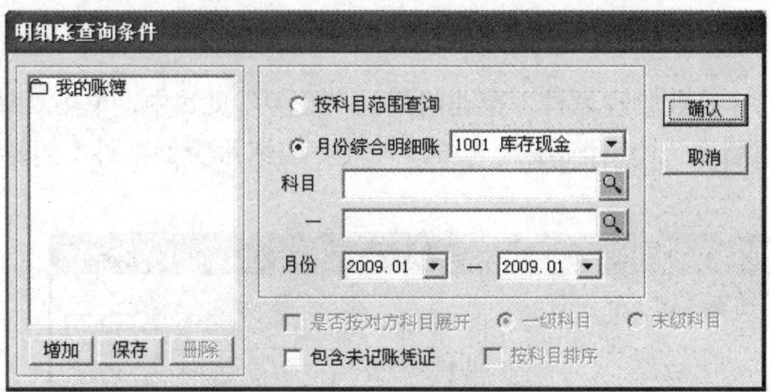


图 7-10 输入明细账查询条件

(2) 单击选中“月份综合明细账”单选按钮。

(3) 在“月份”文本框中输入“2009 .01—2009.01”。

(4) 单击“确认”按钮，系统显示查询结果，如图 7-11 所示。

**注意**

在明细账查询窗口中，可以联查到相应科目的总账及记账凭证等。

### 2. 数量金额式明细账

数量金额式明细账查询主要用于在总账系统初始化时已将明细科目的账页格式设置为“数量金额式”会计科目的明细账资料的查询。针对数量金额式明细账的查询既可以查询到“数量金额式”明细账，也可以查询到普通式明细账，同时还可以联查数量金额式总账及相应的记账凭证。

图 7-11　库存现金明细账查询结果

例 7-5　查询“140301”(A 材料)数量金额式明细账。

操作步骤

(1) 在“用友 T6-企业管理软件”企业门户的“业务”页签中，单击“财务会计”|“总账”|“账表”|“科目账”|“明细账”选项，打开“明细账查询条件”对话框，如图 7-12 所示。

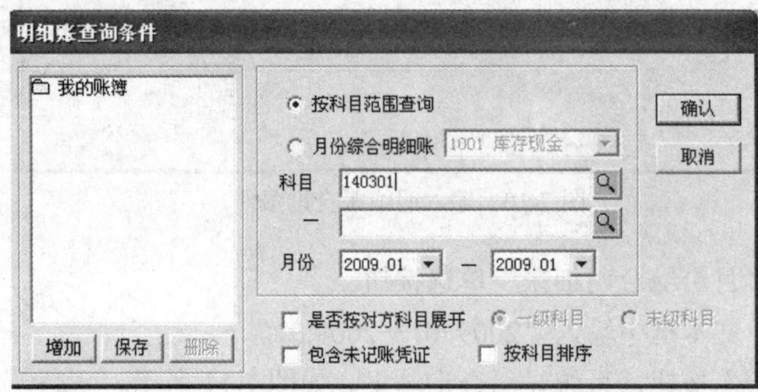

图 7-12　输入数量金额式明细账查询条件

(2) 在“科目”框中，直接输入或单击“参照”按钮选择科目“140301”。

(3) 在“月份”框中输入“2009 .01—2009.01”。

(4) 单击“确认”按钮，系统显示查询结果，如图 7-13 所示。

注意

此时的显示结果为“A 材料”明细科目的普通明细账。

(5) 选择“金额式”下拉列表框中的“数量金额式”选项，显示数量金额式明细账查询结果，如图 7-14 所示。

注意

此时同样可以进行“总账”及“凭证”的联查。

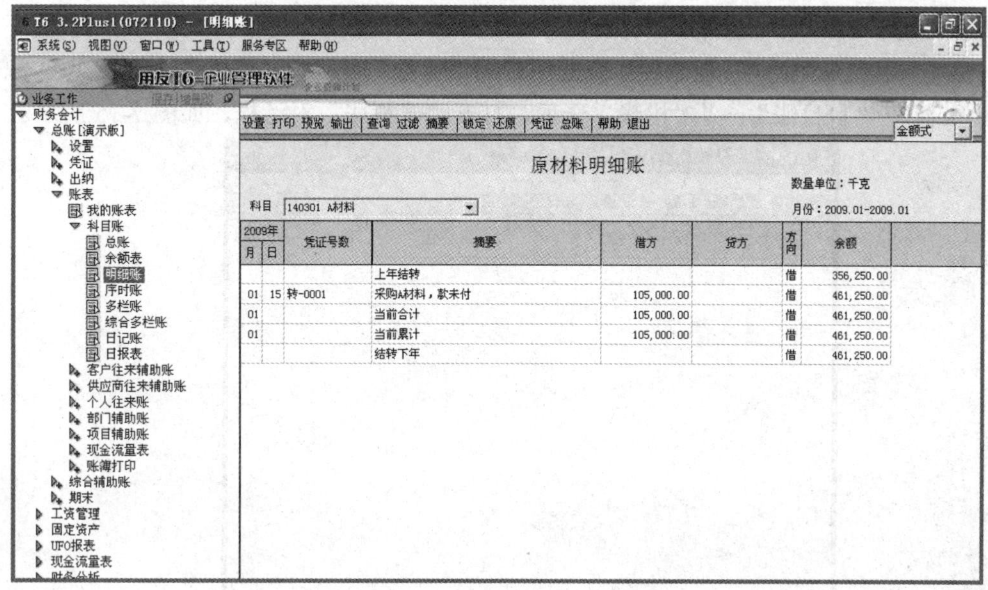

图 7-13　显示查询结果

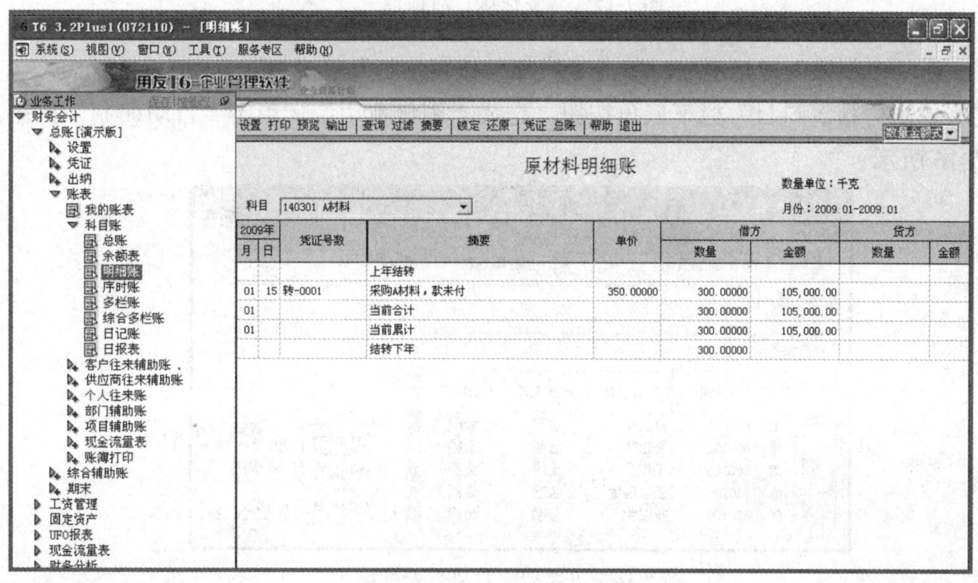

图 7-14　显示数量金额式明细账查询结果

### 3. 多栏账

在总账系统中，普通多栏账由系统将要分析科目的下级科目自动生成“多栏账”。一般情况下，负债、收入类科目分析其下级科目的贷方发生额，资产、费用类科目分析其下级科目的借方发生额，并允许随时调整。

**例 7-6** 查询“6601 销售费用”多栏式明细账。

**操作步骤**

(1) 在“用友 T6-企业管理软件”企业门户的“业务”页签中，单击“财务会计”|“总账”|“账表”|“科目账”| “多栏账”选项，打开“多栏账”对话框，如图 7-15 所示。

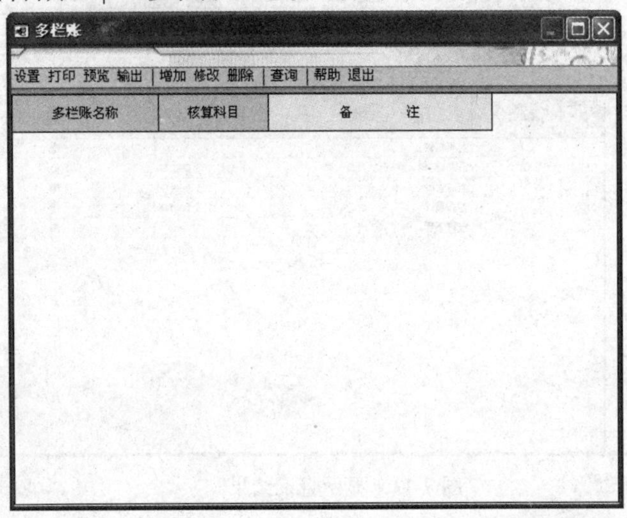


图 7-15 “多栏账”对话框

(2) 在“多栏账”对话框中，单击“增加”按钮，打开“多栏账定义”对话框。

(3) 单击“核算科目”栏下三角按钮，选择“销售费用”，单击“自动编制”按钮，如图 7-16 所示。

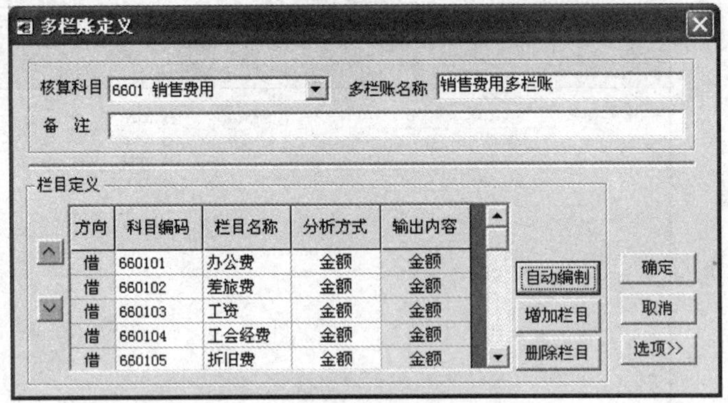


图 7-16 “多栏账定义”对话框

(4) 单击“确定”按钮，返回“多栏账”对话框，如图 7-17 所示。

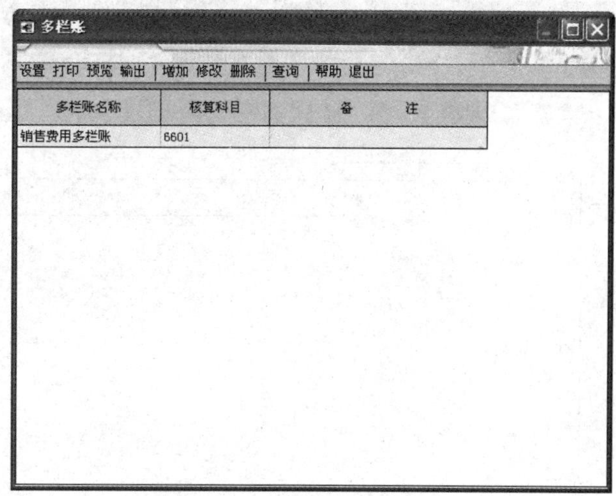


图 7-17 “多栏账”对话框

(5) 单击选中“管理费用多栏账”，再单击“查询”按钮，打开“多栏账查询”对话框，如图 7-18 所示。

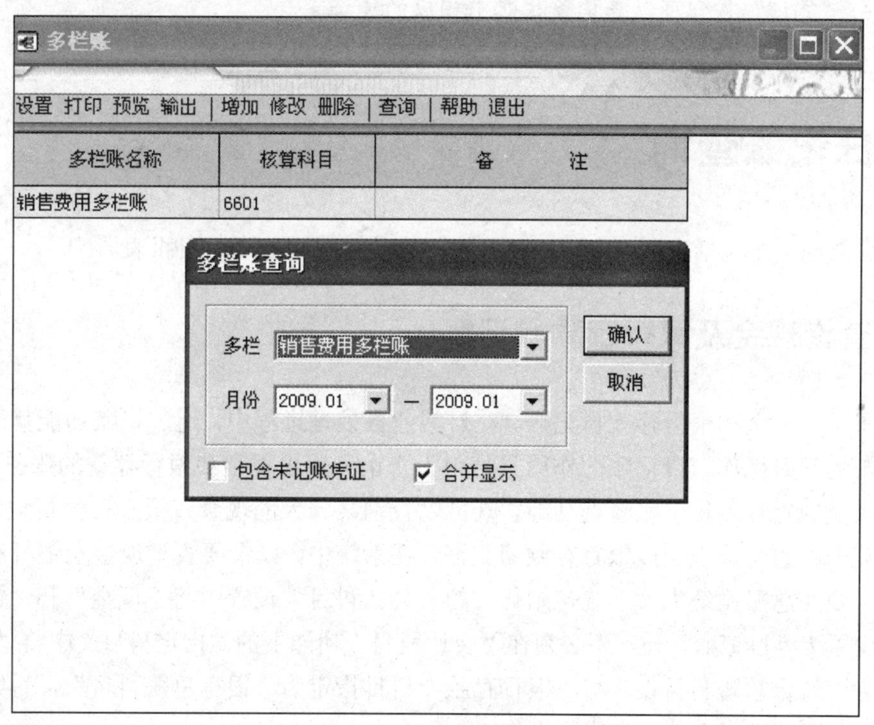


图 7-18 “多栏账查询”对话框

(6) 单击“确认”按钮，系统显示查询结果，如图 7-19 所示。

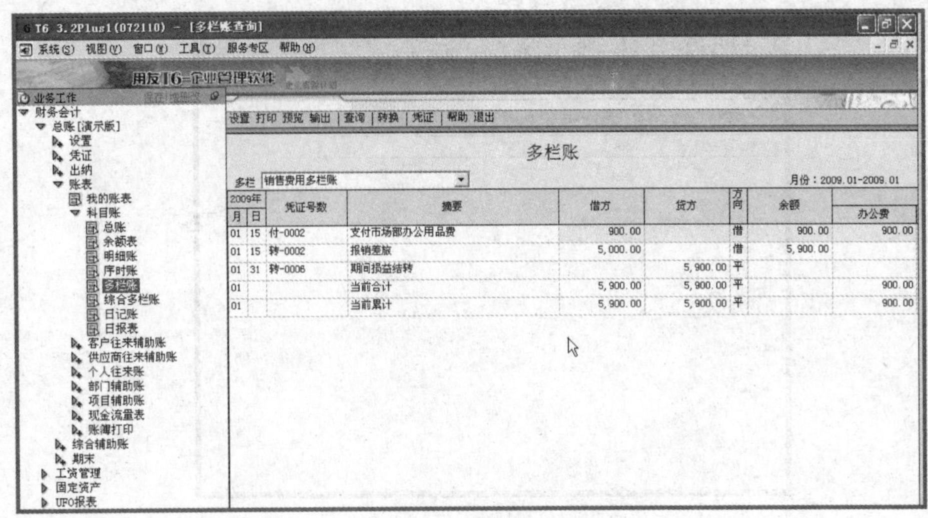

图 7-19　显示多栏账查询结果

注意

- 单击“凭证”按钮可以查询多栏账中相应的凭证。
- 在“多栏”下拉列表框中可以选择其他多栏账内容进行查询。

# 7.2　日记账查询

日记账查询主要包括查询现金日记账、银行存款日记账及资金日报表。

## 7.2.1　查询现金及银行存款日记账

日记账是指现金和银行存款日记账。在日常业务处理过程中，通过记账功能就能直接完成日记账的记账操作。日记账的作用只是用于查询和输出现金和银行存款的账务资料。现金日记账及银行存款日记账查询功能，既可以查询某一天的现金或银行存款日记账，也可以查询某一个月份的现金或银行存款日记账。在系统中，如果要查询现金及银行存款日记账，除了要在总账系统中“系统初始化”的“会计科目”设置中将“现金”和“银行存款”科目设置为“日记账”外，还必须在“会计科目”功能下的“指定科目”中将“现金”科目指定为“现金总账科目”，将“银行存款”科目指定为“银行总账科目”，否则将不能完成查询现金或银行存款日记账的操作。

**例 7-7**　查询 2009 年 1 月的现金日记账。

**操作步骤**

(1) 在“用友 T6-企业管理软件”企业门户的“业务”页签中，单击“财务会计”|“总账”|“出纳”|“现金日记账”选项，打开“现金日记账查询条件”对话框，如图 7-20

所示。

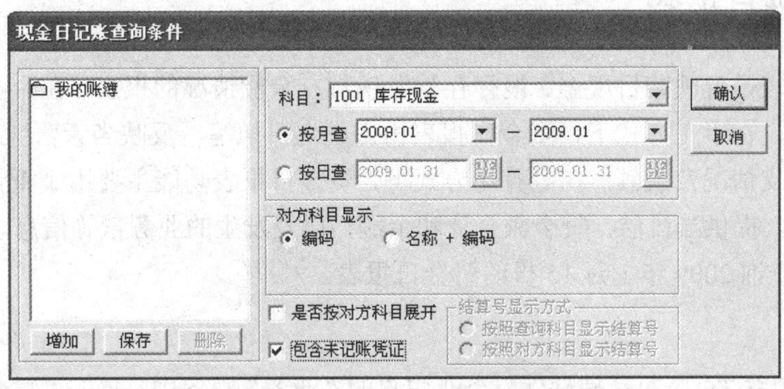


图 7-20　输入现金日记账查询条件

(2) 选择“科目”下拉列表框中的“1001 库存现金”选项。

(3) 查询方式系统默认为按月查询，选择月份“2009.01—2009.01”。

(4) 如果需要查看“包含未记账凭证”的日记账，可选中“包含未记账凭证”复选框。

(5) 单击“确认”按钮，进入“现金日记账”窗口，如图 7-21 所示。

| 2009年 月 | 日 | 凭证号数 | 摘要 | 对方科目 | 借方 | 贷方 | 方向 | 余额 |
|---|---|---|---|---|---|---|---|---|
| | | | 上年结转 | | | | 借 | 89,020.00 |
| 01 | 10 | 付-0004 | 支付生产部水电费 | 5101 | | 800.00 | 借 | 88,220.00 |
| 01 | 10 | | 本日合计 | | | 800.00 | 借 | 88,220.00 |
| 01 | 15 | 付-0002 | 支付市场部办公用品费 | 660101 | | 900.00 | 借 | 87,320.00 |
| 01 | 15 | 付-0003 | 支付财务部办公费 | 660201 | | 60.00 | 借 | 87,260.00 |
| 01 | 15 | | 本日合计 | | | 960.00 | 借 | 87,260.00 |
| 01 | | | 当前合计 | | | 1,760.00 | 借 | 87,260.00 |
| 01 | | | 当前累计 | | | 1,760.00 | 借 | 87,260.00 |
| | | | 结转下年 | | | | 借 | 87,260.00 |

图 7-21　“现金日记账”窗口

**注意**

- 在“现金日记账”中，如果本月尚未结账，显示“当前合计”、“当前累计”；如果本月已经结账，则显示“本月合计”、“本年累计”。
- 查询日记账时还可以用鼠标双击某行或按“凭证”按钮，查看相应的凭证，按“总账”按钮可以查看此科目的三栏式总账。
- 银行存款日记账的查询与现金日记账的查询操作基本相同。

## 7.2.2 资金日报表

资金日报表是反映某日现金、银行存款发生额及余额情况的报表，在企业财务管理中占据重要位置。在手工方式下，资金日报表由出纳逐日填写，反映当天营业终了时现金、银行存款的收支情况及余额。在电算化方式下，资金日报表功能主要用于查询、输出或打印资金日报表，提供当日借、贷金额合计和余额，以及发生的业务量等信息。

**例 7-8** 查询 2009 年 1 月 15 日的资金日报表。

**操作步骤**

(1) 在“用友 T6-企业管理软件”企业门户的“业务”页签中，单击“财务会计”|“总账”|“出纳”|“资金日报”选项，打开“资金日报表查询条件”对话框，如图 7-22 所示。

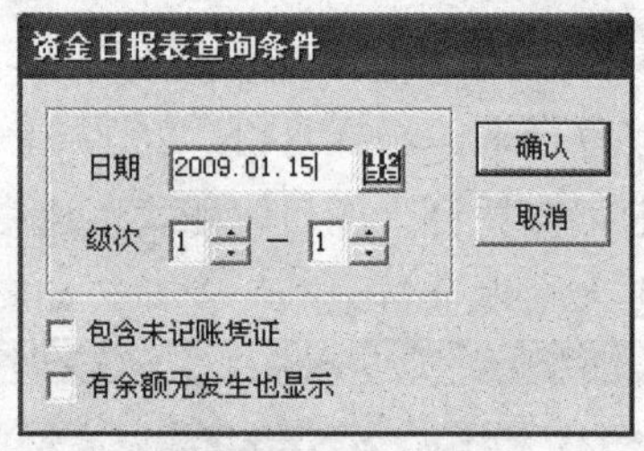


图 7-22 查询资金日报表

(2) 单击日期按钮选择“2009-01-15”选项(或直接输入日期“2009-01-15”)。

(3) 单击“确认”按钮，进入“资金日报表”窗口，如图 7-23 所示。

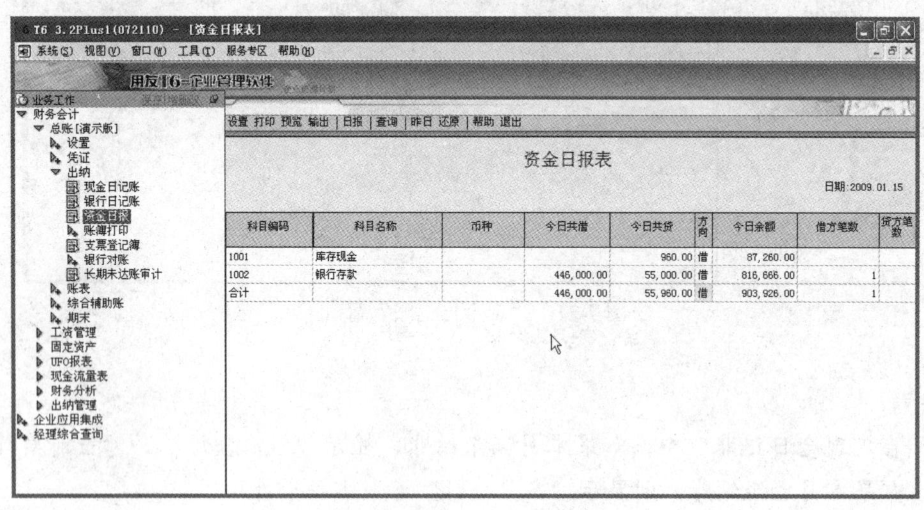


| 科目编码 | 科目名称 | 币种 | 今日共借 | 今日共贷 | 方向 | 今日余额 | 借方笔数 | 贷方笔数 |
|---|---|---|---|---|---|---|---|---|
| 1001 | 库存现金 | | | 960.00 | 借 | 87,260.00 | | |
| 1002 | 银行存款 | | 446,000.00 | 55,000.00 | 借 | 816,666.00 | 1 | |
| 合计 | | | 446,000.00 | 55,960.00 | 借 | 903,926.00 | 1 | |

图 7-23 “资金日报表”窗口

**注意**

在“资金日报表”界面，用鼠标单击“日报”可查询并打印光标所在行科目的日报单，用鼠标单击“昨日”按钮可查看现金、银行科目的昨日余额。

# 7.3 辅助账

在总账系统强大的查询功能中，除了能够查询总账、明细账和日记账之外，系统还提供了辅助账的查询和管理功能。辅助账查询和管理功能主要包括部门、个人往来及项目核算等账簿的总账、明细账的查询和输出，以及部门收支分析和项目统计表的查询和输出等。如果客户往来及供应商往来款项核算在总账系统核算，则还可以在总账系统中查询到客户往来及供应商往来科目的明细账、余额表等。

## 7.3.1 部门账

在总账系统中，如果在定义会计科目时，把某科目账类定义为部门辅助核算，则系统对这些科目除了进行部门核算外，还提供横向和纵向的查询统计功能，为企业管理者输出各种会计信息，真正体现了“管理”的功能。

部门辅助账的管理主要涉及部门辅助总账、明细账的查询，正式账簿的打印以及如何得到部门收支分析表。

### 1. 部门总账

部门总账查询主要用于查询部门业务发生额的汇总情况。当在总账的系统初始化中指定某科目为“部门”核算类科目时，则可以在部门核算辅助账的查询功能中，从部门角度检查费用或收入的发生及余额情况。

系统提供了三种部门总账查询方式：指定科目查询总账、指定部门查询总账、同时指定科目和部门查询总账。

**例 7-9** 查询“财务部”中“办公费”的“部门科目总账”。

**操作步骤**

(1) 在“用友 T6-企业管理软件”企业门户的“业务”页签中，单击“财务会计”|“总账”|“账表”|“部门辅助账”|“部门总账”|“部门科目总账”命令，打开“部门科目总账条件”对话框，如图 7-24 所示。

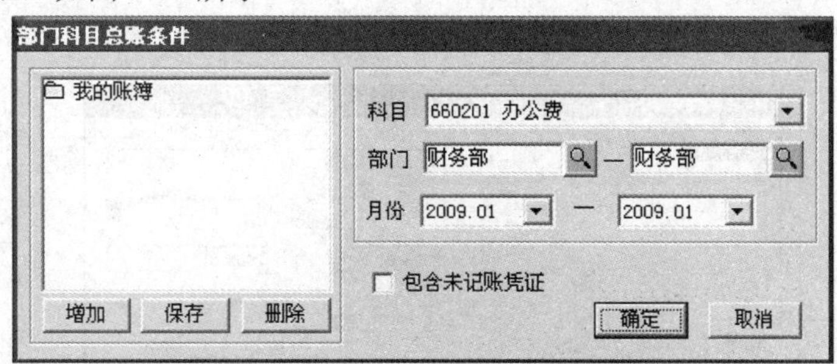


图 7-24 “部门科目总账条件”对话框

(2) 单击“科目”栏的下三角按钮，选择“办公费”，在“部门”文本框中，直接输入或单击“参照”按钮选择部门“财务部”。显示“财务部”的科目总账查询结果，如图7-25所示。

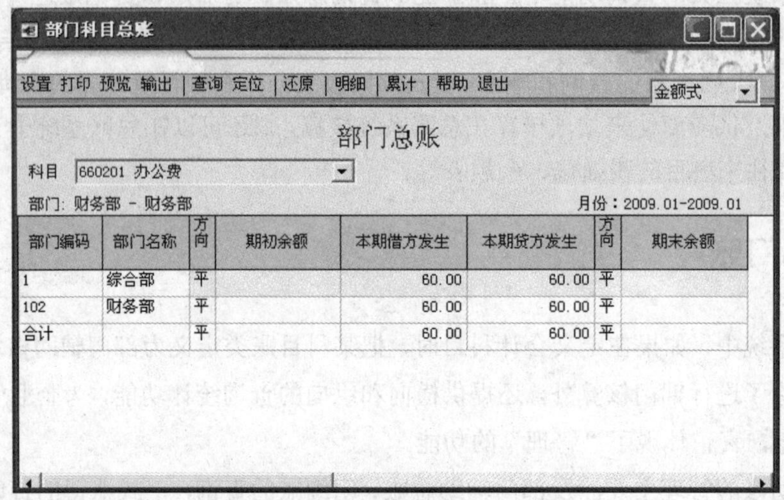


图 7-25　部门三栏总账查询结果

**注意**

在“部门总账”界面，用鼠标单击“明细”可联查部门明细账。

### 2. 部门明细账

部门明细账查询用于查询部门业务发生的明细情况。系统提供了4种查询方式：按科目查询部门的明细账；按部门查询科目的发生情况；查询某科目某部门各期的明细账；横向和纵向列示查询部门下各科目的发生情况。

**例 7-10**　查询“财务部”的部门明细账。

**操作步骤**

(1) 在“用友T6-企业管理软件”企业门户的“业务”页签中，单击“财务会计”|“总账”|“账表”|“部门辅助账”|“部门明细账”|“部门科目明细账”命令，打开“部门科目明细账条件”对话框，如图7-26所示。

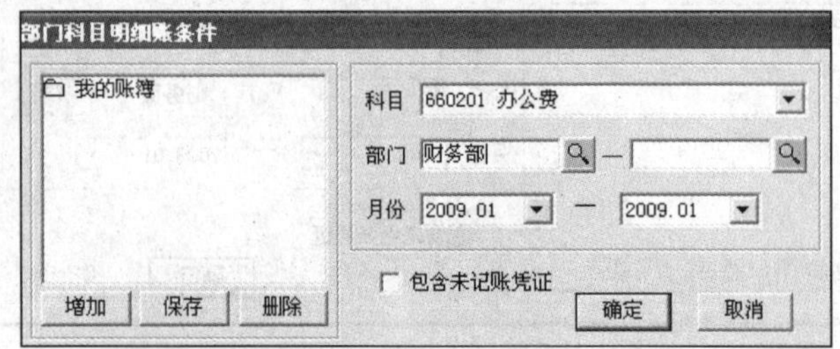


图 7-26　“部门明细账条件”对话框

(2) 在“部门”文本框中，直接输入或单击“参照”按钮选择部门“财务部”。显示“财务部”的明细账查询结果，如图7-27所示。

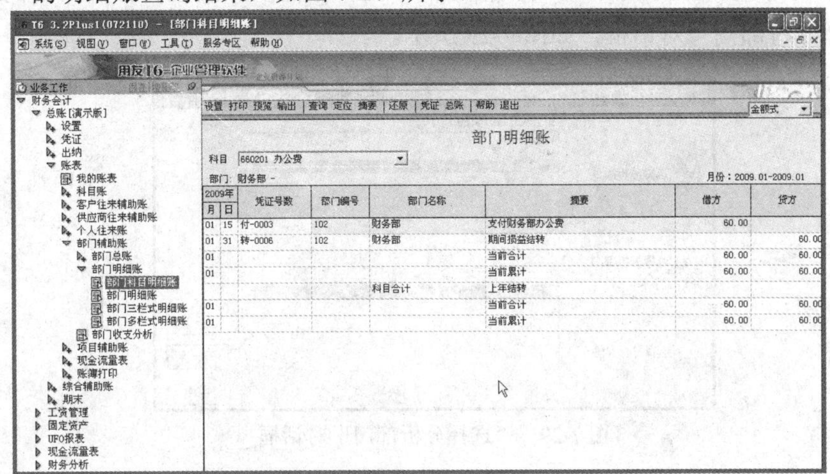

图 7-27 部门明细账查询结果

**注意**

- 在“部门明细账”界面，用鼠标单击“总账”可联查部门总账，单击“凭证”可联查相应的凭证。
- 单击“定位”按钮可以选择要查询的其他部门的明细账簿资料。

### 3. 部门收支分析

为了加强对各部门收支情况的管理，企业可以对所有部门核算科目的发生额及其余额按部门进行统计分析，它是部门核算的核心部分。

**例 7-11** 对“财务部”进行部门收支分析。

**操作步骤**

(1) 在“用友T6-企业管理软件”企业门户的“业务”页签中，单击“财务会计”|“总账”|“账表”|“部门辅助账”|“部门收支分析”选项，打开“部门收支分析条件—选择分析科目”对话框，如图7-28所示。

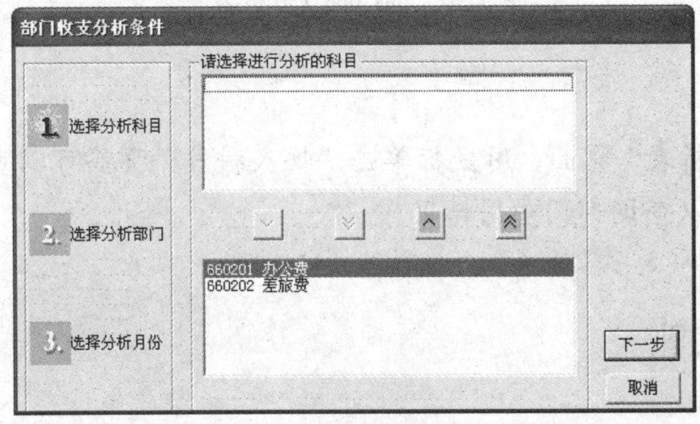


图 7-28 选择分析科目对话框

(2) 在“部门收支分析条件”对话框中，单击按钮，选择要进行分析的科目。

(3) 在“部门收支分析条件”对话框中，单击“下一步”按钮，打开“部门收支分析条件—选择分析部门”对话框，如图 7-29 所示。

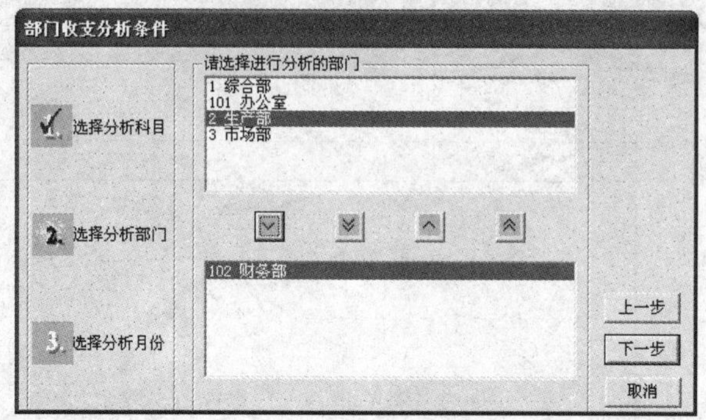


图 7-29 “选择分析部门”对话框

(4) 在“部门收支分析条件”对话框中，单击按钮，选择要进行分析的部门。

(5) 在“部门收支分析条件”对话框中，单击“下一步”按钮，单击“完成”按钮，打开“部门收支分析表”窗口，如图 7-30 所示。

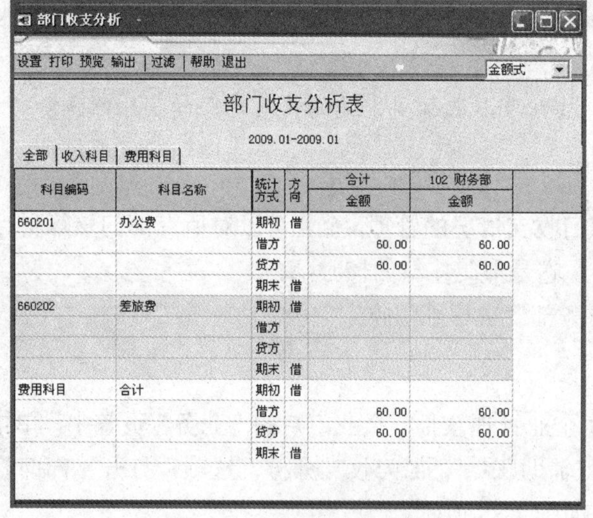


| 科目编码 | 科目名称 | 统计方式 | 方向 | 合计 金额 | 102 财务部 金额 |
|---|---|---|---|---|---|
| 660201 | 办公费 | 期初 | 借 | | |
| | | 借方 | | 60.00 | 60.00 |
| | | 贷方 | | 60.00 | 60.00 |
| | | 期末 | 借 | | |
| 660202 | 差旅费 | 期初 | 借 | | |
| | | 借方 | | | |
| | | 贷方 | | | |
| | | 期末 | 借 | | |
| 费用科目 | 合计 | 期初 | 借 | | |
| | | 借方 | | 60.00 | 60.00 |
| | | 贷方 | | 60.00 | 60.00 |
| | | 期末 | 借 | | |

图 7-30 部门收支分析表

**注意**

在“部门收支分析表”界面，用鼠标单击“收入科目”页签可以查询部门收入情况；单击“费用科目”可以查询部门费用情况。

### 7.3.2 个人往来账

个人往来辅助账主要涉及个人往来辅助账余额表及明细账。明细账的查询与部门辅助账的查询类似，在此不再讲述，这里只涉及往来账清理。

个人往来账清理主要是对个人往来账户的勾对，并提供账龄分析及催款单。个人往来的勾对功能主要用于对个人的借款、还款情况进行清理，能够及时地了解个人借款、还款情况，清理个人借款。勾对是将已达账项打上已结清的标记，例如，某个人上月借款 23 000 元，本月归还欠款 23 000 元，则两清就是在这两笔业务上同时打上标记，表示这笔往来业务已结清。

**例 7-12** 查询并结清市场部陈红的个人借款。

**操作步骤**

(1) 在“用友 T6-企业管理软件”企业门户的“业务”页签中，单击“财务会计”|“总账”|“账表”|“个人往来账”|“个人往来清理”选项，打开“个人往来两清条件”对话框，如图 7-31 所示。

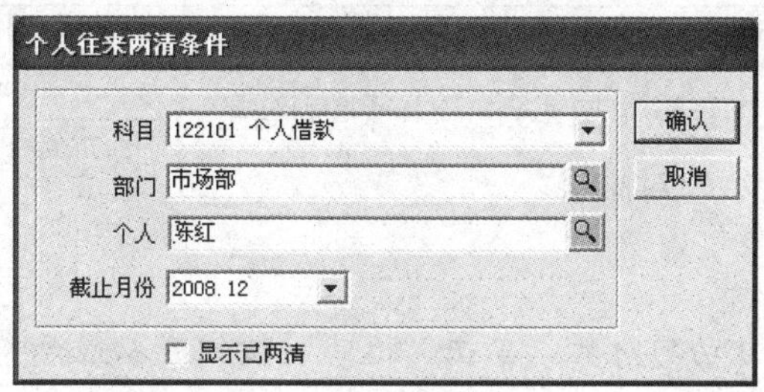


图 7-31 “个人往来两清条件”对话框

(2) 选择“科目”下拉列表框中的“122101 个人借款”选项。

(3) 在“部门”文本框中，直接输入或单击“参照”按钮选择部门“市场部”。

(4) 在“个人”文本框中，直接输入或单击“参照”按钮选择人名“陈红”。

(5) 单击“确定”按钮，显示“个人往来两清”界面，如图 7-32 所示。

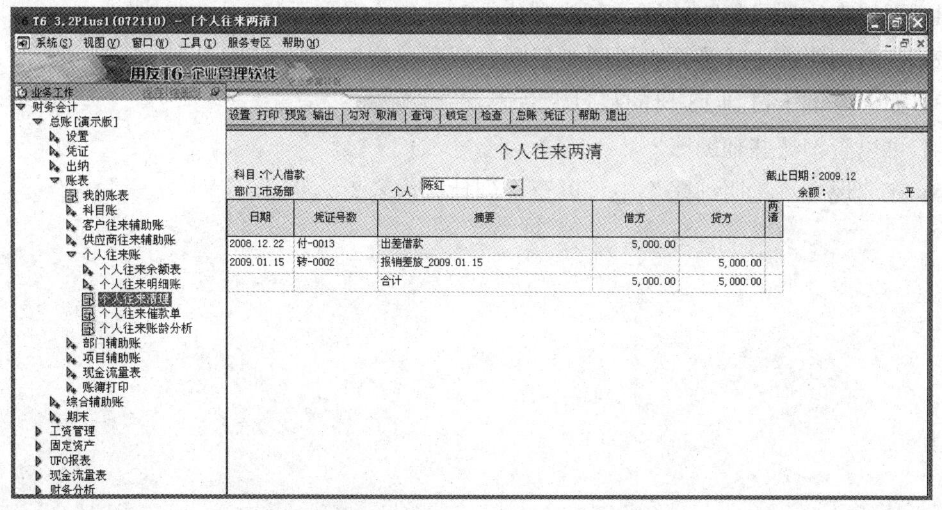


图 7-32 “个人往来两清”对话框

(6) 在“个人往来两清”窗口中，单击“勾对”按钮可以进行个人往来两清自动勾对，如图 7-33 所示。

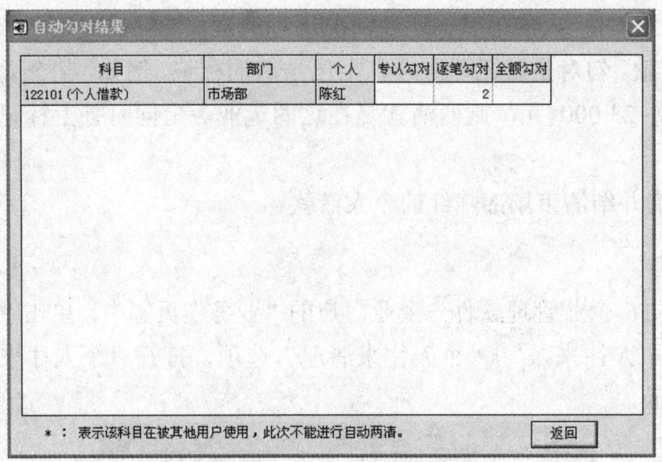


图 7-33　个往来勾对结果

(7) 单击“返回”显示勾对结果。

注意

- 在个人往来两清自动勾对后，单击“返回”按钮可以显示勾对结果。
- 用鼠标单击“总账”按钮可以查询个人往来总账情况；单击“凭证”按钮可以查询相应的凭证情况。

# 复习思考题

(1) 不能查询到日记账的原因可能是什么？

(2) 在查询明细账时是否可以联查记账凭证和总账？

(3) 如何查询 1 日到 15 日的科目汇总表？

(4) 可以查询哪些辅助账？

(5) 在“现金流量明细账”中可以查询到什么内容？

# Chapter 8

# 综合实验

## 初始设置

### 一、系统管理

**实验准备**

安装用友 T6 软件(3.2Plus1 版)，将系统日期修改为“2009 年 1 月 1 日”。

**实验要求**

(1) 设置操作员

(2) 建立账套(不进行系统启用的设置)

(3) 设置操作员权限

**实验资料**

**1. 操作员及其权限**

| 编 号 | 姓名 | 口令 | 所属部门 | 角 色 | 权 限 |
|---|---|---|---|---|---|
| 601 | 张伟 | 001 | 财务部 | 账套主管 | 账套主管的全部权限 |
| 602 | 马易 | 002 | 财务部 | | 具有除出纳签字和出纳权限外的总账系统全部权限；公共目录里其他权限中的摘要权限；应付、应收系统全部权限 |
| 603 | 钱平 | 003 | 财务部 | | 总账系统中出纳签字及出纳的所有权限 |
| 604 | 白雪 | 004 | 人事部 | 工资管理员 | 具有工资管理系统全部权限 |
| 605 | 李燕 | 005 | 设备部 | 资产管理 | 具有固定资产系统全部权限 |

**2. 账套信息**

账套号：666

账套名称：乐天股份账套

账套路径：默认

单位名称：北京乐天股份有限公司

单位简称：乐天公司

单位地址：北京市朝阳区登高街 88 号

法人代表：马卫

邮政编码：100035

税号：100011010255888

启用会计期：2009 年 1 月

会计期间设置：1 月 1 日至 12 月 31 日

记账本位币：人民币(RMB)

企业类型：工业

行业性质：2007 年新会计制度科目

账套主管：张伟

基础信息：对存货、客户、供应商进行分类，有外币核算

分类编码方案：

科目编码级次：4222

客户分类编码级次：123

供应商分类编码级次：123

存货分类编码级次：133

部门编码级次：122

收发类别编码级次：12

结算方式编码级次：12

小数位数：均为 2 位

## 二、基础设置

### 实验准备

已经完成了“系统管理”的操作。设置系统时间为“2009 年 1 月 1 日”， 由 601 号操作员注册进入“企业门户”。

### 实验要求

(1) 在“企业门户”中分别启用“总账”、“应收”、“应付”、“工资管理”及“固定资产”系统(启用日期为 2009 年 1 月 1 日)

(2) 设置部门档案
(3) 设置职员档案
(4) 设置客户分类
(5) 设置客户档案
(6) 设置供应商分类
(7) 设置供应商档案
(8) 设置存货分类
(9) 设置计量单位
(10) 设置存货档案

**实验资料**

**1. 部门档案**

| 部门编码 | 部门名称 |
|---|---|
| 1 | 行政部 |
| 2 | 财务部 |
| 3 | 人事部 |
| 4 | 设备部 |
| 5 | 市场部 |
| 501 | 采购部 |
| 502 | 销售部 |
| 6 | 生产部 |

**2. 职员档案**

| 职员编码 | 职员姓名 | 所属部门 | 职员属性 |
|---|---|---|---|
| 1 | 马卫 | 行政部 | 总经理 |
| 2 | 林静 | 行政部 | 总经理助理 |
| 3 | 张伟 | 财务部 | 财务主管 |
| 4 | 马易 | 财务部 | 会计 |
| 5 | 钱平 | 财务部 | 出纳 |
| 6 | 白雪 | 人事部 | 工资管理员 |
| 7 | 李燕 | 设备部 | 资产管理员 |
| 8 | 杨伟 | 采购部 | 采购员 |
| 9 | 陈强 | 销售部 | 销售员 |
| 10 | 高明 | 生产部 | 车间主任 |
| 11 | 刘美 | 生产部 | 生产人员 |
| 12 | 朱立 | 生产部 | 生产人员 |

### 3. 客户分类

| 类别编码 | 类别名称 |
|---|---|
| 1 | 本地 |
| 2 | 外地 |

### 4. 客户档案

| 客户编码 | 客户简称 | 所属分类 | 发展时间 |
|---|---|---|---|
| 01 | 长江公司 | 1 本地 | 2004-11-10 |
| 02 | 兴华公司 | 1 本地 | 2005-01-08 |
| 03 | 明珠公司 | 2 外地 | 2004-09-01 |
| 04 | 中益公司 | 2 外地 | 2005-09-08 |
| 05 | 远大公司 | 2 外地 | 2005-06-01 |

### 5. 供应商分类

| 类别编码 | 类别名称 |
|---|---|
| 1 | 工业 |
| 2 | 商业 |
| 3 | 服务业 |
| 4 | 其他 |

### 6. 供应商档案

| 供应商编码 | 供应商简称 | 所属分类 | 发展时间 |
|---|---|---|---|
| 01 | 诚信公司 | 1 | 2005-07-02 |
| 02 | 友谊实业公司 | 2 | 2006-08-01 |
| 03 | 英达公司 | 3 | 2005-07-06 |

### 7. 存货分类

| 存货分类编码 | 存货分类名称 |
|---|---|
| 1 | 原材料 |
| 2 | 库存商品 |
| 3 | 应税劳务 |

### 8. 计量单位

| 计量单位组 | 计量单位 |
|---|---|
| 基本计量单位(无换算) | 千克 |
| | 套 |
| | 台 |
| | 公里 |

9．存货档案

| 存货编号 | 存货名称 | 所属分类 | 计量单位 | 税率 | 存货属性 |
| --- | --- | --- | --- | --- | --- |
| 001 | A材料 | 1 | 千克 | 17% | 外购，生产耗用 |
| 002 | B材料 | 1 | 千克 | 17% | 外购，生产耗用 |
| 003 | 甲产品 | 2 | 台 | 17% | 自制、销售 |
| 004 | 乙产品 | 2 | 台 | 17% | 自制、销售 |
| 005 | 运费 | 3 | 公里 | 7% | 应税劳务 |

## 三、总账系统初始化

### 实验准备

已经完成了“基础设置”的操作。设置系统日期为“2009年1月1日”， 由601号操作员注册进入“总账”。

### 实验要求

(1) 设置账套参数

(2) 设置外币及汇率

(3) 设置会计科目

(4) 设置凭证类别

(5) 输入期初余额

(6) 设置结算方式

(7) 设置项目目录

(8) 设置常用摘要

(9) 账套备份

### 实验资料

1．666账套总账系统的参数

资金及往来科目赤字控制；不允许修改、作废他人填制的凭证；可使用其他系统受控科目；系统编号；凭证审核控制到操作员；出纳凭证必经出纳签字；打印凭证页脚；可查询他人凭证；外币核算固定汇率；预算控制。

2．外币及汇率

币符：USD

币名：美元

固定汇率：7

3．会计科目

(1) “1001 库存现金”为现金总账科目、“1002 银行存款”为银行总账科目。

(2) 增加会计科目

| 科目编码 | 科目名称 | 辅助账类型 |
| --- | --- | --- |
| 100201 | 中行人民币 | 日记账 银行账 |
| 100202 | 中行美元 | 日记账 银行账(美元) |
| 140301 | A 材料 | 数量核算(千克)、数量金额式账页 |
| 140302 | B 材料 | 数量核算(千克)、数量金额式账页 |
| 140501 | 甲产品 | |
| 140502 | 乙产品 | |
| 222101 | 应交增值税 | |
| 22210101 | 进项税 | |
| 22210102 | 已交税金 | |
| 22210103 | 销项税 | |
| 222102 | 应交营业税 | |
| 222103 | 应交所得税 | |
| 222104 | 应交城市维护建设税 | |
| 222105 | 应交教育费附加 | |
| 221101 | 工资 | |
| 221102 | 职工教育经费 | |
| 221103 | 工会经费 | |
| 122101 | 应收职工借款 | 个人往来 |
| 500101 | 直接材料 | 项目核算 |
| 500102 | 直接人工 | 项目核算 |
| 500103 | 制造费用 | 项目核算 |
| 640101 | 甲产品 | |
| 640102 | 乙产品 | |
| 660201 | 办公费 | 部门核算 |
| 660202 | 差旅费 | 部门核算 |
| 660203 | 工资 | 部门核算 |
| 660204 | 折旧费 | 部门核算 |
| 660205 | 其他 | 部门核算 |

(3) 修改会计科目

“1122 应收账款”、“2203 预收账款”科目辅助账类型为“客户往来”(受控应收系统)；“2202 应付账款”、“1123 预付账款”科目辅助账类型为“供应商往来”(受控应付系统)。

4．凭证类别

| 类别名称 | 限制类型 | 限制科目 |
|---|---|---|
| 收款凭证 | 借方必有 | 1001，1002 |
| 付款凭证 | 贷方必有 | 1001，1002 |
| 转账凭证 | 凭证必无 | 1001，1002 |

5．期初余额

库存现金：15 000(借)

银行存款—中行人民币：8 034 000(借)

应收账款—中益公司：1 100 000(借)

应收职工借款—杨伟：10 000(借)

原材料—A 材料：1 000 000(借)(39 000 千克)

—B 材料：1 200 000(借)(40 000 千克)

库存商品—甲产品：3 000 000(借)

固定资产：8 520 000(借)

累计折旧：623 259(贷)

在建工程：2 503 149(借)

短期借款：500 000(贷)

应付账款—诚信公司：234 000(贷)

应交税费—应交增值税-销项税：9 200

—应交所得税：12 390

—应交城市维护建设税：2 500

—应交教育费附加：800

长期借款：2 000 000 (贷)

实收资本：22 000 000(贷)

6．结算方式

| 结算方式编码 | 结算方式名称 |
|---|---|
| 1 | 现金结算 |
| 2 | 支票结算 |
| 201 | 现金支票 |
| 202 | 转账支票 |
| 3 | 其他 |

7. 项目目录

| 项目设置 | 设置内容 |
|---|---|
| 项目大类 | 生产费用 |
| 核算科目 | 直接材料 |
| | 直接人工 |
| | 制造费用 |
| 项目分类 | 1．食品类设备 |
| | 2．保健品类设备 |
| 项目名称 | 001．甲产品(食品类设备) |
| | 002．乙产品(食品类设备) |

8. 常用摘要

| 摘要编码 | 摘要内容 |
|---|---|
| 1 | 报销办公费 |
| 2 | 发工资 |
| 3 | 出差借款 |

9. 期末转账设置

(1) 自定义转账(制造费用转入生产成本。该公司乙产品已停产，项目栏仅选择甲产品)

(2) 设置期间损益结转(期间损益转入本年利润)

(3) 自定义转账(按利润总额的 25%计算应交所得税)

## 四、工资管理系统初始化

### 实验准备

已经完成了“总账系统初始化”的操作，由 604 号操作员注册进入 666 账套的“工资管理”系统进行初始化设置。

### 实验要求

(1) 建立工资账套

(2) 进行基础设置

(3) 进行工资类别管理

(4) 设置基本人员工资账套的工资项目

(5) 设置人员档案

(6) 设置计算公式

实验资料

1．666账套工资系统的参数

工资类别选择单个，工资核算本位币为人民币，不核算计件工资，自动代扣个人所得税，不进行扣零设置，人员编码长度采用系统默认的10位。

2．人员附加信息

人员的附加信息为“学历”和“技术职称”。

3．人员类别

企业的人员类别包括“企业管理人员”、“采购人员”、“销售人员”、“车间管理人员”和“生产人员”。

4．工资项目

| 工资项目名称 | 类　型 | 长　度 | 小　数 | 增减项 |
|---|---|---|---|---|
| 基本工资 | 数字 | 8 | 2 | 增项 |
| 职务补贴 | 数字 | 8 | 2 | 增项 |
| 福利费 | 数字 | 8 | 2 | 增项 |
| 交通补贴 | 数字 | 8 | 2 | 增项 |
| 奖金 | 数字 | 8 | 2 | 增项 |
| 应发合计 | 数字 | 10 | 2 | 增项 |
| 缺勤扣款 | 数字 | 8 | 2 | 减项 |
| 养老保险 | 数字 | 8 | 2 | 减项 |
| 失业保险 | 数字 | 8 | 2 | 减项 |
| 医疗保险 | 数字 | 8 | 2 | 减项 |
| 住房公积金 | 数字 | 8 | 2 | 减项 |
| 应纳税收入 | 数字 | 8 | 2 | 其它 |
| 代扣税 | 数字 | 10 | 2 | 减项 |
| 扣款合计 | 数字 | 10 | 2 | 减项 |
| 实发合计 | 数字 | 10 | 2 | 增项 |
| 缺勤天数 | 数字 | 8 | 2 | 其它 |

5．银行名称

银行名称为“中国银行”。账号长度为11位，录入时自动带出的账号长度为8位。

6．数据权限设置内容

由601号操作员重注册，打开数据权限设置，为604号操作员分配工资权限，选择工资类别主管，再由604号操作员重注册进入666账套的工资管理系统输入基本人员档案。

7. 基本人员档案

| 职员编号 | 人员姓名 | 学历 | 职　　称 | 所属部门 | 人员类别 | 银行代发账号 |
|---|---|---|---|---|---|---|
| 0000000001 | 马卫 | 大学 | 经济师 | 行政部(1) | 企业管理人员 | 11022033001 |
| 0000000002 | 林静 | 大学 | 经济师 | 行政部(1) | 企业管理人员 | 11022033002 |
| 0000000003 | 张伟 | 大学 | 会计师 | 财务部(2) | 企业管理人员 | 11022033003 |
| 0000000004 | 马易 | 大学 | 会计师 | 财务部(2) | 企业管理人员 | 11022033004 |
| 0000000005 | 钱平 | 大专 | 助理会计师 | 财务部(2) | 企业管理人员 | 11022033005 |
| 0000000006 | 白雪 | 大学 | | 人事部(3) | 企业管理人员 | 11022033006 |
| 0000000007 | 李燕 | 大学 | | 设备部(4) | 企业管理人员 | 11022033007 |
| 0000000008 | 杨伟 | 大学 | | 采购部(501) | 采购人员 | 11022033008 |
| 0000000009 | 陈强 | 大专 | | 销售部(502) | 销售人员 | 11022033009 |
| 0000000010 | 高明 | 大专 | | 生产部(6) | 车间管理人员 | 11022033010 |
| 0000000011 | 刘美 | 大专 | | 生产部(6) | 生产人员 | 11022033011 |
| 0000000012 | 朱立 | 大专 | | 生产部(6) | 生产人员 | 11022033012 |

8. 计算公式

缺勤扣款=基本工资/22*缺勤天数

采购人员和销售人员的交通补贴为 200 元，其他人员的交通补助为 80 元。

住房公积金= (基本工资+职务补贴+福利费+交通补贴+奖金)*0.12

养老保险=(基本工资+职务补贴+福利费+交通补贴+奖金) *0.08

失业保险=(基本工资+职务补贴+福利费+交通补贴+奖金)*0.005

医疗保险=(基本工资+职务补贴+福利费+交通补贴+奖金)*0.02+3 元

应纳税收入=((基本工资+职务补贴+福利费+交通补贴+奖金)－(养老保险+医疗保险+失业保险+住房公积金)

## 五、固定资产系统初始化

### 实验准备

已经完成了“工资管理系统初始化”的操作，由 605 号操作员注册进入 666 账套的“固定资产”进行初始化设置。

### 实验要求

(1) 建立固定资产子账套

(2) 基础设置

(3) 录入原始卡片

(4) 修改固定资产卡片

实验资料

1. 666 账套固定资产系统的参数

固定资产账套的启用月份为“2009 年 1 月”，固定资产采用“平均年限法(一)”计提折旧，折旧汇总分配周期为一个月；当“月初已计提月份=可使用月份-1)”时将剩余折旧全部提足。固定资产编码方式为“2-1-1-2”；固定资产编码方式采用手工输入方法；序号长度为“5”。要求固定资产系统与总账进行对账；固定资产对账科目为“1601 固定资产”；累计折旧对账科目为“1602 累计折旧”；对账不平衡的情况下不允许固定资产月末结账。

2. 部门对应折旧科目

| 部门名称 | 贷方科目 |
| --- | --- |
| 行政部 | 管理费用-折旧费(660204) |
| 财务部 | 管理费用-折旧费(660204) |
| 人事部 | 管理费用-折旧费(660204) |
| 设备部 | 管理费用-折旧费(660204) |
| 采购部 | 销售费用(6601) |
| 销售部 | 销售费用(6601) |
| 生产部 | 制造费用(5101) |

3. 固定资产类别

| 类别编码 | 类别名称 | 使用年限 | 净残值率 | 计提属性 | 折旧方法 | 卡片样式 |
| --- | --- | --- | --- | --- | --- | --- |
| 01 | 房屋及建筑物 | | | | 平均年限法(一) | 通用样式 |
| 011 | 办公楼 | 30 | 2% | 正常计提 | 平均年限法(一) | 通用样式 |
| 012 | 厂房 | 30 | 2% | 正常计提 | 平均年限法(一) | 通用样式 |
| 02 | 机器设备 | | | | 平均年限法(一) | 通用样式 |
| 021 | 办公设备 | 5 | 3% | 正常计提 | 平均年限法(一) | 通用样式 |

4. 固定资产增减方式

| 增加方式 | 对应入账科目 | 减少方式 | 对应入账科目 |
| --- | --- | --- | --- |
| 直接购入 | 银行存款-中行人民币(100201) | 出售 | 固定资产清理(1606) |
| 投资者投入 | 实收资本(4001) | 投资转出 | 固定资产清理(1606) |
| 捐赠 | 营业外收入(6301) | 捐赠转出 | 固定资产清理(1606) |
| 盘盈 | 以前年度损益调整(6901) | 盘亏 | 待处理财产损益(1901) |
| 在建工程转入 | 在建工程(1604) | 报废 | 固定资产清理(1606) |

5. 固定资产原始卡片

| 卡片编号 | 00001 | 00002 | 00003 |
|---|---|---|---|
| 固定资产编号 | 01100001 | 01200001 | 02100001 |
| 固定资产名称 | 1 号楼 | 2 号楼 | 计算机 |
| 类别编号 | 011 | 012 | 021 |
| 类别名称 | 办公楼 | 厂房 | 办公设备 |
| 部门名称 | 行政部 | 生产部 | 财务部 |
| 增加方式 | 在建工程转入 | 在建工程转入 | 直接购入 |
| 使用状况 | 在用 | 在用 | 在用 |
| 使用年限 | 30 年 | 30 年 | 5 年 |
| 折旧方法 | 平均年限法(一) | 平均年限法(一) | 平均年限法(一) |
| 开始使用日期 | 2006-02-08 | 2007-03-10 | 2008-06-01 |
| 币种 | 人民币 | 人民币 | 人民币 |
| 原值 | 4 000 000 | 4 500 000 | 20 000 |
| 净残值率 | 2% | 2% | 3% |
| 累计折旧 | 370 800 | 250 515 | 1 944 |
| 对应折旧科目 | 管理费用-折旧费 | 制造费用 | 管理费用-折旧费 |

6. 修改固定资产卡片

将卡片编号为“00003”的固定资产(计算机)的折旧方式，由“平均年限法(一)”修改为“双倍余额递减法”。

## 六、应收系统初始化

### 实验准备

已经完成了“固定资产系统初始化”的操作，由 602 号操作员注册进入 666 账套的“应收款管理”系统，进行初始化设置。

### 实验要求

(1) 建立应收系统子账套

(2) 系统基础设置

(3) 录入期初余额，并与总账系统对账

### 实验资料

1. 设置

(1) 选项

坏账处理方式为应收余额百分比法，启用客户权限，提前 7 天根据单据自动报警，信用方式，包含信用额度为零。

(2) 初始设置

基本科目：应收科目为“1122 应收账款”，预收科目为“2203 预收账款”，销售收入科目为“6001 主营业务收入”，税金科目为“22210103 应交税费—应交增值税(销项税)”，销售退回科目为“6001 主营业务收入”。

结算方式科目：现金结算科目为“1001 库存现金”，现金支票结算科目为“100201 银行存款—中行人民币”，转账支票结算科目为“100201 银行存款—中行人民币”。

坏账准备：提取比率为 5%，坏账准备期初余额为“0”，坏账准备科目为“1231 坏账准备”，坏账准备对方科目为“6701 资产减值损失”。

账龄区间：总天数为 30 天，60 天，90 天和 120 天。

报警级别：A 级总比率为 10%，B 级总比率为 20%，C 级总比率为 30%，D 级总比率为 40%，E 级总比率为 50%，F 级总比率为 50%以上。

单据编号：手工改动，重号时自动重取。(由 601 号操作员设置)

开户银行：中行北京支行登高路办事处，账号 0012345678。(由 601 号操作员设置)

**2．期初余额**

2008 年 8 月 12 号，业务员陈强销售给中益公司库存商品甲产品 1 100 台，价税合计款 1 100 000 元，货款未收，发票号为 223310。

## 七、应付系统初始化

**实验准备**

已经完成了“应收款管理系统初始化”的操作，由 602 号操作员注册进入 666 账套的“应付款管理”系统，进行初始化设置。

**实验要求**

(1) 建立应付系统子账套

(2) 系统基础设置

(3) 录入期初余额，并与总账系统对账

**实验资料**

1．系统设置

(1) 选项

启用供应商权限，提前 7 天根据单据自动报警，信用方式，包含信用额度为零。

(2) 初始设置

基本科目：应付科目为“2202 应付账款”，预付科目为“1123 预付账款”，采购科目为“1402 在途物资”，税金科目为“22210101 应交税费—应交增值税(进项税)”。

结算方式科目：现金结算科目为“1001 库存现金”，现金支票结算科目为“100201 银行存款—中行人民币”，转账支票结算科目为“100201 银行存款—中行人民币”。

账龄区间：总天数为 30 天，60 天，90 天和 120 天。

报警级别：A 级总比率为 10%，B 级总比率为 20%，C 级总比率为 30%，D 级总比率为 40%，E 级总比率为 50%，F 级总比率为 50%以上。

单据编号：完全手工编号。(由 601 号操作员设置)

**2. 期初余额**

2008 年 12 月 12 号，采购员杨伟向诚信公司采购 A 材料 8000 千克，单价 25 元/千克，价税合计款 234000 元，货款未付，发票号为 123319。

# 日常业务处理

## 一、总账系统 1 月份业务

**实验准备**

已经完成了“总账系统初始化”的操作。将系统日期修改为业务发生时间， 由 602 号操作员注册进入 666 账套“总账”。

**实验要求**

(1) 由 601 号操作员审核凭证，由 602 号操作员对审核凭证和出纳签字以外的业务进行操作；由 603 号操作员进行出纳签字。

(2) 填制凭证

(3) 审核凭证

(4) 出纳签字

(5) 设置常用凭证

(6) 记账

(7) 查询已记账的第 1 号转账凭证

实验资料

**1. 2009 年 1 月发生如下经济业务**

(1) 1 月 8 日，以现金支付办公费 800 元。

借：管理费用—办公费(财务部)(660201)　　800

贷：库存现金(1001)　　800

(2) 1 月 8 日，根据税收缴款书，以银行存款交纳上月应交企业所得税 12390 元，应交

增值税 9200 元，应交城市维护建设税 2500 元和应交教育费附加 800 元。(银行凭证票号 223)

借：应交税费—应交增值税—已交税金(22210102)　　9 200
　　应交税费—应交所得税(222103)　　12 390
　　应交税费—应交城建税(222104)　　2 500
　　应交税费—应交教育费附加(222105)　　800
　贷：银行存款—中行人民币(100201)　　24 890

(3) 1 月 8 日，签发转账支票 1 300 元支付销售部业务费。(票号 1121)

借：销售费用(6601)　　1 300
　贷：银行存款—中行人民币(100201)　　1 300

(4) 1 月 12 日，收到采购员杨伟偿还借款 8 000 元。

借：库存现金(1001)　　8 000
　贷：其他应收款—应收职工借款(122101)　　8 000

(5) 1 月 12 日，签发现金支票，从银行提取现金 10 000 元备用。(票号 1100)

借：库存现金(1001)　　10 000
　贷：银行存款—中行人民币(100201)　　10 000

(6) 1 月 12 日，签发转账支票支付市广告公司本月广告费 8 500 元。(票号 1122)

借：销售费用(6601)　　8 500
　贷：银行存款—中行人民币(100201)　　8 500

(7) 1 月 20 日，收到外商投资资金 200 000 美元，已在银行办妥转账支票进账手续。(票号 1220)

借：银行存款—中行美元(100202)　1 400 000
　贷：实收资本(4001)　　1 400 000

(8) 1 月 20 日，总经理马卫出差回公司报销差旅费 8 000 元，经审核无误同意报销。

借：管理费用—差旅费(660202)　　8000
　贷：库存现金(1001)　　8000

(9) 1 月 20 日，生产部报销办公费 900 元。

借：制造费用(5101)　　900
　贷：库存现金(1001)　　900

(10) 1 月 31 日，汇总本月各部门领用 A 材料共 2000 千克，单价 25 元，价值 50 000 元，其中生产部领用 45 000 元，行政部门领用 5 000 元，生产部当月仅开工生产甲产品。

借：生产成本-直接材料(500101)　　45 000
　　管理费用-其他(660205)　　5 000
　贷：原材料-A 材料(140501)　　50 000

(11) 1月31日，结转本月产品销售成本70 000元。

借：主营业务成本-甲产品(640101)　　70 000

贷：库存商品-甲产品(140501)　　70 000

2. 常用凭证

摘要：从中行提现金，凭证类别为付款凭证，科目编码为1001和100201。

## 二、工资管理系统1月份业务

### 实验准备

已经完成了“总账系统1月份业务”的操作，将系统时间修改为“2009年1月31日”，由604号操作员注册进入666账套进行工资管理系统1月份业务处理。

### 实验要求

(1) 录入并计算1月份的工资数据

(2) 扣缴个人所得税设置

(3) 银行代发设置

(4) 分摊工资并生成转账凭证设置

(5) 分摊工资并生成转账凭证

### 实验资料

1. 个人收入所得税

个人收入所得税应按“应纳税所得额”扣除2 000元后计税。

2. 2009年1月有关的工资数据

| 职员编号 | 人员姓名 | 所属部门 | 人员类别 | 基本工资 | 职务补贴 | 福利费 | 奖金 | 缺勤天数 |
|---|---|---|---|---|---|---|---|---|
| 0000000001 | 马卫 | 行政部(1) | 企业管理人员 | 4 000 | 2 000 | 200 | 800 | |
| 0000000002 | 林静 | 行政部(1) | 企业管理人员 | 3 000 | 1 500 | 200 | 800 | 3 |
| 0000000003 | 张伟 | 财务部(2) | 企业管理人员 | 4 000 | 1 500 | 200 | 800 | |
| 0000000004 | 马易 | 财务部(2) | 企业管理人员 | 2 800 | 1 000 | 200 | 800 | |
| 0000000005 | 钱平 | 财务部(2) | 企业管理人员 | 1 500 | 900 | 200 | 1 000 | |
| 0000000006 | 白雪 | 人事部(3) | 企业管理人员 | 1 500 | 900 | 200 | 1 000 | |
| 0000000007 | 李燕 | 设备部(4) | 企业管理人员 | 1 500 | 900 | 200 | 1 000 | |
| 0000000008 | 杨伟 | 采购部(501) | 采购人员 | 1 500 | 900 | 200 | 1 200 | |
| 0000000009 | 陈强 | 销售部(502) | 销售人员 | 1 200 | 800 | 200 | 1 100 | |
| 0000000010 | 高明 | 生产部(6) | 车间管理人员 | 1 500 | 800 | 200 | 800 | |
| 0000000011 | 刘美 | 生产部(6) | 生产人员 | 1 000 | 800 | 200 | 800 | |
| 0000000012 | 朱立 | 生产部(6) | 生产人员 | 1 000 | 800 | 200 | 800 | |

### 3. 工资分摊的类型

工资分摊的类型为“工资”、“职工教育经费”和“工会经费”。

### 4. 有关计提的标准

按工资总额的2.5%计提职工教育费，按工资总额的2%计提工会经费。

### 5. 分摊构成设置

| 计提类型 | 部门名称 | 人员类别 | 借方科目 | 贷方科目 |
| --- | --- | --- | --- | --- |
| 工资 | 行政部 | 企业管理人员 | 管理费用—工资(660203) | 应付职工薪酬(221101) |
| | 财务部 | 企业管理人员 | 管理费用—工资(660203) | 应付职工薪酬(221101) |
| | 人事部 | 企业管理人员 | 管理费用—工资(660203) | 应付职工薪酬(221101) |
| | 设备部 | 企业管理人员 | 管理费用—工资(660203) | 应付职工薪酬(221101) |
| | 采购部 | 采购人员 | 销售费用(6601) | 应付职工薪酬(221101) |
| | 销售部 | 销售人员 | 销售费用(6601) | 应付职工薪酬(221101) |
| | 生产部 | 车间管理人员 | 制造费用(5101) | 应付职工薪酬(221101) |
| | | 生产人员 | 生产成本—直接人工(500102) | 应付职工薪酬(221101) |
| 职工教育经费 | 行政部 | 企业管理人员 | 管理费用—其他(660205) | 应付职工薪酬(221102) |
| | 财务部 | 企业管理人员 | 管理费用—其他(660205) | 应付职工薪酬(221102) |
| | 人事部 | 企业管理人员 | 管理费用—其他(660205) | 应付职工薪酬(221102) |
| | 设备部 | 企业管理人员 | 管理费用—其他(660205) | 应付职工薪酬(221102) |
| | 采购部 | 采购人员 | 销售费用(6601) | 应付职工薪酬(221102) |
| | 销售部 | 销售人员 | 销售费用(6601) | 应付职工薪酬(221102) |
| | 生产部 | 车间管理人员 | 制造费用(5101) | 应付职工薪酬(221102) |
| | | 生产人员 | 生产成本—直接人工(500102) | 应付职工薪酬(221102) |
| 工会经费 | 行政部 | 企业管理人员 | 管理费用—其他(660205) | 应付职工薪酬(221103) |
| | 财务部 | 企业管理人员 | 管理费用—其他(660205) | 应付职工薪酬(221103) |
| | 人事部 | 企业管理人员 | 管理费用—其他(660205) | 应付职工薪酬(221103) |
| | 设备部 | 企业管理人员 | 管理费用—其他(660205) | 应付职工薪酬(221103) |
| | 采购部 | 采购人员 | 销售费用(6601) | 应付职工薪酬(221103) |
| | 销售部 | 销售人员 | 销售费用(6601) | 应付职工薪酬(221103) |
| | 生产部 | 车间管理人员 | 制造费用(5101) | 应付职工薪酬(221103) |
| | | 生产人员 | 生产成本—直接人工(500102) | 应付职工薪酬(221103) |

## 三、固定资产系统 1 月份业务

### 实验准备

已经完成了“工资管理系统 1 月份业务”的操作，设置系统时间为“2009 年 1 月 31 日”，由 605 号操作员注册进入 666 账套的“固定资产”进行 1 月份业务处理。

### 实验要求

(1) 增加固定资产

(2) 计提本月折旧并制单

(3) 生成增加固定资产的记账凭证

### 实验资料

#### 1. 新增固定资产

(1) 2009 年 1 月 15 日用现金支票购入并交付销售部使用一台计算机，预计使用年限为 5 年，原值为 9 000 元，净残值率为 3%，采用“年数总和法”计提折旧。(票号 1101)

(2) 2009 年 1 月 27 日人事部用现金购入传真机一台，预计使用年限为 5 年，原值为 1 600 元，净残值率为 3%，采用“平均年限法(一)”计提折旧。

## 四、应收系统 1 月份业务

### 实验准备

已经完成了“固定资产系统 1 月份业务”的操作，设置系统时间为“2009 年 1 月 31 日”，由 602 号操作员注册进入 666 账套的“应收”系统进行 1 月份业务处理。

### 实验要求

(1) 录入应收单据并审核

(2) 录入收款单据并审核

(3) 核销

(4) 制单

### 实验资料

(1) 1 月 12 日，业务员陈强销售给中益公司甲产品 200 台，增值税专用发票上价款 200 000 元，增值税 34 000 元，货款未收，销售专用发票号为 223311。

(2) 1 月 12 日，业务员陈强销售给明珠公司甲产品 60 台，货税合计款 70 200 元(价款 60 000 元，税款 10 200 元)尚未收到，销售专用发票号为 223312。

(3) 1 月 20 日，陈强收到中益公司转账支票一张，办妥 234 000 元货款收款手续，票据号为 1200。

## 五、应付系统 1 月份业务

### 实验准备

已经完成了“应收系统 1 月份业务”的操作，设置系统时间为“2009 年 1 月 31 日”，由 602 号操作员注册进入 666 账套的“应付”系统进行 1 月份业务处理。

### 实验要求

(1) 录入应付单据并审核

(2) 录入应收单据并审核

(3) 核销

(4) 制单

### 实验资料

(1) 1 月 8 日，采购员杨伟向诚信公司购入 A 材料 9 000 千克，单价 25.2 元。增值税专用发票货款 226 800 元，增值税额 38 556 元，材料尚未入库，采购专用发票号为 112233，货款未付。

(2) 1 月 18 日，以银行转账支票方式支付 1 月 8 日向诚信公司购入的 A 材料购料款 265356 元，票据号为 1120。

## 六、1 月份期末处理

### 实验准备

将系统日期修改为“2009 年 1 月 31 日”，由 601、602、603 操作员注册进入 666 账套总账系统进行审核、出纳签字、记账、 期末处理、银行对账，由 604、605、602 操作员注册进入 666 账套工资管理、固定资产、应收、应付系统进行期末处理，最后由 602 操作员注册进入 666 账套总账系统进行对账、结账。

### 实验要求

(1) 生成转账凭证

(2) 记账

(3) 银行对账

(4) 工资、固定资产、应收、应付系统结账

(5) 总账系统对账、结账

### 实验资料

#### 1. 期末转账内容

(1) 制造费用转入生产成本

(2) 期间损益结转

(3) 计算所得税

(4) 结转所得税

**2. 银行对账期初数据**

单位日记账余额为 8 034 000 元，银行对账单期初余额为 8 184 000 元，有银行已收而企业未收的未达账(2008 年 12 月 20 日)150 000 元。

**3. 2009 年 1 月的银行对账单**

| 日　期 | 结算方式 | 票　号 | 借方金额 | 贷方金额 | 余　额 |
|---|---|---|---|---|---|
| 2009.01.10 | 转账支票 | 1120 | | 265 356 | 7 918 644 |
| 2009.01.10 | 转账支票 | 1121 | | 1 300 | 7 917 344 |
| 2009.01.10 | 其他 | 223 | | 24 890 | 7 892 454 |
| 2009.01.20 | 现金支票 | 1100 | | 10 000 | 7 882 454 |
| 2009.01.22 | 转账支票 | 1024 | 6 000 | | 7 888 454 |
| 2009.01.23 | 转账支票 | 1122 | | 8 500 | 7 879 954 |
| 2009.01.26 | 转账支票 | 1200 | 234 000 | | 8 113 954 |

## 七、1 月份 UFO 报表

**实验准备**

将系统日期修改为“2009 年 1 月 31 日”,由 601 操作员注册进入 666 账套的“UFO 报表”。

**实验要求**

(1) 设计利润表的格式

(2) 按新企业会计准则设计利润表的计算公式

(3) 生成自制利润表的数据

(4) 将已生成数据的自制利润表另存为“1 月份利润表”

(5) 利用报表模板按 2007 新会计准则生成 666 账套“2009 年 1 月”的“资产负债表”

(6) 保存“资产负债表”

实验资料

1．表样内容

| | A | B | C |
|---|---|---|---|
| | **利　润　表** | | 会企 02 表 |
| | 单位名称：　　　　　年　　月 | | 单位：元 |
| | **项　　目** | **本期金额** | **上期金额** |
| | 一、营业收入 | | |
| | 减：营业成本 | | |
| | 营业税金及附加 | | |
| | 销售费用 | | |
| | 管理费用 | | |
| | 财务费用 | | |
| 0 | 资产减值损失 | | |
| 1 | 加：公允价值变动收益(损失以“-”号填列) | | |
| 2 | 投资收益(损失以“-”号填列) | | |
| 3 | 其中：对联营企业和合营企业的投资收益 | | |
| 4 | 二、营业利润(亏损以“-”号填列 | | |
| 5 | 加：营业外收入 | | |
| 6 | 减：营业外支出 | | |
| 7 | 其中：非流动资产处置损失 | | |
| 8 | 三、利润总额(亏损总额以“-” 号填列) | | |
| 9 | 减：所得税费用 | | |
| 0 | 四、净利润(净亏损以“-”号填列) | | |
| 1 | 五、每股收益 | | |
| 2 | (一)基本每股收益 | | |
| 3 | (二)稀释每股收益 | | |

2．报表中的计算公式

| 位　置 | 单 元 公 式 |
|---|---|
| B4 | fs(6001,月,"贷",,年)+ fs(6051,月,"贷",,年) |
| B5 | fs(6401,月,"借",,年)+ fs(6402,月,"借",,年) |
| B6 | fs(6403,月,"借",,年) |
| B7 | fs(6601,月,"借",,年) |

(续表)

| 位　置 | 单元公式 |
| --- | --- |
| B8 | fs(6602,月,"借",,年) |
| B9 | fs(6603,月,"借",,年) |
| B10 | fs(6701,月,"借",,年) |
| B11 | fs(6101,月,"贷",,年) |
| B12 | fs(6111,月,"贷",,年) |
| B14 | B4-B5-B6-B7-B8-B9-B10+B11+B12 |
| B15 | fs(6301,月,"贷",,年) |
| B16 | fs(6711,月,"借",,年) |
| B18 | B14+B15-B16 |
| B19 | fs(6801,月,"借",,年) |
| B20 | B18-B19 |
| C4 | select(?B4,年@=年 And 月@=月+1) |
| C5 | select(?B5,年@=年 And 月@=月+1) |
| C6 | select(?B6,年@=年 And 月@=月+1) |
| C7 | select(?B7,年@=年 And 月@=月+1) |
| C8 | select(?B8,年@=年 And 月@=月+1) |
| C9 | select(?B9,年@=年 And 月@=月+1) |
| C10 | select(?B10,年@=年 And 月@=月+1) |
| C11 | select(?B11,年@=年 And 月@=月+1) |
| C12 | select(?B12,年@=年 And 月@=月+1) |
| C13 | select(?B13,年@=年 And 月@=月+1) |
| C14 | select(?B14,年@=年 And 月@=月+1) |
| C15 | select(?B15,年@=年 And 月@=月+1) |
| C16 | select(?B16,年@=年 And 月@=月+1) |
| C17 | select(?B17,年@=年 And 月@=月+1) |
| C18 | select(?B18,年@=年 And 月@=月+1) |
| C19 | select(?B19,年@=年 And 月@=月+1) |
| C20 | select(?B20,年@=年 And 月@=月+1) |

# 八、2 月份业务

**实验准备**

将系统日期修改为“2009 年 2 月”,由各系统操作员注册进入 666 账套。

**实验要求**

(1) 完成 2 月份总账系统日常业务

(2) 完成 2 月份工资管理系统日常业务

(3) 完成 2 月份固定资产系统日常业务

(4) 完成 2 月份应收、应付系统日常业务

(5)期末处理

(6) 利用报表模板按“2007 新会计准则”生成 666 账套“2009 年 2 月”的“资产负债表”和“利润表”

**实验资料**

## 1. 总账系统 2 月份日常业务

(1) 2 月 6 日，以现金支付办公费 300 元。

借：管理费用—办公费(人事部)(660201)　　300

　　贷：库存现金(1001)　　300

(2) 2 月 6 日，签发现金支票，从银行提取现金 8 000 元备用。(票号 1102)

借：库存现金(1001)　　8 000

　　贷：银行存款—中行人民币(100201)　　8 000

(3) 2 月 28 日，结转本月产品销售成本 60 000 元。

借：主营业务成本-甲产品(640101)　　60 000

　　贷：库存商品-甲产品(140501)　　60 000

## 2. 工资管理系统日常业务

(1) 2009 年 2 月有关的工资数据

| 职员编号 | 人员姓名 | 所属部门 | 人员类别 | 基本工资 | 职务补贴 | 福利补贴 | 奖金 | 缺勤天数 |
|---|---|---|---|---|---|---|---|---|
| 0000000001 | 马卫 | 行政部(1) | 企业管理人员 | 4 000 | 2 000 | 200 | 800 | |
| 0000000002 | 林静 | 行政部(1) | 企业管理人员 | 3 000 | 1 500 | 200 | 800 | |
| 0000000003 | 张伟 | 财务部(2) | 企业管理人员 | 4 000 | 1 500 | 200 | 800 | |
| 0000000004 | 马易 | 财务部(2) | 企业管理人员 | 2 800 | 1 000 | 200 | 800 | |
| 0000000005 | 钱平 | 财务部(2) | 企业管理人员 | 1 500 | 900 | 200 | 800 | 2 |

(续表)

| 职员编号 | 人员姓名 | 所属部门 | 人员类别 | 基本工资 | 职务补贴 | 福利补贴 | 奖金 | 缺勤天数 |
|---|---|---|---|---|---|---|---|---|
| 0000000006 | 白雪 | 人事部(3) | 企业管理人员 | 1 500 | 900 | 200 | 800 | |
| 0000000007 | 李燕 | 设备部(4) | 企业管理人员 | 1 500 | 900 | 200 | 800 | |
| 0000000008 | 杨伟 | 采购部(501) | 采购人员 | 1 500 | 900 | 200 | 800 | |
| 0000000009 | 陈强 | 销售部(502) | 销售人员 | 1 200 | 800 | 200 | 800 | |
| 0000000010 | 高明 | 生产部(6) | 车间管理人员 | 1 500 | 800 | 200 | 800 | |
| 0000000011 | 刘美 | 生产部(6) | 生产人员 | 1 000 | 800 | 200 | 800 | |
| 0000000012 | 朱立 | 生产部(6) | 生产人员 | 1 000 | 800 | 200 | 800 | |

### 3. 固定资产系统日常业务

(1) 2009 年 2 月 12 日用转账支票购入并交付设备部使用一台计算机，预计使用年限为 5 年，原值为 8 000 元，净残值率为 3%，采用“年数总和法”计提折旧。(票号 1123)

(2) 2009 年 2 月 20 日销售部因使用不当,发生线路问题造成计算机毁损,根据资料,调出卡片，进行固定减少登记。

### 4. 应收款管理系统日常业务

2 月 6 日，业务员陈强销售给长江公司甲产品 200 台，货税合计款 234 000 元(货款 200 000 元，税款 34 000 元)，尚未收到，销售专用发票号为 223313。

### 5. 应付款管理系统日常业务

2 月 6 日，采购员杨伟向友谊实业公司采购 A 材料 1 000 千克，单价 25.2 元。增值税专用发票货款 25 200 元，增值税额 4 284 元，采购专用发票号为 112234，材料已验收入库，当即以银行转账支票方式支付购料款，票号 1121。

### 6. 2009 年 2 月的银行对账单

| 日　期 | 结算方式 | 票　号 | 借方金额 | 贷方金额 | 余　额 |
|---|---|---|---|---|---|
| 2009.02.08 | 现金支票 | 1101 | | 9 000 | |
| 2009.02.22 | 转账支票 | 1123 | | 8 000 | |

# 附录　哪些企业需要用友T6-企业管理软件

如果我已经不满足“财务+进销存”的集成应用，我需要用销售信息来指导采购和制造，但我只希望是简单的标准模式，那我选用用友 T6-企业管理软件。

如果我的企业处于快速成长的初级阶段，我希望用一系列标准的已经被许多其他企业所采用的规范来改善我的管理，那我选用用友 T6-企业管理软件。

如果我希望采用一个三年左右的信息系统，它既要全面满足我目前的基本应用，又要满足我数字化的积累，以便我三年以后升迁至全面的信息化管理，那我选用用友 T6-企业管理软件。

如果我的企业员工对信息化非常陌生，但业务的发展已经让我不得不依靠信息系统，而且我没有很多时间去训练我的员工，那我选用用友 T6-企业管理软件。

建议以下这些企业采用用友 T6-企业管理软件：

(1) 按企业规模划分

- 企业年营业收入 1500 万至 1 亿
- 或者企业人数在 50 至 800 人
- 或者每天业务单据在 50 至 300 笔之间的中小型企业

(2) 按企业经营类型划分

- 以销售管理为主的复杂贸易企业
- 以订单加工配套生产为主的制造企业

(3) 按行业领域划分

五金、机械、汽配、电子、电器、玩具、塑胶、家具、建材、仪器、仪表、食品、饮料、造纸、印刷、包装、医药、化工、冶金、能源、服装、纺织等领域的流通、制造型企业。

**【典型应用企业一】**江苏某机械厂，主要给各大型整机机械厂配套，年产值 5000 万元，有 300 名员工，平均每月 20 笔订单，存货近 2000 万，业务增长很快。老板抱怨企业赚的钱都积压在存货上，根本原因就是存货管理混乱。这种存货占产值比 30%～40% 的企业适合用友 T6-企业管理软件来安排合理的采购计划。

**【典型应用企业二】**广东某电子厂，产品出口，年产值过亿元，有 500 名员工，每天单据量达 300 笔，近两年业务超过 60％增长。最大问题是非标产品比例大、订单变化多，各部门协调混乱，导致生产停工、产品与订单不符，产品交付出现严重问题，给企业造成巨大浪费和信誉损失。这样产品变化快、生产计划、组织混乱、订单交付经常延期的企业适合用友 T6-企业管理软件来自动协调各环节，统筹保障订单交期。

**【典型应用企业三】**宁波某日用品经销商，年收入 8000 多万，有十多个分支销售机构，100 多人，有批发也有零售，每年业务增长 30%。但是财务对销售物流环节没有控制，造成零售冒充批发，销售人员和经销商钻营货款时间差，退换货遗失、错乱损失严重，贷款及应收款占用利息吃掉利润等现象。这样的企业也急需要用友 T6-企业管理软件来加强内控，杜绝投机，降低赊销风险和损失。

## 用友 T6-企业管理软件有哪些产品特征

针对成长型中小企业的应用需求特性，产品着重在实用性、易用性、灵活性、易实施、易维护及高性价比等方面进行了大量的投入，打造一款中小企业专属的企业管理软件精品。

- 实用性
  - ✧ 整个系统包含财务、供应链、生产三大部分，覆盖了中小企业最核心的业务。
  - ✧ 订单中心管理：订单预测功能可解决企业在接到客户订单时，快速承诺客户订单要求(数量、单价、交货期)的问题；订单追踪功能可让企业快速了解每个客户的每张订单执行情况——销售、发货、开票、收款；采购、到货；生产、领料、入库等；订单成本分析功能更是突破传统材料/产成品成本的财务分析角度，针对企业经营更加需要的订单成本进行归集核算，让管理者在经营管理中做到心中有数，有效应对客户的订单进展询问。
  - ✧ 通过物料需求分析，解决企业的库存积压和停工待料问题，让采购计划和生产计划的下达有据可依，做到不多、不少、不早、不晚，大幅降低存货占用，降低经营成本。
  - ✧ 业务财务一体化，解决了企业各部门数据分散、信息不集成的问题。业务数据自动反映到财务，并可根据财务数据追溯查询业务单据。通过企业物流、资金流、信息流三流合一的内控手段，解决赊销风险及内部投机问题。
- 易用性
  - ✧ 流程导航功能可以按照每个操作用户设置软件的操作流程，让操作者流程清晰、一目了然。
  - ✧ 灵活设置的权限控制及审核流程设置，可以按每个操作者的不同岗位职责方便地配置软件的操作及审核权限，让每个人都职责清晰、目标明确。
  - ✧ 报表的穿透式查询功能，避免了操作者在各个程序之间进行界面切换，方便业务信息的共享。
  - ✧ 操作简便易学，一般没有任何计算机操作经验的职员，稍加培训就能使企业管理软件进行工作。

- 灵活性
  - ✧ 系统可以按照企业的业务管理条线划分功能模块，企业也可根据自身职责分工情况，选择不同功能模块组合使用，遵循由浅入深、从简单到复杂、从局部到全局的应用原则。
  - ✧ 系统提供了流程、单据、字段、报表等的自定义功能，可灵活应用于企业的个性化需求。
  - ✧ 业务单据的流转支持推式和拉式两种模式，适用于企业不同管理模式和管理习惯的需求。
- 易实施、维护
  - ✧ 本系统定位于解决中小企业的核心管理问题，业务流程及组织架构相对简单，加上工序化快速实施方法的指导，让企业能够快速实施，并且立竿见影；企业操作人员也可以根据指导手册，实现自助式实施应用，大大降低了企业对供应商的依赖性。
  - ✧ 本系统使用的是 MS SQLSERVER 数据库，在 Windows 操作系统下运行，对服务器和数据库的维护要求简单，企业无须花高薪聘请专业人士即可完成全部维护，用友体系服务人员还将帮助企业把普通业务人员培养成系统管理员。
- 性价比

  几乎所有的成长型中小企业都想通过信息化手段来解决自身的管理问题，提升企业的管理水平和竞争力，但动辄几十万甚至上百万的开支又让绝大部分中小企业望而却步；市场上一两万的产品又只能解决企业部门级的应用，而不能从整体集成化层面来满足企业的信息化需求。本系统应运而生，既从全局的角度解决企业的核心问题，又在价格环节匹配了中小企业的承受能力，性价比优势突出。
- 灵活的管理预警提醒
  - ✧ 可对销售、采购、库存、应收应付、生产等设置预警提醒，可通过邮件、短信、单据界面三种方式通知相关人员。
  - ✧ 可设置单据的预警提前期，预警间隔。
  - ✧ 通过自动预警功能，让各部门业务负责人能自动获知到期或将要到期的单据，预防管理上的疏漏。
- 完善的费用预算控制体系
  - ✧ 通过财务分析模块可以提供预算编制、预算数追加、预算与实际比较分析的功能。
  - ✧ 在凭证录入环节进行预算检查，并允许超预算凭证保存。
  - ✧ 可对部门、项目、收入、支出、科目预算执行分析。
  - ✧ 控制各项费用支出不超出预算范围。
  - ✧ 简化预算编制工作。
- 现金流量表的编制

✧ 单独的现金流量表模块，支持直接法和间接法两种编制方式。

✧ 可支持企业采用直接法和间接法编制现金流量表，并提供大量自动化处理和手工调整功能，从而及时、准确地帮助企业掌控资金的动态流向。

- 固定资产的可视化管理

✧ 灵活的固定资产卡片的图片存放位置设置；通过固定资产卡片，可以直接查询固定资产所对应的实物照片。

✧ 在对于固定资产数量大、品种多的单位，通过传统卡片难以直接关联到固定资产实物图片。系统通过卡片与对应图片的链接，保证了财务人员盘查固定资产的可靠性和准确性。

- 快速的网上银行在线支付

✧ 提供了与工行、建行、农行等国内多家银行的网银接口，不仅可以进行银行余额查询，还可以实现在线支付。

✧ 通过网上银行，轻松实现网上支付，实现足不出户的快速资金支付，减轻出纳人员工作量。

✧ 对每笔付款记录可进行实时监控，并可随时查询企业账户余额，提高资金使用效率。

- 完整的应付账款管理

✧ 完整的应付账款管理模块，提供账龄区间设置及应付账龄分析、付款账龄分析。

✧ 提供应付核销明细表、与总账对账、欠款分析、付款预测等多种报表。

✧ 不仅完成应付账款的核算，更为重要的是提供了对应付账款的控制和分析，通过付款预测指导合理地安排资金支付。

- 完整的应收账款控制与分析体系

✧ 完整的应收账款管理模块，提供账龄区间设置及应收账龄分析、欠款分析。

✧ 提供坏账处理(计提坏账准备、坏账发生、坏账收回、坏账查询)。

✧ 严密的应收账款控制和账龄分析，保证应收账款的安全性，降低坏账发生的几率，提高资金周转，降低资金使用成本。

✧ 完善的坏账处理。

- 完整的供应商管理体系

✧ 供应商存货价格表、供应商催货函、供应商存货价格分析、供应商交货情况分析、供应商交货质量分析、供应商 ABC 分析、供应商价格对比分析等报表。

✧ 通过对供应商的交货质量、交货情况以及存货价格分析功能的应用，可以动态监控供应商，从而保证采购计划的完成和采购成本的降低。

- 完善的订单中心管理体系

✧ 订单预测功能可解决企业在接客户订单时，快速承诺客户订单要求(数量、单价、交货期)的问题。

✧ 订单追踪功能可让企业快速了解每个客户的每张订单执行情况：销售、发货、开票、收款；采购、到货；生产、领料、入库等。

　✧ 订单成本分析功能可分析到每张订单的生产成本，让管理者在经营管理中做到心中有数。

- 支持条形码管理
  - ✧ 进行条形码规则定义。
  - ✧ 将定义的条形码规则分配给存货、存货分类。
  - ✧ 根据条形码规则，录入或生成存货的条形码。
  - ✧ 可以进行采集器设置。
  - ✧ 利用条形码，可以批量生单。
  - ✧ 条形码管理可以方便用户的物流、仓储操作，减小劳动强度、降低错误率、提高工作效率。
- 零售业务
  - ✧ 完整的零售业务报表：零售日报、红字零售日报、零售日报列表、日报批量处理。
  - ✧ 通过零售日报的方式接收用户的零售业务原始数据。
  - ✧ 当发生零售业务时，应将相应的销售票据作为销售零售日报输入到系统中。零售日报不是原始的销售单据，是零售业务数据的日汇总，这种业务常见于商场、超市等零售企业。
- 完整的委托代销业务
  - ✧ 完整的委托代销相关功能：委托代销发货单、退货单、结算单、委托代销结算退回、委托代销调整单、委托代销结算价调整、委托代销统计表、委托代销明细账。
  - ✧ 全面支持委托代销业务。
  - ✧ 委托代销业务，指企业将商品委托他人进行销售但商品所有权仍归本企业的销售方式，委托代销商品销售后，受托方与企业进行结算，并开具正式的销售发票，形成销售收入，商品所有权转移。
- 存货跌价准备业务处理
  - ✧ 完整跌价准备业务处理：跌价准备设置、跌价准备期初、计提跌价准备、跌价准备列表、跌价准备制单、跌价准备余额表、跌价准备与总账对账。
  - ✧ 全面支持存货跌价准备的计提、核算和账务处理。
- ROP 计划
  - ✧ 当可用库存降至再订货点时，按照批量规则进行订购，也称为再订货点法。
  - ✧ 一般对低值易耗品等非生产型物料设置再订货点法。
  - ✧ 通过 ROP 计划，让库存管理更加科学、合理。
- 灵活多变的订单 BOM
  - ✧ 订单 BOM 主要解决客户个性化需求，客户对产品的要求大部分和标准产品一样，只是需要作小部分修改，而且往往只是本次订单才这样要求。

- ✧ 订单 BOM 可以参照标准 BOM 生成，然后再在标准 BOM 的基础上做修改，通过与销售订单号关联而影响 MRP 分析、采购、生产、领料、入库等。
- ✧ 通过订单 BOM 的功能，让客户从业务接单开始，到设计改进、生产下单、采购备料、仓库收发料，都可以做到有据可依，有数可查。
- ✧ 在树型结构上直接维护以及多阶复制的功能，大大降低了企业工程/设计部门维护 BOM 信息的工作负荷及应用难度，为企业管理软件系统的稳健运转提供保障。

- 实用的简单生产业务模式
  - ✧ 适用于生产流程和产品结构简单的生产型企业。
  - ✧ 由销售订单直接生成生产订单，再根据生产订单分析材料缺料情况，并下达采购计划，让采购计划科学、合理。
  - ✧ 按生产订单驱动材料出库、产成品入库，控制仓库收发料混乱的情况，让生产管理更加清晰。
  - ✧ 应用逻辑简洁，上线速度及见效速度快。
- 功能强大的 MRP 计划生产模式
  - ✧ 根据销售订单和预测单，按照 MRP 平衡公式进行运算，确定企业的生产计划和采购计划。
  - ✧ 解决企业生产什么、生产数量、开工时间、完成时间；外购什么、外购数量、订货时间、到货时间。
  - ✧ 让采购计划、生产计划、委外计划的下达科学、合理，做到不多、不少、不早、不晚。
  - ✧ 支持 MRP、SRP、BRP 三种运算模式。
- 全面的委外管理流程
  - ✧ 支持销售订单和生产计划产生委外订单。
  - ✧ 管理从委外订单到委外领料、委外加工入库、结算工费及耗料、付款及发票全线业务。
  - ✧ 支持废料处理。
- 实用的材料齐套展望
  - ✧ 对于很多装配型企业，生产前还需要各种资源的协调配合，如果没有考虑到物料的齐套状况，在领料的时候才发现物料不足，也会导致生产线的停工待料。
  - ✧ 齐套分析和展望的功能，让业务人员在接单时不仅能准确计算现有库存情况，避免生产线停工待料；还能统筹预计到货及生产领料缴库的变化，对未来库存材料齐套情况进行愿望预估。

# 用友 ERP 系列丛书

## 用友 ERP 实验中心精品教材

《会计信息系统实验教程（用友 **ERP-U8** 版）》

（书号：9787302103332　定价：29.80 元）

《会计信息系统实验教程（用友 **ERP-U8 8.61** 版）》

（书号：9787302138648　定价：29.80 元）

《会计信息系统实验教程（用友 **ERP-U8.61** 第 **2** 版）（即将出版）

《会计信息系统实验教程（用友 **ERP-U8.72** 版）

（书号：9787302211167　定价：29.80 元）

《会计信息系统（第二版）》　（书号：9787302150978　定价：23.00 元）

《财务软件实用教程（用友 **ERP-U8.61** 版）》（新会计准则）

（书号：9787302180449　定价：35.00 元）

《财务软件实用教程（用友 **ERP-U8.52** 版）》（新会计准则）

（书号：9787302188919　定价：33.00 元）

《财务软件实用教程（用友 **ERP-U8** 版）》　（书号：9787302093091　定价：32.80 元）

《财务软件应用技术（用友 **ERP-U8** 版）》　（书号：9787302095880　定价：33.80 元）

《财务软件应用技术（用友 **ERP-U8.52** 版）》（书号：9787302206248　定价：33.00 元）

《财务软件应用技术习题与上机实验（用友 **ERP-U8** 版）》

（书号：9787302167587　定价：25.00 元）

## 用友 ERP 认证系列实验用书

《用友 **ERP** 财务管理系统实验教程》　（书号：9787302194842　定价：33.00 元）

《用友 **ERP** 供应链管理系统实验教程》　（书号：9787302194859　定价：33.00 元）

《用友 **ERP** 生产管理系统实验教程》　（书号：9787302146810　定价：32.00 元）

《用友 **ERP** 财务管理系统实验教程》(新会计准则版)

（书号：9787302194842　定价：33.00 元）

《用友 **ERP** 供应链管理系统实验教程》（新会计准则版）

（书号：9787302194859　定价：33.00 元）

《新编用友 **ERP** 财务管理系统实验教程》

（书号：9787302205753　定价：33.00 元）

《新编用友 **ERP** 供应链管理系统实验教程》

（书号：9787302212775　定价：33.00 元）

《新编用友 **ERP** 生产管理系统实验教程》

（书号：9787302212713　定价：33.00 元）

## “用友通”系列教材

《财务软件实用教程（用友通标准版 10.2）》（新会计准则）

（书号：9787302170488　定价：33.00 元）

《会计信息化实验教程（用友通 10.2 版）》　（新会计准则）

（书号：9787302180395　定价：29.00 元）

《财务软件应用技术（用友通 10.2 版）》　（书号：9787302199779　定价：29.80 元）

《会计信息化实用教程（用友 T3 会计信息化专版）》

（书号：9787302211228　定价：29.80 元）

## 用友 ERP 沙盘模拟实训课程体系

《ERP 沙盘模拟高级指导教程（第二版）》　（书号：9787302207016　定价：20.00 元）

《用友 ERP 沙盘企业信息化综合实训》　（书号：9787302199786　定价：22.00 元）

## 用友 ERP 管理软件开发实训配套教材

《ERP 软件开发实训教程》　（书号：9787302221296　定价：29.80 元）